人民的马克思

燕连福　李晓利　著

图书在版编目（CIP）数据

人民的马克思 / 燕连福，李晓利著. -- 北京 : 中央编译出版社, 2025. 4. -- ISBN 978-7-5117-4820-1

Ⅰ. A811.64

中国国家版本馆CIP数据核字第2024PJ7233号

人民的马克思

选题策划	张远航
责任编辑	彭永强　李媛媛
责任印制	李　颖
出版发行	中央编译出版社
地　　址	北京市海淀区北四环西路69号（100080）
电　　话	（010）55627391（总编室）　　（010）55627308（编辑室）
	（010）55627320（发行部）　　（010）55627377（新技术部）
经　　销	全国新华书店
印　　刷	北京印刷集团有限责任公司
开　　本	710毫米×1000毫米　1/16
字　　数	365千字
印　　张	24.5
版　　次	2025年4月第1版
印　　次	2025年4月第1次印刷
定　　价	88.00元
网　　址	www.cctphome.com　　邮　箱　cctp@cctphome.com
新浪微博	@中央编译出版社　　微　信　中央编译出版社（ID：cctphome）
淘宝店铺	中央编译出版社直销店（http://shop108367160.taobao.com）　（010）55627331

本社常年法律顾问　北京市吴栾赵阎律师事务所律师　闫军　梁勤
凡有印装质量问题，本社负责调换。电话：（010）55626985

前　言

人民性是马克思主义的本质属性。关于马克思主义的特点和品格，国外学者有多种表述，可谓是仁者见仁、智者见智，莫衷一是。马克思主义的鲜明品格，在卢卡奇看来就是其辩证性，在科尔施看来就是其总体性，在葛兰西看来就是其实践性，在法兰克福学派看来就是其批判性，在哈贝马斯等人看来就是其交往性，在阿尔都塞看来就是其结构性，如此等等。这些学者的评价，从不同侧面反映了马克思主义在某个方面的可贵品质，但是，国外学者最大的盲区，就是没有看到马克思主义的人民性。

2018年5月4日，习近平总书记在纪念马克思诞辰200周年大会上的讲话中明确指出，"马克思的一生，是胸怀崇高理想、为人类解放不懈奋斗的一生。""马克思主义是人民的理论，第一次创立了人民实现自身解放的思想体系。""马克思主义不是书斋里的学问，而是为了改变人民历史命运而创立的，是在人民求解放的实践中形成的，也是在人民求解放的实践中丰富和发展的，为人民认识世界、改造世界提供了强大精神力量。""马克思主义之所以具有跨越国度、跨越时代的影响力，就是因为它植根人民之中，指明了依靠人民推动历史前进的人间正道。""学习马克思，就要学习和实践马克思主义关于坚守人民立场的思想。人民性是马克思主义最鲜明的品格。"

2022年10月16日，习近平总书记在党的二十大报告中进一步指出，"人民性是马克思主义的本质属性，党的理论是来自人民、为了人民、造福人民的理论，人民的创造性实践是理论创新的不竭源泉。一切脱离人民的理论都是苍白无力的，一切不为人民造福的理论都是没有生命力的。"

马克思一生所追求的崇高目标就是为人类求解放、为人民谋幸福。早在中学时代，他就树立了为人类幸福而工作的志向，在高中毕业作文《青年在选择职业时的考虑》中，马克思这样写道："如果我们选择了最能为人类而工作的职业，那么，重担就不能把我们压倒，因为这是为大家作出的牺牲；那时我们所享受的就不是可怜的、有限的、自私的乐趣，我们的幸福将属于千百万人，我们的事业将悄然无声地存在下去，但是它会永远发挥作用，而面对我们的骨灰，高尚的人们将洒下热泪。"在《莱茵报》和《德法年鉴》时期，马克思公开为贫苦群众辩护，提出人民主权高于君主主权，呼吁通过无产阶级实现全人类解放。在《1844年经济学哲学手稿》中，马克思就在关注"各国人民未来的生活"。在《德意志意识形态》中，马克思恩格斯把"人民群众"等同于"无产阶级"，关注"建筑在这个基础上的整个社会结构，以及与之相联系的人民权力"。在《共产党宣言》中，马克思恩格斯进一步强调，"无产阶级的运动是绝大多数人的，为绝大多数人谋利益的运动"，呼吁全世界无产阶级联合起来，通过革命推翻现存社会制度，为实现人民解放创造条件。在《资本论》中，马克思通过考察资本主义生产、分配、交换与消费四个环节，揭露了资本主义剥削工人的秘密，揭示了资本主义社会的基本矛盾及其必然灭亡的规律，旨在探索无产阶级解放道路，捍卫人民群众的根本利益，实现人民的解放和全面发展。晚年，马克思写下的人类学笔记与历史学笔记，以更宏大的视野关注工人运动并思考人类社会发展问题。可以说，马克思的一生虽然饱尝颠沛流离的艰辛、贫病交加的煎熬以及子女夭折的痛苦等重重磨难，但他始终关注人的生存和发展问题，关注人民幸福和人类解放问题，在为人类求解放的崇高事业中成就了伟大人生。

坚守人民立场是马克思主义理论的鲜明价值取向。马克思主义博大精深，归根到底就是一句话，为人类求解放。人民性品格，贯穿马克思主义哲学、政治经济学和科学社会主义等理论始终。马克思主义哲学从现实的个人出发，揭示了劳动实践对理解全部社会发展史的根本意义，确认人民群众是社会物质财富的创造者，是社会精神财富的创造者，是社会变革的决定力量。马克思主义政治经济学从商品的二因素与劳动的二重性出发，揭露雇佣劳动制度将工人降低为商品、资本家在等价交换原则掩盖下无偿占有工人劳动的事实，揭露资本主义生产榨取工人剩余价值、追求资本增值的本质。马克思主义的科学社会主义理论强调资本主义的基本矛盾及它造成的工业进步必然生产出它自身的掘墓人——无产阶级，认定无产阶级必然能"炸毁构成官方社会的整个上层"，建立自己的统治，实现全人类解放。

坚守人民立场，体现在马克思主义的各个特征之中。马克思主义之所以是科学的，是因为它创造性地揭示了人类社会发展规律，为整个人类指明了从必然王国向自由王国飞跃的途径，为人民指明了实现自由和解放的道路。马克思主义之所以是人民的，是因为它第一次创立了人民实现自身解放的思想体系，指明了依靠人民推动历史前进的人间正道。马克思主义之所以是实践的，是因为它能够指引人民投入改造世界的行动，为人民认识世界、改造世界提供强大的精神力量。马克思主义之所以是发展的开放的理论，也是因为它始终站在时代最前沿，回应人类社会面临的新挑战，人民获得解放和发展面临的新问题。

马克思是属于人民的马克思，马克思主义是为人民指明实现自由和解放道路的科学理论。马克思把自己的命运同人民的命运紧密联系在一起，始终站稳人民立场、把握人民愿望、尊重人民创造、集中人民智慧，形成了为人民所喜爱、所认同、所拥有的马克思主义理论，使之成为指导人民认识世界和改造世界的强大思想武器。马克思主义第一次站在人民的立场探求人类自由解放的道路，以科学的理论为最终建立一个没有压迫、没有剥削、人人平等、人人自由的理想社会指明了方向。

本书以"人民的马克思"为题，重点阐述了马克思人民立场形成于对工业革命扭曲人性的批判，对资产阶级革命放弃人民的批判，对欧洲各种运动和思想忽略人民的批判。马克思人民立场的发展经历了孕育、形成、确立、成熟四个历史阶段。马克思人民立场的特质包括关注具体的人民、实践的人民和发展的人民。马克思实践斗争中的人民立场主要体现在捍卫人民利益、批判错误思想和引领工人运动。马克思理论思辨中的人民立场主要体现在马克思主义哲学、政治经济学和科学社会主义三个部分。其中，马克思主义哲学中的人民立场主要体现为人民解放论、人民创造论和人民发展论；马克思主义政治经济学中的人民立场主要体现为在劳动价值论中指出人民的劳动是创造价值的源泉，在剩余价值理论中揭开人民深受剥削的面纱，在资本积累理论中揭示人民深陷贫困的根源；马克思主义科学社会主义中的人民立场主要体现为在无产阶级政党论中维护人民共同的不分民族的利益，在无产阶级革命论中为着自己利益重新掌握社会生活，在无产阶级专政论中争得民主建立自己的政治统治，在共产主义社会论中建立每个人自由全面发展的联合体。最后，结合"马克思的遗志"进一步阐述了其人民立场与共产主义在苏俄、中国、越南、老挝、古巴等世界历史中的实践，充分彰显了马克思主义人民性的理论魅力、实践魅力和真理魅力，对于高扬21世纪马克思主义的人民性具有重要价值意义。

  本书通过全景式视角展现了马克思的人民情怀，以及马克思经典著作中的人民立场，旨在帮助读者全面理解马克思的人民性理论精髓及时代价值，促进马克思的人民性理论通俗化和大众化，增强广大读者对马克思人民性理论的理解、认同和践行，使之成为改造主观世界和客观世界的思想武器。在语言表达上，采用通俗易懂的语言和生动的表达方式，穿插史料叙事，使得深奥的理论问题和复杂的历史事件变得易于接受，增强了内容的可读性和吸引力。在叙事方式上，坚持理论与实践相结合，在阐述马克思主义人民性理论的同时，注重结合马克思主义的人民性实践，提高了内容的实用性和指导性。同时，本书立足于全球化视野，进一步阐述了马克思人民立场与共产主义在苏俄、越南、古巴、老挝等国家的实践，有利于推动马克思主义通俗读物的国际化传播，提升马克思人民性理论的世界影响力。

目　录

第一章　马克思人民立场的形成背景 ………………………… 001
　第一节　对工业革命中人性扭曲的批判 ……………………… 002
　　一、工业革命推动生产力发展 ………………………………… 002
　　二、工业革命中人性的扭曲 …………………………………… 007
　　三、资本主义存在固有的弊端 ………………………………… 011
　第二节　对资产阶级革命放弃人民的批判 …………………… 016
　　一、英国资产阶级革命放弃了人民 …………………………… 016
　　二、法国大革命脱离了人民 …………………………………… 021
　　三、普鲁士王国的政治变革远离了人民 ……………………… 024
　第三节　对欧洲各种运动和思想忽略人民的批判 …………… 028
　　一、宗教改革未能解放人性 …………………………………… 028
　　二、启蒙运动未能发展人性 …………………………………… 032
　　三、资产阶级思想家未能关注人民 …………………………… 036

第二章　马克思人民立场的发展历程 ………………………… 041
　第一节　马克思人民立场的孕育 ……………………………… 041
　　一、不守旧的少年 ……………………………………………… 041
　　二、爱思考的青春 ……………………………………………… 043
　　三、初识青年黑格尔派 ………………………………………… 046

第二节 马克思人民立场的形成 …… 048
一、《莱茵报》时期为人民发声 …… 049
二、克罗伊茨纳赫时期展开研究 …… 053
三、巴黎流亡岁月激情革命斗争 …… 057

第三节 马克思人民立场的确立 …… 061
一、第一个伟大发现问世与深化 …… 061
二、《共产党宣言》发表与传播 …… 067

第四节 马克思人民立场的成熟 …… 071
一、投身欧洲民主革命斗争 …… 072
二、"重新研究"政治经济学 …… 076
三、开拓视野铸就不朽财富 …… 081

第三章 马克思人民立场的特质 …… 086

第一节 关注具体的人民 …… 086
一、从"抽象的人"转向"现实的人" …… 087
二、从"客体的人"转向"主体的人" …… 091
三、从"孤立的人"转向"群体的人" …… 095

第二节 关注实践的人民 …… 100
一、人民在实践中改变现实世界 …… 101
二、人民在实践中不断丰富自我 …… 106
三、人民在实践中推动历史发展 …… 111

第三节 关注发展的人民 …… 115
一、关注人民的实践变动 …… 116
二、关注人民的需求变化 …… 121
三、关注人民的理论武装 …… 124

第四章 实践斗争中的人民立场 …… 130

第一节 捍卫人民的利益 …… 130
一、人民出版自由的维护者 …… 130

二、人民物质利益的捍卫者 ……………………………………… 135
　　三、人民正当权益的辩护者 ……………………………………… 139
　第二节　批判错误的思想 …………………………………………… 142
　　一、与青年黑格尔派的论战 ……………………………………… 143
　　二、同各种"社会主义"的论战 ………………………………… 147
　　三、和各种机会主义的论战 ……………………………………… 153
　第三节　引领工人的运动 …………………………………………… 160
　　一、漫长建党征途上的攀峰者 …………………………………… 160
　　二、无产阶级国际组织的建设者 ………………………………… 164
　　三、革命斗争前沿无畏的抗争者 ………………………………… 167
　　四、国际革命舞台上的斗争先锋 ………………………………… 173

第五章　理论思辨中的人民立场（哲学） ……………………………… 179
　第一节　人民解放论：让人民成为自己的主人 …………………… 180
　　一、人民要实现政治解放 ………………………………………… 180
　　二、人民要实现经济解放 ………………………………………… 185
　　三、人民要实现精神解放 ………………………………………… 190
　第二节　人民创造论：让人民成为社会的主人 …………………… 194
　　一、人民是社会物质财富的创造者 ……………………………… 195
　　二、人民是社会精神财富的创造者 ……………………………… 199
　　三、人民是实现社会变革的决定性力量 ………………………… 203
　第三节　人民发展论：让每个人自由而全面的发展 ……………… 208
　　一、人民克服"人的依赖关系" ………………………………… 208
　　二、人民摆脱"物的依赖关系" ………………………………… 212
　　三、人民实现"自由个性发展" ………………………………… 216

第六章　理论思辨中的人民立场（政治经济学） …………………… 221
　第一节　劳动价值论：指出人民的劳动是创造价值的源泉 ……… 222
　　一、发现商品使用价值背后的价值 ……………………………… 223

二、首次创立劳动二重性学说 …………………………… 228
　　三、揭露隐藏价值形式背后的秘密 ………………………… 234
第二节 剩余价值理论：揭开人民深受剥削的面纱 ……………… 242
　　一、指出货币转化为资本的前提 …………………………… 243
　　二、解密剩余价值的生产过程 ……………………………… 249
　　三、揭示资本对雇佣劳动剥削实质 ………………………… 254
第三节 资本积累理论：揭示人民深陷贫困的根源 ……………… 259
　　一、指出剩余价值是资本积累的唯一源泉 ………………… 260
　　二、考察资本积累对劳动者命运的影响 …………………… 264
　　三、总结资本积累的一般性、普遍性规律 ………………… 270

第七章　理论思辨中的人民立场（科学社会主义） …………… 277
第一节 无产阶级政党论：维护人民共同的不分民族的利益 …… 277
　　一、明确党的性质纲领彰显人民中心 ……………………… 278
　　二、加强党的组织建设践行人民主张 ……………………… 281
　　三、指明党的互相关系推动人民团结 ……………………… 285
第二节 无产阶级革命论：为着自己利益重新掌握社会生活 …… 288
　　一、通过革命手段唤醒人民 ………………………………… 288
　　二、采取灵活斗争形式维护人民利益 ……………………… 292
　　三、团结一切积极力量加速人民运动 ……………………… 296
第三节 无产阶级专政论：争得民主建立自己的政治统治 ……… 300
　　一、依靠无产阶级消除人民剥削状态 ……………………… 300
　　二、建立国家政权突显人民政治地位 ……………………… 304
　　三、巩固政治过渡时期人民基本权益 ……………………… 307
第四节 共产主义社会论：建立每个人自由全面发展的联合体 … 311
　　一、强调共产主义社会形态中人民的重要性 ……………… 311
　　二、指明共产主义第一阶段人民生活状态 ………………… 315
　　三、描绘共产主义高级阶段人民发展目标 ………………… 319

目 录

第八章 "马克思的遗志"：人民立场在世界历史中的实践 …… 324

第一节 波澜壮阔，跌宕起伏：人民立场与共产主义在苏俄的实践 …… 325

一、俄国共产主义运动的历史背景 …… 325

二、列宁的人民立场与俄国无产阶级革命 …… 329

三、从红色巨人到废墟：斯大林遗产下的苏联转型 …… 337

第二节 筚路维艰，薪火相传：人民立场与共产主义在中国的实践 …… 346

一、新民主主义革命时期：在求民族独立中实现人民解放 …… 346

二、社会主义革命和建设时期：带领人民立户当家、自力更生、艰苦创业 …… 352

三、改革开放和社会主义现代化建设新时期：解放和发展社会生产力，使人民摆脱贫困、尽快富裕起来 …… 357

四、中国特色社会主义新时代：在坚持"人民至上"的实践中把造福人民的事业不断向前推进 …… 361

第三节 大道不孤，命运与共：人民立场与当代世界共产主义运动 …… 366

一、越南：捍卫人民利益的反腐机制 …… 366

二、老挝：保障人民福祉的民生事业 …… 369

三、古巴：健全服务人民的福利体系 …… 372

后 记 …… 375

第一章　马克思人民立场的形成背景

在人类历史灿若繁星的思想长河中，马克思的思想无疑是其中最璀璨的一颗。马克思是全世界无产阶级和劳动人民的革命导师，是马克思主义的主要创始人，是马克思主义政党的缔造者和国际共产主义的开创者，是近代以来最伟大的思想家。[①] 马克思主义自诞生以来，始终闪耀着真理的光芒，它拨开了人类前进道路上所面临的重重迷雾，指引人民找到了阳光普照的真理之路。正如列宁所说："沿着马克思的理论的道路前进，我们将愈来愈接近客观真理（但决不会穷尽它）；而沿着任何其他的道路前进，除了混乱和谬误之外，我们什么也得不到。"[②]

马克思站在人民的立场上，立足人类发展的历史长河之中，第一次科学地回答了谁是历史的主体，谁创造了历史的问题。"人们自己创造自己的历史"一语道出了人类历史发展的终极密码——那就是人民群众。马克思人民立场的形成有其深刻的历史因素，是他所处的时代背景、社会现实和阶级矛盾的反映；也有马克思个人经历和思想转变的影响。人类社会进入资本主义后，尤其是19世纪上半叶，资本主义经济和政治制度的建立，资本主义生产方式带来社会的快速发展与变化，无产阶级与资产阶级两大对立阶级的矛盾开始逐步取代资产阶级同封建贵族的矛盾，在整个社会斗争中日益占据主要位置。随着无产阶级的壮大发展所引发的一系列理论与实践问题迫切需要科学的解答，无产阶级亦迫切期望能够科学地认识自己

---

① 习近平：《在纪念马克思诞辰200周年大会上的讲话》，载《人民日报》，2018年5月5日。

② 《列宁全集》第18卷，北京：人民出版社2017年版，第145页。

的命运和前途,然而,自资本主义萌芽以来,盛行于欧洲的各种社会运动和思想理论均未能肩负起时代所赋予的使命。在此背景下,马克思主义应运而生,成为人民争取自由与平等的重要理论武器。深入探究这些因素,可以更好地理解和把握马克思主义人民立场的精髓所在。

第一节 对工业革命中人性扭曲的批判

在当今时代,世界经济市场仍由资本主义所主导,然而随着其霸权掩盖下的资本主义内在矛盾愈演愈烈,资产阶级锻造出了属于自身的绞索。工业革命无疑是资本主义发展进程中的关键转折点。它以摧枯拉朽之势推动了生产力的巨大进步,使人类社会在短时间内实现了物质财富的积累,创造出前所未有的繁荣景象,但也同时埋下了巨大的隐患。资本的不断积累使得财富愈发集中在少数人手中,而广大劳动者却只能在贫困中挣扎;经济危机如同周期性发作的顽疾,一次又一次地在世界范围重演,给社会经济带来沉重打击;生态环境遭受着系统性破坏,自然资源被过度开发,生态平衡岌岌可危。劳动者受到的剥削最为严酷,他们在高强度的劳动和资本的压迫下,逐渐走向异化,失去了对劳动的热情和对生活的掌控。这些问题相互关联、彼此影响,共同勾勒出资本主义社会复杂且严峻的现实画面。

一、工业革命推动生产力发展

"资产阶级在历史上曾经起过非常革命的作用"①,不可否认,资产阶级在终结封建统治、推动社会生产力发展等方面做出过极大贡献。它废除了形形色色的宗法羁绊,以金钱的利害关系取而代之;它抹去了崇高职业的神圣光环,以冷漠的雇佣劳动取而代之;它撕下了家庭关系的温情面纱,以赤裸的现金交易取而代之。处于历史过程中的资产阶级最初无疑是

---

① 《马克思恩格斯文集》第 2 卷,北京:人民出版社 2009 年版,第 33 页。

进步的,通过工业革命,它改变了过往的生产方式,重塑了社会结构和人类生活,将零散的劳动人口组织起来,通过技术创新取得超额剩余价值,并在此过程中锻造出了最为彻底的革命者——无产阶级。

(一) 社会化生产的逐步形成

马克思在《资本论》中指出,"人数较多的工人在同一时间、同一空间(或者说同一劳动场所),为了生产同种商品,在同一资本家的指挥下工作,这在历史上和概念上都是资本主义生产的起点。[①]"这一论断揭示了社会化大生产的核心特征,即通过集中化的生产方式,打破封建生产关系的束缚,实现生产力的飞跃。社会化生产的实现是一个漫长而复杂的过程,涉及技术、经济、社会等多个方面的变革,这些变革并非一蹴而就,而是经历了长期的积累和发展,工厂制度的兴起和管理模式的创新为组织起庞大的社会生产劳动力提供了恰当的生产关系。

工厂制度的兴起是社会化大生产形成的重要标志。工厂制度通过集中化的生产方式,将大量工人聚集在一起,实现了生产资料和劳动力的集中配置。这种集中化的生产方式不仅提高了生产效率,还促进了分工与协作,推动了社会化大生产的形成。工厂制度的兴起不仅改变了生产空间,还对劳动时间进行了严格的规训。工厂时钟的普及使劳动时间精确到分钟,资产者对剩余价值的追求逼迫着工人必须接受苛刻的劳动控制。通过时间规训,资本主义生产方式将劳动时间转化为可交易的抽象单位,工人在劳动过程中失去了对时间的自主性,成为时间的奴隶。工厂制度的兴起不仅改变了生产方式,还深刻影响了工人的生活方式和社会地位。工厂制度的普及使得工人从传统的手工业生产方式转变为集中化的工厂劳动,这一转变不仅提高了生产效率,还促使工人阶级逐渐形成自己的阶级意识。

管理革命成为推动社会化大生产形成的重要力量。亚当·斯密在《国富论》中提到,"按现行的生产模式,10个工人日产针4.8万枚,平均下来每人每天产针4800枚。假如让他们在没有经过全程职业技能培训的情况

[①]《马克思恩格斯文集》第5卷,北京:人民出版社2009年版,第374页。

下独立工作，别说一天造 20 枚针，恐怕连一枚也造不出来。"① 这种管理方式的变革，不仅提高了生产效率，还进一步强化了劳动分工，使工人逐渐成为机器的附属品。马克思强调，社会化大生产在突破"鲁滨逊式的孤立劳动"的同时，埋下了生产社会性与占有私人性的根本矛盾，这种矛盾在资本主义生产方式中不断积累，最终导致了生产关系的异化。工人在劳动过程中失去了对劳动成果的所有权，成为资本家获取剩余价值的工具。

（二）科学技术的革命性突破

"在机器生产中……整个过程是客观地按其本身的性质分解为各个组成阶段，每个局部过程如何完成和各个局部过程如何结合的问题，由力学、化学等等在技术上的应用来解决"。② 机器并不需要如工人一般去适应分工，它生来被赋予了将生产总过程拆解为一道道工序的职能，它是诸多学科通力合作的产物。自资产者们认识到科学技术所能带来的巨大超额剩余价值后，科技革命成为了工业革命的核心环节。

工业革命的起点是工具机的发明和使用。工具机是机器的一个重要组成部分，它通过机械装置代替了工人手中的工具，从而极大地提高了生产效率。马克思在《资本论》中写道："在今天，每当手工业或工场手工业生产过渡到机器生产时，工具机也还是起点。"③ 工具机的发明不仅改变了生产方式，还引发了生产方式的革命性变革。珍妮纺织机的发明使纺纱速度大幅提高，推动了纺织业的机械化进程。这一技术突破不仅提高了纺纱效率，还进一步推动了纺织业的机械化进程，使工人逐渐沦为机器的附属品。

蒸汽机的发明为工业革命提供了发展动力。在工业革命之前，生产活动主要依赖人力、畜力和自然力，如水力、风力等，这些动力不仅不

---

① 亚当·斯密：《国富论》，高格译，北京：中国华侨出版社 2015 年版，第 2—3 页。
② 《马克思恩格斯文集》第 5 卷，北京：人民出版社 2009 年版，第 437 页。
③ 《马克思恩格斯文集》第 5 卷，北京：人民出版社 2009 年版，第 429 页。

稳定，而且受限于自然条件，难以实现大规模、连续性的生产。蒸汽机的出现具有划时代的意义，它将热能转化为机械能，为机器提供了稳定、可控的动力源。这一技术突破，使工厂不再受地理位置和自然条件的限制，能够在城市中集中布局，形成大规模的工业生产。蒸汽机的应用，还促进了交通运输业的发展，蒸汽机车和蒸汽船的出现，大幅缩短了货物和人员的运输时间，提高了物流效率，进一步推动了工业革命的深入发展。

科学技术的革命性突破是工业革命生产力飞跃的关键驱动力。蒸汽机、珍妮纺织机等技术发明，通过提升生产动力、改进生产工具以及推动生产过程的科学化，为工业革命带来了生产力的飞跃式发展。这些技术突破不仅改变了人类的生产生活方式，还推动了社会经济结构的深刻变革。然而，由于在这一阶段中科学技术的发展从属于资本，这种进步的"资本偏向性"导致"死劳动对活劳动的支配"，工人逐渐成为机器的附属品，为劳动异化埋下伏笔。

（三）无产阶级登上历史舞台

"资产阶级不仅锻造了置自身于死地的武器，它还产生了将要运用这种武器的人——现代的工人，即无产者。"[①] 无产阶级是资本主义社会的主要劳动者，他们直接参与物质财富的创造过程，它的形成与发展是社会化大生产的必然结果。随着工厂制度的兴起和工业化进程的加速，大量农村人口涌入城市，成为产业工人。这些工人在为资本主义生产方式带来庞大产业后备军的同时逐渐意识到自身的处境和诉求，开始通过组织和斗争争取自身权益。

无产阶级的形成是资本主义经济的必然产物。工业革命通过技术创新和生产方式的变革创造了巨大的劳动力缺口，同时生产的商品必须有人购买才能实现其价值，故而必须将大量农村人口转化为城市工人。这些工人在工厂中从事高强度、低报酬的劳动，生活条件极其恶劣，只能勉强实现自身的再生产，逐渐沦为机器的附庸。但是，也正是这种恶劣的生存环境

---

① 《马克思恩格斯文集》第 2 卷，北京：人民出版社 2009 年版，第 38 页。

促使无产阶级逐渐觉醒，认识到自身的阶级利益和历史使命。马克思在《共产党宣言》中指出："无产者没有什么自己的东西必须加以保护，他们必须摧毁至今保护和保障私有财产的一切。"无产阶级的形成是生产力发展的产物，为更进一步的社会变革提供了新的动力。

无产阶级是最具有组织性和纪律性的阶级。由于必须被迫接受日复一日的劳动管理，无产阶级逐渐形成了强有力的组织和纪律，这反过来成为了他们向资产阶级抗争的武器。工会的出现是无产阶级组织性的重要体现。工会通过集体谈判、罢工等手段，为工人争取更高的工资、更好的工作条件和更多的权益。恩格斯在《共产党宣言》1892年波兰文版序言中指出："某一国家的大工业越发展，该国工人想要弄清他们作为工人阶级在有产阶级面前所处地位的愿望也就越强烈，工人中间的社会主义运动也就越扩大，对《宣言》的需求也就越增长。"① 对自身权利的争取不仅提高了工人的组织性，还增强了他们的阶级意识和斗争能力。无产阶级的组织性和纪律性使他们在生产中能够高效地完成各项任务，成为推动社会变革的重要力量。

无产阶级是彻底的革命阶级。"在当前同资产阶级对立的一切阶级中，只有无产阶级是真正革命的阶级。其余的阶级都随着大工业的发展而日趋没落和灭亡，无产阶级却是大工业本身的产物。"② 无产阶级的历史使命是推翻资产阶级的统治，它是资本主义社会的掘墓人，是推动社会变革的主力军，其斗争不仅是为了自身的解放，也是为了全人类的解放。马克思强调，无产阶级的解放必须通过无产阶级自身的革命斗争来实现，而这一斗争不仅是为了改善工人阶级现有的生存处境，更是为了实现人类的全面解放。通过无产阶级的斗争，资本主义制度的内在矛盾将被彻底揭露和解决，旧有体制难以容纳的蓬勃生产力将在更加先进的生产关系中得到发展。

---

① 《马克思恩格斯文集》第2卷，北京：人民出版社2009年版，第23页。
② 《马克思恩格斯文集》第2卷，北京：人民出版社2009年版，第41页。

二、工业革命中人性的扭曲

"国民经济学家对我们说,一切东西都可用劳动来购买……但是,他同时又对我们说,工人不但远不能购买一切东西,而且不得不出卖自己和自己的人性。"① 资产阶级借助工业革命在推动生产力飞跃发展的同时,也以种种剥削手段迫使劳动者扭曲其本性,在整个社会掀起了对于财富的畸形崇拜。劳动者为了能够生活,不得不接受资本主义法权的支配与灌输,在劳动规训下逐渐走向异化。

(一) 资本原始积累源于剥削

"资本来到世间,从头到脚,每个毛孔都滴着血和肮脏的东西。"② 马克思在《资本论》中一针见血地揭示了资本原始积累的本质。资本原始积累并非通过"勤劳"或"节俭"实现,而是通过暴力手段对劳动者进行系统性剥夺。这一过程的核心在于将劳动者与其生产资料强制分离,使其沦为只能出卖劳动力的无产者。

工业革命前夕的圈地运动是资本原始积累的典型例证。在英国,地主阶级通过暴力手段将农民从土地上驱逐,将公共土地转化为私有牧场,以满足纺织业对羊毛的需求。马克思指出:"所谓原始积累只不过是生产者和生产资料分离的历史过程。"③ 贵族们攫取了大量产业原料,而失去土地的农民被迫流入城市,成为工厂中的廉价劳动力。这种剥夺不仅使劳动者失去物质基础,更使其陷入对资本的绝对依附。资产阶级通过法律和暴力巩固这一过程,这些"血腥法律"④ 将流离失所的农民定义为"流浪者",施以残酷惩罚,迫使其接受工厂的剥削条件。

资本原始积累的另一个重要来源是殖民掠夺。欧洲列强通过奴隶贸易、资源掠夺和殖民战争,为本土工业化积累了巨额财富。马克思写道:

---

① 《马克思恩格斯文集》第1卷,北京:人民出版社2009年版,第122页。
② 《马克思恩格斯文集》第5卷,北京:人民出版社2009年版,第871页。
③ 《马克思恩格斯文集》第5卷,北京:人民出版社2009年版,第822页。
④ 《马克思恩格斯文集》第5卷,北京:人民出版社2009年版,第843页。

"美洲金银产地的发现,土著居民的被剿灭、被奴役和被埋葬于矿井,对东印度开始进行的征服和掠夺,非洲变成商业性地猎获黑人的场所——这一切标志着资本主义生产时代的曙光。"[1] 殖民地的资源与劳动力被资本主义永不餍足的巨口压榨殆尽,这一切的代价是无数生命的消亡和文明的毁灭。

这种积累方式直接导致了人性的扭曲。劳动者从独立的生产者沦为"自由的"雇佣工人,表面上有选择雇主的权利,实则被迫接受剥削以维持生存。"现代的工人只有当他们找到工作的时候才能生存,而且只有当他们的劳动增殖资本的时候才能找到工作。"[2] 资本通过剥削剩余价值实现增殖,而工人却在劳动中丧失了对自身生活的掌控,成为资本增殖的工具。这种剥削关系不仅剥夺了工人的物质利益,更使其精神陷入异化状态——劳动不再是自我实现的活动,而成为维持肉体生存的被迫行为。

(二) 商品拜物教的文化症候

"商品形式的奥秘不过在于:商品形式在人们面前把人们本身劳动的社会性质反映成劳动产品本身的物的性质……这只是人们自己的一定的社会关系,但它在人们面前采取了物与物的关系的虚幻形式。"[3] 马克思在《资本论》中对商品拜物教的批判,深刻揭示了资本主义社会中人与物关系的颠倒。在工业革命催生的商品洪流中,人类的社会关系被物化为商品交换关系,人的价值被简化为商品的价值。

商品拜物教的根源在于资本主义生产方式。当劳动产品成为商品时,其使用价值被交换价值掩盖,人与人的劳动关系被物的关系取代。一件商品的价值不再体现为制造者的技艺与情感,而是由市场决定的价格标签。马克思强调:"商品世界的这种拜物教性质……是来源于生产商品的劳动

---

[1] 《马克思恩格斯文集》第5卷,北京:人民出版社2009年版,第860—861页。

[2] 《马克思恩格斯文集》第2卷,北京:人民出版社2009年版,第38页。

[3] 《马克思恩格斯文集》第5卷,北京:人民出版社2009年版,第89—90页。

所特有的社会性质。"① 在机械化大生产中，工人沦为生产流程中的一个零件，其劳动成果被抽象为无差别的交换价值，进一步加剧了物化现象。

这种文化症候在社会层面表现为对物质的盲目崇拜。工业革命后，商品种类的爆炸式增长刺激了消费主义文化的兴起。人们通过占有商品来定义自身的社会地位，甚至将幸福等同于物质财富的积累。"劳动为富人生产了奇迹般的东西，但是为工人生产了赤贫。"② 资产阶级唯一关心的就是利润，而工人则被训练成机器的附庸，他们的需求被简化为对最低限度生存资料的需求。商品拜物教不仅扭曲了人的需求结构，还使人与人之间的关系变得冷漠和功利化。

商品拜物教在意识形态领域的影响同样深远。资产阶级通过宣扬"自由市场"和"私有财产神圣不可侵犯"等观念，将剥削关系合法化。马克思指出："统治阶级的思想在每一时代都是占统治地位的思想。"③ 在商品逻辑的支配下，人们逐渐丧失批判能力，将社会不公视为自然法则，甚至将自身的异化状态合理化。

（三）人的本性被异化

"异化劳动把自主活动、自由活动贬低为手段，也就把人的类生活变成维持人的肉体生存的手段。"④ 马克思在《1844年经济学哲学手稿》中提出了"类本质"概念，认为人的本质在于自由自觉的创造性劳动。然而，工业革命将劳动异化为压迫性的活动，使人与其类本质彻底分离。

首先，劳动者与劳动产品相异化。在资本主义生产中，工人创造的财富被资本家占有，反而成为支配工人的异己力量。马克思指出："工人生产的财富越多，他的生产的影响和规模越大，他就越贫穷。"⑤ 工人无法从劳动成果中获得满足感，反而因流水线作业的机械重复而陷入麻木。纺织

---

① 《马克思恩格斯文集》第5卷，北京：人民出版社2009年版，第90页。
② 《马克思恩格斯文集》第1卷，北京：人民出版社2009年版，第158页。
③ 《马克思恩格斯文集》第1卷，北京：人民出版社2009年版，第550页。
④ 《马克思恩格斯文集》第1卷，北京：人民出版社2009年版，第163页。
⑤ 《马克思恩格斯文集》第1卷，北京：人民出版社2009年版，第156页。

工人可能每日生产的衣物能够达到数百件，但这些产品不属于他们，甚至有可能因生产产品过剩导致自身工资下降，进一步加剧了贫困。

其次，劳动者与劳动过程相异化。资产阶级推动下的工业革命将劳动分解为标准化工序，工人被迫适应机器的节奏，丧失了对劳动过程的控制权。马克思描述道，"机器劳动极度地损害了神经系统，同时它又压抑肌肉的多方面运动，夺去身体上和精神上的一切自由活动。"[①] 在工厂中，工人不再是劳动的主体，而是被机器奴役的客体，其创造性被彻底扼杀。

再次，人与自身类本质相异化。马克思认为，人的类本质是自由自觉的创造性劳动，但在异化劳动中，这种本质被颠倒，劳动不再是工人自我实现的手段，而仅仅沦为维持生存的工具。工人在劳动中不是肯定自己，而是否定自己，不是感到幸福，而是感到不幸。他们的劳动被异化为一种被迫的、机械的活动，无法体现人的自由和创造力。这种异化不仅体现在劳动结果和劳动过程上，还体现在工人与自己的类本质的关系上。工人被剥夺了对劳动的控制权，无法通过劳动实现自我价值，从而与自己的类本质相异化。

最后，人与人之间的关系相异化。资本主义将一切社会关系转化为利益交换关系。工人与资本家之间是赤裸裸的剥削关系，工人之间则因竞争而相互疏离。"人同自己的劳动产品、自己的生命活动、自己的类本质相异化的直接结果就是人同人相异化。"[②] 这种异化使劳动者陷入孤独与虚无，丧失了作为"类存在物"的社会属性。

工业革命虽然带来了生产力的飞跃，却以人性的扭曲为代价。要克服这种异化，必须推翻资本主义制度，重建劳动者对生产资料的占有权，使劳动重新成为人充分发挥自身体力和智力的自由自觉活动。唯有如此，人才能复归其类本质，实现真正的解放。

---

① 《马克思恩格斯文集》第5卷，北京：人民出版社2009年版，第486—487页。

② 《马克思恩格斯文集》第1卷，北京：人民出版社2009年版，第163页。

三、资本主义存在固有的弊端

"资本不是一种个人力量,而是一种社会力量。"① 资本主义社会的发展历程中,其内在的矛盾和弊端也逐渐暴露无遗。由于资本的增殖本性,贫富差距固化、经济危机爆发以及生态环境破坏等问题成为了其无法回避的严重问题。这些问题肆意破坏着社会的公平与正义,极大损害了人们的生活质量,对人类赖以生存的家园造成了难以挽回的后果。

(一) 贫富差距的制度性固化

"在一极是财富的积累,同时在另一极,即在把自己的产品作为资本来生产的阶级方面,是贫困、劳动折磨、受奴役、无知、粗野和道德堕落的积累。"② 在资本主义社会中,贫富差距呈现出一种制度性固化的态势,这种差距并非偶然或暂时的现象,而是因资本的增殖本性而深深植根于资本主义的经济制度和运行机制之中。

从资本主义的生产方式来看,资本积累是其核心特征之一。"随着资本的增长,这种关系不是更为加强,而只是更为扩大,也就是说,资本的剥削和统治的范围只是随着它本身的规模和它的臣民人数的增大而扩大。"③ 资本家通过剥削工人的剩余价值来实现资本的积累和增值,而工人则只能获得维持其劳动力再生产所需的微薄工资。随着资本积累的不断增加,资本家的财富呈几何级数增长,而工人阶级的收入增长却极为有限,甚至在某些情况下会出现停滞或下降。这种基于资本积累的贫富差距扩大,是资本主义制度下难以避免的现象。

资本主义的分配制度加剧了贫富差距的固化。在资本主义社会,生产资料归资本家私人所有,劳动者只能出卖劳动力以获取工资。这种按资分配的原则使得财富越来越集中于少数资本家手中,而广大劳动者则只能获

---

① 《马克思恩格斯文集》第 2 卷,北京:人民出版社 2009 年版,第 46 页。
② 《马克思恩格斯文集》第 5 卷,北京:人民出版社 2009 年版,第 743—744 页。
③ 《马克思恩格斯文集》第 5 卷,北京:人民出版社 2009 年版,第 713 页

得相对较少的报酬。"资本的积累就是无产阶级的增加。"① 换言之，社会总财富的增长与赤贫者的增长是同步的，即使在经济发展的过程中，劳动生产率不断提高，但劳动者所获得的收益增长幅度远远低于资本家所获得的利润增长幅度，这种分配不公使得贫富差距不断拉大，并且在资本主义制度下难以得到有效改变。

资本主义社会的教育、医疗等社会资源分配也呈现出明显的不平等。优质的教育资源往往集中在富裕地区和富裕家庭，贫困地区的教育资源相对匮乏，这就使得贫寒家庭的子女难以通过教育改变自己的命运，从而在未来的就业和收入分配中处于劣势地位。同样，医疗资源的分配也不均衡，富人能够享受到高质量的医疗服务，而穷人则可能因无力承担医疗费用而无法得到及时有效的治疗。这些社会资源分配的不平等进一步加剧了贫富差距的固化，使得社会阶层之间的流动性降低，贫困者难以摆脱贫困，富裕者则越来越富裕。

资本主义国家的政策也维护了这种贫富差距的固化。尽管有些资本主义国家以高额遗产税掩饰资产者世代膨胀的财富，但事实上他们又以设立慈善基金等方式实现税额减免，而对于赤贫者的税收他们反而锱铢必较。"资产阶级也装出一副无限慈悲的样子，——但只是在他们自己的利益需要这样做的时候才如此。"② 虽然资本主义国家建立了一定的社会保障体系，但其保障水平往往较低，难以满足贫困者的基本生活需求，而且社会保障资金的筹集和分配也存在着不公平现象，使得贫困者在社会政策的实施过程中受益有限，而富裕者则能够通过各种渠道获取更多的社会资源和福利。

这种贫富差距的制度性固化，不仅导致了社会的不公平和不公正，还引发了一系列社会问题。贫富差距过大使得社会矛盾不断激化，阶级对立情绪日益严重，社会的稳定与和谐受到严重威胁。同时，贫富差距的扩大也影响了社会的消费和经济增长，由于广大劳动者的收入有限，消费能力不足，导致市场需求不足，从而制约了经济的持续健康发展。

---

① 《马克思恩格斯文集》第 5 卷，北京：人民出版社 2009 年版，第 709 页。
② 《马克思恩格斯文集》第 1 卷，北京：人民出版社 2009 年版，第 480 页。

（二）经济危机的周期性爆发

资本主义经济危机的周期性爆发是资本主义经济制度的另一个显著弊端。"一切现实的危机的最终原因，总是群众的贫穷和他们的消费受到限制，而与此相对比的是，资本主义生产竭力发展生产力，好像只有社会的绝对的消费能力才是生产力发展的界限。"① 事实上，资本主义经济危机的根源在于：生产社会化与生产资料私人占有之间的矛盾所导致的生产过剩与消费不足的周期性冲突。自资本主义诞生以来，经济危机就如同幽灵一般伴其左右，并且呈现出一定的周期性规律。

"从资本主义生产方式产生的资本主义占有方式，从而资本主义的私有制，是对个人的、以自己劳动为基础的私有制的第一个否定。"② 在资本主义社会中，生产资料归资本家私人所有，而生产过程却具有高度的社会化特征，大量的劳动者在资本家的组织下进行生产，生产出来的产品也面向整个社会市场进行销售。然而，由于生产资料的私人占有，资本家追求的是利润最大化，他们不断扩大生产规模，提高劳动生产率，以获取更多的剩余价值。与此同时，劳动者的工资增长却相对缓慢，导致社会的有效需求不足，生产的商品无法顺利实现销售，进而引发经济危机。

经济危机的周期性爆发与固定资本更新周期密切相关。在资本主义生产过程中，固定资本如机器设备等需要定期进行更新和替换。当固定资本处于更新高峰期时，资本家会大量投资于新设备的购置和技术改造，这会刺激经济的繁荣发展，但随着固定资本更新的完成，投资需求逐渐减少，经济又会陷入衰退。马克思指出："随着资本主义生产方式的发展，生产资料的变换也加快了，它们因无形损耗而远在有形寿命终结之前就要不断补偿的必要性也增加了……为周期性的危机造成了物质基础。"③ 每当固定资本更新周期结束，经济就会出现生产过剩、市场萎缩、企业倒闭、失业

---

① 《马克思恩格斯文集》第7卷，北京：人民出版社2009年版，第548页。
② 《马克思恩格斯文集》第5卷，北京：人民出版社2009年版，第874页。
③ 《马克思恩格斯文集》第6卷，北京：人民出版社2009年版，第206—207页。

增加等一系列危机现象。

信用制度影响经济危机的周期性爆发。在资本主义市场经济中，信用制度的发展使得资本的流动和扩张更加迅速，但同时也增加了经济的不稳定性。资本家通过信用手段可以获得大量资金以扩大生产，但一旦信用链条出现断裂，就会引发金融市场的恐慌和崩溃，进而导致整个经济体系的危机。"这种混乱和停滞……会在许许多多点上破坏按一定期限支付债务的锁链，而在随着资本而同时发展起来的信用制度由此崩溃时，会更加严重起来，由此引起强烈的严重危机"[①]。信用的过度扩张和滥用使得经济泡沫不断膨胀，当泡沫破裂时，经济就会陷入严重的危机之中。

周期爆发的经济危机是悬在资本主义头顶的达摩克利斯之剑。1825年英国首次普遍性生产过剩危机、1873年长萧条、20世纪70年代滞胀危机等，均印证了这一规律。当代资本主义试图通过量化宽松、债务扩张延缓危机，却使全球债务规模突破300万亿美元，为更大规模的危机埋下伏笔。资本主义的经济政策并不能从根本上消除经济危机的根源，因为这一切措施都只是在一定程度上对经济运行进行调节和干预，并没有改变资本主义的基本经济制度和生产关系，只要资本主义的基本矛盾依然存在，经济危机的周期性爆发就难以避免。

（三）生态环境的系统性破坏

"资本主义生产……破坏了一切财富的源泉——土地和工人。"[②] 马克思在《资本论》中提出的"新陈代谢断裂"理论，揭示了资本主义对自然资源的掠夺性开发。追求无限增殖的资本逻辑，必然将自然视为免费仓库和垃圾场，导致生态系统的不可逆破坏。资本主义的生产方式和发展模式对生态环境所造成的系统性的破坏不仅威胁着人类的生存和发展，也对整个地球的生态平衡产生了严重的负面影响。

在资本主义社会中，资本家追求利润最大化的本性驱使他们不断扩大生产规模，过度开发和利用自然资源。马克思在《资本论》中指出："资

[①] 《马克思恩格斯文集》第7卷，北京：人民出版社2009年版，第283页。
[②] 《马克思恩格斯文集》第5卷，北京：人民出版社2009年版，第580页。

本主义农业的任何进步,都不仅是掠夺劳动者的技巧的进步,而且是掠夺土地的技巧的进步"①。为了降低生产成本,提高生产效率,资本家往往会选择低成本的能源和原材料,而忽视对环境的保护。大量的工厂在生产过程中排放大量的废气、废水和废渣,对空气、水和土壤造成严重污染,导致生态系统的破坏和生物多样性的减少。

发达国家通过生态殖民主义推卸环保责任。在资本主义国家发展过程中,"它使未开化和半开化的国家从属于文明的国家,使农民的民族从属于资产阶级的民族,使东方从属于西方"②。发达资本主义国家自己享受着发展的成果,却把生产过程中伴生的大量污染和疾病出口到欠发达国家,例如美国将电子垃圾倾倒至加纳,日本向越南出口废旧金属,澳大利亚向印度尼西亚出口废纸等。全球大部分的碳排放由发达国家历史累积,但最严重的干旱与饥荒却往往由"全球南方"国家承受。

资本主义的经济增长模式加剧了生态环境的破坏。资本主义经济以消费主义为核心,鼓励人们过度消费,从而刺激经济增长。这种消费主义文化使得人们对物质财富的追求永无止境,导致资源的过度消耗和浪费。1929年美国爆发了经济大萧条,牛奶市场供过于求,奶农手中积压的货品无法卖出,但是城市里的民众却又无力承担牛奶的价格。由于销售价格低于生产成本,资本家为了稳定价格,宁愿将牛奶倒进河里也不肯降低售价。马克思指出,如果由商品到货币这"惊险的跳跃"无法完成,那么"摔坏的不是商品,但一定是商品占有者"③。资本家们一方面不断增加自身所侵占的剩余价值,另一方面又试图让劳动者购买尽可能多的产品,导致了资源的浪费与环境的破坏。

面对生态环境的系统性破坏,恩格斯在《自然辩证法》中警告道:"但是我们不要过分陶醉于我们人类对自然界的胜利。对于每一次这样的

---

① 《马克思恩格斯文集》第5卷,北京:人民出版社2009年版,第579页。
② 《马克思恩格斯文集》第2卷,北京:人民出版社2009年版,第36页。
③ 《马克思恩格斯文集》第5卷,北京:人民出版社2009年版,第127页。

胜利,自然界都对我们进行报复。"① 生态环境的系统性破坏已经给人类带来了诸多严重的后果。空气污染导致呼吸道疾病、心血管疾病等发病率上升,水污染影响饮用水安全,土壤污染影响农作物的生长和质量,生物多样性的减少破坏了生态系统的平衡,引发了一系列生态问题,如气候变化、自然灾害频发等。这些问题不仅影响着当代人的生存和发展,也对子孙后代的福祉构成了严重威胁。

资本主义社会虽然也采取了一些环境保护措施,如制定环境法规、推广清洁能源等,但这些措施往往受到资本家利益的制约,难以得到有效实施。因为在资本主义制度下,资本家追求利润的本性使得他们不愿意承担过多的环境成本,而政府在制定和实施环境政策时也往往受到资本集团的影响和干扰,导致环境保护政策的执行力度不够,效果有限。

第二节 对资产阶级革命放弃人民的批判

在历史的长河中,英国、法国、德国先后爆发的资产阶级革命,无疑是具有重大影响力的事件。英国光荣革命奠定君主立宪制基础,法国大革命推翻封建统治,德国统一过程中资产阶级力量不断壮大,这些革命使社会在一定程度上挣脱了封建枷锁,促进了思想解放与经济发展。然而,革命浪潮汹涌,却未能真正改变人民命运,财富与权力集中在资产阶级手中,广大人民群众依旧处于被压迫、被剥削的社会底层,承受着沉重的生活负担,生活在贫困与苦难之中。

一、英国资产阶级革命放弃了人民

英国资产阶级革命作为近代历史上具有里程碑意义的事件,推翻了封建专制制度,确立了资本主义生产关系的主导地位。然而,这场革命并未

---

① 《马克思恩格斯文集》第 9 卷,北京:人民出版社 2009 年版,第 559—560 页。

实现其宣称的"自由"与"平等"的理想,并以其固有的阶级局限性,在经济和文化领域,使用暴力的剥夺手段夺取广大人民群众的物质资料,传播与灌输资产阶级文化塑造人民群众的顺从意识。马克思和恩格斯在其著作中多次批判英国资产阶级革命的虚伪性,指出其本质是一场以资产阶级利益为核心的革命,而非真正的人民解放运动。

(一) 资产阶级的固有局限性

英国资产阶级革命是近代欧洲历史上的重大事件,它标志着封建制度的衰落和资本主义的兴起。然而,这场革命在推动社会变革的同时,也暴露出其深刻的阶级局限性,尤其是议会制度、选举制度以及司法体系改革,不过是资产阶级借以追求个人利益、满足私欲的工具和遮羞布而已,广大人民群众的利益被视为微小之物,被排斥在全局之外。

一是议会制度:阶级统治的精致外衣。英国的议会制度起源于1265年,从孟福尔创立等级代表机构,到1640年英国资产阶级革命,在这近400年的时间内,英国议会只不过是国王的御用工具,既没有建立起相对正规的制度,也不是真正全国性的代议机关。1688年,英国建立了由资产阶级与土地贵族共同执政的君主立宪制度,才使议会与国王的地位发生了根本性的变化。1689年通过的《权利法案》和1701年通过的《王位继承法》,限制了王权,作为国家的最高立法与权力机构,议会承担着重要的政治职能。然而,在英国资产阶级革命的历史进程中,议会制度表面上标榜着"民主"与"自由",实则成为资产阶级巩固统治的工具,其最终结局呈现出资产阶级与土地贵族之间达成政治妥协的特征。他们通过复杂的议事程序和繁琐的立法过程,将普通民众的诉求隔绝在权力殿堂之外。议会的运作完全服务于资本利益,通过制定有利于工商业发展的政策,确保资产阶级在经济和政治上的双重优势。这种制度设计使得议会成为资产阶级的"私人俱乐部",普通民众根本无法通过正常渠道参与政治决策。议会的"代表性"被精心设计为一种假象,实质上维护着资产阶级的既得利益。

二是选举制度:民主面具下的权力垄断。革命后的选举制度设置了严格的财产资格限制,选举权垄断制造虚假民主将广大劳动人民排除在政治参与之外。在郡选区,以土地所有权为基础,凡年净收入在40先令以上的自由持有农才享有选举权;在城市选区,对选民资格的规定较为繁琐,但基本条件是交纳地方税的男性户主,有土地产权的人、地方自治团体等。这种制度设计确保了资产阶级对政治权力的绝对控制。至于在选举中买卖议席、公开贿赂和指派议员等现象更是司空见惯。恩格斯深刻地揭露出:"下院通过它的贿选问题调查委员会宣布,下院是靠贿赂被选出来的……没有一个人能说自己的席位不是靠贿赂而是通过选民的自由选举获得的。"① 选举成为少数人的特权游戏,所谓的"民主"不过是资产阶级内部的权力分配机制。这种选举制度制造了一种虚假的民主幻象,正如马克思所言:"议会的辩论,新闻出版自由,盛大的人民集会,选举,陪审团,这些都不能不影响到米歇尔的懦怯心灵,于是他就在惊讶之余把这美好的假象当成了真事。"② 资产阶级所谓的自由民主让民众误以为自己生活在民主制度之下,实则完全被剥夺了政治权利。

三是司法体系:资本特权的守护者。作为西方文明发展进程中的重要里程碑,英国率先形成了具有现代特征的市民社会形态,国家领域与社会领域、政治系统与经济系统逐步分化。这种分化在英国呈现出两个维度:其一是普通法院司法独立体制的确立,其二是议会代议制度的形成与完善。在司法独立体制的框架下,英国通过普通法院体系的运作,实现了君主财产权与统治权的有效分割,同时完成了经济领域与政治领域的制度性分离。但是法律却成为保护资本特权的工具,资产阶级利用其对法律知识的垄断,建立起一套有利于自身利益的法律体系。这些司法程序未能惠及广大人民群众,法律上的平等只存在于契约形式,而"饥饿纪律"迫使工人接受剥削,法官通过复杂的法律程序和专业的法律术语,成为了"资产阶级金钱利益的守夜人"。司法独立的口号下,掩盖的是对资本利益的绝对维护。普通民众在法律面前处于绝对弱势,根本无法获得真正的司法公正。

---

① 《马克思恩格斯全集》第3卷,北京:人民出版社2002年版,第567页。
② 《马克思恩格斯全集》第3卷,北京:人民出版社2002年版,第496页。

(二) 通过土地私有制使经济剥夺合法化

英国资产阶级革命在经济领域的变革，表面上以"自由"和"进步"为旗帜，实则通过圈地运动，将人民的经济权利剥夺合法化。这一过程不仅巩固了资产阶级的统治地位，更将无产阶级推向贫困与依附的深渊。马克思在《资本论》中深刻揭示了这一历史进程的本质，指出所谓"原始积累"不过是"用不可磨灭的血和火的文字载入人类编年史的"①。

圈地运动是资产阶级与新兴地主阶级联合推动的土地私有化进程，其核心目标是摧毁传统农业经济，为资本主义生产方式扫清障碍。马克思尖锐指出："在原始积累的历史中，对正在形成的资本家阶级起过推动作用的一切变革，都是历史上划时代的事情；但是首要的因素是：大量的人突然被强制地同自己的生存资料分离，被当作不受法律保护的无产者抛向劳动市场。对农业生产者即农民的土地的剥夺，形成全部过程的基础"②。1640年英国内战爆发后，资产阶级控制的议会通过《骑士领废除与补偿法》废除封建土地保有制，从此，附有封建义务的封土在理论上成为具有市场品格的私人财产，土地成为纯粹的经济形式。这一政策使地主和资产阶级得以合法圈占公地和农民份地。17—18世纪，英国颁布了一系列的圈地法案以支持贵族、地主和富商等阶层对土地的私有化，允许地主通过议会审批强制圈地，农民被迫以极低补偿放弃土地，这种土地用途的转变直接导致农村人口大规模赤贫化。

英国资产阶级革命并未使底层民众摆脱穷困潦倒的生活。无论是1601年《伊丽莎白济贫法》，还是1834年议会通过的《济贫法（修正案）》都是假借慈善名义将工人困锁在资本牢笼中。马克思先是揭露了旧《济贫法》的实质，他认为："诚然，委员们还没有野蛮到这种程度，让人活活地饿死甚至在济贫法委员会的委员看来也有点太可怕了。他们说，好吧，你们穷人有生存的权利，但是也仅仅是生存的权利；然而你们没有繁殖的权利，也没有像人一样生存的权利。你们是国家的祸害，即使我们不能像

---

① 《马克思恩格斯全集》第43卷，北京：人民出版社2016年版，第770页。
② 《马克思恩格斯全集》第44卷，北京：人民出版社2001年版，第823页。

消灭其他任何祸害一样立刻把你们消灭掉,你们自己也应当感觉到自己是祸害……你们活着只是为了对所有那些也有可能成为多余者的人起警示作用"①。然后又对新《济贫法》规定的接受救济者必须进入"习艺所"从事纺织、采矿等强制劳动作出如下判断:"这种习艺所,或者如人民所称呼的'济贫法巴士底狱'的设施,足以吓退每一个还有一点希望可以不靠这种社会慈善事业过活的人。为了使穷人只是在万不得已时才去请求救济……把习艺所变成一个令人望而生畏的居留地。那里的伙食比最穷的就业的工人吃的还要差,而工作却更繁重……住习艺所的人很少见到肉,特别是鲜肉;吃的多半是土豆、最差的面包和燕麦粥……甚至监狱里一般的伙食也比这里好,因此,住习艺所的人为了能够进监狱,常常故意犯一点罪"②。此外,《工厂法》掩盖了资产阶级的剥削本质,十小时工作制法案是资本对劳动力掠夺的暂时让步,实则通过提高劳动强度榨取更多剩余价值,加剧了无产阶级的贫困化。

(三) 通过意识形态工具使剥削自然化

在英国资产阶级革命期间,资产阶级不仅通过政治和经济手段巩固其统治,还借助意识形态工具将这种剥削合理化、自然化,使人民安于被剥削和被压迫的地位。通过文化宣传和道德规训,资产阶级成功地将资本主义生产关系塑造为"天经地义"的社会秩序,消解了底层民众的反抗意识,使剥削制度在思想层面获得合法性。

1641 年由王室管制出版的《星室法院法令》在抗争下取消,1694 年"报纸执照令"被废除,英国从此开启了整个世界的"出版自由"的历史,"任何人均可办报"。虽然在一定程度上促进了思想解放,但也仅限于当时社会所认可的"上流人",资产阶级清教主义通过文化传播,宣扬"劳动是上帝赋予的天职",将无休止的工作神圣化。资产阶级借此将工人的高强度劳动合理化,掩盖剩余价值的剥削本质。工人被迫接受"勤劳致富"的道德枷锁,而资本家的财富积累则被美化为"上帝恩典"。资产阶级通

---

① 《马克思恩格斯文集》第 1 卷,北京:人民出版社 2009 年版,第 487 页。
② 《马克思恩格斯文集》第 1 卷,北京:人民出版社 2009 年版,第 487 页。

过控制知识传播，确保意识形态的单一性。弥尔顿在《论出版自由》中呼吁开放言论，但其主张仅服务于资产阶级知识分子，底层民众仍被排除在文化参与之外。资产阶级通过控制媒体塑造有利于自身利益的舆论环境，并且借以控制教育体系，将知识资源垄断为阶级特权，阻断无产阶级的上升通道。英国资产阶级革命在文化领域的实践，暴露出其阶级本质的深刻矛盾：它以"自由"为名发动革命，却在文化层面构筑起新的压迫高墙。通过宗教规训、教育垄断和文化霸权，资产阶级将人民的精神世界纳入资本逻辑的牢笼，使文化从解放的武器异化为统治的工具。

所谓"自由市场"的基石，实则是无数劳动者的血泪与枷锁。这一历史教训深刻说明，资产阶级革命的"进步性"始终受其阶级局限性的束缚，真正的社会、人民解放必须超越资本主义制度本身。

二、法国大革命脱离了人民

作为欧洲历史悠久的封建制国家，法国的封建统治体系具有深厚的历史根基。公元486年，克洛维一世在苏瓦松战役胜利后创建了墨洛温王朝，这一事件被视为法国封建制度的起源。随着历史演进，特别是在加洛林王朝时期，法国逐步构建起完整的封建等级体系与君主政体架构，这一制度在中世纪得到了进一步强化与完善。16世纪初，随着资本主义经济因素的萌芽，法国进入了封建君主专制的历史阶段。至17世纪后期，在路易十四的长期统治下，法国不仅实现了欧洲霸权地位，其封建专制制度也臻于极盛。然而，这种表面的繁荣背后却隐藏着深刻的社会危机。随着封建制度的衰落，18世纪的法国在经济、政治及意识形态等领域均陷入了系统性危机，为后来的社会变革埋下了伏笔。法国大革命（1789—1794年）的历史叙事常被简化为"自由战胜专制"的史诗，但其本质是资产阶级借助人民力量完成自我解放的阶级革命，而其制度设计与实践过程又始终将人民排除在权力与利益的分配之外。

（一）资产阶级主导的权力重构

法国大革命常被冠以"自由、平等、博爱"的崇高理想，但其本质是一场由资产阶级领导、以资本主义秩序取代封建制度的阶级革命。马克思明确指出："例如1793年和1794年在法国，它们只不过是为实现资产阶级的利益而斗争"①。革命的爆发固然源于旧制度的全面危机——财政崩溃、贵族特权与第三等级的长期压抑——但革命的方向和成果始终由资产阶级把控。1789年三级会议向国民议会的转变，标志着资产阶级精英通过政治话语权的夺取将自身利益包装为"全民意志"。他们借用启蒙思想家的理论，却在实际操作中刻意模糊阶级差异，例如当《人权宣言》宣称"人生而自由平等"时，其第17条特别强调"财产权神圣不可侵犯"，这一条款直接服务于资产阶级对教会和贵族土地的掠夺。这种经济权力的再分配，暴露了革命领导层与底层民众的根本利益分歧。

资产阶级对民众力量的利用与排斥贯穿革命全程。在攻占巴士底狱、推翻君主制的关键节点，巴黎"无套裤汉"和农民起义提供了暴力支持，但一旦旧秩序崩溃，资产阶级立即着手限制民众参与。1791年宪法通过设立财产选举资格，规定只有"积极公民"才享有选举权和被选举权，"消极公民"不能享有选举权和被选举权。1793年雅各宾派虽在民众压力下短暂推行普选制，却以"革命需要集中"为由，实际架空地方自治。并且在这一时期，民众朴素地认为只有实现经济上的平等才能保证政治上的自由，而实行最高限价是真正实际地建立平等的基础，同时，人民群众也提出制定新的土地法，1793年对制定土地法的要求，在农村中的贫农中间已成为普遍的现象了。但是吉伦特派极力反对最高限价和土地法，宣布要求规定最高限价与土地法者是奸细，1793年国民公会还公布了一个法律，"凡宣传土地法者处死刑"。这就意味着大工商业资产阶级的利益和人民群众的利益是针锋相对、势不两立的。雅各宾派的首领们如罗伯斯庇尔和马拉，虽然同情人民的苦难，但他们是资产阶级的革命民主派，还受着资产阶级阶级性的限制，因而也不同意最高限价与土地法，对于人民群众的要求并没有支持。至1795年督政府时期，政治权力彻底沦为富裕阶层的专利。可见，资产阶级在需要时召唤人民，在胜利后便将其驱回地下室。

---

① 《马克思恩格斯文集》第2卷，北京：人民出版社2009年版，第74页。

（二）制度实践中的结构性排斥

革命后的制度设计，系统性将民众排除在权力与利益分配之外。政治上，代议制民主的框架下隐藏着严密的阶级筛选机制。1791 年宪法规定，参选议员需缴纳相当于 54 天工资的"白银税"，这使立法机构成为资产阶级的俱乐部。即便在激进的 1793 年宪法中，尽管名义上承认普选权，但国民公会通过《嫌疑犯法令》将数千名底层活动家投入监狱，以"革命纯洁性"之名清除异己。经济上，资产阶级主导的政策始终维护私有财产至上原则。雅各宾派的"最高限价令"看似回应民众诉求，实为战争时期的临时管制；热月政变后，督政府立即恢复市场自由，导致粮价飞涨，1795 年巴黎面包价格达到工人日均工资的 3 倍，引发"葡月暴动"，而镇压暴动的正是后来成为拿破仑政变工具的青年军官。

法律体系同样折射出阶级偏见。1804 年《拿破仑法典》被誉为革命成果的集大成者，但其条文深刻服务于资产阶级秩序，比如在制定律法时，拿破仑要求，法律必须是优先选择为资产阶级服务，因此在拿破仑的执政和统治期间，并没有颁布任何有关维护农民权力的法律。而且资产阶级统治下，对农民的剥削问题依然很严重。因此对于农民来说这部法典对他们没有任何改变，他们刚刚摆脱封建地主阶级奴隶的命运，又成为了资产阶级的奴隶。民法典虽然宣告劳动自由，但同时规定凡是发生劳工纠纷，法官以雇主所言为依据。拿破仑还先后发布法令，规定警察可以佩戴身份证去禁止工会活动和罢工，违者入狱，并授权警察局长可以任意处置工资纠纷。革命成果最终以法典形式巩固，明确保护私有财产、契约自由和家庭父权，却未触及工人结社权或社会福利。农民虽获得部分土地，但高利贷和土地兼并导致其再度陷入贫困，为 19 世纪农村动荡留下了祸根。这种制度化的排斥，证明革命所建立的"平等"仅是形式上的法律平等，而非实质性的社会经济权利共享。

（三）民众抗争与历史叙事的张力

尽管遭到系统性排斥，民众并未沉默接受被安排的命运，他们的抗争构成了革命的另一条暗线。1792年"九月屠杀"迫使立法议会废除君主制；面对暴力事件的爆发，君主立宪制政治的不稳定，六名国民立法议会成员负责监督随后的选举（1792年9月2日到6日）。基于废除君主制和起草新宪法的理念，组成了国民公会，宣布共和国的成立和收回国王的权力成为国民公会首先要做的事。1793年群众通过武装示威促成吉伦特派倒台，推动雅各宾派实施限价政策。在外省，农民以纵火、抗税等方式反抗土地政策的不公，旺代地区甚至因反对宗教迫害爆发大规模叛乱。这些抗争虽未改变权力结构，却迫使统治集团做出短暂让步，并埋下后续革命的种子。

历史叙事对民众角色的遮蔽与重构，进一步凸显革命的矛盾性。19世纪自由主义史学家米什莱将革命塑造为"全民族追求自由的史诗"，刻意淡化阶级冲突。20世纪修正派学者弗朗索瓦·傅勒指出，旧贵族与资产阶级的利益存在交织，而民众也非被动工具——他们有自己的宗教传统和地方自治诉求，与巴黎的中央集权政策激烈冲突。这种多元叙事表明，革命不仅是阶级权力的更迭，更是现代性内在张力的爆发，启蒙理性与传统信仰的冲突、形式平等与实质正义的悖论、个人自由与集体福祉的对抗，都在革命进程中暴露无遗。

资产阶级统治集团在利用民众力量推翻旧秩序后，必然面临自身特权与民众诉求的冲突。这种冲突的持续存在，使得革命既是解放的起点，也是新压迫的开端。法国大革命本质是一场以资产阶级为领导、依靠民众力量推翻封建制度，但最终服务于资本主义秩序建构的革命。其"脱离人民"体现在将政治权利与财产绑定、忽视经济平等诉求，但革命同时释放了普世性政治理念，成为后续社会斗争的基石。这一矛盾恰恰揭示了现代性进程中自由与平等、形式权利与实质正义的永恒张力。

三、普鲁士王国的政治变革远离了人民

自1807年起，斯泰因—哈登堡领导的普鲁士改革运动对传统社会进行深刻的现代化转型改革，标志着普鲁士在构建现代国家进程中迈出了关键步伐，同时也深刻影响了德意志的历史走向。然而，当历史的车轮

滚滚向前驶向未来之际，却将人民遗留在了身后。普鲁士的现代化进程始终围绕"国家理性"展开，其政治体制通过官僚集权化、军事优先战略与有限改革构建了独特的"防御性现代化"模式。这种以容克贵族与君主联盟为核心的权力结构，导致政治变革与民众诉求之间形成制度化疏离。

（一）封建改良的剥削本质

1807年10月普鲁士国王颁布第一道敕令——《关于放宽土地所有权、自由使用不动产以及改善村民个人状况的敕令》，又称《十月敕令》，该法令规定废除农民的人身依附关系，对世袭的土地持有者，从公布之日起这种人身依附关系立即废除，对于非世袭的土地持有者和无地农民，则从1810年圣马丁节（11月11日）起废除，禁止建立新的人身隶属关系；废除对土地买卖和流通中的种种封建限制，所有国民均享有各种不动产之所有权和买卖权；允许容克地主兼营工商业，亦允许市民和农民自由选择职业。该法令成为普鲁士资产阶级改革开始的标志，也是施泰因—哈登贝格改革最主要的措施之一。但敕令仍保留农民的一切义务以及容克地主的审判权和行政权[①]。这实际上将土地所有权与人身自由剥离，导致大量农民在失去法律束缚的同时，也失去了生存根基。1807年改革解放了土地，却未解放土地上的人。法令规定农民必须向容克地主支付相当于25—30倍年收入的赎金才能获得土地所有权，这种天文数字的赎买条件使得83%的农民被迫放弃土地沦为佃农。更具讽刺意味的是，1816年《调整法令》进一步将改革范围限定在拥有马匹的"殷实农户"，将占总人口72%的小农排除在法律保护之外。这种精心设计的自由化进程，使容克贵族在1807年—1848年间兼并超过40万公顷土地，建立起以集约化庄园经济为基础的"普鲁士道路"。

农业领域的变革催生了职业选择的自由化与社会阶层的流动性，这一趋势对传统城市的组成影响显著。为应对由此引发的社会动荡，施泰因于

[①] 王觉非主编：《欧洲历史大辞典 上》，上海：上海辞书出版社2007年版，第937页。

1808年11月19日推出了《普鲁士王国各城市规程》。该法规旨在通过减少国家干预、增强城市自治权限，从而提升城市应对社会变迁的韧性。根据普鲁士颁布的行政改革条例，国家与城市间的权力分配体系得到了系统性重构。在权力配置方面，中央政府维持了对地方的最高监管权限、司法管辖权及特定范围的警务职能，其余治理职能则授权市级行政机构行使。在地方治理层面，市政管理机构的产生采用了代议制模式，由符合资格的市民选举产生市参议会，以此实现地方自治。然而，这种选举制度设定了严格的经济门槛：仅当年收入达到150塔勒（在主要城市为200塔勒）的市民才享有选举资格。这一财产限制性条款实质上将城市贫困阶层和大部分手工业从业者排除在政治参与之外，形成了基于经济地位的政治权利不平等现象。

（二）虚假宪政的阶级本质

马克思认为，德国对政治革命是最无能为力的，因为德国资产阶级的无能就是德国政治上的无能①。尽管普鲁士改革试图维持弗里德里希政权的性质，但君权实际上发生了变化，绝对君主制受到了冲击。变化的力量不是来自法国宪政所表达的分权原则，即行政—立法—司法三权分立，而是来自行政内部权力重新分配的需要，从现实政治的逻辑出发，普鲁士改革就是统治集团内部利益的重新分赃，资产阶级的贪欲升级。

普鲁士1850年宪法是在1848年革命背景下形成的君主立宪制宪政文件。该宪法以1848年12月5日颁布的宪章为基础，经全面修订后形成最终119条文本，确立了普鲁士王国的基本政治架构。该宪法在法律层面规定了普鲁士为君主国，明确规定，普鲁士实行世袭君主制，国家元首不仅独揽行政大权，还通过立法否决权实际控制立法进程。宪法特别强调"君主神圣不可侵犯"原则，从法理层面强化了王权的至高地位。立法机构采用两院制。贵族院议员由君主直接任命终身任职或世袭产生，平民院则通过有限选举制产生。值得注意的是，选举制度设置严

---

① 《马克思恩格斯全集》第3卷，北京：人民出版社2002年版，第390—391页。

格的财产资格限制,仅有产者才具备选民资格。这种基于经济地位的选举权分层制度,有效确保了容克贵族与大资产阶级在立法机构中的主导地位,却始终将民众视为管理对象而非权利主体,形成了具有普鲁士特色的等级代议制模式。

(三) 军国主义吞噬社会资源

普鲁士的军事化进程绝非单纯的国防建设,而是一场以国家机器为载体的社会资源掠夺运动。自18世纪弗里德里希大帝确立"军队拥有国家"的统治逻辑后,军事优先原则逐渐渗透到国家治理的每个毛细血管,至19世纪中叶,这种畸形的资源配置严重挤压了民生领域的发展空间。

普鲁士的财税体系构建起军事优先的输送管道。军事工业的畸形膨胀制造出虚假繁荣。当英国将工业利润投入纺织机改良时,普鲁士的资本在铸造克虏伯大炮,这种发展路径为日后经济结构性危机埋下祸根。并且,普遍兵役制演变为全民服役的枷锁,军事训练对劳动力的摧残超出表面认知。普鲁士劳工要承受日常工作与军事训练的双重压榨。1918年德国战败,普鲁士军国主义的神话轰然崩塌,暴露出了现代化道路的致命缺陷,士兵骸骨堆砌的军事霸权,消耗了德国工业革命积累的资本,这种将国家与军队等同的畸形发展模式证明,当军事逻辑凌驾于人的价值之上时,所谓"强国崛起"不过是权力集团掠夺全民的遮羞布。普鲁士的教训警示后世,任何将民众视为战争耗材的现代化,终将在血腥的因果链中走向自我毁灭。

普鲁士的"改革奇迹"本质上是封建势力与资产阶级的交易,前者以法律与制度现代化延续专制统治,后者以资本渗透获取超额利润。当容克地主高呼"祖国统一"时,他们真正捍卫的是庄园与债券;当资产阶级赞美"宪政进步"时,他们真正渴求的是市场与垄断。普鲁士的道路证明,任何脱离人民利益的"变革",终将沦为压迫者的工具。这一教训至今仍警示着世人,真正的进步必须打破阶级特权的牢笼,将权力与财富归还于人民。

第三节　对欧洲各种运动和思想忽略人民的批判

思想是时代的声音。"世界潮流，浩浩荡荡，顺之则昌，逆之则亡"。近代以来的欧洲，经过宗教改革、启蒙运动以及各类先进思潮的影响，逐渐打破了中世纪神权与封建专制的双重枷锁，高扬人的理性，倡导自由、民主、平等，一定程度上推动了个体意识的觉醒和人的解放，为马克思人民立场形成提供了思想基础。

一、宗教改革未能解放人性

公元16—17世纪，随着经济社会发展，欧洲封建社会内部矛盾日益尖锐，社会进入大动荡和大转变时期。在这一百多年间，一场重大宗教、政治和社会运动在欧洲大陆展开。这场运动极大地打破了宗教神权对思想的桎梏，一定程度上将人从宗教统治中解放出来，促进了欧洲封建社会的解体和资本主义的发展，对整个欧洲乃至世界历史进程产生了极其深刻的影响。这一场变革运动就是著名的"宗教改革运动"。

（一）宗教改革及其历史影响

16世纪初的欧洲社会正处于一个社会矛盾冲突不断加剧与凸显的历史时期。

伴随着商品经济的发展，城市兴起且逐渐成为经济和文化活动的中心，城市中新兴的资产阶级对传统的宗教统治秩序形成冲击。与此同时，教皇与世俗君主之间的权力斗争更加激烈，民族国家的君主开始寻求摆脱教会权威，以增强自身政治权力，培养民族意识。文艺复兴对个人理性的高扬，为人性的进一步解放奠定了基础。天主教会的腐败与对教义阐释的垄断，引发了民众对教会的信任下降。

1517年，教士特泽尔受命到德意志地区兜售赎罪券，名义上是为了修建罗马圣彼得大教堂而筹款，实际上则是因为新上任的美因茨（Mainz）

大主教为了能当上这个大主教，掏空了教会财产，迫切需要一些收入来缓解经济压力。以此为导火索，10月31日，维登堡大学的神学教授马丁·路德写下反对贩卖赎罪券的《九十五条论纲》。马丁·路德指责特泽尔之流为了敛财而欺骗民众，他大声向世人宣告："赎罪券不仅没有用，而且祸害无穷，即使是伟大的教皇在炼狱中也没有赎罪的权力，若教皇确实有权将人们从炼狱中释放出来，那他为什么不本着爱心让每个人都出来呢？"路德的这番言论犹如惊雷乍响，在整个西方基督教世界引发了巨大的震荡。

马丁·路德由此拉开了欧洲宗教改革的序幕，并相继出版《致德意志的基督教贵族公开书》《论教会的巴比伦之因》《论基督徒的自由》等著作，系统地阐述自己的理论。他提出"信仰得救""因信称义"，认为人是上天堂还是下地狱完全取决于上帝的恩惠，人们所能做的只是虔诚地信仰上帝。只要信仰虔诚，人人都可以成为祭司，《圣经》才是人们理解上帝的唯一途径。人们可以自己与上帝沟通，而不需要上帝在人间的代表——教皇。此后一百多年，宗教改革不断深化，并蔓延至政治、经济与社会领域，欧洲大陆上基督教分裂为天主教和新教两大阵营，新的教派相继产生，不断瓦解天主教会所主导的政教体系，罗马教廷的统治被削弱，直至1648年《威斯特伐利亚和约》确立"教随国定"的原则，终结了天主教会在西欧的垄断地位。

宗教改革是对近代欧洲产生重大影响的历史事件，时间跨度百余年，既是一场重大的宗教改革运动，更是一场深刻的政治运动和社会运动。首先，从宗教自身发展来看，宗教改革以反对罗马天主教会的腐败与专制为出发点，要求纯洁教会，打破教会对教义的阐释垄断，"因信称义"，把对教义的阐释从教会手中转到了个人自身，以此大大削弱了教会的权威，一定程度上将人从宗教统治中解放出来，推动了宗教多元化和个人信仰的自由。其次，宗教改革打破了天主教的精神束缚，强调个人的内在信仰和道德责任，对人的价值和主体性予以肯定，体现了一定的人本主义精神，为个体意识觉醒和人性解放奠定了基础。最后，宗教改革中，欧洲诸多君主利用宗教改革增强自身政治权力，随着政教分离的推进，现代民族国家日渐形成，为之后的社会改革、民主运动以及资本主义发展提供了基础。

（二）宗教改革未能真正解放人性

宗教改革作为影响近代欧洲历史深远的重大事件，表面看起来是为了反对罗马教廷腐败，但究其实质是一场深刻的思想解放运动，从宗教领域到政治领域，再到社会领域，社会各阶级包括农民、手工业者、商人、城市居民等都在一定程度上挣脱了长久以来的神权束缚，打破了封建体制和传统教会的统治，促进了人的解放。这一思想解放在近代欧洲社会历史发展中起到了积极的推动作用。

然而，宗教改革作为反映新兴的资产阶级利益和要求的运动，有其历史局限性。以马丁·路德为主要代表的改革派其初衷是反对教会腐败，纯洁教会，将人从教会的统治中解放出来。因此，宗教改革虽然对教会的权威提出了挑战，但并未真正触及社会根本问题，尤其是在反抗封建制度方面，新教各派别为建立独立教会，往往需要与封建统治者进行合作，对封建制度的妥协，也导致宗教改革具有不彻底性，甚至可能会成为封建统治的工具。

此外，宗教改革未能真正解放人（性）。尽管在宗教改革百余年的历史进程中，其所倡导的信仰自由、个体解放、主体价值等在一定程度上使人逐步从宗教神权的束缚中解放出来了，但这种解放是有限的。如新教教会所提倡的"节俭""勤劳"等新教伦理，成为资本主义精神的重要组成部分；新教鼓励人们追求财富和事业上的成功，反对教会的束缚和剥削，为资本主义的兴起提供了思想基础和社会条件。上述对"人"权力和价值的关注与解放都是为资产阶级利益服务的，并未真正关注人民的生产和生活状况，也未提出具体的经济政策或改革措施来改善人民生活水平。宗教改革在强调个人信仰自由、个体意识觉醒的同时，却忽略了民众在政治生活中的权力，其对民众权力和自由的讨论仍然是停留在宗教领域中的，强调个人与上帝之间的直接沟通与对话，将政治权力视为上帝赋予的，从而削弱了民众在政治斗争和社会发展中的主体地位，也未能真正认识和充分发挥民众在社会历史发展中的决定性作用。

(三) 马克思对宗教改革的辩证批判

对于宗教改革的实质及历史局限，之后的思想家都有过深刻的评价与批判。马克思一开始就很关注宗教批判的问题，对宗教改革也形成了辩证的观点。

马克思对宗教的认识始终是建立在对现实社会的批判基础上的，始终具有历史性。在马克思看来，宗教是"人民的鸦片"，是对现实的虚幻反映，是异化了的人类的幻想，虽然"宗教从一开始就是超验性的意识"，然而却是"从现实的力量中产生的"。① 马克思在《黑格尔法哲学批判导言》中强调，对宗教的批判已基本结束，"对天国的批判就变成对尘世的批判，对宗教的批判就变成对法的批判，对神学的批判变成了对政治的批判。"② 由此可以看到，马克思在如何对待宗教的问题上，并不是单纯的人本主义立场，而是力图从"现实的力量"出发，揭示宗教产生的根源——"现实的苦难"，也就是要对宗教产生与存在的现实基础进行批判。在《关于费尔巴哈的提纲》中，马克思对费尔巴哈的宗教批判进行了批判性总结。一方面他认为费尔巴哈对宗教本质的揭示是深刻的，因为费尔巴哈是从宗教的自我异化，也就是从"世界被二重化为宗教世界和世俗世界"这一事实出发的，把"宗教世界归结于它的世俗基础"，揭示出宗教世界是世俗世界的反映这一本质；另一方面费尔巴哈对宗教的批判又是不彻底的，因为"世俗基础使自己从自身中分离出去，并在云霄中固定为一个独立王国，这只能用这个世俗基础的自我分裂和自我矛盾来说明"③。也就是说，对于宗教产生的这个世俗基础本身，应当在"自身中、从它的矛盾中去理解，并且在实践中使之发生革命"④。在《神圣家族》和《德意志意识形态》中，随着马克思恩格斯历史唯物主义思想的形成，对于宗教及宗教改革的论述愈加深刻。他们深入剖析了宗教改革与资产阶级革命的关

---

① 《马克思恩格斯文集》第 1 卷，北京：人民出版社 2009 年版，第 587 页。
② 《马克思恩格斯全集》第 1 卷，北京：人民出版社 1956 年版，第 453 页。
③ 《马克思恩格斯选集》第 1 卷，北京：人民出版社 2012 年版，第 134 页。
④ 《马克思恩格斯文集》第 1 卷，北京：人民出版社 2009 年版，第 500 页。

系，指出宗教改革为资产阶级反抗封建统治提供了意识形态支持，尤其是在资产阶级革命初期，往往利用宗教外衣进行反抗活动。同时，马克思恩格斯从社会历史背景出发，指出宗教改革是资本主义发展，尤其是资本主义生产关系发展的必然结果，反映了新兴资产阶级的利益和要求。

综上所述，宗教和宗教改革是马克思始终关注的问题。马克思恩格斯站在历史唯物主义的立场上，对宗教的本质、宗教改革的积极意义和历史局限性进行论述，将宗教改革与资产阶级革命、与人的解放、与人类社会发展相联系，指出宗教改革虽然在一定程度上推动了人性解放，但并未根本动摇封建统治，也未能彻底将人从宗教统治中解放出来。要想真正实现人的解放，只有彻底消除宗教赖以存在的社会基础，只有通过无产阶级革命，才能最终实现人的解放。

二、启蒙运动未能发展人性

作为继文艺复兴之后欧洲历史上第二次大规模的思想解放浪潮，17—18 世纪在欧洲兴起的启蒙运动是一场具有深远影响的思想文化革新运动。在这场思想革命中涌现出了一大批具有理性精神的启蒙思想家，创造了欧洲历史上一个群星闪耀的时代。启蒙思想家们共同塑造了一个"理性的王国"，他们认为封建社会里的封建思想与封建专制制度如同黑夜般令人感到压抑，渴望用理性的光辉照亮现实，消除专制暴政、封建特权及社会不平等，进而实现政治民主、权利平等及个人自由。

（一）启蒙运动开启新的思想解放

18 世纪初，随着欧洲资本主义的兴起与封建统治的衰落，以反对中世纪以来的封建制度和宗教神学为出发点，积极提倡理性思考，摆脱神学束缚和封建迷信，进而追求科学、艺术和哲学的启蒙运动拉开帷幕。启蒙思想家们著书立说、传播新思想，鼓励人们用自己的智慧去认识世界、改造世界。在这一过程中，人们逐渐摆脱了神学的束缚，开始以更加开放、自由的心态去面对生活与挑战。

启蒙运动中，思想家们宣称"理性至上"，主张用理性的眼光审视一切,宗教、政治、思想领域中一切都必须经受理性法庭的审判,只有依靠理性,才能摆脱愚昧,才能揭示事物的本质与规律。在这一思想的指引下,启蒙运动推动了自然科学的发展,促进了知识的传播与普及,提高了人们的思想文化素质和认知能力。启蒙思想家们,如伏尔泰主张宗教宽容、言论自由和民主制度;而卢梭则提出了"天赋人权"和"社会契约论"等重要思想,强调人民的主权和国家的公共意志;孟德斯鸠则提出了"三权分立"的政治构想,在人文主义基础上,进一步在理论层面上论述专制制度的不合理性、人类社会不平等的起源等,提出系统的思想理论以反对现存制度,批判现实社会,要求建立一个以"理性"为基础的社会。"自由""平等""博爱"成为整个社会的价值追求。他们用政治自由来对抗封建专制暴政,用信仰自由对抗宗教压迫,用真正信仰来摧毁天主教威望和宗教偶像,用"天赋人权"的口号来反对封建"君权神授"的观点,用"人人在法律面前平等"来反对贵族的等级特权。

由此,启蒙运动成为欧洲历史上影响最为深远的思想解放运动。启蒙思想家们以理性为武器,反对封建专制、宗教神学和形而上学,进一步推动了欧洲的思想解放。同时,在启蒙思想的指引下,"自由""平等""民主"等价值观念深入人心,反封建、反特权运动高涨,为欧洲资产阶级革命做了思想准备和舆论传播。启蒙运动还促进了自然科学的发展,为现代资本主义文明发展奠定了基础。

(二) 抽象启蒙理性未能真正发展人性

作为现代性进程中的重要转折点,启蒙运动在人类文明史上具有划时代的意义。它以理性主义为核心,不仅推动了自然科学的革命性突破,更重塑了人类对世界的认知方式与实践能力,进一步推动了人性解放。但如果深入考察其历史实践,就会发现启蒙运动有其明显的历史局限。第一,从认识论层面来看,抽象的启蒙理性存在着显著的形而上学缺陷。具体而言,理性主义过分推崇同一性原则,导致其对客观世界的认知出现严重偏差。这种认知偏差主要体现在两个方面:其一,未能充分认识到具体事物的特殊本质;其二,忽视了事物间客观存在的差异性特征。更为严重的是,该理论将主观构建的同一性概念和普遍性原则不加区分地应用于现实世界,这种做法实质上是对客观实在的扭曲。因为,这种同一性和普遍性仅能在理想世界中得以体现,现实世界则呈现出错综复杂的特征,自然界多姿多彩,人类社会亦存在种种差异。这种做法不仅不能为人类指明清晰的发展方向,反而是"圈地为牢",限制了自身发展的广度。第二,启蒙运动作为思想解放运动,其在本质上具有鲜明的阶级性,即具有为资产阶级服务的属性。启蒙思想家们所倡导的自由、民主、平等等价值,实质上是只限于资产阶级的自由、民主和平等。以启蒙思想为动力所进行的资产阶级革命实现的仅仅是资产阶级自身的解放,而非人类的解放。正如恩格斯所言,从启蒙思想中,"为革命作了准备的18世纪的法国哲学家们,如何求助于理性,把理性当做一切现存事物的唯一的裁判者。他们认为,应当建立理性的国家、理性的社会,应当无情地铲除一切同永恒理性相矛盾的东西。我们也已经看到,这个永恒的理性实际上不过是恰好那时正在发展成为资产者的中等市民的理想化的知性而已"[①]。第三,"理性至上"原则高举所谓人类理性的大旗,过分强调理性作用。从个人层面来看,忽视了人的历史活动中情感、意志等非理性因素,将人的本质单一化为"理性",从而导致理性被异化为工具理性,成为控制和支配的工具。从国家社会发展来看,启蒙思想家所追求的理性国家、理性社会,实际上是最终只是资产阶级理想化的设想而已,归根到底是站在资产阶级立场上而非人民大众的立场上,民众的真实需求并未真正被关注,形式的自由、民主和平等掩盖了实质上的不平等。

(三)马克思对启蒙思想的批判与超越

黑格尔曾深刻指出:"每个人都是他那时代的产儿。哲学也是这样,它是被把握在思想中的它的时代。"[②],由此,18世纪的欧洲启蒙运动便成为马克思主义诞生的重要的思想文化背景。回顾马克思的思想成长历程,

---

① 《马克思恩格斯文集》第3卷.北京:人民出版社2009年版,第526页。
② 黑格尔:《法哲学原理》序言,范扬、张企泰译,北京:商务印书馆1961年版,第12页。

其所处的家庭和教育环境有着浓郁的启蒙思想的氛围。马克思的父亲亨利希·马克思"他确实是'一个真正的十八世纪的法国人,对伏尔泰、卢梭熟稔于心'"①。马克思中学时代的学校教学中就引入了法国启蒙运动的自由主义和理性主义内容。马克思对启蒙运动的认识与评价经历了从肯定到批判再到超越的三个阶段。

青年时期的马克思对欧洲启蒙思想尤其是对以18世纪法国唯物主义为代表的反宗教反封建的思想运动给予较高评价。他认为启蒙运动体现了"独立的理性、反对所有形式的传统权威的批判自由等原则"②,而且还提出其中蕴含着人类解放的时代要求。在《神圣家族》中,马克思又进一步提出"18世纪的法国启蒙运动,特别是法国唯物主义,不仅是反对现存政治制度的斗争,同时是反对现存宗教和神学的斗争"③。马克思对洛克、霍布斯等英国唯物主义者对法国启蒙运动的影响也予以肯定,指出他们的启蒙学说在法国变得更"机智""文明化"④。此外,马克思还肯定了启蒙思想家强调的法权原则,赞成通过理性、立法等方式消除催生恶的环境,使社会符合人性的发展。

自1845年,马克思恩格斯创立历史唯物主义后,马克思对启蒙运动的讨论大大减弱,一直到《1857—1858年经济学手稿》《资本论》中才开始对启蒙运动有了更多论述,但其态度则从肯定转向批判。马克思指出,启蒙运动鼓吹的天赋人权不过是在资本主义"流通领域或商品交换领域的界限以内"⑤维护资产阶级利益、实现有利于资产阶级的权利的。马克思恩格斯进一步批判了欧洲启蒙思想无法克服的历史限度。恩格斯指出,18世纪启蒙思想家"没有能够超出他们自己的时代使他们受到的限制"⑥,马

---

① 戴维·麦克莱伦·卡尔:《马克思传》,王珍译,北京:中国人民大学出版社2016年版,第6页。
② R.斯蒂芬妮、潘滢:《马克思主义与18世纪法国的思想遗产》,载《马克思主义与现实》,2019年第4期,第95—100页。
③ 《马克思恩格斯文集》第3卷.北京:人民出版社2009年版,第327页。
④ 《马克思恩格斯文集》第3卷.北京:人民出版社2009年版,第333页。
⑤ 《马克思恩格斯全集》第42卷,北京:人民出版社2016年版,第165页。
⑥ 《马克思恩格斯全集》第25卷,北京:人民出版社2001年版,第372页。

思强调启蒙思想是无法突破资本主义的历史限度而真正实现普遍自由与实质平等，启蒙话语的抽象性反而有助于掩盖资本主义现实的不自由与不平等。

成熟时期的马克思站在启蒙批判的立场上，批判了启蒙思想家们对人的本质的片面的抽象的理解，提出了人的现实性本质。人的本质不是单个人所固有的抽象物，不是"理性至上"，在其现实性上，它是一切社会关系的总和。马克思超越了启蒙思想家们对人的本质的片面理解，提出要想真正实现人的解放，不应单纯停留在思想层面和意识形态层面，必须超出理论层面，从资本主义的现实出发，只有在正确认识和把握资本主义固有矛盾的基础上，只有在彻底终结资本主义的前提下才可能真正实现自由个性与人类解放。

三、资产阶级思想家未能关注人民

马克思的人民立场并非凭空跃升至理论的高峰，而是构筑于深厚的思想基础之上，之所以能达到如此卓越与深刻的高度，是因为马克思始终站在前人的肩膀上，批判性地吸收先进的思想养分，最终成就其理论的广度与深度。欧洲资产阶级思想是在资本主义萌芽、兴起及发展中形成的，在一定程度上反映出资本主义上升时期的基本特征，具有一定的进步性，为马克思主义的创立奠定了思想基础。

（一）资产阶级思想具有一定历史进步性

资产阶级在反抗封建统治、推翻旧制度，发动社会革命的历史过程中，在推动资本主义政治、经济、文化、社会发展中，形成的资产阶级思想是人类思想的重要组成部分，具有一定的历史进步性，也为马克思主义的诞生提供了一定思想基础。

德国古典哲学以康德、黑格尔、费希特、费尔巴哈等人为代表，强调理性、自由与道德，构建了系统的哲学体系。黑格尔的辩证法是德国古典哲学的核心内容之一。他将辩证法应用于社会历史发展中，强调事物的发展是通过矛盾的对立统一实现的。费尔巴哈恢复了唯物主义，提出了人本学唯物主义，强调人的感性存在和自然属性。他认为，人是自然的一部分，人的本质在于其感性存在。这些思想体现出的人本主义精神、辩证的思维方法、历史的观点等，为马克思主义辩证唯物主义和历史唯物主义世界观和方法论的形成提供了思想基础。

资产阶级古典政治经济学是政治经济学中一个进步的学派。它是在资本主义生产方式已经建立起来而无产阶级和资产阶级的阶级斗争还不很明显的时期产生的，它代表资本家的利益进行反对封建制度的斗争，成为了资产阶级反对封建贵族的理论武器。英国的古典政治经济学从威廉·配第开始，确立了劳动在价值创造中的核心地位；经过亚当·斯密的发展，他创立了第一个系统的政治经济学体系；到大卫·李嘉图，他完善了古典经济学的理论框架，将劳动价值学说推向了一个新的高度，提出了劳动时间决定商品价值的原理。他们的思想将关注点聚焦于经济领域，把社会生产的环节从生产扩大到分配、交换、消费，为研究资本主义生产方式奠定了一定的基础。这为马克思主义政治经济学尤其是科学的劳动价值论的形成奠定了基础。

此外，资产阶级思想中涉及的个性解放、追求自由、社会批判等思想，都体现出其取代封建社会的历史进步性。

（二）资产阶级思想家未能真正关注人民

自启蒙运动以来，资产阶级思想家在推动思想解放和社会进步方面发挥了重要作用，但由于其所处的阶级立场和所代表的阶级利益的局限，决定了资产阶级思想家无法真正关注人民，代表人民。

首先，这是由资产阶级思想家的理论局限决定的。纵观资产阶级思想家的理论，他们（如洛克、卢梭、康德等）提出的"自由""平等""人权"等概念，往往从抽象的人性出发，提出抽象的理性原则，强调人的理性、自由、平等概念，却忽视了这些概念实现的具体社会历史条件和现实基础，也就意味着他们是无法真正反映人民的根本利益和需求的。其次，资产阶级思想家在探讨社会历史发展问题时，往往站在唯心史观立场上，把精神、意识、思想看作社会历史的发展决定性因素，而未认识到经济基础（如生产方式、经济关系等）等在社会历史中的根本地位。这必然导致他们无法深入理解人民生活的物质基础，无法从物质生产和生活的层面去认识人民在社会历史发展中的地位与作用。再次，资产阶级思想家由于其阶级局限，往往无法正确认识阶级对立，对无产阶级和资产阶级之间的激烈斗争采取回避的态度，无视阶级斗争的现实。这也决定了他们无法真正站在人民的立场上，为人民的利益而斗争，而是试图通过社会改良和阶级调和等来实现社会进步。最后，资产阶级思想家在推动社会变革的历史实践中，缺乏唯物史观的历史视角，不能深刻认识人民群众在社会历史发展中的主体地位，甚至把人民群众看作是"惰性"的、"呆滞的物质"等，忽视了人民群众在社会变革和发展中的决定性作用，没有充分发动和依靠人民群众的智慧和力量。

（三）马克思对资产阶级思想的批判

马克思从辩证唯物主义和历史唯物主义的世界观和方法论出发，在对资本主义社会的现实考察的基础上，对资产阶级思想家的思想理论进行了深刻剖析与批判。

资产阶级思想有其明显的阶级局限性。尽管资产阶级思想在抨击和反抗封建统治中具有历史进步性，但究其本质，是为维护资本主义统治而服务的，是代表资产阶级利益的。资产阶级思想家所倡导的自由、平等和民主等价值，在实践中往往局限于资产阶级本身，未能真正惠及无产阶级和广大劳动人民。马克思在研究政治经济学的过程中，一方面对亚当·斯密、大卫·李嘉图等的历史贡献予以肯定，认为他们的学说帮助扫除了封建生产关系、解放生产力、构筑现代社会等。"古典派如亚当·斯密和李嘉图，他们代表着一个还在同封建社会的残余进行斗争、力图清洗经济关系上的封建污垢、提高生产力、使工商业获得新的发展的资产阶级。"[①] 但另一方面，马克思也批判古典政治经济学家们站在资产阶级的立场上，把资本主义私有制当作不言自明的前提去接受，对资本主义的剥削本质视而不见。资产阶级思想家的阶级局限决定了他们是不可能正确揭示资本主义

[①] 《马克思恩格斯文集》第 1 卷，北京：人民出版社 2009 年版，第 615 页。

生产方式的本质及基本矛盾的。

资产阶级思想具有历史局限性。资产阶级思想家在研究社会历史时，尽管不乏人本主义色彩、历史性观点、辩证的方法等，但其思想理论的抽象性与思辨性、对现实的资本主义的矛盾与危机的忽视、缺乏真正历史唯物主义的视角等，暴露出其在思想上的历史局限性。在《神圣家族》中，马克思批判了青年黑格尔派的唯心主义，对布鲁诺·鲍威尔和麦克斯·施蒂纳的思想进行清算。他指出这些思想家脱离现实物质条件，对人的本质和社会历史的认识陷入抽象思辨。马克思指出，不是意识决定生活，而是生活决定意识。进一步揭示了资产阶级思想家忽视现实的物质生产和社会关系的理论缺陷。在论及资产阶级所谓"法权原则"、天赋人权等问题，马克思说这是法学家们的幻想，因为实际上，资本主义的社会契约精神、自由平等是表象的，它仅仅停留在启蒙的抽象神话里，因为"在现存的资产阶级社会的总体上"，在表面的看似平等的交换的背后"在深处，进行的完全是不同的另一些过程，在这些过程中个人之间这种表面上的平等和自由就消失了"。[①] 因此，在马克思看来，资产阶级思想家站在历史唯心主义立场上，是无法正确认识和揭示资本主义的真正本质和社会历史发展规律的，这也决定了其无法真正解决资本主义制度下剥削、不平等、经济危机等历史问题的。

人类历史长河浩浩荡荡，波澜壮阔，无数的思想家以其思想与行动推动着历史奔涌向前。从宗教改革到启蒙运动，欧洲大陆上的思想解放推动了人的解放，促进了社会的进步。然而，只有马克思在人类历史上，第一次站在无产阶级和人民大众的立场上，运用辩证唯物主义和历史唯物主义的方法，对近代欧洲各种运动和思想的历史局限进行揭示，对其忽略人民的本质进行深刻批判，透视出历史运动的规律和时代发展的方向。就像列宁所说的那样，"凡是人类社会所创造的一切，他都有批判地重新加以探讨，任何一点也没有忽略过去。凡是人类思想所建树的一切，他都放在工人运动中检验过，重新加以探讨，加以批判，从而得出了那些被资产阶级

---

① 《马克思恩格斯全集》第30卷，北京：人民出版社1995年版，第202页。

狭隘性所限制或被资产阶级偏见束缚住的人所不能得出的结论。"① 因此，马克思的人民性思想是深深植根于人类思想深处的，是源于其所处的那个时代又超越了那个时代的，既是时代精神的精华又是整个人类精神的精华。

---

① 《列宁全集》第39卷，北京：人民出版社2017年版，第334页。

第二章　马克思人民立场的发展历程

马克思通过真理与旧世界的较量，"公然"为人类解放指明道路，改变了亿万人民的命运。但他鲜明的人民立场发展不是一蹴而就的，而是伴随着对无产阶级的自由解放之道、全人类的自由解放之道、每个人的自由解放之道理解的不断深入，经历了孕育、形成、确立、深化的逻辑循序。

第一节　马克思人民立场的孕育

马克思在青少年时期就许下了"为人类而工作"的宏愿。经过如饥似渴地汲取知识，孜孜不倦地追求真理，马克思终于从繁芜丛杂的线索中发现了一盏聚光灯：人民。从此，人民立场的种子便深埋于他的思想沃土，即将破土萌芽。

一、不守旧的少年

1818年5月5日凌晨2时，卡尔·亨利希·马克思生于德国莱茵河畔的特里尔城，在此地开启了自己的传奇一生。他浸润在良好的家庭氛围中，接受具有民主意识的父亲与威斯特华伦男爵的教诲，系好了人生的第一粒扣子。

（一）打破砂锅问到底

从家族事业来说，马克思出身于德国中产的法学世家。马克思的父亲亨利希·马克思是特里尔的一名律师，后来担任政府法律顾问和特里尔律师公会会长。亨利希·马克思与莱茵地区的自由主义活动有深厚的关联，作为特里尔卡西诺俱乐部文学社的一员，尽管其对普鲁士所怀有的部分爱国情感削弱了他自由主义理念的力量，但仍对受压迫者的权利表达出了关切之情，"这一点不能不说影响了他的儿子"①。正如爱琳娜指出："摩尔（家人对马克思的爱称）的父亲——摩尔非常钦佩他的父亲——一个真正的18世纪的'法国人'。像老威斯特华伦背诵荷马和莎士比亚一样，他能背诵伏尔泰和卢梭的作品。摩尔的知识惊人渊博，这无疑在很大程度上受到了'遗传'的影响。"② 至于马克思的母亲罕丽达·普雷斯堡，她是一位擅长处理家中事务、对一家人生活照顾入微的女士。和其他兄弟姐妹不同，小马克思热衷于对一切事物刨根问底，特别是在哲学领域。有一次，他抓着母亲不停追问究竟何为"抽象"和"具体"，把母亲折腾得够呛。最后，小小的他在日记本里以天真未凿的笔触记录道："今天早上起来，看到妈妈在做饭，我打开具体的窗户，吸了一口抽象的空气。"

马克思岳父冯·威斯特华伦在年轻的马克思身上也投注了大量时间。男爵推崇进步政治思想，他在寄给友人的信中表达了自己的看法："我们生活在一个命运攸关的时代，此刻两大相反的原则正在对抗着，那就是国王神圣权力与一切权力属于人民的对决"③，革命的主要触发因素是由于政府忽视或侵犯公众权益所致，所以，为了满足大众的需求，政府应采取更实际的方法。他也认同圣西门的主张，即社会有责任改善贫困阶级的精神及物质生活条件，并为每一个人提供就业机会和生活基础保障。这些观点和讨论激发了马克思对法国空想社会主义者圣西门的人格及其著作的兴趣，据爱琳娜记述：冯·威斯特华伦"灌输给了卡尔·马克思对浪漫主义学派的热情，他的父亲和他一起阅读伏尔泰和拉辛，而男爵给他阅读荷马

---

① 〔英〕戴维·麦克莱伦：《马克思传》（第4版），王珍译，北京：中国人民大学出版社2016年版，第9页。

② 中共中央马克思恩格斯列宁斯大林著作编译局编：《回忆马克思》，北京：人民出版社2005年版，第112页。

③ Heinz Frederick Peters, "Red jenny: A Life With Karl Marx", *St Martins Pr* (January 1987) p.10.

和莎士比亚,这些都是他整个一生最喜爱的作家"①。

(二) 把目光聚焦劳动者

萧伯纳总是带着伏尔泰主义讥诮的口吻嘲笑荷马,而马克思却对荷马十分崇敬;在他家里,荷马史诗经常被高声朗诵。他在中学还读过索福克勒斯、修昔底德、柏拉图、西塞罗、维吉尔和塔西佗的原作。马克思从少年时代起也广泛阅读中世纪和近代文学,他熟悉中世纪的许多民间故事和史诗,对德国的文学家莱辛、歌德、席勒、海涅的作品十分精通,十分喜爱歌德和海涅的诗歌,海涅还与他成为了忘年交。法国启蒙主义作家卢梭、伏尔泰和狄德罗的作品同样深受马克思喜爱,他甚至系统阅读了但丁、巴尔扎克、狄更斯、塞万提斯等文学巨匠的作品,认为他们的作品集中揭露了社会现状,表现出对穷苦民众的同情与关爱。至于莎士比亚的作品,马克思则是更为推崇,他对戏剧中不引人瞩目的角色都如数家珍,还对这些著作进行过专门研究,李卜克里西在回忆录写道,马克思"不倦地给我们谈老威斯特华伦男爵,谈他对莎士比亚与荷马的惊人知识,说他能从头到尾一字无误地背诵荷马的短诗,还能以英语和德语背诵莎士比亚的大部分戏剧。"②

尽管思想成熟后的马克思激烈批判浪漫主义,但是启蒙文学特别是歌德、席勒、海涅的作品,确实使马克思间接了解到了底层群众的窘迫困境以及阶级利益尖锐对立的严酷现实。以马克思好友海涅的《英吉利片段》为例,他在作品中对劳动群众与财主贵族予以对比描写,揭露了贫民窟的贫苦状况,明确指出伦敦的统治阶级即工人的压迫者和剥削者,这些无不深深触动着小马克思。

二、爱思考的青春

1830年秋,12岁的马克思进入特里尔高级中学并展开为期5年的学

---

① Eleanor Marx,"Karl Marx",*Die neue Zeit*(May 1883) ,p.441.
② 孟宪强:《马克思恩格斯与莎士比亚》,西安:陕西人民出版社1984年版,第31页。

习。虽然从特里尔地区并入普鲁士王国起，特里尔中学就受普鲁士文化部领导，后者也一直试图用容克精神改造这所学校。但得益于重新调整，学校吸收了几位极具才华的教师，他们给予了马克思人道主义和理性主义的熏陶。

（一）少年自有少年狂

特里尔中学有影响的人士主要是校长胡果·维滕巴赫，他既是马克思的历史课教师，也同马克思家庭保持着友好往来，歌德对他赞誉有加，称其为"康德哲学专家"。19世纪30年代，无产阶级和进步人士反对德国专制政府的斗争正在酝酿之中，维滕巴赫作为支持者投身于进步组织"卡西诺俱乐部"的创建工作，并参与了1832年为争取新闻自由而举行的汉巴赫大游行。此次行动后，维滕巴赫遭到了国家警察的严密监控。直到1834年，作为卡西诺事件的结果，一名男学生被捕入狱，马克思的数学老师被指控信仰唯物主义和无神论，希伯来语老师因演唱革命歌曲受到指控，维滕巴赫面临被免职的威胁，普鲁士专制政体的支持者——副校长廖尔斯被认为反对当时的自由主义潮流。

深受欢迎的校长被辞退时，马克思才16岁，正是心思敏感的年纪。可以想象，普鲁士专制政府的无情打压一定给他留下了深刻印象。对他而言，如果说言论自由和平等在此之前还只是抽象的概念，现在却变得不再肤浅，他亲身体会到了柏林政府的恐怖和不加掩饰的专制手段，还有面对如此现实，自己无力抗衡的愤懑与屈辱。从马克思父亲信中流露出的对他的埋怨，可以窥见此时马克思的态度。在校期间，马克思就与另一名同学以敢于蔑视廖尔斯而闻名，在他们毕业离校之际，他们向全体老师一一告别，却唯独对廖尔斯不予理睬。对此，廖尔斯非常生气。

（二）人间普罗米修斯

1835年9月24日，17岁的马克思中学毕业。在良师益友的影响之下，少年马克思初步形成了崇尚理性、向往民主的世界观，他开始思考关于社会历史与人类命运的宏大问题，形成了个人独特的人文情怀和致思路径。

在宗教观上，马克思对上帝存在性的论证，从一开始就与那些虔诚的基督徒有着显著不同，在中学考试论宗教问题作文《根据约翰福音第 15 章第 1 节至第 14 节论信徒和基督的一致，这种一致的原因和实质，它的绝对必要及其影响》一文中，他运用历史主义视角以及立足现实、关注此岸世界的思维方式，仅证明了基督教的出现对于人类全面的道德发展和生活满足的必要性：对基督的爱使人们"彼此为对方作出牺牲，做一个有德行的人，但只是出于对他的爱而做一个有德行的人。"①

在政治观中，马克思同样持有相似的思想倾向。根据《查理大帝》这篇少年诗作可以发现，马克思之所以褒扬查理大帝，主要原因在于他使"民众得以安居乐业"② 并能为民众带来福祉。中学考试拉丁语作文《奥古斯都的元首政治应不应当算是罗马国家较幸福的时代？》中，马克思指出奥古斯都时代元首政治之所以算作最好的时代，就在于"元首愿为人民造福，并且最杰出的人们根据他的倡议担任了国家职务"，元首应当受到很大尊敬是因为"在获得权力之后却一心只想拯救国家"③，少年马克思已然认识到，于政治而言，政治体制与治理模式并非最为关键，核心问题在于是否能在实质上为民众谋求利益。

择业观中，马克思更是展现出为全人类事业而献身的理想主义情怀。毕业论文《青年在选择职业时的考虑》中马克思认为人应当选择一种可以带来最大生命意义的职业，在选择职业时的指针则是"人类的幸福和我们自身的完美"。如果选择了最能为人类而工作的职业，那么"重担就不能把我们压倒""那时我们所享受的就不是可怜的、有限的、自私的乐趣，我们的幸福将属于千百万人，我们的事业将悄然无声地存在下去，但是它会永远发挥作用"④。虽然此时的马克思只是在情感上表露出对人民群众的关切，立志做人间的普罗米修斯，终身为人类而工作，辞藻华丽的文章充满了理想主义与浪漫主义色彩。但不能否认的是，自此以后，如何给绝大

---

① 《马克思恩格斯全集》第 1 卷，北京：人民出版社 1995 年版，第 452 页。
② 《马克思恩格斯全集》第 1 卷，北京：人民出版社 1995 年版，第 917 页。
③ 《马克思恩格斯全集》第 40 卷，北京：人民出版社 1982 年版，第 827 页。
④ 《马克思恩格斯全集》第 1 卷，北京：人民出版社 1995 年版，第 459 页。

多数人带来幸福成了他毕生的价值追求。

三、初识青年黑格尔派

1835年10月，由于父亲影响，马克思进入波恩大学攻读法律专业。然而，马克思对法学并没有浓厚的兴趣，只是将其排在哲学和历史学之后，还花费大量时间创作诗歌，加之波恩大学学习氛围较差，马克思在大学初期度过了一段较为迷茫和散漫的时光。1836年，马克思在父亲安排下转入柏林大学，他的学习和生活翻开了新的一页。

（一）与青年黑格尔派的交往

在攻读大学期间，黑格尔哲学是德国的官方哲学，在大学占据主导地位，所以"专攻哲学"的马克思对黑格尔思想并不陌生。马克思先前并不认同黑格尔的哲学调子，但他发现不得不以黑格尔哲学来拯救自己的精神危机。他开始通过撰写《克莱安泰斯，或论哲学的起点和必然的发展》来梳理自己的思想脉络，为此，他勤奋钻研自然科学和历史知识，并深入研读了谢林的著作。在这一对话作品结尾，他转向了黑格尔哲学："我最后的命题原来是黑格尔体系的开端，而且由于写这部著作……把我诱入敌人的怀抱。"① 这样，马克思放弃了浪漫的唯心主义，把自己移交给了"敌人"。这一转变首先通过从头至尾阅读黑格尔著作完成，接下来，他参加了一个青年黑格尔派的讨论小组，即"博士俱乐部"。"这个圈子是一些有抱负的青年人……那里充满着理想主义、对知识的渴望和自由的精神，依然彻底地鼓舞着那个时代的青年人……最多的精力仍然是致力于黑格尔哲学……"

马克思以才思敏捷、知识渊博和冷静的批判头脑让众人大为折服，很快便成为博士俱乐部的核心，与好几位出色人物建立了友谊，最主要的包括卡尔·弗里德里希·科本、布鲁诺·鲍威尔、鲁滕堡等。科本非常尊重马克思这个年轻伙伴，在很多问题上都乐于听取他的意见，还把自己在

---

① 《马克思恩格斯全集》第40卷，北京：人民出版社1982年版，第15页。

1840年出版的《弗里德里希大帝和他的反对者》一书郑重献给了马克思，这是一本颂扬弗里德里希和启蒙运动原则的著作。俱乐部领路人布鲁诺·鲍威尔是马克思接下来四年内最亲近的朋友，科本认为布鲁诺·鲍威尔的《我们时代的基督教状况》——青年黑格尔派第一篇直接谈论政治的文章——大部分都影响了马克思的思想。透过与鲍威尔的交往，可以洞察当时青年黑格尔派的精神风貌以及马克思特别关注的焦点问题，事实上，马克思的博士论文选题就受到了青年黑格尔派（尤其是鲍威尔和科本）对亚里士多德之后的希腊哲学共同兴趣的影响。①

（二）对人类解放道路的探索

1839年初，马克思决定着手写作博士论文，于1841年4月提交至耶拿大学，成功获得博士头衔。在博士论文《德谟克利特的自然哲学和伊壁鸠鲁的自然哲学的差别》中，马克思超越了狭隘机械自然观、精神异化理论及自我意识的精神解放的局限，从人类与自然的互动关系、社会的联系以及自身的反思出发全面地考虑这些问题，并通过更为广泛的视角和深入的理解能力来寻找通向人类自由、成长和社会进步的方法。

首先，马克思立足人的现实性，关注人的主体意识。尽管马克思没有把自我意识仅仅看作是纯粹的精神领域，但他认为只有通过具体的生活经历才能真正地认识到个体的独特性。这种独特的个性既体现在原子的"经验"和"感觉"上，也体现为对自然的感知能力，这些都揭示出个人作为一个真实存在的实体。因此，这个阶段的马克思对于人类的研究基础就是基于这样的观点。此外，他在讨论自我的独立性和自主性的过程中，尤其关注到了人在现实环境中的积极参与态度，并批评了过分强调自我意识的主观主义倾向，提出了"定在的自由"概念，倡导一种受现实必然性制约的"现实而具体的自由"。

其次，马克思强调"定在"中的自由，关注现实的自由。虽然早期著作《博士论文》并未深究人类生活及生产的各个方面来研究"人"问题，

---

① 〔英〕戴维·麦克莱伦：《马克思传》（第4版），王珍译，北京：中国人民大学出版社2016年版，第31—32页。

但马克思已着手于通过理解人们的社会联系和生活方式去探索他们的自由和解脱之路。他坚信："要使作为人的人成为他自己的唯一现实的客体，他就必须在他自身中打破他的相对的定在"①，人之所以为人，是因为人在社会历史中是相对的定在，正是在对"相对定在"的确认和对这一生存状态的反抗过程中，"这个人才不再是自然的产物"②，而是社会的、真正的人。进一步而言，自由实际上是一个不断自我否定的过程，其中包含了一个重要的步骤——否定。这也恰好符合伊壁鸠鲁关于原子之间冲突关系的理论，其核心思想就是揭示出人与人、人与物间的相互否定关系，也就是说，原子的排斥行为和个人的自我发展有着内在一致性。

最后，马克思阐明人与自然关系，关注现实世界。关于人与自然的关系，马克思关注的是在改造自然过程中人的能动性所扮演的关键角色。他认为，"原子诚然是自然界的实体，一切都是由这种实体产生，一切也分解为这种实体，但是现象世界的经常不断的毁灭并不会有任何结果"，因为"一旦原子转入了现实界，它就下降为物质的基础"，这个物质基础"永远只是以对世界毫不相干的和外在的形式存在"，它"不能表现为那种多样性所具有的起观念化作用和统摄作用的力量"③，唯有在自然界变化发展中积极介入的人的能动性，才是驱动自然演化最为重要的历史因素。

第二节　马克思人民立场的形成

在《莱茵报》任职期间，马克思以锐利的笔触抨击了普鲁士政权的专制统治，捍卫了人民的权利。1843年迁居至巴黎后，他投身于工人运动，在革命实践与理论探索的交融中，实现了从唯心主义向唯物主义、从革命民主主义向共产主义的转变。这一思想转变同时也意味着，马克思形成了彻底的人民立场。

---

① 《马克思恩格斯全集》第1卷，北京：人民出版社1995年版，第37页。
② 《马克思恩格斯全集》第1卷，北京：人民出版社1995年版，第37页。
③ 《马克思恩格斯全集》第1卷，北京：人民出版社1995年版，第50页。

一、《莱茵报》时期为人民发声

1842年4月马克思开始为《莱茵报》撰写稿件,开启了他的《莱茵报》生涯。《莱茵报》全称《莱茵政治、商业和工业日报》,顾名思义,该报的定调是迎合中产阶级品味,宣称的目标是捍卫拿破仑法典以及法律面前所有公民一律平等的原则,反对其时盛行的普鲁士宗教政策和半封建专制主义。

(一)倡导新闻出版自由

德皇威廉四世想要缓和人民对旧书报检查令的反对情绪,造成自由假象,于1841年12月24日颁布了新的书报检查令,虚伪宣称:"坚决反对加于写作活动的各种无理的限制……承认公正而善意的政论是重要的而且是必需的"。① 马克思以自己特有的政治敏感和对事物的深刻洞察力,看穿了新书报检查令的虚伪性欺骗性。首先,新检查令要求人们在探讨真理时必须严肃和谦逊,这是对出版物的严重束缚。"严肃"等于不允许人们用个人的风格写作,"谦逊"等于不允许人们探讨、发现和阐明真理,如果"阻挠"人们探讨真理,让人们不能用个人风格写作而由上司指定精神的表现方式,只能造成出版界的死气沉沉与思想僵化。马克思严正指出:"你们赞美大自然令人赏心悦目的千姿百态和无穷无尽的丰富宝藏,你们并不要求玫瑰花散发出和紫罗兰一样的芳香,但你们为什么却要求世界上最丰富的东西——精神只能有一种存在形式呢?"② 这样的要求是极其荒谬反动的。其次,新书报检查令是虚伪自由主义的代表。新书报检查一方面禁止按照超出法令界限的范围来执行书报检查,另一方面又要求书报检查要超出这一界限,由此陷入了自相矛盾。例如,法令禁止使用侮辱人格、毁坏名誉的词句,但它却允许检察官侮辱作家、诋毁作家名誉。最后,普鲁士书报检查制度是扼杀一切进步出版物的一无是处的制度。书报检查所

---

① 中国人民大学新闻系编:《马克思恩格斯论报刊》,北京:中国人民大学出版社1958年版,第62页。

② 《马克思恩格斯全集》第1卷,北京:人民出版社1995年版,第111页。

产生的恶果不应当归咎于个别检察官的不法行为，而是书报检查制度本身的缺点，它不需要放宽限制或做出改变，而是需要从根源上予以废除。

马克思借第六届莱茵省议会讨论出版自由等问题的契机"从另一些观点来考察"书报检查和出版自由的问题，撰写了《第六届莱茵省议会的辩论（第一篇论文）》，通过对省议会各等级代表就新闻出版自由展开的辩论进行分析，进一步抨击了新书报检查令，更加清晰地阐明了新闻出版自由的重要地位。首先，马克思发觉省议会代表对出版自由的态度与其自身的等级利益紧密相关，这反映出等级特殊利益与自由普遍利益之间的矛盾。在省议会关于出版自由问题的辩论过程中，诸侯等级的代表和骑士等级的代表反对新闻出版自由；市民等级把出版自由仅仅理解为新闻职业的自由；只有少数几个农民等级的代表反映人民的要求，指出"人类精神应当根据它固有的规律自由地发展，应当有权将自己取得的成就告诉别人"，马克思认为这是一种"英勇果敢的观点"①。其次，马克思指出新闻出版自由是人的普遍权利，是人的精神自由的体现。马克思反对贵族等级代表企图把自由解释为少数人的特权，谴责他们把"普遍理性和普遍自由"当作"有害的思想""'逻辑地构成的体系'的幻想"，马克思强调自由的自我意识性和自觉性，认为"自由不仅包括我靠什么生活，而且也包括我怎样生活，不仅包括我做自由的事，而且也包括我自由地做这些事。"② 最后，马克思热情歌颂自由的出版物，认为"自由报刊是人民精神的洞察一切的慧眼，是人民自我信任的体现，是把个人同国家和世界联结起来的有声的纽带，是使物质斗争升华为精神斗争，并且把斗争的粗糙物质形式观念化的一种获得体现的文化"。③ 虽然反动派对自由出版物大肆摧残，但扼杀新闻出版自由的新书报检查制度既不能改变人们争取出版自由的决心，也不能阻止人类文化发展。

---

① 《马克思恩格斯全集》第 1 卷，北京：人民出版社 1995 年版，第 199 页。
② 《马克思恩格斯全集》第 1 卷，北京：人民出版社 1995 年版，第 181 页。
③ 《马克思恩格斯全集》第 1 卷，北京：人民出版社 1995 年版，第 179 页。

（二）捍卫人民生存权利

为了取暖和维持生计，包括小农、短工及城市贫民在内的贫苦群众常进入森林砍伐木材或捡拾枯枝。这一行为在历史上被视为一种约定俗成的习惯权利，却被林木所有者视为"盗窃"，进而促使他们要求普鲁士政府制定相关法律，施以重罚以追究法律责任。1841年6月16日至17日，莱茵省议会针对林木盗窃法草案展开激烈辩论，各阶层代表普遍倾向于加重处罚。马克思也加入了问题讨论，于1842年10月撰写了《第六届莱茵省议会的辩论（第三篇论文）关于林木盗窃法的辩论》一文，首次公开站在贫困群众立场上审视并研究他们的物质生活条件，捍卫他们的基本物质利益。该文于1842年10月至11月在《莱茵报》附刊连载。

马克思反对将捡拾枯枝也当作盗窃林木的做法："捡拾枯树和盗窃林木是本质上不同的两回事。对象不同，作用于这些对象的行为也就不同，因而意图也就一定有所不同，试问除了行为的内容和形式而外，还有什么客观标准能衡量意图呢？"① 将捡拾枯枝当作林木盗窃，完全是从林木所有者的利益出发，而不顾贫困群众的最基本生存权利，这是赤裸裸的强盗逻辑。"省议会抹杀了捡拾枯树、违反林木管理条例的行为和盗窃林木这三者之间的差别，在问题涉及违反森林管理条例者的利益时，它抹杀这些行为之间的差别，认为这些差别并不决定行为的性质。但是，一旦问题涉及林木所有者的利益时，省议会就承认这些差别了。"② 在此过程中，法律扮演着推波助澜的角色，穷人沦为了合法谎言的牺牲品。对此，马克思呼吁必须在全国范围内为贫困群众提供法律上的保障，确保他们能够拥有生存的机会，而不能仅仅依赖某些特权群体所遵循的习惯法，究其内容，这些规定是同普通法形式相对立的，它们的核心是对习惯法的不法运用。这里，马克思显而易见地站在穷苦大众立场上，要求从法律上保证其生存权利。

---

① 《马克思恩格斯全集》第1卷，北京：人民出版社1995年版，第244页。
② 《马克思恩格斯全集》第1卷，北京：人民出版社1995年版，第245—246页。

(三) 调查人民贫困问题

　　1842 年 12 月 12 日和 14 日，记者科布伦茨在《莱茵报》上匿名发表了《摩泽尔河沿岸地区居民关注新闻界的下一步行动》和《关于乡镇财产必须退还》两篇文章，报道了摩泽尔地区葡萄酒农大量破产，生活困苦的境况。莱茵省总督沙培尔强烈指责记者报道失实，要求作者提供确凿证据证明其所述属实，面对政府压力，科布伦茨退缩了，只是向《莱茵报》寄来了一篇软弱无力的答复。马克思决定亲自为其辩护，他深入调查研究摩泽尔地区的贫困现实，撰写了《摩泽尔记者的辩护》一文，揭露莱茵省特里尔地区专员极力歪曲真相的行为。《摩泽尔记者的辩护》原本包括五篇系列文章，但由于文章强烈的革命民主主义立场，引起了专制政府不满与报复，因此，仅有两篇文章得以公开发表。

　　马克思坚决捍卫摩泽尔河沿岸地区贫苦农民的利益，指出："谁要是经常亲自听到周围居民在贫困中发出的毫无顾忌的呼声，他就容易失去那种善于用最优美、最谦恭的方式来表述思想的美学技巧，他也许还会认为自己在政治上有义务暂时公开地使用那种在贫困中产生的民众语言"①。在沙培尔看来，摩泽尔地区农民的贫困并非政府和地方当局造成，相反，政府试图采取限制地产析分等措施来改善贫困状况。但实际上，摩泽尔地区的贫困问题不仅仅是一种自然的结果，还是人为的社会性结果，这种贫困显示出了"现实和管理原则之间的矛盾"："当一个政府在已经确定的、对它自身也起支配作用的管理原则和制度的范围内，越是勤勤恳恳地努力去消除引人注目的、遍及整个地区的贫困状况，而这种贫困现象却越是顽强地持续存在下去，而且尽管有好的管理仍然越来越严重的时候，这个政府就会越发强烈地、真诚地、坚决地深信这种贫困状况是不治之症，深信它根本无法由管理机构即国家加以改变，相反，必须由被管理者一方来改变。"② 政府的措施不仅无法减轻或消除农民的贫困，反而会使这种贫困更加合理合法，穷苦农民一方面要忍受物质上的贫困，另一方面还要忍受法

---

① 《马克思恩格斯全集》第 1 卷，北京：人民出版社 1995 年版，第 357 页。
② 《马克思恩格斯全集》第 1 卷，北京：人民出版社 1995 年版，第 374 页。

律上的贫困,"限制地产析分是同他们的传统的法的意识相矛盾的;他们认为,这种建议是企图使他们除了忍受物质上的贫困之外,还要忍受法律上的贫困,因为他们把法律平等受到的任何一种侵害都看作是法的困境。"①

二、克罗伊茨纳赫时期展开研究

1843年1月21日,德皇召开内阁会议决定查封《莱茵报》,最后一期报纸的日期选定在3月31日,但"因现行书报检查制度的关系",以至于马克思宁愿在3月17日就辞职。同年7月,马克思来到克罗伊茨纳赫,一方面为新出版刊物《德法年鉴》做各种准备,另一方面从事理论研究,丰富和发展了一些重要思想。

(一)学习历史与费尔巴哈哲学

在克罗伊茨纳赫的短短两个月时间里,马克思阅读了大量的历史和国家理论的书籍,共有近24本,包括英国、法国、德国、瑞典等一系列欧洲国家的历史、法律甚至政策等书籍,其中历史主要集中在对法国史的考察。马克思的研究成果是写于1843年7月至8月间的《克罗伊茨纳赫笔记》。这些笔记虽然是以摘要各国历史著作为主,但其主线是法国史,特别是法国大革命这一阶段的历史,对于法国革命的论述和历史的考察,使马克思联想到更为深刻的哲学问题:"当黑格尔把国家观念的因素变成主语,而把国家存在的旧形式变成谓语时——可是,在历史真实中,情况恰恰相反:国家观念总是国家存在的[旧]形式的谓语"②。马克思开始意识到,黑格尔对于君主立宪制国家政体的论述,在现实上是主谓倒置的。黑格尔认为君主立宪制的国家制度是最符合理性的国家制度。但是,通过对资产阶级革命的历史的研究,尤其是对法国大革命的研究,马克思发现这个议会借口把主权转交给人民,却从王权手中把主权夺了过去留在自己

---

① 《马克思恩格斯全集》第1卷,北京:人民出版社1995年版,第376页。
② 《马克思恩格斯全集》第40卷,北京:人民出版社1982年版,第368页。

手中。资产阶级革命带来的并不是普通市民地位的根本变化,取代封建贵族等级制度的是另一种权贵等级制度。为了维护统治的权威,上层阶级不断培育自己的势力,并将国家的实权和法律政策的倾向全部归于自己的盟友阵营之中,国家由此通过另外一种较为隐性的形式成了统治工具。这就意味着黑格尔的"理性国家"其实并没有兑现它的承诺,国家和市民之间仍然存在着不可调和的矛盾且越来越不可被隐藏。相反,在现实的国家中,在国家存在实现了它本身之后,与它相对应的"国家观念"才被确立起来,事实上,并不是"国家观念"决定了"国家存在",而是"国家存在"决定着"国家观念"。

马克思还看到了费尔巴哈的《关于哲学改造的临时纲要》一书,使得他终于从黑格尔的唯心主义泥沼中抽出身来。早在阅读《基督教的本质》时,马克思就产生了对费尔巴哈哲学的兴趣,费尔巴哈对于宗教的批判让马克思更清楚地认识到了人的本质的问题。在《关于哲学改造的临时纲要》中,费尔巴哈从对唯心主义和唯物主义的区分开始,赋予二者以特殊的意义,并指出作为感性直观的唯物主义和理性思维的唯心主义二者之间的根本区别。尽管费尔巴哈对唯物主义和唯心主义的看法仍然存在偏差和缺陷,但是他对黑格尔哲学的批判和自然决定论的唯物主义在此时使马克思受到启发。

(二)探讨市民社会与国家关系

受费尔巴哈影响,马克思不再笃信黑格尔的思辨体系,转而开始于实际生活中汲取思想,对法哲学的态度也开始从传统形而上学转向批判的政治哲学。1843年夏,马克思借鉴费尔巴哈《预拟提纲》的方法对黑格尔《法哲学原理·伦理·国家·国家法》第261—313节关于国家问题的内容进行了分析批判,写成了《黑格尔法哲学批判》一书。由于第一张手稿遗失,现已无从知晓马克思对260节研究的全貌,但马克思在第二张手稿开头写道:"上一节已经告诉我们,具体的自由在于私人(家庭和市民社会)利益体系和普遍(国家)利益体系的同一性(应有的二重化的同一性)。"从这一起承转合的过渡段来看,马克思在第一张手稿中主要关心的问题是私人利益与国家利益间的关系。

《黑格尔法哲学批判》是马克思以法哲学角度开启哲学研究并展现出典型政治哲学风格的作品,其重要哲学贡献就在于颠倒黑格尔的全部哲学体系,将国家决定市民社会的逻辑转换为市民社会决定国家。为了破解那些困扰他的疑问,马克思撰写的首部著作就是对黑格尔法哲学的批判性分析,"我的研究得出这样的一个结果:法的关系正像国家的形式一样,既不能从它们本身来理解,也不能从所谓人类精神的一般发展来理解,相反,他们根源于物质的生活关系,这种物质的生活关系的总和,黑格尔按照18世纪的英国人和法国人的先例,概括为'市民社会',而对市民社会的解剖应该到政治经济学中去寻求。"① 这个表述在《资本论》第二版"跋"中得到进一步确认,"辩证法在黑格尔手中神秘化了,但这决没有妨碍他第一个全面地有意识地叙述了辩证法的一般运动形式,在他那里,辩证法是倒立着的。为了发现神秘外壳中的合理内核,必须把它倒过来。"② 而且,这种观点也得到了恩格斯认同,他提到,"马克思从黑格尔的法哲学出发,得出这样一种见解:要获得理解人类历史发展过程的锁钥,不应当到被黑格尔描绘成'大厦之顶'的国家中去寻找,而应当到黑格尔所那样蔑视的'市民社会'中去寻找。"③

(三) 阐明无产阶级的历史使命

19世纪欧洲政治生活中凸显出了"犹太人问题"。基于对各种解放"犹太人问题"方案的归纳研究,1843年,青年黑格尔派主要代表人物布鲁诺·鲍威尔出版了《犹太人问题》和《现代犹太人和基督徒获得自由的能力》两篇著作,将犹太人的解放归结为纯粹的宗教问题。为批判鲍威尔的错误观点,1843年10月中旬至12月中旬,马克思撰写了《论犹太人问题》一文,并将其发表在1844年2月的《德法年鉴》上。首先,马克思批驳了鲍威尔把犹太人问题看成纯粹神学问题的错误观点。在鲍威尔看

---

① 《马克思恩格斯选集》第2卷,北京:人民出版社1995年版,第32页。
② 《马克思恩格斯选集》第2卷,北京:人民出版社1995年版,第112页。
③ 《马克思恩格斯全集》第16卷,北京:人民出版社1964年版,第409页。

来，德国的犹太人生活在一个具有鲜明基督教性质的国家，必须将犹太人从宗教中解放出来，才能使犹太人从基督教国家中获得解放，即将犹太人的解放仅仅归结为神学问题。对此，马克思从市民社会和宗教的关系中分析宗教，阐述了并不是宗教导致政治压迫，宗教反而是政治压迫的表现，只有消除政治压迫，才能消除宗教。其次，马克思全面论述了政治解放与人的解放的关系。马克思指出政治解放当然具有很大的历史进步性，但它也存在局限，政治解放实现的仅仅是资产阶级的民主自由，人的解放完成的条件在于"只有当现实的个人把抽象的公民复归于自身，并且作为个人，在自己的经验生活、自己的个体劳动、自己的个体关系中间，成为类存在物的时候，只有当人认识到自身'固有的力量'是社会力量，并把这种力量组织起来因而不再把社会力量以政治力量的形式同自身分离"①。最后，马克思阐述了资产阶级政治革命的本质。资产阶级革命的胜利，可以使资产阶级国家成为自由国家，却无法使所有人成为自由人，仅仅能使一部分人成为所谓的"自由人"。因此，要实现真正的人类解放，不仅不能依靠资产阶级，反而必须消灭宗教和私有制，并对社会进行彻底的革命改造。

马克思约于1843年10月中旬至12月中旬为《黑格尔法哲学批判》撰写了导言，并将其发表在1844年2月的《德法年鉴》上。首先，马克思对宗教并非全盘否定，他指出人们渴望在宗教生活中通过表达苦难的叹息并获得精神慰藉与拯救，以使自己在无力改变这个世界时可以适应它，但这种精神满足不是现实性的，宗教的实质是颠倒了的世界的颠倒的世界意识。显然，要彻底消灭宗教，就必须消灭宗教产生的社会历史根源。其次，马克思指出，德国的制度程度非常之高，局部的纯粹的政治革命难以从根本上触及专制制度大厦，要实现德国解放，"就在于形成一个被戴上彻底的锁链的阶级，一个并非市民社会阶级的市民社会阶级，形成一个表明一切等级解体的等级，形成一个由于自己遭受普遍苦难而具有普遍性质的领域，这个领域不要求享有任何特殊的权利，因为威胁着这个领域的不是特殊的不公正，而是普遍的不公正，它不能再求助于历史的权利，而只

---

① 《马克思恩格斯全集》第3卷，北京：人民出版社2002年版，第189页。

能求助于人的权利,它不是同德国国家制度的后果处于片面的对立,而是同这种制度的前提处于全面的对立,最后,在于形成一个若不从其他一切社会领域解放出来从而解放其他一切社会领域就不能解放自己的领域,总之,形成这样一个领域,它表明人的完全丧失,并因而只有通过人的完全回复才能回复自己本身。社会解体的这个结果,就是无产阶级这个特殊等级"①,即是说,推翻德国专制制度的统治是无产阶级的历史使命。最后,马克思论述了理论和实践的统一,为无产阶级改造客观世界提供了科学的途径。任何理论在一个国家得到实现的程度,总是与该理论满足这个国家需求的程度密切相关,当然,科学理论并不能自动产生直接效果,必须要有理解和掌握它的主体,马克思形象地描述为:"批判的武器当然不能代替武器的批判,物质力量只能用物质力量来摧毁;但是理论一经掌握群众,也会变成物质力量。理论只要说服人,就能掌握群众;而理论只要彻底,就能说服人。"②

三、巴黎流亡岁月激情革命斗争

1843年10月底马克思到达法国巴黎,12月份最终定居在瓦诺街38号,这是许多其他德国移民聚居的地方。巴黎的自由形式果然令人感到诧异,各种主义针锋相对、毫不遮掩地公开辩论,"简直要将这座城市的天空掀开"。马克思在这里与法国工人力量建立了一定联系,创作了"巴黎手稿",清算了青年黑格尔派和黑格尔本人的唯心主义观点,朝着唯物史观大步迈进。

(一) 联系法国工人力量

19世纪30年代至40年代,随着法国资本主义经济加快发展,政权从大土地所有者转移至工业资本家和金融资本家手中,工人阶级的工作时间大幅延长而实际工资水平不断降低,工人的不满情绪日益积聚,阶级矛盾

---

① 《马克思恩格斯全集》第3卷,北京:人民出版社2002年版,第213页。
② 《马克思恩格斯全集》第3卷,北京:人民出版社2002年版,第207页。

进一步激化。这时，基督教社会主义、国家社会主义、无政府主义等各种空想社会主义思想、空想共产主义思想广泛传播。在这样的社会和思想背景下，法国许多工人小组围绕形形色色的社会主义学说展开了激烈争论。

马克思住在工人住宅区，因而目睹和倾听了这些争论，这深深触动了他："当共产主义的手工艺者组成协会时，教育和宣传都是他们的首要目标……抽烟、吃喝都不再仅仅是把人聚在一起的手段。公司、协会以及也将结社作为自己目的的招待会，对他们说来都足矣；人的兄弟情谊不再是空洞的词句，而是一种现实，人的尊严从他们劳累的身躯上向我们投射出来。"① 马克思同法国的工人组织、德国在法国流亡者的工人组织都建立了一定联系。德国的共产主义者每周都举行集会，马克思不时参加工人集会，他的名字甚至还出现在了工人集会演说者的名单中。1844 年 3 月底，马克思参加了国际民主主义者的宴会，他高度赞赏了法国工人的美好品质。尽管马克思与各种工人组织保持联系，但他没有加入任何一个组织，以免陷入宗派主义之争。一些工人流浪者经常出入马克思的住宅，他们获得了马克思夫妇的慷慨帮助。在这个过程中，马克思会见了正义者同盟的领导人艾韦贝克与毛勒，和法国社会主义者如路易·勃朗，特别是和蒲鲁东共度过了许多时光，结识了俄国流亡者巴枯宁等人，并积极运用自己的唯物主义和共产主义观点去影响他们，启发他们。

（二）创作"巴黎手稿"

巴黎时期，马克思广泛涉猎政治经济学著作，于 1844 年 4 月底 5 月初至 8 月创作了"巴黎手稿"。"巴黎手稿"由《1844 年经济学哲学手稿》和《詹姆斯·穆勒〈政治经济学原理〉一书摘要》（简称《穆勒评注》）两部分构成。《1844 年经济学哲学手稿》中，马克思首先对"工资""资本的利润"和"地租"三种资本主义社会收入形式分别进行了考察研究，他发现国民经济学不仅充斥着理论矛盾，而且根本不能解释现实。因此，马克思停止了摘录他人论述，将目光转向"当前的国民经济的事实"，集中阐释了异化劳动的四种规定，即在资本主义制度下，劳动产品同工人相

---

① K.Marx, "Early Writings", ed. T. Bottomore(Lodon, 1963), p.176.

异化，劳动活动同工人相异化，人的类本质同人相异化，人同人间的关系相异化。人与人相异化，也就导致了阶级与阶级之间的对立，为最终消除异化提供了手段，即消灭私有制。这时，作为私有财产积极扬弃的共产主义就出场了。马克思认为共产主义的发展经历了三种形式，最初的非常粗陋的共产主义、具有政治性质的共产主义、真正完成的"共产主义"。真正完成的"共产主义是对私有财产即人的自我异化的积极的扬弃"，它是历史之谜（人和自然界之间、人与人之间的矛盾）的解答，是一种现实的运动和被认识到的生成运动，是人向自身即类的人的复归，是人对自己本质的真正占有，是人类解放的必然环节。在手稿结尾，马克思试图紧紧抓住黑格尔哲学的精髓，从青年黑格尔派对黑格尔的不同态度入手展开讨论，对黑格尔的基本错误进行了详尽分析。不过，马克思并没有落入单纯批判黑格尔术语的窠臼，相反，他对黑格尔抱有极大敬意，认为他的辩证法是审视世界的有益工具，相比之下，费尔巴哈则是唯一对黑格尔哲学采取严肃批判态度的人①。

　　《穆勒评注》中马克思关于社会交往异化的形成史图景更为明晰。简言之，马克思认为在人类之初，劳动既是基于个人需要的活动，又是个人存在和本质的积极实现。由于个人的贫困与需要，产生了最初的交换，但它仅限于剩余产品。之后，随着物物交换发展，私有财产的不断异化，劳动越来越陷入谋生范畴，它不再是为了满足生产者本人的需要而是为了满足他人的需要。于是，伴随着分工出现，产品生产更为专门化，物物交换最终过渡至以货币为中介的一般交换，此后，货币的异化、信用业和银行业的异化相继出现，最终导致社会交往的全面异化。而真正非异化的人的劳动是"我们每个人在自己的生产过程中就双重地肯定了自己和另一个人：（1）我在我的生产中使我的个性和我的个性的特点对象化，因此我既在活动时享受了个人的生命表现，又在对产品的直观中由于认识到我的个性是对象性的、可以感性地直观的因而是毫无疑问的权力而感受到个人的乐趣。（2）在你享受或使用我的产品时，我直接享受到的是：既意识到我的劳动满足了人的需要，从而使人的本质对象化，又创造了与另一个人的

---

① 《马克思恩格斯全集》第3卷，北京：人民出版社2002年版，第314页。

本质的需要相符合的物品。（3）对你来说，我是你与类之间的中介，你自己认识到和感觉到我是你自己本质的补充，是你自己不可分割的一部分，从而我认识到我自己被你的思想和你的爱所证实。（4）在我个人的生命表现中，我直接创造了你的生命表现，因而在我个人的活动中，我直接证实和实现了我的真正的本质，即我的人的本质，我的社会的本质。"①

（三）批判青年黑格尔派

《论犹太人问题》在法国发表后，迫于书报检查机关压制，只有少量刊物流入德国，并没有引起太大社会反响。尽管如此，马克思还是时刻关注后续情况。1844年7月马克思读到鲍威尔的《目前什么是批判的对象？》，其文指出群众是精神和历史发展的敌人，是批判的对象而非依靠力量。马克思有意再次与鲍威尔展开论战。同年8月底，恩格斯拜访了马克思，二人从此开始了共同的工作。9—11月，马克思、恩格斯决定通过小册子来对鲍威尔做最后的清算，公开阐述他们的最新观点。1845年2月书稿出版，名字讽刺意味十足：《神圣家族》，副标题"对批判的批判所作的批判"。

首先，马克思指出思想只能从一定的社会环境中产生，永远无法摆脱一定的利益基础，只有切实代表和满足人民群众的利益的思想才能真正发挥自身的历史作用，思想是否发展并不能解释历史事件是走向成功还是失败，其成功与否的关键在于这些事件能不能得到人民群众的拥护。不论是思想的实现还是历史的发展都需要相应的主体，这个主体就是"有使用实践力量的人"，就是掌握了先进思想的广大人民群众。人民群众是社会历史生活的主体，"批判的批判什么都没有创造，工人才创造一切，甚至就以他们的精神创造来说，也会使得整个批判感到羞愧"。② 其次，马克思认为资产阶级革命维护的是资产阶级的利益，只有无产阶级的利益才跟广大人民群众的利益根本一致，只有无产阶级才能自己解放自己。而无产阶级

---

① 〔德〕马克思：《1844年经济学哲学手稿》，北京：人民出版社2000年版，第183—184页。

② 《马克思恩格斯全集》第2卷，北京：人民出版社1957年版，第22页。

要完成自己的历史使命，必须首先在劳动中作为自为的阶级成长起来，"无产阶级并不是白白地经受那种严酷的但能使人百炼成钢的劳动训练的"，经过淬炼"英法两国的无产阶级中有很大一部分人已经意识到自己的历史任务"。马克思、恩格斯也不同意青年黑格尔派宣扬自我意识在社会发展进程中起绝对性作用的观点，"正像批判的批判把思维和感觉、灵魂和肉体、自身和世界分开一样，它也把历史同自然科学和工业分开，认为历史的发源地不在尘世的粗糙的物质生产中，而是在天上的云雾中。"①必须从社会物质生产考察人类历史发展进程，"现代国家的自然基础是市民社会以及市民社会中的人"②。

第三节 马克思人民立场的确立

面对普鲁士政府更加严厉的责难，马克思不得不在 1845 年 2 月初前往布鲁塞尔。随着更加深入联系无产阶级先进分子并深入到政治运动中，马克思的思想发生了革命性变革。这集中反映在《关于费尔巴哈的提纲》和《德意志意识形态》两个文本。及后，马克思继续深化认识，于 1848 年与恩格斯合著了《共产党宣言》。马克思的人民立场，在这时终于扎根站稳。

一、第一个伟大发现问世与深化

马克思发现了人类历史的发展规律："直接的物质的生活资料的生产，从而一个民族或一个时代的一定的经济发展阶段，便构成基础，人们的国家设施、法的观点、艺术以至宗教观念，就是从这个基础上发展起来的"③，这"第一个伟大发现"是"科学思想中的最大成果"④。

---

① 《马克思恩格斯全集》第 2 卷，北京：人民出版社 1957 年版，第 191 页。
② 《马克思恩格斯全集》第 2 卷，北京：人民出版社 1957 年版，第 145 页。
③ 《马克思恩格斯选集》第 3 卷，北京：人民出版社 2012 年版，第 1002 页。
④ 《列宁全集》第 23 卷，北京：人民出版社 1990 年版，第 45 页。

（一）新世界观天才萌芽

恩格斯后来提到，1845年春天他再次于布鲁塞尔同马克思碰面时，马克思已经根据上述基本原理大致完成了对他的唯物主义历史理论的阐发工作。这一时期，马克思保留下来的文字便是著名的《关于费尔巴哈的提纲》。《关于费尔巴哈的提纲》不仅是批判费尔巴哈哲学的提纲，更是概述新世界观的提纲，恩格斯称它"包含着新世界观的天才萌芽的第一个文献"。

提纲共分为五大板块，涉及五个方面的问题。第一，旧唯物主义的根本局限性，即"从前的一切唯物主义（包括费尔巴哈的唯物主义）的主要缺点是：对对象、现实、感性，只是从客体的或者直观的形式去理解，而不是把它们当作感性的人的活动，当作实践去理解，不是从主体方面去理解。"第二，检验科学真理的根本标准，即"人应该在实践中证明自己思维的真理性，即自己思维的现实性和力量，自己思维的此岸性"，"全部社会生活在本质上是实践的。凡是把理论引向神秘主义的神秘东西，都能在人的实践中以及对这种实践的理解中得到合理的解决。"第三，旧唯物主义不彻底性的根源，从人与教育和环境的关系分析在于"关于环境和教育起改变作用的唯物主义学说忘记了：环境是由人来改变的，而教育者本人一定是受教育的。因此，这种学说必然会把社会分成两部分，其中一部分凌驾于社会之上。"从宗教的角度分析在于"世俗基础使自己从自身中分离出去，并在云霄中固定为一个独立王国，这只能用这个世俗基础的自我分裂和自我矛盾来说明。因此，对于这个世俗基础本身应当在自身中、从它的矛盾中去理解，并且在实践中使之发生革命。"从认识论角度分析在于"费尔巴哈不满意抽象的思维而喜欢直观；但是他把感性不是看做实践的、人的感性的活动。"第四，人的本质"不是单个人所固有的抽象物，在其现实性上，它是一切社会关系的总和"，"费尔巴哈没有看到，'宗教感情'本身是社会的产物，而他所分析的抽象的个人，是属于一定的社会形式的。"第五，新唯物主义与旧唯物主义的本质区别在于二者研究所依据的方法论不同，"直观的唯物主义，即不是把感性理解为实践活动的唯物主义，至多也只能达到对单个人和'市民社会'的直观"；二者的阶级基础和阶级本质不同，"旧唯物主义的立脚点是市民社会，新唯物主义的立脚点则是人类社会或社会的人类"；二者所承担的历史使命和根本任务不同，"哲学家们只是用不同的方式解释世界，问题在于改变世界。"①

（二）唯物史观系统阐发

为批判费尔巴哈、鲍威尔、施蒂纳所代表的德国哲学以及德国的"真正的社会主义"，1845年秋至1846年5月，马克思、恩格斯合著《德意志意识形态》一书，第一次比较系统地阐述了历史唯物主义基本原理。马克思、恩格斯首先对当时以德国为代表的旧的意识形态进行猛烈批判，指出当时德国"空前变革"的可笑与荒谬及其必然表现出来的"哲学骗局""渺小卑微"和"地方局限性"。然后，马克思、恩格斯阐明了唯物史观的前提是有生命的个人——"现实的个人"——的存在，当然，社会存在的一定自然物质前提即人口、资源、环境等也是不可忽视的。而"确定一切人类生存的第一个前提"，是"人们为了能够'创造历史'，必须能够生活。但是为了生活，首先就需要吃喝住穿以及其他一些东西。因此第一个历史活动就是生产满足这些需要的资料，即生产物质生活本身。"② 当第一个需要已经满足后又产生了物质资料的再生产。在上述两种关系基础上，产生了人生命的生产，这是决定人类社会发展的第三个因素。生命的生产表现为双重关系，一方面是自然关系，一方面是社会关系，"一定的生产方式或一定的工业阶段始终是与一定的共同活动方式或一定的社会阶段联系着的，而这种共同活动方式本身就是'生产力'；由此可见，人们所达到的生产力的总和决定着社会状况，因而，始终必须把'人类的历史'同工业和交换的历史联系起来研究和探讨"。③ 可见，生产力决定生产关系，

---

① 《马克思恩格斯文集》第1卷，北京：人民出版社2009年版，第499—502页。
② 《马克思恩格斯文集》第1卷，北京：人民出版社2009年版，第531页。
③ 《马克思恩格斯文集》第1卷，北京：人民出版社2009年版，第532—533页。

生产力总和决定社会状况。在社会存在的基础上，产生了社会意识，"但是这种意识并非一开始就是'纯粹的'意识。'精神'从一开始就很倒霉，受到物质的'纠缠'"①。这反映出物质决定意识，精神有着自身的物质基础的客观事实。随着物质劳动、精神劳动差别的出现，二者间形成明显的分工，才使得意识可以在一定程度上摆脱物质纠缠，即是说，意识具有独立性和创造性。

马克思、恩格斯科学阐明了所有制形式的演变阶段或类型，即部落所有制、罗马城邦所有制和封建或等级所有制，再加上马恩正在研究的资本主义社会和共产主义社会正好构成五种社会形态。在此基础上，进一步揭示了在社会发展中，"社会结构和国家总是从一定的个人的生活过程中产生的"②，"人们的想象、思维、精神交往在这里还是人们物质行动的直接产物。表现在某一民族的政治、法律、道德、宗教、形而上学等的语言中的精神生产也是这样。人们是自己的观念、思想等等的生产者"③。生产力和生产关系的辩证关系是复杂的，"不一定非要等到这种矛盾在某一国家发展到极端尖锐的地步，才导致这个国家内发生冲突。由广泛的国际交往所引起的同工业比较发达的国家的竞争，就足以使工业不发达的国家内产生类似的矛盾"④。生产力的发展具有继承性和延续性，是各个世代的积累，生产力的发展不仅可以创造相应的生产关系，还产生了普遍交往，从而为共产主义的最终实现奠定物质基础，因此，必须大力推动生产力综合发展。

在明确了社会发展的动力、过程和规律后，马克思、恩格斯科学揭示了社会发展的未来方向。资本主义无法控制自身生产力的发展，使这种发展了的生产力成为推动自身灭亡的破坏力量，"与此同时还产生了一个阶级，它必须承担社会的一切重负，而不能享受社会的福利，它被排斥于社

---

① 《马克思恩格斯文集》第1卷，北京：人民出版社2009年版，第533页。
② 《马克思恩格斯文集》第1卷，北京：人民出版社2009年版，第524页。
③ 《马克思恩格斯文集》第1卷，北京：人民出版社2009年版，第524页。
④ 《马克思恩格斯文集》第1卷，北京：人民出版社2009年版，第568页。

会之外，因而不得不同其他一切阶级发生最激烈的对立"①。资本主义的发展推动无产阶级力量发展壮大，进而为无产阶级革命的发生和胜利奠定了基础。共产主义革命的特殊性就在于"针对活动迄今具有的性质，消灭劳动，并消灭任何阶级的统治以及这些阶级本身"，只有工人阶级才能完成这一任务，并通过革命来解放自己，"革命之所以必需，不仅是因为没有任何其他的办法能够推翻统治阶级，而且还因为推翻统治阶级的那个阶级，只有在革命中才能抛掉自己身上的一切陈旧的肮脏东西，才能胜任重建社会的工作。"② 未来共产主义社会的创建"实质上具有经济的性质，这就是为这种联合创造各种物质条件，把现存的条件变成联合的条件"③，对旧的所有制实行彻底的改造。共产主义是一种全面的、总体的革命，意味着同传统的观念实行最彻底的决裂，意味着人类生活的一切领域的革命性变革，它不是一种私有制形式代替另一种私有制形式，而是消灭私有制本身。共产主义是个人全面的、充分的发展，它消除了个人从属于的"虚假的集体"的状况，"把个人的自由发展和运动的条件置于他们的控制之下。而这些条件从前是受偶然性支配的，并且是作为某种独立的东西同单个人对立的"④。

（三）深化唯物史观认识

1846年5月5日，鉴于蒲鲁东在法国社会主义者中的重要地位，马克思写信邀请他担任共产主义通讯委员会巴黎支部通信员，但蒲鲁东回信说从思想上团结工人的实质就是迫使他们信奉共产主义。他还在《贫困的哲学》一书中公开提出了工人运动和暴力革命的无效性论断。为此，马克思在给安年科夫的信中初步对蒲鲁东进行了驳斥，并在这封信的基础上，于1847年1月至6月15日撰写了《哲学的贫困》，全面驳斥了蒲鲁东的思想，深化和阐发了唯物史观基本原理。

---

① 《马克思恩格斯文集》第1卷，北京：人民出版社2009年版，第542页。
② 《马克思恩格斯文集》第1卷，北京：人民出版社2009年版，第543页。
③ 《马克思恩格斯文集》第1卷，北京：人民出版社2009年版，第574页。
④ 《马克思恩格斯文集》第1卷，北京：人民出版社2009年版，第573页。

首先，马克思从根源上揭露了蒲鲁东主义的阶级根源和方法论根源。面对蒲鲁东提出的建立"绝对平等的体系"要有新哲学方法即系列辩证法的错误方法，马克思以唯物史观作了"七个比较重要的说明"予以回应和批判：逻辑范畴不能呈现具体事物的多样性，黑格尔辩证法只是对整个世界进行抽象；经济范畴只是社会生产关系的理论表现；社会形态必然依附于整个社会机体之上；"好的方面""坏的方面"共同构成每个经济范畴本身固有的"矛盾"；历史的真正起点是现实的个人；"与观念顺序相一致的历史"具有虚构性；合题的实质是"一种合成的错误"。其次，马克思全面阐述了生产力和生产关系的辩证运动关系。蒲鲁东虽然明白在一定的生产关系中从事着相应的生产，但他不明白这些生产关系也是由生产力决定的。"社会关系和生产力密切相联。随着新生产力的获得，人们改变自己的生产方式，随着生产方式即谋生的方式的改变，人们也就会改变自己的一切社会关系。"① 这里的新生产力就是包含了科技含量的先进生产力，体现出生产工具是生产力的重要构成要素。劳动者也是生产力的强大因素，而革命阶级就是先进生产力的代表，"在一切生产工具中，最强大的一种生产力是革命阶级本身。革命因素之组成为阶级，是以旧社会的怀抱中所能产生的全部生产力的存在为前提的。"② 最后，马克思指出资本主义生产方式具有二重性，"在产生财富的那些关系中也产生贫困；在发展生产力的那些关系中也发展一种产生压迫的力量"，这就使得资产阶级和无产阶级之间的阶级矛盾日益激化，而工人阶级就是解决资本主义社会矛盾，实现社会根本改造的力量，只有工人阶级联合起来，以革命方式争取自身解放，劳动阶级才能获得真正的解放。政治运动本身就是社会运动，"不能说社会运动排斥政治运动……只有在没有阶级和阶级对抗的情况下，社会进化将不再是政治革命。"③

---

① 《马克思恩格斯文集》第1卷，北京：人民出版社2009年版，第602页。
② 《马克思恩格斯文集》第1卷，北京：人民出版社2009年版，第655页。
③ 《马克思恩格斯文集》第1卷，北京：人民出版社2009年版，第655页。

二、《共产党宣言》发表与传播

马克思深刻透彻的理论吸引了一批忠诚的追随者,但他知道这对于无产阶级运动而言还远远不够。1847年春,马克思、恩格斯秘密加入了正义者同盟,用自己的理论和革命思想改造了这个深受法国革命家巴倍夫的乌托邦思想影响的组织。同年6月初,正义者同盟改名共产主义者同盟,马克思、恩格斯参加了该同盟的第二次代表大会并发挥了突出作用。他们受大会委托起草了一份将无产阶级政党的基本原则公之于众的纲领。1848年2月,《共产党宣言》正式问世了。

(一)透彻鲜明的新世界观

马克思、恩格斯在《共产党宣言》第一章《资产阶级和无产者》中阐述了"至今一切社会的历史都是阶级斗争的历史","每一次斗争的结局都是整个社会受到革命改造或者斗争的各阶级同归于尽"[1],并对资本主义的产生、发展及历史命运作了深入系统的分析,指出资产阶级在人类社会发展中起到了积极作用,但资产阶级也具有历史局限性,"资产阶级无意中造成而又无力抵抗的工业进步,使工人通过结社而达到的革命联合代替了他们由于竞争而造成的分散状态"[2],无产阶级革命胜利因这种联合成为可能。第二章《无产者和共产党人》主要围绕着共产党人是什么人、共产党人遭遇的责难、共产党人的近期任务、共产党人的远大目标而展开,阐明了共产党人没有自己的特殊利益,共产党人始终代表整个运动的利益,共产党人的近期任务是夺取政权,面对强大的资产阶级敌人,全体无产者必须联合起来,为实现共产主义而创造条件。第三章《社会主义和共产主义的文献》按照当时流行的形形色色的社会主义流派的阶级本质,划分反动的社会主义、保守的社会主义和批判的社会主义三种类型进行科学分析,进一步正本清源,指出了他们的阶级特征和科学作用。第四章《共产党人

---

[1] 《马克思恩格斯选集》第1卷,北京:人民出版社2012年版,第400页。
[2] 《马克思恩格斯选集》第1卷,北京:人民出版社2012年版,第412页。

对各种反对党派的态度》从理论问题转到现实态度,阐明了共产党人对各种反对党派的基本态度是共产党能够团结其他工人政党,共同开展反对资本主义的斗争,论述了坚持所有制问题是革命运动的基本问题、共产党人政治斗争的基本策略、坚持不断革命论与革命发展阶段论相统一的问题,强调了用暴力革命夺取政权的重要性。《共产党宣言》最后发出号召:"全世界无产者,联合起来!"① 指明了无产者要想获得彻底的解放,就必须通过无产者的联盟成为阶级。无产阶级的联合并非单个国家单个民族的任务,而是全世界无产阶级的共同使命,只有当全世界无产阶级联合起来,推翻资本主义专制统治,建立起无产阶级专政,才能实现自身的解放,进而获得人的自由全面发展。

《共产党宣言》一经发表,同时代的人首先感到巨大震撼。19世纪德国和国际工人运动的著名活动家弗里德里希·列斯纳道:"当我在1847年听到卡尔·马克思的演说,读懂了《共产党宣言》之后,我才明白,仅凭个人的热情和善良的意志是不足以改造人类社会的……我抛弃了狂热和幻想,明确了目的,获得了知识……"② 《共产党宣言》的问世为广大工人阶级运用科学的理论武器反对资本主义社会奠定了理论基础,列宁在1913年所著的《马克思学说的历史命运》中认为"这部著作以天才的透彻而鲜明的语言描述了新的世界观,即把社会生活领域也包括在内的彻底的唯物主义、作为最全面最深刻的发展学说的辩证法以及关于阶级斗争和共产主义新社会创造者无产阶级肩负的世界历史性的革命使命的理论"。③

(二) 岁月流转中的序言华章

在《共产党宣言》发表后的25年,马克思、恩格斯借助于《共产党宣言》在欧洲各国出版和再版的机会,陆续以五种不同语言(德文、俄文、英文、波兰文、意大利文)为《共产党宣言》作了七篇序言,都是对

---

① 《马克思恩格斯选集》第1卷,北京:人民出版社2012年版,第435页。
② 中共中央马克思恩格斯列宁斯大林著作编译局编:《回忆马克思》,北京:人民出版社2005年版,第242页。
③ 《列宁全集》第26卷,北京:人民出版社2017年版,第50页。

《共产党宣言》的进一步阐释说明，彰显了马克思与时俱进的思想品质。其中1872年德文版序言和1882年俄文版序言为马克思、恩格斯合著，后五个序言是恩格斯单独完成的。

1872年德文版序言撰写时距离《共产党宣言》发表已有25年，这25年中国际形势有了很大变化，工人运动也有了不同程度的发展，1871年巴黎公社运动更是建立无产阶级政权的第一次尝试。1872年序言是对《共产党宣言》的第一次补充说明，序言一方面强调《宣言》中阐释的基本原理没有过时，"不管最近25年来的情况发生了多大的变化，这个《宣言》中所阐述的一般原理整个说来直到现在还是完全正确的"，过时的仅仅是某些具体的个别结论，随后又指出"随时随地都要以当时的历史条件为转移"①，就是为了突出理论联系实际的原理，不可脱离当下的历史条件机械地教条地使用理论去指导实践。另一方面强调工人阶级不可奉行拿来主义，要打破资产阶级的国家机器，"工人阶级不能简单地掌握现成的国家机器，并运用它来达到自己的目的。"②

第二版俄文版序言发表于1882年，是马克思、恩格斯合著的最后一版序言。序言一方面明确强调《共产党宣言》的任务"是宣告现代资产阶级所有制必然灭亡。"而这种灭亡在当时的俄国应当怎样实现呢？"是能够直接过渡到高级的共产主义的公共占有形式呢？或者相反，它还必须先经历西方的历史发展所经历的那个瓦解过程呢？"③ 这些提问实际上表露出马克思、恩格斯预测俄国无产阶级革命的不确定性，因为当时俄国很多公社仍旧停留在原始封建的甚至更加落后的状况中。随后马克思、恩格斯回答道，倘若俄国革命能够引领西方无产阶级革命并与其相互补充，那么俄国的土地公有制将成为共产主义发展的起点，这也意味着马克思、恩格斯对俄国进行无产阶级革命寄予了极高期望。另一方面分析了当时美俄两国进行无产阶级革命的形势。由于欧洲移民使得北美的农业生产和工业资源开发都有了大的突破，"以至于很快就会摧毁西欧特别是英国迄今为止的工

---

① 《马克思恩格斯选集》第1卷，北京：人民出版社2012年版，第376页。
② 《马克思恩格斯选集》第1卷，北京：人民出版社2012年版，第377页。
③ 《马克思恩格斯选集》第1卷，北京：人民出版社2012年版，第379页。

业垄断地位",这势必影响着美国无产阶级的发展,美国的工人运动因此也可能开展起来。在 1848—1849 年革命期间,俄国还是欧洲反动势力的支柱,"沙皇被宣布为欧洲反动势力的首领"①,然而到了 1882 年,沙皇却沦为了革命的阶下囚,俄国一跃成为欧洲革命的先锋力量,这便充分说明了俄文版《宣言》的出版是顺理成章的事实,不再是一件奇闻。同时也修正了马克思、恩格斯曾认为的无产阶级革命只可能在西方发达国家取得胜利的这一论断。②

(三)跨越国界的影响浪潮

马克思、恩格斯起初并没有预料到《共产党宣言》的生命力和传播力会如此强劲持久,《共产党宣言》的出版和流传在马克思、恩格斯生前并不顺利。1848 年革命前夕,《共产党宣言》最初装订成书后甚至都没有作者署名,仅仅只是一部"秘密"性的小册子,根本没有机会"公开出版"。1848 年革命期间,《共产党宣言》的刊印和出版也"非常糟糕",大多数情况下是由共同主义者同盟人员拿着宣传性小册子利用各种机会向工人们散发。

柳暗花明又一村。随着马克思、恩格斯成为国际工人运动的思想领路人,马克思主义的科学性频频得到印证,《共产党宣言》逐渐传遍世界各地。从 1848 年开始,《共产党宣言》先后用德文、瑞典文、英文、俄文、法文、意大利文、西班牙文等出版。1871 年时《共产党宣言》在德、美、英等国至少刊印过 12 种不同版本。到 19 世纪 90 年代,《共产党宣言》已经有 20 多种文字的译本,130 多个版本。进入 20 世纪,《共产党宣言》在全球范围内加速传播,其译本所涉文字现已逾 200 种,版本数量高达 2000 多个。在中国,自 1920 年 8 月陈望道译本问世,至今已拥有至少 12 个独立且完整的汉语版本,它们一脉相承又各具特色,展现了中国学者对这一经典著作的持续关注与深入研究。不仅如此,藏族、维吾尔族、蒙古族、

---

① 《马克思恩格斯选集》第 1 卷,北京:人民出版社 2012 年版,第 379 页。
② 燕连福:《马克思主义诞生的标记〈共产党宣言〉新读》,北京:红旗出版社 2020 年版,第 17—21 页。

哈萨克族、朝鲜族等少数民族文字译本以及盲文版也相继涌现，在全国出版发行。近百年来，《共产党宣言》的各种注释读本和研究读本也日渐增多。在社会主义国家，影响较大的是1922年梁赞诺夫组织编译的俄文版《共产党宣言》注释读本，1952年列昂节夫所著的《论〈共产党宣言〉》作为该书的研究读本影响力也颇大。在英、美等资本主义国家，穆尔于1888年翻译的《共产党宣言》英文本经受住了时间考验，多次再版重印。而在意大利、日本等国，同样涌现出了多种新版本，仅日本一国就有约100种。在英语国家，《共产党宣言》的研究读本也呈百花齐放之态，不仅包括全文的文本，还包括编者的评论文章或长篇导言或多篇研究文章，如1998年英文版收录了英国著名学者埃里克·霍布斯鲍姆所撰写的导言——《论〈共产党宣言〉》。当然，中国在《共产党宣言》注释读本与研究读本的出版方面，均处于世界领先地位。

《共产党宣言》无疑是170年来全球传播最广泛、影响最深远的人文社会科学文献之一，鲜有传世名著能与之媲美。这部著作不仅被视为全世界共产党人和进步人士的必读经典，也是全人类极其宝贵的精神财富。2013年，《共产党宣言》被联合国教科文组织列入了《世界记忆遗产名录》。

第四节　马克思人民立场的成熟

1848年，席卷欧洲的资产阶级民主革命爆发，马克思积极投入并发挥了指导作用。革命失败后，他深入反思经验教训，致力于通过系统研究政治经济学来揭示资本主义的内在本质及其运作规律，这一努力结晶就是1867年的著作《资本论》。即便在晚年，马克思依旧密切关注全球发展的新动向和工人运动的新进展，持续从更为宏大的视野探索人类社会的发展问题。理论与实践考验从未将马克思压倒，他永远站在人民的立场上，把"为人类工作"的高调唱成了高尚。

一、投身欧洲民主革命斗争

1848年《共产党宣言》刚刚问世，欧洲大陆便爆发了声势浩大的革命运动，席卷法国、德国、奥地利、匈牙利、意大利等国。虽然这场革命在很多地方均以失败告终，但却动摇了欧洲各国的封建专制势力基础，为资本主义发展扫清了障碍。马克思、恩格斯通过投身革命和总结经验，为革命做出了重要贡献。

（一）参与现实革命运动

二月革命爆发后，马克思于2月8日以比利时民主协会的名义致函法国政府，希望欧洲各国能够效仿法国革命开展革命运动。比利时反动政府似乎预感到了革命威胁，开始对政治流亡者和比利时的民主派人士实施镇压与迫害。为了助力革命进程，马克思从刚刚继承自父亲的遗产中拿出了几千法郎，用于武装布鲁塞尔的工人。马克思的所作所为使比利时政府对他一家展开了残酷迫害，全家被驱逐出境，再次前往巴黎。马克思达到巴黎当天加入了人权社团，在集会中发挥了积极作用，后来他发表了支持推迟选举国民议会的演说，比较荣誉地成为了国民军中工人新成员。① 马克思还根据共产主义者同盟的全权委托，着手成立了新的中央委员会，在3月10日的会议上被选为了中央委员会主席。在马克思到达之前，德国民主协会已经决定建立德意志军团开回德国支持革命。马克思坚决反对这种冒险行动，认为工人应秘密分散地回国从事组织和宣传工作，截至1848年4月初，马克思、恩格斯和共产主义者同盟中央委员会动员了三四百名德国流亡者（其中多数是同盟盟员）有步骤地返回了祖国。为了更有力地反对民主协会的错误做法，马克思、恩格斯组织了一次以共产主义者同盟的四个巴黎人支部为基础的会议，成立了德国工人俱乐部，劝说海尔维格等人立即放弃用外来武力强制建立德意志共和国。

---

① S.Bernstein,"Marx in Paris,1848:A Neglected Chapter", *Science and Society*, vols.3and4(1938and1940).

为了更加有效地向革命群众提供指导，马克思、恩格斯遵循《共产党宣言》策略原则，在3月下旬拟定了共产主义者同盟在德国革命中的行动纲领，即《共产党在德国的要求》，并经共产主义者同盟中央委员会审阅后正式印刷出版。为了直接参加、指导德国革命，马克思、恩格斯于4月11日来到莱茵河畔的科隆，派出沙佩尔、沃尔弗等同盟成员奔赴各地进行革命宣传和组织活动，并创办《新莱茵报》教育和号召德国广大人民将革命进行到底。同时，马克思、恩格斯还直接参与群众民主运动，如马克思、恩格斯积极参与并领导了德国民主协会的各项工作。1848年6月，有近百个民主团体代表参加的大会在法兰克福举行，会议决定建立一个全国性的民主主义组织，在马克思等人的敦促下，科隆的民主协会、工人联合会、工人与业主联合会组成了联合中央委员会。8月，马克思以联合中央委员会思想领袖的身份出席了在科隆的会议。这一时期，马克思、恩格斯同德国工人运动中的"左"右倾路线进行了斗争，如与安得列阿斯·哥特沙克、斯蒂凡·波尔恩进行论战，推动了德国革命运动在正确的道路上前进。德国三月革命后，马克思、恩格斯全力支持了保护全德国民议会通过的宪法的运动，并通过《新莱茵报》给予理论指导，使运动更具自觉的目的。《新莱茵报》停刊后，马克思、恩格斯到达起义者占领的巴登地区，会晤了巴登委员会的领导者，劝说他们把起义扩展至法兰克福，不过遭到了拒绝。之后，马克思以 M. 伦博兹的名字返回巴黎，他仍然对即将到来的革命充满信心，并开始履行委托给他的代表职责，同全体革命派会晤，力争掌握所有的革命报刊。

（二）退回书房总结经验

在《1848年至1850年的法兰西阶级斗争》《共产主义者同盟中央委员会告同盟书》《路易·波拿巴的雾月十八日》等著作中，马克思全方位总结升华了1848年革命的经验教训。在对法国革命的分析中，马克思指出无产阶级革命在推动社会向前发展中发挥着不可替代作用，当然革命尤其是无产阶级革命不是凭空制造出来的。1848年革命后，在英、法等国出现工商业繁荣的情况下，革命是不可能发生的，革命的发生必然与资本主义危机紧密相连。马克思第一次使用了"无产阶级专政"概念,指出革命的社会主义就是"宣布不断革命,就是无产阶级的阶级专政,这种专政是达到消灭一切阶级差别,达到消灭这些差别所由产生的一切生产关系,达到消灭和这些生产关系相适应的一切社会关系,达到改变由这些社会关系产生出来的一切观念的必然的过渡阶段。"① 同时,结合对1851年12月2日路易·波拿巴政变的评述,马克思揭示了无产阶级革命必须集中一切力量摧毁旧的国家机器,"我认为法国革命的下一次尝试不应该再像以前那样把官僚军事机器从一些人的手里转到另一些人的手里,而应该把它打碎,这正是大陆上任何一次真正的人民革命的先决条件。"② 1848年革命失败的一个重要原因是没有形成巩固的工农联盟,而在工农联盟中,无产阶级必须成为领导阶级,一旦如此,"无产阶级革命就会形成一种合唱,若没有这种合唱,它在一切农民国度中的独唱是不免要变成孤鸿哀鸣的"③。

在总结德国1848—1849年革命经验基础上,马克思、恩格斯第一次比较完整地阐述了"不断革命论",指出"我们的利益和我们的任务却是要不断革命,直到把一切大大小小的有产阶级的统治全都消灭,直到无产阶级夺得国家政权,直到无产者的联合不仅在一个国家内,而且在世界一切举足轻重的国家内都发展到使这些国家的无产者之间的竞争停止,至少是发展到使那些有决定意义的生产力集中到了无产者手中。"④ 只有不断革命,无产阶级才能取得成功。在推进革命的过程中,无产阶级政党必须拥有和保持自己独立的武装,"谋求在正式的民主派旁边建立一个秘密的和公开的独立工人政党组织,并且应该使自己的每一个支部都成为工人协会的中心和核心"⑤。马克思、恩格斯还将无产阶级革命理论和无产阶级政党坚持的立场统一起来,提出了无产阶级革命要取得胜利的条件是"他们首先必须自己努力:他们应该认清自己的阶级利益,尽快采取自己独立政党

---

① 《马克思恩格斯选集》第1卷,北京:人民出版社2012年版,第532页。
② 《马克思恩格斯文集》第10卷,北京:人民出版社2009年版,第352页。
③ 《马克思恩格斯选集》第1卷,北京:人民出版社2012年版,第769页。
④ 《马克思恩格斯选集》第1卷,北京:人民出版社2012年版,第557页。
⑤ 《马克思恩格斯选集》第1卷,北京:人民出版社2012年版,第558页。

的立场,一时一刻也不能因为听信民主派小资产者的花言巧语而动摇对无产阶级政党的独立组织的信念。"①

(三) 支持民族解放斗争

1848年革命唤醒了欧洲被压迫民族,要求摆脱民族压迫、结束民族分裂、实现民族独立与解放的民族运动风起云涌。马克思热情支持被压迫民族的解放斗争,马克思非常详细地研究了整个19世纪占据欧洲工人运动注意力的波兰和爱尔兰问题。针对波兰问题,马克思从无产阶级的大局和国际革命的角度出发,积极参与了1863年波兰起义纪念活动的筹备工作。在1865年的伦敦代表会议上,专门讨论了波兰问题。1865年4月13日,在关于波兰问题的动议的《更正》中,马克思指出:"保守的欧洲的口号是:被奴役的欧洲要以被奴役的波兰为基础。'国际工人协会'的口号正相反:自由欧洲要靠自由和独立的波兰来支撑。"② 1867年1月22日,马克思在总委员会和波兰流亡者举行的纪念波兰起义的大会上发表了热情洋溢的演说,大会决议指出,没有独立的波兰就没有自由的欧洲。

针对爱尔兰问题,马克思过去认为只有英国工人阶级取得胜利,爱尔兰才能获得解放。通过与工联主义的斗争,马克思意识到,在当时的条件下,只有推翻英国在爱尔兰的统治,才能给予英国工人阶级必要的革命的推动,否则,英国工人阶级就不能摆脱工人联合主义的影响,就不能打倒自己的敌人——资产阶级。爱尔兰问题不是单纯的民族问题,而是土地问题、生存问题,因此,不革命即死亡。当然,马克思并没有想当然地认为爱尔兰的民族解放斗争必然以脱离英国而告终,他认为必须考虑英国无产阶级的行为和态度,以及英国社会主义革命胜利的前景本身。1869年10月24日,在总委员会参与下,伦敦20万人举行示威抗议,马克思同自己的两个女儿参加了游行。1870年2月—4月,为了揭露英国对爱尔兰的殖民政策,马克思的爱女燕妮在父亲帮助下为巴黎的《马赛报》撰写了8篇文章。

---

① 《马克思恩格斯选集》第1卷,北京:人民出版社2012年版,第564页。
② 《马克思恩格斯全集》第21卷,北京:人民出版社2003年版,第148页。

二、"重新研究"政治经济学

1849年马克思来到伦敦,在大英博物馆重新开始了被迫放下的政治经济学研究,包括24个笔记本的《伦敦笔记》是这一时期的见证。随后,马克思创作了著名的《资本论》"三大手稿",在政治经济学领域发起了一场"革命"。1867年《资本论》第一卷公开出版,马克思经历二十余年艰辛的政治经济学研究成果展现在了世人面前。

(一)《伦敦笔记》的理论准备

《伦敦笔记》共1250多页,马克思自己为笔记本编上了Ⅰ—XXIV的号码,以此表明纷繁复杂内容之间的联系性。在笔记中,马克思摘录了阅读过的论著、文献和参考资料,并在很多地方附上了简短评注。马克思还研究和摘录了科学技术发明的著作,涵盖约·弗·赖特迈耶尔的《古代民族采矿和冶金的历史》、约翰斯顿的《农业化学和地质学讲义》、李比希等人的著作。《伦敦笔记》中包含三个重要手稿。一是《金银条块:完成的货币体系》,此手稿包含了关于货币理论的许多或长或短的评论,从它的摘录和评注可以看出马克思关于货币的理论不断完善进步的过程。二是《反思》手稿,此手稿写于对货币、信用、危机问题的理论、历史和实践做了充分研究和大量摘录之后,是马克思为自己理清问题而作的简短的理论概括。三是《货币、信用、危机》手稿,此手稿包括了对32位作者的著作的引文摘录,即吉尔伯特、桑顿、布莱克、加拉坦、图克、托伦斯、哈伯德、约·斯·穆勒、富拉顿、艾什巴尔顿、配第、劳、洛克、休谟、米塞尔登、布阿吉尔贝尔等人,主要研究了金属货币和货币符号流通的相关问题以及票据流通的规律。《伦敦笔记》是马克思为其政治经济学著作所做的理论准备。

在伦敦重新研究政治经济学以后,马克思继续其写作政治经济学著作的计划。1849年12月,马克思在说明对当时革命形势的估计时就曾提到:"我几乎不怀疑,还没有来得及出三期或许两期月刊,世界大火就燃烧起来，而《政治经济学》连写完草稿的机会也没有了"。① 在 1851 年 4 月 2 日给恩格斯的信中，马克思讲述了自己的研究情况："我已经干了不少，再有五个星期我就可以把这整个经济学的玩意儿干完。完成这项工作以后，我将在家里研究经济学，而在博物馆里从事别的科学研究。"② 然而，马克思并未如期完成预想计划。1851 年 11 月，马克思到曼彻斯特时又与恩格斯讨论了自己经济学著作的结构，认为应该分三卷《政治经济学批判》《社会主义者批判》《政治经济学史》，遗憾的是，这个计划没有完成。事实上，直到 1857 年正式动笔写作之前，马克思一直在继续研究他认为是重要的历史、文化、科学技术、殖民地等问题。到 1859 年 1 月，马克思终于完成《政治经济学批判：第一分册》，于 6 月在柏林出版，内容包括序言、第一章《商品》、第二章《货币或简单流通》三部分。

（二）剩余价值理论的科学探索

1857 年 7 月—1858 年 6 月，马克思撰写了《1857—1858 年经济学手稿》，标题为《政治经济学批判》，这部手稿是《资本论》的第一稿，包含着非常丰富的内容。马克思第一次提出了劳动二重性理论，即劳动包括具体劳动和抽象劳动两方面。通过考察商品从低级形式向高级形式的历史发展过程，马克思揭示了劳动力如何在资本主义社会条件下成为商品，创造出了剩余价值。马克思从人的发展角度论述了人类社会发展的历史进程，提出了三种社会形态："人的依赖关系（起初完全是自然发生的），是最初的社会形式……以物的依赖性为基础的人的独立性，是第二大形式……建立在个人全面发展和他们共同的、社会的生产能力成为从属于他们的社会财富这一基础上的自由个性，是第三个阶段。"③ 马克思依次考察了资本主义社会以前的亚细亚的所有制形式、古代所有制形式、日耳曼的所有制形式等，来加强对资本主义生产方式的研究。此外，马克思还评述

---

① 《马克思恩格斯全集》第 27 卷，北京：人民出版社 1972 年版，第 538 页。
② 《马克思恩格斯全集》第 48 卷，北京：人民出版社 2007 年版，第 237—238 页。
③ 《马克思恩格斯文集》第 8 卷，北京：人民出版社 2009 年版，第 52 页。

了机器体系的发展及其应用的重大意义，阐明了科学技术是极其重要的生产力，预测了未来共产主义社会的某些特征。

1857年8月下旬，马克思为《政治经济学批判》写了"总的导言"。马克思论述了政治经济学将一定社会发展阶段和一定生产关系下的生产作为自己的研究对象，创立了自己的政治经济学研究方法，即从抽象上升到具体的研究方法："从抽象上升到具体的方法，只是思维用来掌握具体、把它当做一个精神上的具体再现出来的方式。但决不是具体本身的产生过程"①，要以现实为依据，从简单抽象规定开始上升到更加具体的抽象规定。马克思还阐述了意识形态上层建筑和经济基础之间、文学艺术和物质生产之间的辩证关系："物质生产的发展例如同艺术发展的不平衡关系。进步这个概念决不能在通常的抽象意义上去理解。就艺术等等而言，理解这种不平衡还不像理解实际社会关系本身内部的不平衡那样重要和那样困难。"② 1858年11月—1859年1月，马克思为《政治经济学批判：第一分册》撰写了《序言》。马克思首先对研究资产阶级经济制度的逻辑循序作了说明，进而回顾了研究政治经济学的动因，并对唯物主义历史观的基本原理作了经典表述："人们在自己生活的社会生产中发生一定的、必然的、不以他们的意志为转移的关系，即同他们的物质生产力的一定发展阶段相适合的生产关系。这些生产关系的总和构成社会的经济结构，即有法律的和政治的上层建筑竖立其上并有一定的社会意识形式与之相适应的现实基础。物质生活的生产方式制约着整个社会生活、政治生活和精神生活的过程。不是人们的意识决定人们的存在，相反，是人们的社会存在决定人们的意识。"③ 随着社会的物质生产力发展到一定阶段，生产关系必然"同它们一直在其中运动的现存生产关系或财产关系（这只是生产关系的法律用语）发生矛盾"，于是社会革命就到来了，但是"无论哪一个社会形态，在它所能容纳的全部生产力发挥出来以前，是决不会灭亡的；而新的更高的生产关系，在它的物质存在条件在旧社会的胎胞里成熟以前，是决不会

---

① 《马克思恩格斯文集》第8卷，北京：人民出版社2009年版，第25页。
② 《马克思恩格斯文集》第8卷，北京：人民出版社2009年版，第34页。
③ 《马克思恩格斯文集》第2卷，北京：人民出版社2009年版，第591页。

出现的。"① 在此基础上，马克思对人类社会的经济形态作了划分："大体说来，亚细亚的、古希腊罗马的、封建的和现代资产阶级的生产方式可以看做是经济的社会形态演进的几个时代"②，而资产阶级的生产关系是社会生产过程的最后一个对抗形式，因此，资产阶级社会的终结将是人类社会史前时期的终结，是社会生产过程的对抗史的终结。

1861年8月—1863年7月，马克思撰写了《1861—1863年经济学手稿》。这部手稿事实上包含了《资本论》理论部分和历史部分的所有主要问题，被认为是《资本论》第二稿，是《资本论》创作史上的第二个里程碑。马克思深入剖析了一定社会生产关系中的生产劳动与非生产劳动，指出在资本主义生产体系下，生产劳动本质上是雇佣劳动，它同资本的可变部分相交换，为资本家生产出了剩余价值，"只有生产资本的雇佣劳动才是生产劳动。"③ 马克思系统阐释了经济危机的内在机制，揭示了在简单商品生产条件下内隐的危机可能性如何随着资本主义的演进而转化为现实过程。马克思详细探讨了机器的起源发展以及对社会关系的深远影响，指出科学的应用和机器的创新不可避免地会引起生产方式的变革，进而导致生产关系和社会关系的重构，最终影响到劳动者的生存状态。马克思还具体提出了在未来社会中重建"个人所有制"的问题，强调这一所有制将是"联合起来的、社会个人的所有制"。

1863年8月—1863年底马克思分别写作了《资本论》三册的手稿《1863—1865年经济学手稿》，包括第一册《资本的生产过程》、第二册《资本的流通过程》、第三册《总过程的各种形态》，这部手稿被看作是《资本论》的第三卷。马克思重点研究了资本流通和剩余价值，由于承担了指导国际工人协会的工作以及精益求精的态度，使马克思的研究一再向后推迟，直到1865年12月底才完成这部手稿。马克思对比了作为资本产物的商品相较于作为资本前提的商品所展现的诸多新特性，强调作为资本产物的商品量实际上是资本的一种转化形态，其价值的实现直接关联到资

---

① 《马克思恩格斯文集》第2卷，北京：人民出版社2009年版，第592页。
② 《马克思恩格斯文集》第2卷，北京：人民出版社2009年版，第592页。
③ 《马克思恩格斯文集》第8卷，北京：人民出版社2009年版，第213页。

本价值及剩余价值的实现。固定资本、劳动力、科学等要素在再生产过程中都扮演着"可变因素"的角色，只要充分利用这些因素的内在潜力，即便不额外注资，也可能促成再生产的扩大。马克思还剖析了社会生产体系内部各部门在再生产过程中相互影响、互为前提的复杂关系，揭示了"再生产过程的平行性、上升序列的顺序性、循环"①的特点。

（三）第二个伟大发现的深入研究

在完成《资本论》"三大手稿"之后，马克思开始投入到《资本论》的创作中。1865年12月底，马克思基本完成初稿创作，次年1月1日起，开始誊写和润色。在此过程中，长时间的夜间过度工作，使马克思旧病复发，差点送了命，马克思的家庭经济状况也依旧十分艰难，他不得不耗费许多时间来解决家庭生计。尽管如此，马克思还是竭力创作，笔耕不辍。1867年9月14日《资本论》第一卷在德国汉堡公开出版，印数1000册。

马克思在《资本论》第一卷中从商品这个资本主义社会最简单的细胞开始研究，阐述了资本的生产过程中包含的各方面关系和资本主义社会的经济运动规律，尤其是资本家通过绝对剩余价值生产和相对剩余价值生产两种方式获得更多的剩余价值，资本家获得大量剩余价值后将其中一部分投入扩大再生产，广大工人阶级的贫困也就不断积累。"生产资料的集中和劳动的社会化，达到了同它们的资本主义外壳不能相容的地步。这个外壳就要炸毁了。资本主义私有制的丧钟就要响了。剥夺者就要被剥夺了。"② 资本主义社会必将经历一个否定之否定的发展过程，共产主义社会必将取代资本主义社会。这样，马克思揭示出了资本主义必然灭亡的历史规律。第一卷出版后，马克思于1867年8月开始修订《资本论》后几卷，希望使它成为一个完整的艺术品。虽然1863年和1867年间，马克思已经写成了后几卷的初稿，但种种原因使然，马克思生前未能将其出版。

《资本论》第二卷主要研究资本的流通过程及剩余价值的实现。第一篇《资本形态变化及其循环》强调只有货币资本循环、生产资本循环、商

---

① 《马克思恩格斯文集》第8卷，北京：人民出版社2009年版，第588页。
② 《马克思恩格斯全集》第44卷，北京：人民出版社2001年版，第874页。

品资本循环保持一致,且每一种资本都能完成自己的循环,才能使产业资本正常运转,进而保证生产总过程的连续性,然而资本主义的基本矛盾使得其生产的无序性和对抗性始终破坏着这种连续性,因而经济危机的发生是不可避免的。第二篇《资本周转》重点分析单个资本周而复始、循环往复的运动过程。第三篇《社会总资本的再生产和流通》阐述了社会再生产的形式和条件,第一次将社会总生产分为生产资料生产和消费资料生产两大部类,指出从简单再生产过渡到扩大再生产就要求各生产部门必须按照一定比例进行生产和交换,但这是与资本主义私有制和生产的无政府状态相违背的。《资本论》第三卷主要揭示了资本主义生产的总过程,共七篇五十二章,主要分析了剩余价值到利润、剩余价值率到利润率的转化;利润转化为平均利润、价值转化为生产价格;利润率趋向下降的规律及其内在矛盾;商品资本和货币资本转化为商品经营资本和货币经营资本,以及商业资本的由来及其特征;货币资本到生息资本的转化;资本主义条件下的地租;资本主义制度下各种收入及其来源。《资本论》第三卷问世标志着《资本论》理论部分的终结。

三、开拓视野铸就不朽财富

马克思不仅为第一国际创立和发展殚精竭虑,以忘我的精神和大无畏的气概通过各种方式指导各国工人阶级政党及其领导的工人运动,还继续深化研究政治经济学、自然史、史前史、东方社会问题、欧洲社会和世界历史、西欧资本主义社会及历史唯物主义等重大课题,充分显示出对探索历史规律和寻求人类解放道路的浓厚兴趣。

(一) 为建立新世界不息战斗

自从参加"国际"后,马克思全身心投入"国际"工作。在马克思的正确指导下,在总委员会的领导下,国际工人协会卓有成效地开展了一系列重要活动,如定期召开代表大会或代表大会就工人阶级利益问题广泛展开讨论、支持各国工人运动发展、支持被压迫民族的民族解放运动、支持美国的废奴运动,开展理论工作和理论斗争。1871年3月28日,作为无产阶级专政伟大尝试的巴黎公社正式成立，马克思和"国际"积极支持巴黎工人的伟大创举，通过撰写《法兰西内战》马克思将无产阶级革命经验变成了广大人民群众的共同财富。马克思指出，工人阶级不能简单地掌握现成的国家机器，必须打碎资产阶级的政府权力，建立自己的国家机器，无产阶级革命是一个长期探索的过程，无产阶级要充分发挥自己的主观能动性，巴黎公社失败的重要原因是没有建立起牢固的无产阶级的革命同盟军，工人阶级与农民及其他非无产阶级群众的联盟，是无产阶级取得胜利和建设新社会的重要条件。

1875年，在总结巴黎公社实践经验的基础上，通过批判德国社会民主党制定的《哥达纲领》，马克思创作了《哥达纲领批判》。马克思认为无产阶级革命胜利后，必须建立无产阶级专政的国家，这仅仅是一种特定历史条件下的组织形式，共产主义社会分为第一阶段和高级阶段两个阶段，共产主义社会"是刚刚从资本主义社会中产生出来的，因此它在各方面，在经济、道德和精神方面都还带着它脱胎出来的那个旧社会的痕迹"，在共产主义社会高级阶段，"在迫使个人奴隶般地服从分工的情形已经消失，从而脑力劳动和体力劳动的对立也随之消失之后；在劳动已经不仅仅是谋生的手段，而且本身成了生活的第一需要之后；在随着个人的全面发展，他们的生产力也增长起来，而集体财富的一切源泉都充分涌流之后，——只有在那个时候，才能完全超出资产阶级权利的狭隘眼界，社会才能在自己的旗帜上写上：各尽所能，按需分配！"① 而且，马克思"把各个国家的工人运动统一起来，竭力把各种非无产阶级的即马克思主义以前的社会主义（马志尼、蒲鲁东、巴枯宁、英国的自由派工联主义、德国拉萨尔右倾分子等等）纳入共同行动的轨道，并同所有这些派别和学派的理论进行斗争，从而为各个国家的工人阶级制定了统一的无产阶级斗争策略。"② 即使在第一国际后期，马克思、恩格斯仍积极参与和领导国际的工作。退出国际实际工作后马克思深情地说："我将继续自己的事业，为创立这种对未

---

① 《马克思恩格斯文集》第3卷，北京：人民出版社2009年版，第434—436页。

② 《列宁选集》第2卷，北京：人民出版社2012年版，第417页。

来具有如此良好作用的所有工人的团结而不倦地努力。"①

（二）为人类解放呕心沥血

随着第一国际解散，在马克思、恩格斯的关怀指导下，欧美各国工人阶级先进分子经过努力，纷纷成立了工人政党。德国社会民主工党（爱森纳赫派）于1869年在爱森纳赫城成立，这是在民族国家范围内建立的第一个工人阶级政党。1875年，以拉萨尔主义为指导的拉萨尔派和爱森纳赫派成立了德国社会民主党，为了帮助其健康发展，马克思创作了《哥达纲领批判》。

1879年10月，法国工人党在马赛成立，委托盖得制定党的纲领，为此，他专门拜访了马克思、恩格斯。后来恩格斯回忆道："导言就是在这里，在我的房间里，我和拉法格都在场，由马克思口授，盖得笔录的：工人只有在成了他们的劳动资料的占有者时才能自由；这可以采取个体方式或集体方式；个体占有方式正在被经济的发展所消除，而且将日益被消除；所以，剩下的只是共同占有方式，等等。这真是具有充分说服力的杰作，寥寥数语就可以对群众说得一清二楚，这样的杰作是我少见的，措辞这样精练，真使我自己也感到惊叹。"② 1880年4月，应法国社会主义者请求，马克思撰写了《工人调查表》一文发表在4月20日法国工人党主办的《社会主义评论》上，之后又印刷成单行本在法国全国发行。

1881年6月，在马克思、恩格斯的影响和帮助下，英国自由主义者海德门组建了一个半无产阶级半资产阶级的团体——民主联盟。民主联盟1883年通过了社会主义纲领，1884年改组为社会民主联盟，宣布马克思主义为联盟的理论纲领。

1876年，左尔格、麦克唐奈和魏德迈等马克思主义者和拉萨尔主义分子实现联合，成立了以马克思主义为指导思想的美国工人党，并创立了自己的报纸《劳动旗帜》。马克思与左尔格等人经常保持联系，为《劳动旗帜》撰稿。由于这个党内存在着教条主义和宗派主义倾向，马克思、恩格

---

① 《马克思恩格斯全集》第18卷，北京：人民出版社1964年版，第180页。
② 《马克思恩格斯选集》第4卷，北京：人民出版社1995年版，第645页。

斯对之多次提出了批评和教育，要求他们去了解美国工人的实际情况。在1877年党的代表大会上，工人党改组为北美社会主义工人党，左尔格等人被迫退党，马克思、恩格斯坚决站在他们身边，支持他们同机会主义斗争。

（三）为追求真理勇攀高峰

马克思不断迈向新的科学领域和目标，主要涉及以下领域和范围：

第一，捍卫和丰富科学社会主义原则。为促进工人阶级政党的健康发展，马克思、恩格斯同拉萨尔主义、杜林主义、"苏黎世三人团"机会主义等错误思潮进行了坚决斗争，创作完成了《哥达纲领批判》《反杜林论》和《给奥·倍倍尔、威·李卜克内西、威·白拉克等人的通告信》等科学文献，丰富发展了科学社会主义基本原理。

第二，深化和拓展政治经济学研究。马克思一方面研究了资本主义经济的新动向。在与丹尼尔逊的通信中，马克思分析了1873年危机的有关问题："这一次的现象十分特殊，在很多方面都和以往不同，完全撇开其他各种正在变化着的情况不谈，这很容易用下列事实来解释：在英国的危机发生以前，在美国、南美洲、德国和奥地利等地就出现这样严重的、至今几乎已经持续五年之久的危机，还是从来没有过的事。"① 马克思论述了欧洲和美国经济危机的原因和后果："至于农业危机，它将逐渐加剧、发展，并渐渐达到它的顶点；这将在土地所有制关系中引起真正的革命，而完全不取决于工商业危机的周期。"② 在《法国土地所有权的分配的札记和摘录》中，马克思指出了法国农民大规模破产的过程。马克思还研究了土地理论、信贷和银行业以及财政学等方面的著作。另一方面，马克思确立了俄国和美国在政治经济学研究中的典型地位，将他们作为研究《资本论》后几卷问题的典型形态来研究，并因此推迟了《资本论》后几卷的创作。此外，为了回应讲坛社会主义代表人物瓦格纳的批评，马克思于1879年撰写了一个重要的未发表的为《资本论》辩护的著作，即《评阿·瓦格纳的

---

① 《马克思恩格斯选集》第4卷，北京：人民出版社1995年版，第633页。
② 《马克思恩格斯全集》第34卷，北京：人民出版社1972年版，第439页。

〈政治经济学教科书〉》，这部著作体现了马克思"最后的理论兴趣"。

第三，研究自然科学和数学问题。马克思对自然科学的研究主要包括：地球演变的历史，细胞繁殖理论，生物进化理论，植物生长与社会对自然的作用两者之间的关系，能量守恒定律，农学的最新发展。这样，马克思留下了大量的"科学笔记"。在研究政治经济学和撰写《资本论》的过程中，马克思碰到了一系列复杂的计算问题，这促使他拣起数学。他不仅对数学的发展给予极大关注，而且始终坚持独立的数学研究，写下内容丰富的《数学手稿》。

第四，开始系统研究人类学问题。马克思在1879年至1882年之间，集中研究了文学人类学进化论学派的成果，在1882年全年，这一研究持续快速进行。最后，马克思留下了篇幅庞大、内容丰厚的《人类学笔记》，包括写于1879年秋—1880年夏的《柯瓦列夫斯基〈公社土地占有制，其解体的原因、进程和结果〉一书摘要》，写于1880年年底—1881年3月初的《路易斯·亨·摩尔根〈古代社会〉一书摘要》，写于1881年4—6月的《亨利·萨姆纳·梅恩〈古代法制史讲演录〉一书摘要》，写于1881年6—9月的《约·布·菲尔〈印度和锡兰的雅利安人村社〉一书摘要》，写于1882年的《约·拉伯克〈文明的起源和人的原始状态〉一书摘要》。

第五，研究俄国社会问题。在深入研究俄罗斯土地制度的基础上，在回答俄国民粹派提出的问题过程中，马克思相继创作了《给〈祖国纪事〉杂志编辑部的信》（1877）、《给维·伊·查苏利奇的复信》（1881年）和《关于俄国一八六一年改革和改革后的发展的札记》（1881—1882）等文献。在《共产党宣言》1882年俄文版序言中，马克思、恩格斯第一次公开表达了自己对俄国社会问题的看法。在这期间，马克思广泛阅读了有关东方社会问题的文献。

第六，专门研究世界历史。从1881年底到1882年底，马克思考察了从公元前1世纪初直至公元17世纪中叶的一系列重大历史事件，整理了欧洲历史以及亚洲和非洲一些民族的历史资料，留下了约105个印张的四大本笔记，即《历史学笔记》。马克思逝世后，恩格斯在整理此手稿时，为其加上了《编年摘录》的标题。

第三章　马克思人民立场的特质

马克思主义的人民立场是其理论体系的核心组成部分，深刻揭示了人民群众在社会发展中的决定性作用。马克思通过历史唯物主义的视角，强调社会变革的根本动力来源于人民，而非个别精英或偶然事件。马克思的人民立场不仅具备科学性，它通过辩证法揭示了社会历史发展的客观规律，明确了人民群众在这一过程中不可或缺的作用。同时，具有实践性，马克思主义认为理论的力量必须通过实践来验证，唯有人民群众的革命行动才能推动历史的进步。此外，马克思的人民立场还具有开放性，它并非静态不变，而是与社会现实的变革密切相关，随着时代的进步而不断丰富和发展。这一立场深刻影响了马克思主义的历史进程，也为当代社会的理论创新和实践探索提供了重要的思想指引。

第一节　关注具体的人民

马克思始终关注具体的人民，这一立场的科学性体现在他对西方哲学传统的批判性吸收与超越。他在继承黑格尔、费尔巴哈思想的基础上，结合工人运动的实践经验和对资本主义社会的深刻剖析，以实践为核心，使人民观念实现了历史性飞跃。这一飞跃体现为对人民的理解从"抽象的人"走向"现实的人"、从"被动的客体"转向"能动的主体"、从"孤立的个体"迈向"历史的群体"。马克思正是通过这一理论突破，超越了以往哲学对人的抽象化处理，使人民成为现实的、历史的、实践的存在,并为人民争取自由和全面发展提供了科学的理论指引与实践路径。

一、从"抽象的人"转向"现实的人"

马克思的"现实的人"思想为哲学中的人学问题提供了全新的视角,彻底扬弃了"抽象的人"的传统遗产。他在批判继承德国古典哲学的过程中,从黑格尔到费尔巴哈,再到唯物史观,实现了思想的深刻跃升。他通过批判黑格尔,摒弃了唯心主义下"抽象的人"的思辨属性;通过超越费尔巴哈,突破了朴素唯物主义对"现实的人"的感性直观局限。最终,马克思将"现实的人"融入历史与实践的框架,奠定了唯物史观的理论基础。

(一)人民具有自然生命

人民是具体的现实存在。青年时期的马克思深受黑格尔哲学影响,其早期关于"人"的思考在很大程度上反映了黑格尔思辨哲学的特质。当时的马克思倾向于唯心主义立场,以"自我意识"为中心构建"抽象的人"的概念。然而,他并未完全沿袭青年黑格尔派的哲学路径,而是通过研究古希腊伊壁鸠鲁的原子论,深入挖掘其"将自由从命运必然性中解放"[1]的思想内涵。在《博士论文》中,他尝试调和费希特主观主义与黑格尔客观主义的矛盾,将"自我意识"与原子偏斜运动类比,彰显出"自我意识"的能动性、创造性和自由性,从而使其思想逐步转向现实,完成了早期哲学的关键跃迁。《莱茵报》时期,马克思通过观察和分析社会底层贫困人民的生活困境,深刻认识到黑格尔哲学在面对社会现实问题时的理论局限。这一经历使他意识到,单纯依赖理性批判无法有效回应现实人的物质需求。辞别《莱茵报》后,马克思重新回归理论,通过广泛研读经典著作,批判性继承前人思想,最终确立了"现实的人"的主体地位。正如马

---

[1] 汪信砚、程通:《马克思对伊壁鸠鲁哲学原则的阐发和继承》,载《哲学动态》,2019年第3期。

克思指出:"只有当现实的个人把抽象的公民复归于自身……当人认识到自身'固有的力量'是社会力量,并把这种力量组织起来因而不再把社会力量以政治力量的形式同自身分离的时候,只有到了那个时候,人的解放才能完成。"①

"现实的人"是具体的自然存在物,是有血有肉、有思想情感,同时具备物质需求和精神需求的个体。然而,在马克思之前的哲学家多将人视为抽象存在物,将其置于形而上学范畴,片面强调人的精神性,而忽视了"现实的人"作为创造社会、财富、民族国家乃至人本身的主体角色。正如马克思在批判黑格尔哲学时所指出的:"主体是意志的纯自我规定,是简单概念本身"②,"不是现实的、个人的和有意识的希求。"③ 马克思认为,"现实的人"是自然界长期发展演化的产物,首先必须满足基本的生存需求。他指出:"首先必须吃、喝、住、穿,然后才能从事政治、科学、艺术、宗教等等。"④ 这一论断不仅揭示了人的自然属性,还表明人与自然之间不可分割的关系。人类在满足基本生理需求、建立社会关系、进行生产与再生产的过程中,始终受到自然界的制约。正如马克思所言:"第一个需要确认的事实就是这些个人的肉体组织以及由此产生的个人对其他自然的关系。"⑤ 这一自然生命属性决定了人类必须通过与自然界的联系获取物质资料,同时在气候、地质和地理等自然因素的影响下,被深深烙上自然的印记。马克思通过这一视角,将"现实的人"从抽象的形而上学中解放出来,回归到物质生活的实践中,彰显了"现实的人"作为自然存在物的本质特征及其与自然的内在关联。

(二)人民具有社会关系

人的本质是一切社会关系的总和。马克思在《关于费尔巴哈的提纲》

---

① 《马克思恩格斯全集》第 3 卷,北京:人民出版社 2002 年版,第 189 页。
② 《马克思恩格斯全集》第 3 卷,北京:人民出版社 2002 年版,第 45 页。
③ 《马克思恩格斯全集》第 3 卷,北京:人民出版社 2002 年版,第 45 页。
④ 《马克思恩格斯全集》第 25 卷,北京:人民出版社 2001 年版,第 524 页。
⑤ 《马克思恩格斯文集》第 1 卷,北京:人民出版社 2009 年版,第 519 页。

中明确指出,"人的本质不是单个人所固有的抽象物,在其现实性上,它是一切社会关系的总和。"① 人民作为"现实的人",作为物质生产与精神生产的承担者,不能脱离社会而存在,无法成为与世隔绝、离群索居的绝对孤立的个人。任何现实的个人、稳居的人民无不生活在一定社会历史形态下的社会关系网络中,社会关系的创造、发散与总和是人区别于动物使其成为富于创造性、生产性、主观能动性的自身的本质规定。不仅如此,现实生活中的个人为了实现物质需要和其他需要,就必须与其他个体结成一定的社会关系。马克思在批判旧唯物主义的过程中指出,费尔巴哈对人本质的认知只是关注到"类本质"的抽象诠释,即理性、意志和爱。尽管如此,马克思仍然肯定了费尔巴哈在唯物主义上的一定建树,认为其"创立了真正的唯物主义和实在的科学,因为费尔巴哈也使'人与人之间的'社会关系成了理论的基本原则。"② 但实际上,人并非只是费尔巴哈理解视域中的感性的自然存在物,还是一个通过对象性活动积极构建相互关系的社会存在物。处于一定社会历史条件下的人民就是通过实践活动将自己同萦绕在周围无处不在、无时不在的感性世界建立起各种联系,包括人与人之间的社会关系、人与自然界之间的主客体关系。而正是这些纷繁多样的关系内容和表现构成了现实的人本身,构成了人民基本物质生活实践的基本条件。马克思指出,人类历史的前提是"一些现实的个人,是他们的活动和他们的物质生活条件,包括他们已有的和由他们自己的活动创造出来的物质生活条件。"③

人为一定的社会关系所规定。社会关系规定着人的本质,其中最重要的规定性力量来源于生产力及其所决定的社会生产关系。马克思强调,"每个个人和每一代所遇到的现成的东西:生产力、资金和社会交往形式的总和,是哲学家们想象为'实体'和'人的本质'的东西的现实基础,是他们加以神化并与之斗争的东西的现实基础。"④ 历史发展的每一个阶

---

① 《马克思恩格斯文集》第1卷,北京:人民出版社2012年版,第505页。
② 《马克思恩格斯文集》第1卷,北京:人民出版社2009年版,第200页。
③ 《马克思恩格斯文集》第1卷,北京:人民出版社2009年版,第517页。
④ 《马克思恩格斯文集》第1卷,北京:人民出版社2009年版,第545页。

段，人民的生产和生活实践都无法脱离一定的社会关系开展，人的本质就是人在社会生产生活和交往活动中所形成的社会关系规定，是人的政治、经济、文化生活的现实映射，因此人的本质并非框定僵化、一成不变的思维抽象，而是一种随着人类社会关系不断变化和发展的具体的、历史的社会关系表现。正如马克思指出，"个人怎样表现自己的生命，他们自己就是怎样。因此，他们是什么样的，这同他们的生产是一致的——既和他们生产什么一致，又和他们怎样生产一致。因而，个人是什么样的，这取决于他们进行生产的物质条件。"①

（三）人民具有现实需要

人民具有现实的物质需要。人民的物质需求是其生存发展的基本前提。马克思指出，人民"不是处在某种虚幻的离群索居和固定不变状态中的人，而是处在现实的、可以通过经验观察到的、在一定条件下进行的发展过程中的人。"② 正因如此，处于社会历史过程中的个体虽然需求多样，但本质上是嵌套于社会关系中的存在。马克思进一步强调，"人们为了能够'创造历史'，必须能够生活。但是为了生活，首先就需要吃喝住穿以及其他一些东西。因此第一个历史活动就是生产满足这些需要的资料，即生产物质生活本身，而且，这是人们从几千年前直到今天单是为了维持生活就必须每日每时从事的历史活动，即一切历史的基本条件。"③ 物质需求的满足具有延续性和递进性，"已经得到满足的第一个需要本身、满足需要的活动和已经获得的为满足需要而用的工具又引起新的需要。"④ 因此，马克思主义以物质生产为社会发展的动力，反对宗教禁欲主义对物质需求的否定，同时揭示生产力和生产关系的矛盾局限，认为只有通过实现共产主义、消灭私有制与异化劳动，才能使人民彻底摆脱依赖，进而实现个性自由的全面发展。

---

① 《马克思恩格斯文集》第1卷，北京：人民出版社2009年版，第520页。
② 《马克思恩格斯文集》第1卷，北京：人民出版社2009年版，第525页。
③ 《马克思恩格斯文集》第1卷，北京：人民出版社2009年版，第531页。
④ 《马克思恩格斯文集》第1卷，北京：人民出版社2009年版，第531页。

人民具有现实的精神需要。人民的精神需求是在物质需求满足后的更高层次追求。当基本生存需求得到保障后，人民便会产生精神需求，并投身于文学艺术、宗教文化、哲学研究和科学创造等精神活动中。马克思认为，"必须有时间满足精神需要和社会需要"①，"不仅可能保证一切社会成员有富足的和一天比一天充裕的物质生活，而且还可能保证他们的体力和智力获得充分的自由的发展和运用。"② 尽管精神需求以物质需求为基础，但一经产生，其所衍生的精神产品和活动便具备相对独立性，不仅影响生活质量，还成为衡量个性自由与解放程度的重要标志。马克思强调，未来共产主义社会中，当物质生产力极大发展、物质需求从属化后，真正能够体现人类本质力量和推动个性自由发展的精神需求，将成为社会发展的核心要素和人类全面解放的关键。

二、从"客体的人"转向"主体的人"

马克思实现了人由被动的"客体"转向能动的"主体"的历史超越，终结了西方哲学传统对人的思维惯式。马克思以生产劳动为逻辑基点，实现了对作为历史创造主体的人民主体性劳动、主体性思考、主体性批判的揭示。

（一）人民进行主体性劳动

人民是社会生产劳动的主体。人民作为社会生产劳动的主体，是推动社会发展和历史进步的根本力量。马克思指出，"说到生产，总是指在一定社会发展阶段上的生产——社会个人的生产。"③ 劳动作为生产活动的核心环节，通过劳动资料作用于劳动对象，形成满足人类需要的物质产品。"在劳动过程中，人的活动借助劳动资料使劳动对象发生预定的变化。过程消失在产品中。它的产品是使用价值，是经过形式变化而适合人的需要

---

① 《马克思恩格斯文集》第 5 卷，北京：人民出版社 2009 年版，第 269 页。
② 《马克思恩格斯文集》第 9 卷，北京：人民出版社 2009 年版，第 299 页。
③ 《马克思恩格斯文集》第 8 卷，北京：人民出版社 2009 年版，第 6—7 页。

的自然物质。"① 这一过程不仅展示了劳动的生产属性，还揭示了人与物质世界的有机联系。马克思批判古典政治经济学对劳动的物化与商品化处理，指出资本主义生产关系下，劳动者被异化为"商品"，其社会关系为物的关系所掩盖并支配，劳动的主体性被削弱。劳动者沦为单纯出卖劳动换取生活资料的"工人"，成为"非人化的存在物"，劳动不再是体现主体性的人类活动，而是资本增值的手段。在这种异化关系中，劳动者之间的社会联系被转化为物的社会关系，劳动的意义丧失了其本质的社会性。马克思进一步指出，劳动不仅是物质财富创造的活动，更是人民通过劳动实践与自然交互的过程，是社会历史进步的重要动力。通过劳动，人民主体将自身的实践活动转化为社会发展的物质基础，为人类历史发展提供了重要支撑。

人民的主体性劳动富有创造性。劳动不仅是满足物质需求的手段，更是体现人民主体能动性与创造力的过程。马克思认为，人民作为社会生产的主体，既是受自然制约的存在，也是能够改造自然的能动性主体。在劳动过程中，人民通过自觉的生产实践改造自然，实现自我提升，并推动社会从对自然的原始依赖，向科学掌控的历史性跃升。正是在劳动中，人民充分认识和掌握自然规律，从而"使自身的自然中蕴藏着的潜力发挥出来，并且使这种力的活动受他自己控制。"② 这种创造性的劳动使得人民不仅在物质生产中占据核心地位，也通过劳动将自身的自由意志和智慧转化为推动社会发展的力量。马克思指出，"按照美的规律来构造"③ 的劳动活动，不仅创造了社会财富，也成为实现人民自由与解放的重要途径。劳动主体凭借丰富的生产经验、技能和知识，能动地运用劳动工具作用于劳动对象，为社会创造出具有使用价值与社会意义的产品。因此，在马克思看来，劳动不仅是人与自然交互的实践，也是实现社会进步的根本动力。通过劳动，人民不断推进社会历史的发展，在创造物质财富的同时，实现自身的全面发展与自由解放。

---

① 《马克思恩格斯文集》第5卷，北京：人民出版社2009年版，第211页。
② 《马克思恩格斯文集》第5卷，北京：人民出版社2009年版，第208页。
③ 《马克思恩格斯文集》第1卷，北京：人民出版社2009年版，第163页。

（二）人民进行主体性思考

人民具有主观能动性，能够能动地认识世界。在马克思主义理论视域中，人民并非客观世界的被动接受者，而是具有主观能动性的实践主体。人民通过主体性思考，能够开展有目的、有计划、有意识的实践活动，与外部世界建立深层次的交流与互动，满足自身多样化需求。在这一过程中，人民借助归纳、分析、推理等思维方式，建构实践发展的方向和可能结果，这种过程体现了人民在认知世界中的主动性和能动性。正如马克思所言，人民"使自己的生命活动本身变成自己意志的和自己意识的对象。"① 劳动作为人与自然互动的主要形式，不仅是改造自然的过程，更是人民主体性和创造性的集中体现。通过实践，人民能够在物质生产中将客观世界转化为符合自身需要的对象化成果，同时不断丰富自身的认知结构，提升精神世界的自由程度。马克思指出，人通过"改造无机界，人证明自己是有意识的类存在物"②，这一思想揭示了实践活动的双重意义——既是物质生产的核心动力，也是认知深化与社会进步的重要机制。因此，人民的主观能动性不仅驱动了自然的改造和社会的发展，还通过劳动和思维的双重作用，实现了真理尺度与价值尺度的有机统一，体现了实践主体与认识主体的高度一致性。

人民是实践主体，能够自觉主动地思考世界。人民作为社会实践活动的核心主体，在与客观世界的交互过程中不断积累经验与智慧，为主体性思考提供源源不断的动力。马克思指出，"思想、观念、意识的生产最初是直接与人们的物质活动，与人们的物质交往，与现实生活的语言交织在一起的。"③ 这表明，思想不仅是对现实的反映，更是人民在实践中不断总结与提升的产物。在主体性思考中，人民能够通过经验积累和逻辑推演，提升对客观世界的理解与把握，使思想成为指导实践的力量。然而，思想的实现离不开实践的支撑，正如马克思所强调的，"思想本身根本不能实

---

① 《马克思恩格斯文集》第 1 卷，北京：人民出版社 2009 年版，第 162 页。
② 《马克思恩格斯文集》第 1 卷，北京：人民出版社 2009 年版，第 162 页。
③ 《马克思恩格斯文集》第 1 卷，北京：人民出版社 2009 年版，第 524 页。

现什么东西。思想要得到实现,就要有使用实践力量的人。"① 与此同时,马克思在批判资本主义异化现象时深刻指出,异化不仅剥夺了劳动者的物质利益,还使其精神世界受到压迫,人民逐渐丧失了主体性思考的能力,沦为被资本逻辑支配的工具,精神世界贫瘠而困顿。在这种异化状态下,人民的思想与实践的统一遭到破坏,主体性思考的价值被掩盖。对此,马克思指出,"自由不在于幻想中摆脱自然规律而独立,而在于认识这些规律,从而能够有计划地使自然规律为一定的目的服务。"② 因此,通过实践活动,人民能够重塑主体性思考的能力,从而认识世界、改造世界,使自由成为现实。在这种思想与实践的统一中,人民不仅重获主体性地位,更推动了社会的全面进步与人类解放的实现。

(三)人民进行主体性批判

批判性思维是"现实的人"对自然、思想和社会现状所进行的主体性反思,其核心在于通过对现存状态的批判性审视,更好地服务于社会实践、推动物质生产,并促进个人生存发展和社会关系的优化。在马克思的实践哲学中,实践的革命性与创造性始终与个人认知领域的主观能动性和批判性紧密结合,共同构筑起他的思想体系。马克思作为兼具批判性与建构性的革命家,在批判资本主义社会的过程中开创了一条全新的哲学批判之路。他揭示了资本主义发展表面繁荣的背后隐藏着对人类生活的全面异化,特别是通过资本逻辑对人的"工具化"和"物化"现象,生动刻画了人民在资本桎梏下的生存困境,并将批判的锋芒直指资本主义社会的私有制基础,明确指出其是异化的根源所在。批判性贯穿于马克思思想的核心之中,是其理论独特性的关键标志。在他的经典著作中,"批判"贯穿始终。例如,《神圣家族》的副标题"对批判的批判所做的批判"揭示了对哲学领域内部矛盾的深刻批判,《资本论》的副标题"政治经济学批判"系统揭露了资本主义经济的内在矛盾,《德意志意识形态》的副标题"对费尔巴哈、布鲁威尔和施蒂纳所代表的德国社会主义的批判"则集中体现

---

① 《马克思恩格斯文集》第1卷,北京:人民出版社2009年版,第320页。
② 《马克思恩格斯文集》第9卷,北京:人民出版社2009年版,第120页。

了马克思对思想观念领域的深入批判。这种批判不仅是对社会经济结构、思想体系的反思和超越,更是一种深刻的建构性探索,旨在推动更为理想的社会形态的发展。马克思认为,人民作为"现实的人",能够通过批判性反思和实践性引导,打破资本逻辑的束缚,实现历史的跃迁,推动人类社会从"必然王国"迈向"自由王国"。

自我发展的本质在于通过持续的自我否定实现主体性和类本质的不断超越,这种过程既是对外在限制的突破,也是对自身可能性的创造性展开。马克思指出,"自由的有意识的活动恰恰就是人的类特性"①,强调了人在实现自我发展过程中,通过批判性思维突破既定的局限性,从而为新的发展空间开辟可能性。早在其研究伊壁鸠鲁原子理论时,马克思就认识到自我否定的重要意义。他通过对原子"偏斜"运动的深入分析,提出这种运动包含了原子内在的否定性因素,并由此体现出个体性本质的独特维度。这一思想进一步在其辩证法的核心规律"否定之否定"中得以系统阐述。在马克思的理论框架中,批判被视为揭示事物内在矛盾并推动其通过运动实现统一的根本途径。这一理论不仅关注外部社会结构的变革,更聚焦于个人内在主体性的塑造与提升。他认为,自由的本质在于扬弃外在的必然性,通过不断的自我否定与自我澄清,促使个体从受限的状态走向全面解放,从而实现类本质的充分展开。自我批判的过程不仅是个体发展的内在逻辑,更是实现社会全面解放的重要路径。在这一过程中,人民作为主体,通过主体性批判和对自身实践的深刻反思,能够不断突破外部限制性枷锁,在扬弃外在必然性和澄清自我矛盾的过程中实现无限可能性。这种自我批判和扬弃不仅体现了人的自由发展的辩证逻辑,也为马克思的解放理论提供了深刻的理论支持,使其在社会与个体两个层面实现了理论上的深度统一与实践上的具体展开。

三、从"孤立的人"转向"群体的人"

脱离孤立无援的尴尬窘境,构筑真正自由人的联合体,实现人民平等

---

① 《马克思恩格斯文集》第 1 卷,北京:人民出版社 2009 年版,第 162 页。

互助基础上自由而全面发展是马克思人民立场观念中人类社会历史发展的终极目标，也是人民成为主体的逻辑旨归。在马克思人民立场的科学性特质中，作为主体的人民，能够联合、平等互助、共同发展是对未来超越资本主义剥削压迫特征的理想共产主义社会的科学预见。

（一）人民能够联合起来

资本主义的本质及其对个体的异化。资本主义市民社会的核心特征在于其对个体的深刻异化，表现为生活方式的孤立化、利己化和非联合化。马克思批判性地指出："基督徒的天堂幸福的利己主义，通过自己完成了的实践，必然要变成犹太人的肉体的利己主义。"[1] 这一论断揭示了资本主义在实践层面塑造个体利己主义的社会逻辑。基于对费尔巴哈旧唯物主义的批判，马克思指出，其理论局限于将人的本质定义为"单个人所固有的抽象物"[2]，即"抽象的、孤立的个体"，未能深入探讨人与社会关系的辩证统一。费尔巴哈的旧唯物主义以市民社会为立足点，仅停留在对个人及其社会存在的直观描述，无法揭示个体与社会关系的本质联系。马克思在《政治经济学批判导言》中进一步批评了这种孤立个体的设定，明确指出："被斯密和李嘉图当做出发点的单个的孤立的猎人和渔夫，属于18世纪的缺乏想象力的虚构。"[3] 这一批判不仅否定了古典经济学对个体的抽象假设，更强调应从社会整体的视角理解人的本质。马克思认为，人的本质是"类"的存在，体现为"内在的、无声的、把许多个人纯粹自然地联系起来的普遍性"。[4] 因此，他的人民观念并不基于抽象的个人，而是立足于"社会化的人"，即存在于多样社会关系和集体实践中的个体。

共产主义与自由人联合体的实现。相较于资本主义对个体的异化，共产主义则以自由人联合体的实现为根本目标。马克思在《法兰西内战》中

---

[1]《马克思恩格斯文集》第1卷，北京：人民出版社2009年版，第54—55页。
[2]《马克思恩格斯文集》第1卷，北京：人民出版社2009年版，第505页。
[3]《马克思恩格斯文集》第8卷，北京：人民出版社2009年版，第5页。
[4]《马克思恩格斯文集》第1卷，北京：人民出版社2009年版，第505页。

对巴黎公社的经济政策给予高度评价："公社是想要消灭那种将多数人的劳动变为少数人的财富的阶级所有制。它是想要剥夺剥夺者。它是想要把现在主要用做奴役和剥削劳动的手段的生产资料，即土地和资本完全变成自由的和联合的劳动的工具，从而使个人所有制成为现实。"① 这一论述揭示了共产主义社会通过生产资料的公有化，推动自由与联合劳动的实现，以克服资本主义商品经济固有的盲目性和周期性危机。马克思在《1848年至1850年的法兰西阶级斗争》中进一步提出，无产阶级革命的核心经济纲领是"占有生产资料，使生产资料受联合起来的工人阶级支配。"② 这种对生产资料的集体占有，是实现人的全面自由发展的必要条件。马克思强调，共产主义社会的本质特征在于其对生产关系的彻底变革，而非对现有秩序的渐进调整。通过"联合起来的合作社按照共同的计划调节全国生产"③，共产主义克服了资本主义生产无政府状态和周期性动荡的弊端，从而建立一种有计划、可持续的生产方式。在《资本论》中，马克思进一步指出，共产主义与以往社会运动的本质区别在于，它首次自觉地将那些被视为"自发形成"的社会前提纳入人类控制的范围，将生产和交往关系的基础置于联合起来的个体主导之下。这一过程不仅体现了生产方式的历史性进步，更标志着人类摆脱资本逻辑束缚、实现社会全面解放的路径。共产主义作为自由人联合体的实现，不仅颠覆了资本主义的生产逻辑，更为实现个体与社会的辩证统一奠定了理论基础。

（二）人民能够平等互助

阶级与不平等的内在逻辑。阶级的存在本身便是社会不平等的显著象征。青年马克思在《摩塞尔记者的辩护》中通过分析"葡萄酒酿造者的贫困状况长期受上层社会的怀疑，他们求助的呼声被看作是无耻叫嚣"④ 的现象，揭示了所谓公权力在社会运行中的虚伪性。他指出，公权力在对上

---

① 《马克思恩格斯文集》第3卷，北京：人民出版社2009年版，第158页。
② 《马克思恩格斯文集》第6卷，北京：人民出版社2009年版，第113页。
③ 《马克思恩格斯文集》第3卷，北京：人民出版社2009年版，第159页。
④ 《马克思恩格斯全集》第1卷，北京：人民出版社1956年版，第216页。

层阶级表现出妥协和宽容的同时，却以冷酷和暴力对待底层贫困群众，这种对比充分暴露了法律背离其原本公平、公正属性的本质。马克思一针见血地指出："凡是在法会给私人利益制定法律的地方，它都让私人利益给法制定法律。"① 在他看来，法律已沦为特权阶级维护私利的工具，而非以人的理性与自然规律为依据促进自由与平等的手段。随着资本的逐渐渗透，本应维护社会普遍利益的国家制度和法律体系被扭曲为特权阶级服务，导致国家行为与理性原则和法律精神背道而驰。阶级的存在及其支撑下的不平等结构，深刻反映了社会的基本矛盾，而实现真正意义上的平等，必然要求阶级的消亡。正因如此，马克思指出："'各阶级的平等'，如果照字面上的理解，不过是资产阶级社会主义者所宣扬的'资本和劳动的协调'的另一种说法而已。"② 这进一步表明，资产阶级所宣称的"平等"只不过是维持资本主义剥削秩序的虚假口号。

异化劳动与人类解放的必然路径。异化劳动的消灭是实现人类解放与复归人本质的必要前提。马克思指出："分工使精神活动和物质活动、享受和劳动、生产和消费由不同的个人来分担这种情况不仅成为可能，而且成为现实。"③ 分工的发展在提升生产力的同时，也导致了人与人之间关系的异化。随着手工业和商业的逐步分离，生产活动领域逐渐细化，银行、股票等新兴行业应运而生。然而，这种经济活动分化的背后，却加剧了社会关系的不平等。一方面，分工多样化带来的利益多元化进一步拉大了人与人之间的利益差距；另一方面，私有制基础上形成的异化劳动，使劳动者被剥夺了对自身劳动产品的支配权，成为资本积累的工具。在此背景下，无产阶级作为社会生产的主体，必须联合起来，通过组织化斗争消除异化劳动及其根源——私有制的资本主义制度。马克思认为，初期的无产阶级斗争多以分散、自发的形式存在，仅针对个别资产阶级现象展开反抗。然而，随着无产阶级队伍的壮大，在科学革命理论的指导下，他们逐渐从"自在的阶级"转变为"自为的阶级"，成立了无产阶级政党，开启

---

① 《马克思恩格斯全集》第1卷，北京：人民出版社1956年版，第179页。
② 《马克思恩格斯文集》第10卷，北京：人民出版社2009年版，第301页。
③ 《马克思恩格斯文集》第1卷，北京：人民出版社2009年版，第535页。

了有计划、有组织的大规模革命斗争。马克思进一步强调，无产阶级的斗争目标不仅是反对资产阶级的剥削压迫，更是通过建立无产阶级专政实现平等互助的共产主义社会。他指出："工人阶级的解放应该由工人阶级自己去争取，工人阶级的解放斗争不是要争取阶级特权和垄断权，而是要争取平等的权利和义务，并消灭一切阶级统治。"① 因此，马克思高度肯定革命在历史进程中的作用，认为只有通过革命彻底消灭异化劳动，实现阶级内部和社会整体的平等互助，才能从根本上实现人的解放，为构建一个自由、平等的共产主义社会奠定基础。

（三）人民能够共同发展

满足生存与享受需要的共同发展。人民的共同发展首先体现在满足其生存与享受的需要。马克思认为，生存需要是人的最基本需求，是人类为维持生命、立足自然界而进行的实践活动的必然产物。"必要的需要就是本身归结为自然主体的那种个人的需要。"② 正如马克思指出，"人们为了能够'创造历史'，必须能够生活。但是为了生活，首先就需要吃喝住穿以及其他一些东西"③，"人们单是为了能够生活就必须每日每时去完成它，现在和几千年前都是这样"④。这一论断表明，从人类诞生之初，为获取生存必需的物质资料而努力便是社会实践的根本指向，因而满足生存需要构成了人民共同发展的最初层次。然而，随着生产力的提高和社会的进步，人类的需求也逐步由生存向享受转变。马克思指出，"动物只生产它自己或它的幼仔所直接需要的东西"⑤，而人类区别于动物的一个重要方面便在于超越基本需求，追求更高层次的物质和精神享受，"以前表现为奢侈的东西，现在成为必要的了"⑥。马克思进一步强调，这种从生存到享受的共同发展形态，只有在共产主义社会中才可真正实现。共产主义社会中，人

---

① 《马克思恩格斯文集》第3卷，北京：人民出版社2009年版，第226页。
② 《马克思恩格斯全集》第30卷，北京：人民出版社1995年版，第525页。
③ 《马克思恩格斯文集》第1卷，北京：人民出版社2009年版，第531页。
④ 《马克思恩格斯选集》第1卷，北京：人民出版社1995年版，第79页。
⑤ 《马克思恩格斯文集》第1卷，北京：人民出版社2009年版，第162页。
⑥ 《马克思恩格斯全集》第30卷，北京：人民出版社1995年版，第525页。

民在平等与互助的联合基础上共同发展，社会生产力得到极大解放，物质财富与精神财富实现全面丰富，从而满足人民生存与享受的多重需要，真正实现共同富裕。

自由而全面发展的实现路径。人类共同发展的更高形式是实现自由而全面的发展。马克思深刻剖析了资本主义社会内在的结构性矛盾，揭示了资本主义在发展中无法逾越的制度性局限。取而代之的是共产主义社会，这一更高级的社会形态以人的个性自由而全面发展为唯一目的。在共产主义社会中，经济关系中的对抗形式不复存在，人与人之间建立起真正自由平等的社会关系。与此同时，生产与劳动的意义发生根本性变化，不再以经济利益为核心，而是服务于人的能力和个性的全面发展。劳动从外在的工具性手段转变为内在的自主性需求，成为实现个体自由发展的重要途径。马克思指出，"人的类特性恰恰就是自由的自觉的活动。"① 在这一社会形态下，人不仅是社会实践的目的，也是实现自身价值的手段。通过劳动这一自由而辩证的创造性活动，个体得以在物质与精神层面实现自我发展，社会整体也得以迈向更高形态的文明。在马克思的设想中，唯有通过消灭资本主义的阶级压迫，建立以自由和全面发展为核心的社会形态，人民的共同发展才能得到真正实现，社会也才能最终走向共产主义的理想图景。

第二节　关注实践的人民

马克思主义源于人民群众改造世界的实践活动，体现了实践基础上的科学性与革命性的统一。它随着时代的进步和实践的发展不断丰富和完善。人民作为社会历史发展的决定性力量，不仅构成了最广泛的政治共同体，代表了社会正义的根本力量，也是马克思主义意识形态理论的重要核心范畴和马克思主义政党思想的基本立足点。与传统哲学不同，马克思始终关注社会现实问题，通过研究异化劳动，深刻揭示资本主义经济的不合

---

① 《马克思恩格斯全集》第42卷，北京：人民出版社1979年版，第96页。

理性及其对劳动者的剥削与压迫。他以无产阶级的立场为基础,明确提出推翻资本主义社会体制、实现人类解放的目标。这一理论旨在通过实践活动实现社会的根本变革。

一、人民在实践中改变现实世界

马克思认为,哲学的使命不仅在于解释世界,更在于改变世界。他在《关于费尔巴哈的提纲》第十一条中明确指出:"哲学家们只是用不同的方式解释世界,而问题在于改变世界。"① 这句话彰显了马克思对传统哲学的批判与超越,奠定了以实践为核心的新哲学基础。马克思主义将实践视为连接理论与现实的桥梁,强调实践活动对客观世界和主观世界的改造作用。在社会实践中,人民不仅通过劳动和生产活动不断改造自然界,还通过变革生产关系推动社会发展。正是在这一过程中,人民成为社会历史变革的主体力量,体现出马克思主义思想中对人民主体性的高度重视。

(一)人民通过实践改造客观世界

人与自然和谐共生,自然是人类生存之本。人与自然密不可分,自然始终是人类生存与发展的根本依托。作为自然界的一部分,人类的生存不仅基于自然界提供的物质资源,更在于与自然界形成的互动关系。马克思在分析人与自然关系时明确指出:"自然界,就它自身不是人的身体而言,是人的无机的身体。人靠自然界生活……人是自然界的一部分。"② 这一观点深刻揭示了自然界在维持生命活动与社会发展的根本性作用。人类的呼吸、饮食、睡眠等生命活动,都离不开空气、水源、食物等自然界的基本资源支持,这些资源为人类的生命延续和种群繁衍提供了物质保障。同时,自然界不仅仅是物质资源的供给方,也是人类精神活动的重要来源。自然的美景、规律与力量启发了人类的思想,塑造了人类的文化与价值观。历史发展和自然环境的变化也深刻影响了人类的身体机能、心理状态

---

① 《马克思恩格斯文集》第 1 卷,北京:人民出版社 2009 年版,第 506 页。
② 《马克思恩格斯文集》第 1 卷,北京:人民出版社 2009 年版,第 161 页。

及社会需求,然而,这些变化的根源仍然在于自然界提供的条件。无论科学技术如何进步,人类始终无法摆脱对自然的依赖。自然不仅是人类社会赖以存在的基础,更是人与自然和谐共生的内在体现,构成了人类文明发展的持久支撑。

劳动实践改造自然,生产力推动社会发展。人类通过劳动实践改造自然,从而实现对自然资源的利用和社会生产力的提升。生产力是人类利用自然界的能力,其核心是通过劳动将自然资源转化为可用的生活资料。马克思指出:"把自然界当做属于他的东西来处置,他的劳动才成为使用价值的源泉,因而也成为财富的源泉。"① 这一论述表明,人类通过劳动实践,不断探索和运用自然资源,以满足自身的生存需求。最初,人类通过简单的劳动获取食物、水源和住所等基本生存条件,随着生产实践的深入和技术的进步,人类开始制造工具、改进生产方式,将自然界更多的资源转化为社会发展的物质基础。在这一过程中,劳动不仅满足了现阶段的需求,还创造出了新的需求,推动了生产力的持续进步。同时,劳动实践本身也是人类与自然相互作用的过程。在劳动中,人类提升了自身能力,积累了生产经验,并逐步形成了丰富的社会经济形态。随着社会需求的复杂化,生产力发展不仅体现在物质资料的生产上,还体现在人与自然关系的深化中。通过劳动实践,人类社会从满足基本生存需求,逐步迈向更高层次的文明发展。劳动实践不仅是人类改造自然的具体表现,更是推动社会进步和文明繁荣的重要动力,使人与自然的关系不断走向和谐与优化。

(二)人民通过实践改造主观世界

主观依赖客观,实践统一二者。在马克思主义的实践观中,主观与客观的统一是实践的内在要求。首先,主观必须以客观为基础,脱离客观,主观就失去了其存在的根基。如同无源之水或无根之木,主观的设想如果没有客观现实作为依托,就只能成为一种空想或假设。例如,在社会变革、生产劳动和科技创新中,人民的主观认识往往源于对现实问题的深刻观察,并在实践中不断修正和深化。其次,主观是对客观的反映,这种反

---

① 《马克思恩格斯文集》第3卷,北京:人民出版社2009年版,第428页。

映不仅是感性的，更是理性的，是通过人类的思维活动将客观世界的辩证运动规律转化为概念化的表达形式。在生产实践中，工人、农民、科研人员等各类主体通过经验积累、试验探索，将零散的感性认知上升为系统的理论，从而改造自身的认知结构，提升对世界的理解能力。从本质上看，主观的辩证运动规律是客观运动规律在观念领域的映射，二者在实质上具有一致性，只是表达的形式不同。再次，实践作为桥梁，使主观与客观在动态中实现相互转化。通过实践，主观的思想、愿景可以转化为客观存在，形成现实事物，同时也在实践中不断生成新的客观内容。例如，在经济发展过程中，人民的生产方式、消费模式、技术理念不断演进，在这一过程中，社会需求和技术突破相互影响，既推动了经济增长，也促使人民自身的主观认识不断更新。列宁指出："人的意识不仅反映客观世界，并且创造客观世界。"① 这表明，实践不仅是主观与客观互动的媒介，也是二者不断深化统一的根本动力。

主观与客观能否实现统一，其关键在于实践的作用。实践既是主观与客观分化的起点，又是二者融合的基石。在实践中，主观和客观形成了一种动态的交互关系。这种关系既随着实践的深入而生成，又在实践的推动下不断发展和变化。实践不仅表现为客观物质世界被逐步转化为主观世界的内容，更表现为主体通过实践活动不断改造客观世界，并由此创造出全新的客观现实。例如，在社会治理过程中，人民群众通过基层自治、政策反馈等方式，不断完善治理模式，使治理体系更加契合社会发展的客观需求。同时，这种治理实践也使人民自身的民主意识、法治观念得到深化，推动其主观世界向更高层次发展。正如马克思主义理论所揭示的，实践是一种主观见诸客观的过程，它不仅具有普遍性的特点，还具有直接的现实性。例如，在科技创新领域，科研人员通过实验验证理论假设，既推动了客观世界的技术进步，也在这一过程中不断修正和丰富自身的科学认知，使主观世界得到升华。正因如此，随着实践活动的推进，主观与客观的关系不断丰富和拓展，表现出更为复杂和多样的统一性。正如马克思所指出的，实践始终是检验主观正确性与客观现实性之间关系

---

① 《列宁全集》第55卷，北京：人民出版社2017年版，第182页。

的唯一标准。

主观反映客观，改造促进发展。主观与客观的相互作用深刻体现了实践的本质特征。从马克思主义的视角看，主观是人类心理活动的综合体现，包括情感、知识、意志、精神和思想等；而客观则是指物质世界的整体属性，是人类思维活动之外的所有现实存在。这些现实存在可以进一步划分为自然性客观和社会性客观。自然性客观独立于人类活动之外，如自然界的运行规律；而社会性客观虽然受到人的参与影响，但其发展过程并不以人的主观意志为转移。主观与客观之间的关系是一种反映与被反映的关系。然而，主观并不总是与客观完全一致，因为主体可能基于自身需求或偏好对客观进行主观化的加工，这种加工有时会导致主观对客观的背离，甚至形成虚幻的、不切实际的设想。例如，在市场经济活动中，企业经营者的商业决策往往基于对市场环境的分析，但由于信息不完全或经验局限，决策可能出现偏差，而企业在市场竞争中的实践则为其提供了修正认知、调整策略的机会。这一矛盾的存在，恰恰体现了实践在协调主观与客观关系中的重要作用。人民正是在不断的社会实践中，通过经验总结、理论反思和观念更新，推动自身认知的提升，最终实现对主观世界的持续改造。

（三）人民通过实践变革生产关系

马克思曾指出："人们在自己生活的社会生产中发生一定的、必然的、不以他们的意志为转移的关系，即同他们的物质生产力的一定发展阶段相适合的生产关系。这些生产关系的总和构成社会的经济结构，即有法律的和政治的上层建筑竖立其上并有一定的社会意识形式与之相适应的现实基础。"[①] 这一经典论断深刻揭示了人类社会发展的内在逻辑。生产关系是由人们在物质生产过程中形成的一种客观联系，既不以个人的主观意志为转移，也具有与特定物质生产力发展水平相一致的规律性。生产关系的总和构成了社会的经济结构，经济结构则成为上层建筑赖以建立的现实基础。与此同时，经济基础和上层建筑并非孤立存在，而是通过复杂的相互作

---

① 《马克思恩格斯文集》第 2 卷，北京：人民出版社 2009 年版，第 591 页。

用，共同塑造了特定的社会形态。这表明，生产关系不仅是社会经济运行的核心要素，也与法律、政治及社会意识等要素共同推动社会形态的形成与演变。在历史发展中，生产关系对社会形态的决定性作用尤为显著，不同生产力阶段所形成的生产关系，直接决定了经济结构和社会上层建筑的形态与特征，进而影响了社会的整体运行模式。经济基础与上层建筑的辩证统一，是马克思主义社会发展理论的重要支柱，也为理解社会演化提供了科学的分析框架。

从生产力的视角来看，劳动是人类生存与发展的根本活动，同时也是推动生产力发展的核心动力。劳动使人类得以满足最基本的生存需求，并通过工具和技术的运用不断创造新的可能性。马克思指出，"已经得到满足的第一个需要本身、满足需要的活动和已经获得的为满足需要而用的工具又引起新的需要。"① 这段话揭示了人类生产活动的动态性与持续性。满足需求不仅是生产力发展的起点，也是其进一步发展的动力源泉。人作为有生命的自然存在，其生理需求是持续性的，而满足这些需求的生产活动同样是持续不断的过程。在这一过程中，生产力的发展反过来催生新的、更高层次的需求，形成了需求与生产力之间的循环互动关系。正是这种互动，使得生产力不仅成为社会进步的推动力，也成为人类历史发展的基础。劳动不仅仅是满足个体需求的手段，更是人类社会生产活动的核心环节，通过劳动，人与自然的关系得以重塑，生产工具和技术水平不断提升，人类社会的物质基础得以日益巩固和拓展。生产力的发展不仅反映了人类征服自然的能力，也展现了人在推动历史进程中的主体地位。

从生产关系的角度来看，人是生产关系形成与变革的核心要素。在人类满足自身需求的生产活动中，通过对生产经验的总结和工具的创新，不断推动生产力的发展，同时也促使生产关系随之变化。马克思和恩格斯指出，生产力的发展引起了分工形式的变化，分工又改变了人与人之间的交往关系，由此形成了新的经济基础，而与之相适应的上层建筑也随之建立。生产关系的演化并非孤立进行，而是与社会其他层面密切相关。上层建筑一旦形成，不仅受制于经济基础，还会通过法律、政治和意识形态等

---

① 《马克思恩格斯文集》第1卷，北京：人民出版社2009年版，第531页。

方式反作用于生产力和生产关系。资本主义社会的发展历程清晰地展现了这一逻辑。随着机器大生产的出现，生产力水平大幅提高，推动了社会分工的进一步细化，由此催生了资本主义私有制生产关系和虚假的民主政治。然而，这些生产关系和上层建筑的形成，又对生产力和劳动者产生了深远的影响。劳动者与生产资料的分离，标志着资本主义社会的基本特征，这一过程中，上层建筑通过制度设计和意识形态灌输，进一步巩固了私有制生产关系，同时限制了劳动者的生产力发挥。这表明，社会各要素之间存在紧密的内在联系，而生产关系的演变始终以人为核心展开。正因为如此，人既是生产力发展的关键，也是推动生产关系变革的重要主体。社会发展作为一个有机整体，其不同层面的变化最终都归因于人的活动，这充分说明了人在社会历史发展中的主导地位与创造作用。

二、人民在实践中不断丰富自我

马克思认为，人是社会关系的总和，这一论断明确肯定了人的社会实践属性，强调人无法脱离社会而独立存在。在实践活动中，人民不仅通过改造社会来推动历史进程，还在实践中不断改造和完善自身。通过能动的实践活动，人民推动了社会历史的发展，同时也改善了自身的生活条件，丰富了物质环境和精神世界。这一过程中，人的主体意识逐步增强，思想逐渐觉醒，从而实现了人与社会的双向发展与提升。

（一）人民依靠实践促进社会关系的发展变化

马克思在《关于费尔巴哈的提纲》中鲜明指出："全部社会生活在本质上是实践的。"① 从实践视角理解社会存在，是马克思主义哲学的核心原理之一，也是其社会关系思想的重要理论基石。在马克思看来，"人—实践—社会关系"三者密切联系、相互贯通，构成了社会发展的根本逻辑框架。具体而言，"现实的人"是社会关系的价值论前提，因为社会关系的存在离不开人的主体性实践；而"实践活动"则是社会关系的存在论根

---

① 《马克思恩格斯文集》第 1 卷，北京：人民出版社 2009 年版，第 505 页。

基，承载并推动着社会关系的生成与演化过程。通过人的实践活动，社会关系不断被建构、深化与调整，其历史性特质也得以凸显。这种动态生成的社会关系不仅是对人类共同体的价值体现，也为"自由个性的人"奠定了制度与结构基础，成为人类历史发展的决定性力量。由此可见，社会关系从根本上说是实践的产物，其发展始终伴随着实践的深化与历史的演进。

社会关系的本质在于实践，实践不仅构成其存在的基础，还决定了其历史与现实的双重属性。在马克思之前，传统哲学多以"实体理性"为逻辑起点，将"实体"视为高于"关系"的本源性存在，认为"关系"是基于"实体"的从属衍生物。然而，马克思从实践出发，提出了"关系理性"这一独特视角，强调"关系"不仅具有相对于"关系存在者"的逻辑先在性和不可还原性，更是在实践中获得了具体的历史内涵。社会关系并非抽象的、脱离人的主体性活动的超验存在，而是深深植根于人类的实践活动之中。人的实践活动通过感性对象化过程，将社会关系具体化为可感知的存在形式，进而使社会关系成为人类改造自然和社会的实践成果。实践的物质性不仅赋予社会关系以稳定性和现实性，还使社会关系在不断变革中保持其历史性特质。同时，社会关系也反过来对实践活动进行规约，为实践提供必要的规范和秩序。马克思正是通过这种基于实践的分析方式，揭示了社会关系的历史性和可变性，使其不再是抽象的哲学范畴，而是充满批判性和变革性的社会现实存在。

社会关系是在实践中生成并不断发展的，其中交往活动是其生成与演化的主要机制。实践活动包括生产与交往两大核心领域，二者共同决定了社会关系的历史进程。生产活动主要涉及人与自然的关系，是社会关系形成的物质基础；交往活动则聚焦于人与人的互动，是社会关系生成与深化的关键环节。马克思明确指出："随着新生产力的获得，人们改变自己的生产方式，随着生产方式即谋生的方式的改变，人们也就会改变自己的一切社会关系。"[1] 这表明，交往活动的形式和性质直接影响着社会关系的形态及其发展轨迹。从历史来看，社会关系经历了从"自然关系"到"物化

---

[1] 《马克思恩格斯文集》第1卷，北京：人民出版社2009年版，第602页。

关系"，再到"人类关系"的发展历程，而这一演变过程的动力正来源于交往形式的持续变化。从"纯粹自发"的交往到"利益导向"的交往，再到"自由联合"的交往，每一阶段都体现了实践方式的深化和社会关系的升华。在现代社会中，由资本逻辑主导的交往实践，导致了社会关系的物化与异化，个人被嵌入到资本增殖的体系中，社会关系也逐步失去了应有的人性化内涵。对此，马克思主义指出，只有在共产党领导下，通过以人民为中心的交往实践，才能克服资本属性对社会关系的侵蚀，建立真正体现人的自由与全面发展的社会关系。因此，推动以人民为中心的实践方式，突破资本主导的交往局限，是实现现代社会关系进步的根本路径。这不仅是对物化社会关系的批判，也是实现社会历史性发展的必由之路。

（二）人民依靠实践探寻改善自身境遇的道路

马克思指出，物质生产活动是人类历史发展的起点，是人类生存的根本所在。从最初的物质需求出发，人类通过劳动与自然界互动，满足自身的生存需要。生存的基本条件要求人类不断创造、改造和重构自然资源，使其能够提供食物、衣物、住所等必需品，这一过程不仅保障了人类的生存，而且推动了人类社会的形成与发展。与自然界的分离，标志着人类社会的诞生，它是社会化的开始，意味着人类摆脱了单纯的动物本能，进入了具有社会组织和结构的历史进程。马克思认为，人类的历史本质上是一种不断生产的历史，是通过劳动创造物质财富、通过社会化的生产活动逐步改善生产力、发展生产关系的历史。随着社会生产的发展，人类不断调整生产方式，并依赖经验不断革新生产工具和生产技术，从而推动生产力的发展，促进社会的不断进步和变革。

马克思认为，人的存在首先表现为劳动和实践的存在方式。人类之所以不同于动物，并不是因为其具备某种先天的特性，而是因为人类能够通过实践改造自然，并在此过程中实现自我超越。马克思强调，全部社会生活在本质上是实践的，这意味着人的一切社会行为、个人发展乃至整个人类文明的演进，都是以实践活动为基础的。劳动是人类通过改造世界满足自身需求的基本方式，实践则是人的活动的核心特征。马克思的实践观与以往哲学不同，他认为，人的存在不是孤立的，而是与社会、自然、历史等各方面紧密相关的。在马克思看来，实践活动才是理解人的存在的根本路径，它不仅塑造了人的本质，也为人类社会的形成与发展提供了根本依据。生产活动作为实践的一种最初形式，是人类生存与发展的动力源泉，它使人与动物之间的差异变得显而易见。而这种劳动和实践所带来的社会关系的变革，是推动社会进步与人类文明演化的核心因素。

马克思的实践理论进一步揭示了人类与自然界之间的复杂关系。在人类改造自然的过程中，人与自然并非对立的力量，而是通过实践实现相互作用和辩证统一的。实践的第一步就是物质生产活动，这种活动将人类的需求与自然界的资源连接起来，使人类得以在自然界中生存并加以发展。人类通过劳动将其主观意志转化为客观存在，改变自然界的面貌和功能。人类不仅能够利用自然资源，还能通过实践活动推动自然的转化，使其适应人类不断变化的需求。这是人类外化自己本质力量的体现，是人类通过劳动和实践改造世界的过程。然而，实践活动并非单向度的，人类社会对自然界的改造，也深受自然条件的制约和影响。自然界对人类活动的影响表现为其物质条件的限制，以及客观规律的约束。实践中的主体性与客体性互动，形成了人类与自然的辩证统一。在这一过程中，自然界的客观物质不仅成为人类生存的基础，也对人类实践的方向和方式产生了深刻影响。人类在认识自然规律、驾驭自然力量的同时，也通过实践不断深化对自然界的理解，促进了人类的自我认知和社会发展。这种通过实践实现的主体与客体的相互作用，不仅加强了人类对世界的把控，也推动了社会和自然的和谐发展。

（三）人们依靠实践实现主体意识的思想觉醒

实践的自主性与创造性体现了人的主体性与意识的高度融合。实践活动本身所具有的自主性和创造性，深刻体现了人的主体性特征和主体意识的高度融合。实践不仅是由人来发动的，它本身就是人类通过主动参与和控制，塑造自己生存与发展的过程。在这一过程中，人在对物质世界进行改造的同时，展现了人与自然界之间独特的关系。这种关系的形成不是机械的自然适应，而是通过人的目的性活动，促进了人与自然的相互作用，从而进一步确立了人类在自然界中的主体地位。为达成特定目标，人在实践活动中有意识地利用自然界中的各类资源，并通过这些资源的转换与改造，使自然界的物质条件适应人类社会的需求。正是在这种实践活动中，人类逐渐意识到自我与自然其他存在物的区别。这种区别源于人类具备思维能力与自我意识，在面对自然界时，能够主动对外界环境进行认知、思考与改造，形成符合人类需求的物质世界。马克思在《资本论》中强调，"最蹩脚的建筑师从一开始就比最灵巧的蜜蜂高明的地方，是他在用蜂蜡建筑蜂房前，已经在自己的头脑中把它建成了。"① 这一表述揭示了人类与动物的根本区别：人类具有意识和预见性，能够在劳动之前形成对未来结果的设想，并将这一设想付诸实践。人类不仅在实践中改变自然的物质形态，更在此过程中验证自己的思想构想是否符合预定目标。实践不仅是人的主体意识显现的过程，它同时也是人类不断完善和深化这一意识的过程。通过实践，人的主体意识得到了不断锤炼和升华，使得人类在自我改造的过程中实现了创造性与自主性。

　　意识指导实践，确认人的本质力量并推动社会进步。相对于动物的本能活动，实践更深刻地体现了人类本质力量的确证。由于人类的意识使得实践活动具有明确的目的性，人的实践不仅是对内在本质力量的确认，还是这一力量的不断强化和发展。马克思指出："人的感觉、感觉的人性，都是由于它的对象的存在，由于人化的自然界，才产生出来的。"② 这句话深刻阐明了人在实践活动中的特殊作用。人的意识使得实践活动不仅仅是感性的、直觉性的行动，它还具有理性和目的性。在这一过程中，人的感觉、思维和实践结合在一起，通过对外界的改变和对内在意识的反思，最终实现了对自身本质的确认。通过实践，人类不仅能对周围世界形成认知，还能根据自身的需求和目的进行创造性的发展与变革。例如，人民在日常生活中的经验性认识，产生了丰富的科学理论、文学艺术等成果，这些都是人类对外部世界进行积极改造的体现。不同的人根据自身的社会背

---

① 《马克思恩格斯文集》第5卷，北京：人民出版社2009年版，第208页。
② 《马克思恩格斯文集》第1卷，北京：人民出版社2009年版，第191页。

景和文化认知方式,产生了不同的世界观和实践成果。正是这些成果,在丰富人民精神世界的同时,也推动了社会的不断进步。更进一步,人民通过实践所积累的经验和创造性成果,展示了其在文化领域的主体地位。优秀的科学技术和文化理论不仅使人民的精神世界得到了丰富,也为社会进步提供了不竭动力。马克思在其著作中提到,哲学具有重要的作用,它不仅可以帮助无产阶级提高思想水平,还能够为革命实践提供必要的方法论指导。人类的实践不仅改变了物质世界,也促进了精神世界的觉醒与进步。通过对世界的改造,人类不仅建立起了社会生产力,还不断推动着社会形态的演变与发展,从而使得人类的历史进程不断向前推进。因此,实践作为人的主体力量的表现,不仅是对人本质的确认,更是推动人类社会历史进步的关键因素。

三、人民在实践中推动历史发展

马克思认为,人民自由发展需要一个长期的过程。马克思人民观在实践中不断发展,展望了人民发展的美好前景。人民在实践中推动社会历史的更替演进,明确无产阶级革命斗争的历史使命,在实践中达到最终的共产主义社会,实现人的自由全面的发展。

(一)人民在实践中推动社会历史的更替演进

马克思通过深入的科学分析,揭示了社会历史发展的内在规律。他强调,历史的真正推动力量来自现实的个人,而个人的活动与其物质生活条件密切相关。正如他所指出:"他们的活动和他们的物质生活条件。"[①] 这一论断明确表明,人的实践活动并非无意义的,而是始终在物质生活条件的制约下进行的。这种活动不仅是人类生存与发展的必要条件,同时也是推动社会不断发展的原动力。社会的历史发展不是随机的,而是有着深刻的内在联系与规律,表现为不同社会形态之间的转化过程。通过对历史的回顾,马克思总结出人类社会从低级到高级的发展形态,分别为原始社

---

① 《马克思恩格斯文集》第 1 卷,北京:人民出版社 2009 年版,第 517 页。

会、奴隶社会、封建社会、资本主义社会以及社会主义作为第一阶段的共产主义社会。这些社会形态反映了经济基础的不断变化以及社会的不断演进。马克思在《〈政治经济学批判〉序言》中提到，"大体说来，亚细亚的、古希腊罗马的、封建的和现代资产阶级的生产方式可以看做是经济的社会形态演进的几个时代。"① 这一表述清晰地指出，不同的经济形态决定了社会结构和人类关系的变化，而这一变化是由物质生产方式的演进所推动的。每一种社会形态的转变，都是人类社会生产力和生产关系相互作用的结果，是历史发展过程中的必然趋势。

在社会历史形态的划分之外，马克思进一步明确了社会发展的三个历史阶段，从依赖性到独立性，再到自由个性的实现，展现了人类解放的历史进程。第一个阶段是"人的依赖关系"的阶段，也就是最初的自然经济社会形态。在这一阶段，人类社会的生产活动主要依赖自然条件，个体之间的关系受到自然经济的制约，社会生产力极为低下。第二个阶段是"以物的依赖性为基础的人的独立性"②的阶段，即商品经济和市场经济逐渐兴起的时代。此时，虽然市场交换促进了人的独立性和自由，但这种独立性仍然是建立在物物交换的基础上的，个体并未摆脱对物的依赖，人的解放尚未完全实现。第三个阶段是"建立在个人全面发展和他们共同的社会生产能力成为他们的社会财富这一基础上的自由个性"③的阶段，这一阶段代表了人的全面解放和自由个性的实现。在这一阶段，劳动不再是物质依赖的产物，而是个人自由选择的结果，社会生产力得到了极大的解放，个体能够在自由的条件下实现自我发展，最终实现人的全面解放和自由个性的全面展现。马克思指出，资本主义市场经济的"以物的依赖性为基础的人的独立性"暴露出劳动中的"异化状态"，这种状态使得人在社会关系中丧失了自我。要实现真正的人的解放，就必须消除这种物的依赖性，使劳动成为人类自由的表达，最终实现人的独立与解放。马克思的"劳动解放"理论深刻阐明了，劳动的真正意义不仅在于物质的创造，更在于人

---

① 《马克思恩格斯文集》第2卷，北京：人民出版社2009年版，第592页。
② 《马克思恩格斯文集》第8卷，北京：人民出版社2009年版，第52页。
③ 《马克思恩格斯全集》第46卷，北京：人民出版社1979年版，第104页。

的本质的自由展现，劳动解放最终指向的是人类社会的彻底变革，推动个体从物质束缚中解放出来，实现真正的自由与解放。

（二）人民在实践中明晰革命斗争的历史使命

马克思曾指出，"全部历史都是阶级斗争的历史。"① 自从人类社会的诞生以来，随着社会生产力的提升和生产资料私有制的出现，阶级便在历史进程中逐渐形成。阶级作为社会结构的一种必然现象，是生产资料私有制及其产生的社会生产关系的历史产物。在资本主义社会，阶级对立愈加显著，尤其是资产阶级和工人阶级之间的对立更加突显。资产阶级通过占有大量社会财富，掌控了生产资料，而工人阶级虽直接参与社会生产，却因缺乏生产资料而处于贫困状态，这种不平等的社会秩序急需变革。工人阶级作为代表新型生产方式的先进劳动阶级，面对现实的压迫，开始产生改变现状的强烈愿望。随着工业革命的深入，资本主义社会的矛盾愈加明显，资本家通过控制社会的物质财富并扩大利益，尽管进行了一系列变革和调整，但其根本目的是加固统治，"一切变革都是使这个机器更加完备，而不是把它摧毁"②。因此，工人阶级逐渐认识到，只有通过阶级斗争，才能推翻资本家的统治，成为国家的主人，进而争取更多的民主权利。

革命作为阶级斗争的高级形式，是人民群众夺取政权、改变国家制度的重要途径。历史的进程表明，无论是封建专制制度还是资本主义虚假的民主制度，人民的社会地位始终处于低谷，长期受到压迫，失去了主体性。为了改变社会地位，无产阶级迫切需要反抗现有制度，通过阶级斗争推翻旧有统治，建立新的政权。只有无产阶级通过革命建立起新的政权，才能利用权力制定符合人民利益的社会制度，消除阶级差异，实现社会的公平与正义，将公共权利归还给"联合起来的个人"。如此，人民群众才能真正实现自身的主体地位，成为国家的真正主人。马克思主张通过革命建立无产阶级专政，促进生产力发展，唤醒人民主体意识，实现人民的自由与解放。马克思认为，工人阶级是实现无产阶级专政的

---

① 《马克思恩格斯文集》第3卷，北京：人民出版社2009年版，第458页。
② 《马克思恩格斯文集》第2卷，北京：人民出版社2009年版，第565页。

主要力量，因为他们坚韧的革命意志决定了他们不会屈服于任何反对力量。同时，马克思也指出，工人阶级并非唯一的革命力量。通过总结工人运动的经验，他提出农民阶级也具备一定的革命性。由于农民阶级的社会地位与工人阶级类似，其利益和目标一致，他们同样会参与到革命之中，与工人阶级共同反对资产阶级。工农联盟是革命胜利的保障，而工人阶级只有得到农民阶级的支持，才能确保革命的成功。最终，工农联盟的目标是建立一个更为先进的社会形态——共产主义共同体。在这个共同体中，阶级差异与压迫将不复存在，人民群众将从束缚中解放出来，实现真正的自由与解放。

（三）人民在实践中迈向共产主义的自由王国

马克思终生致力于揭示资本主义内在的矛盾与发展规律，力求通过批判的辩证法实现人的自由解放和全面发展。人的解放是马克思始终为之奋斗的目标，这一目标经历了从最初的信念到科学的探索，从抽象的设想到具体的实践，逐渐深化。马克思首先提出人类应当追求幸福和解放的道德信念，然后转向客观分析人的命运，接着对人与世界的关系进行全面把握，最终认为人的解放是在人民群众自身发展过程中逐步实现的，表现为每个人在自由全面改造世界的活动中实现自我自由和全面发展。人的解放不仅仅是单纯的主观愿望，也不是生来注定的自然命运。"'解放'是一种历史活动，不是思想活动，'解放'是由历史的关系，是由工业状况、商业状况、农业状况、交往状况促成的"①，并且这一过程需要人民自身的认识与努力，只有当人类认识到并努力实现时，才能真正实现解放。

人的问题始终是马克思思考的核心，马克思深刻认识到人民在社会历史中的关键作用，因此他提出"历史活动是群众的事业"②。在马克思看来，人民群众是社会发展的动力，是推动自身解放的主体力量。因此，他主张建立一个共产主义社会，在这个社会中，人民能够获得与之匹配的地位和权利。马克思认为，人的全面发展必须以更高的社会基础为支撑，他

---

① 《马克思恩格斯文集》第1卷，北京：人民出版社2009年版，第527页。
② 《马克思恩格斯全集》第2卷，北京：人民出版社1957年版，第104页。

曾设想未来社会，生产力高度发展，阶级专政和物质依赖消失，人民能够自由劳动，共同管理社会，每个人都能得到充分发展。具体来说，人的全面发展首先体现在劳动能力的全面提升。在共产主义社会中，劳动不再是强制性的，而是自由自觉的，人类可以根据自身兴趣与才能选择工作，从而使人的本质得到全面发展。劳动作为人的本质，人的劳动能力得到发展，意味着人能够适应环境与劳动的变化，无论是体力劳动还是脑力劳动，人的能力都能自由转换。其次，人的社会关系也将得到全面发展。马克思提到，未来社会工业发展使人们的时间更加自由，市场的扩展使人与人之间的联系更加紧密。人的社会性决定了人类在劳动中会建立多种关系，包括人与自然、人与人之间的关系，只有在劳动中，人与人之间的交往才能实现自由，并在日益丰富的交往中实现个人的成长，最终达到全面发展。最后，人的个性将在此基础上得到充分展现。个性的发展是人全面发展的高级阶段，依托劳动能力和社会关系的进步，当人的角色不再单一，人们可以自由支配时间去学习自己感兴趣的内容，精神不再受到压迫，个性自然会得到发展，进而实现真正的全面发展。此外，全体人民的共同发展是建立在每个个体全面发展的基础之上的，只有当每个个体都实现全面发展时，全人类的全面发展才能得以实现。因此，推动马克思所设想的理想社会的建设，才能最终实现全人类的自由和解放。

第三节　关注发展的人民

马克思主义兼具开放性和人民性。习近平总书记在纪念马克思诞辰200周年大会上指出："马克思主义是人民的理论"，"马克思主义是不断发展的开放的理论"，并强调"马克思主义理论不是教条，而是行动指南，必须随着实践的变化而发展"。① 马克思主义的诞生是为了改变人民的命运，其理论在人民追求解放的实践中得以丰富和发展。人民立场赋予马克思主义理论开放性，使其能够适应不同历史条件和社会环境。在新时代，

---

① 《习近平谈治国理政》第 4 卷，外文出版社 2022 年版，第 30 页

需始终关注人民的实践和思想动态,坚持人民至上的宗旨,回应人民的实际关切,通过社会主义实践进一步发展和完善马克思主义的人民立场。

一、关注人民的实践变动

马克思指出,"全部社会生活在本质上是实践的。"① 这一论述揭示了马克思主义的实践性特征。理论源自实践、检验于实践,并在实践中不断发展。马克思的人民立场通过总结人民的最新实践经验而持续深化,与物质生产、社会政治和科学文化实践紧密相关。通过回应时代变化和实践需求,马克思主义在保持内在一致性的同时,实现与时俱进的理论发展和实践指导作用。

(一)关注人民的物质生产实践

物质生产实践是人类最基本的实践活动,它构成了人类生存的基本条件。作为生命体,人类与其他地球物种一样,必须从自然界中获取物质和能量来维持生命。由此,物质生产实践被视为人类活动的根本性和优先性实践,其重要性决定了其他一切社会活动的存在与发展。

人民群众是人赖以生存的社会物质财富的创造者。在人类历史发展过程中,生产方式大致经历了"采集狩猎—农业生产—工业化生产"的演变路径。作为社会存续与发展的基础,物质生产实践始终围绕人类需求展开,并随着技术进步不断变化。然而,无论生产方式如何更新,人民群众的劳动始终是物质生产的核心动力。正如恩格斯指出:"自从阶级产生以来,从来没有过一个时期社会可以没有劳动阶级。"② 人民群众通过劳动创造了人类生存所需的一切基本物质资料。倘若没有劳动阶级,社会将无法运转;没有人民的物质生产实践,社会的政治实践与文化实践亦无从谈起。人民群众的劳动不仅支撑了社会生活的其他领域,也构成了政治与精神文化生活的前提条件。因而,必须深刻认识到,人民群

---

① 《马克思恩格斯文集》第 1 卷,北京:人民出版社 2009 年版,第 501 页。
② 《马克思恩格斯全集》第 25 卷,北京:人民出版社 2001 年版,第 534 页。

众是社会物质财富的创造者，应确保人民群众对社会财富拥有充分的所有权和使用权。

人民群众是社会变革中的决定性力量和主导者。马克思主义认为，社会生活的物质前提在于物质生产力，而一定发展阶段的生产力与生产关系共同构成社会的经济基础。生产力是社会发展的核心动力，其水平直接决定社会形态。生产力与生产关系、经济基础与上层建筑之间的相互作用深刻影响着社会发展的路径。在这一过程中，人民群众作为生产力中最具活力和革命性的要素，创造了社会的物质和精神财富。他们推动社会革命，通过改变生产关系为社会进步开辟新道路。正是人民群众以其生产力发展的需求，推动了社会历史的变革与前进。党的百年奋斗历程证明，紧密依靠人民群众是克服困难和迎接挑战的根本保证。唯有深刻理解人民群众在社会变革中的决定性作用，才能更好地维护党与人民的血肉联系，并在新征程中战胜各种风险，不断推动中国特色社会主义事业的发展。

人民群众是推动社会历史发展的决定性力量。在马克思与恩格斯的思想中，人民既是社会价值的创造者，也是推动历史发展的根本力量。通过劳动，人民创造了社会物质财富，同时在物质生产中扮演最活跃和革命性的角色，推动社会历史向前演进。唯物史观强调，历史的重大变革必须从劳动的发展历史，尤其是人民群众劳动能力的提升中寻找根本原因。可以说，人民群众是社会历史运动的主体，没有他们，历史的演进就无从谈起。中国共产党作为马克思主义的忠实践行者，始终将人民立场贯穿于革命、建设和改革的各个阶段。通过总结人民物质生产实践的经验和需求，党不断将马克思主义的人民性价值理念融入实际，并在此基础上发展和丰富了以人民为中心的理论体系。这一实践彰显了马克思主义的人民本质，展示了党与人民群众的深厚联系。

（二）关注人民的社会政治实践

社会政治实践是形成和改造各种社会关系的实践活动，主要表现为人与人之间的社会交往和政治活动。物质资料生产实践的过程中，社会政治实践同步展开。物质资料的生产实践为社会政治实践奠定了基础,人类通过实践不仅生产物质资料,还构建和发展自身的社会关系。

人民群众的社会政治实践以物质生产实践为基础。人民群众的物质生产实践是社会政治实践的根基,没有物质生产实践,社会政治实践无从谈起。个体的人在自然界中的能力是有限的,只有通过合作和互动形成社会关系,个体才能转变为"社会的人",从而实现生存与发展。正如马克思在《致帕·瓦·安年科夫》一信中所言:"人们的社会历史始终只是他们的个体发展的历史,而不管他们是否意识到这一点。他们的物质关系形成他们的一切关系的基础。这种物质关系不过是他们的物质的和个体的活动所借以实现的必然形式罢了。"① 人类的实践活动总是在特定的社会关系中展开。个体劳动是人与自然之间的物质交换过程,而劳动者之间通过生产实践形成的社会关系,则构成了整个社会关系的基础。在这一基础上,人类逐步形成了复杂的社会政治关系以及处理这些关系的活动。因此,物质资料生产实践不仅为社会政治实践提供了条件,还推动了社会政治实践的发展与变化。通过实践,人类在不断改造旧的社会关系的同时,也创造了新的社会关系。

社会政治实践的方式随着物质生产方式的发展变化而变化。社会政治实践的方式会随着物质生产方式的变化而调整,否则就会成为制约生产力发展的障碍。正如恩格斯所言:"政治统治到处都是以执行某种社会职能为基础,而且政治统治只有在它执行了它的这种社会职能时才能持续下去。"② 在从事物质生产实践的同时,人类始终在改造和调整社会关系。马克思与恩格斯在《共产党宣言》中明确指出:"至今一切社会的历史都是阶级斗争的历史。"③ 随着原始社会的解体,人类迈入文明社会,并进入阶级社会,阶级斗争成为社会政治实践的主要形式。在资本主义社会,这种斗争以无产阶级和资产阶级之间的对抗为核心展开。马克思主义作为人民的理论,始终关注无产阶级和广大人民群众的利益与需求。《共产党宣言》

---

① 《马克思恩格斯文集》第 10 卷,北京:人民出版社 2009 年版,第 43 页。
② 《马克思恩格斯文集》第 9 卷,北京:人民出版社 2009 年版,第 187 页。
③ 《马克思恩格斯文集》第 2 卷,北京:人民出版社 2009 年版,第 31 页。

明确指出:"共产党人不是同其他工人政党相对立的特殊政党。他们没有任何同整个无产阶级的利益不同的利益。"① 它以实现"人的自由全面发展"和全人类解放为评判社会发展的最高标准,始终从人民立场出发,探寻人类自由解放的道路。正如习近平总书记所指出的:"人民是历史的创造者,是决定党和国家前途命运的根本力量。"② 中国共产党始终将实现人民利益作为奋斗目标,坚持全心全意为人民服务。从革命到建设再到改革,中国共产党坚持"从群众中来、到群众中去"的根本工作路线,通过倾听人民意见、回应群众诉求,不断推动社会的进步和人的全面发展,实现人民生活质量的显著提升,促进全体人民共同富裕。

(三) 关注人民的科学文化实践

科学技术是人类实践中的一项重大力量,它的运用不仅改变着物质世界,也塑造着精神文化。如何在追求科技创新的同时,保障科技进步的社会效益,是当今社会必须深思的问题。马克思主义的科学技术观深刻揭示了科技与社会实践的关系,强调了科技发展的社会性和历史性。通过合理的理论指导与实践探索,我们能够在科学技术的应用中更加注重人类自由全面发展的需求,避免技术的单一性与工具性,从而实现科技与社会、科技与人类的和谐统一。

科学文化实践是创造精神文化产品的实践活动。科学文化实践是人类通过创造精神文化产品进行的广泛实践活动,它包括科学知识的学习与应用、文化艺术的创作与传播等内容。作为一种基础性的社会实践,科学文化实践不仅反映了人类在物质生产领域之外的精神追求,也直接推动了社会的文化进步与精神文明建设。在马克思主义理论中,人的全面发展被视为社会进步的最终目标。人类在追求物质财富的同时,也必须关注精神领域的建设,而精神文化产品正是这一建设的核心载体。通过科学文化实践,劳动人民不仅能够丰富自我、提升生活质量,还能够在集体劳动中共同创造和享受文化成果,推动社会的整体进步。特别是在当代社会,科学

---

① 《马克思恩格斯文集》第4卷,北京:人民出版社2009年版,第3页。
② 《习近平著作选读》第2卷,北京:人民出版社2023年版,第17页。

文化实践的形式不断丰富，涵盖了从科学研究到艺术创作、教育发展到文化传播等多方面的内容。这一实践活动与物质生产活动紧密相连，相辅相成，构成了社会实践的有机整体。

科学文化实践的范围逐渐广泛而深入。随着社会历史的演进，科学文化实践逐渐从传统的物质生产中分化出来，成为独立的实践领域。最初，科学文化实践主要集中在物质生产中，但随着社会的发展，人类的精神需求不断增多，科学文化实践的领域逐渐扩展，涉及人类认识世界的多方面需求。尤其是现代信息技术的迅速发展，催生了全新的实践形态——虚拟实践。虚拟实践通过计算机技术、网络技术、虚拟现实技术等手段，构建了一个数字化的、虚拟的实践空间，主体与客体之间通过数字化中介实现互动。这种实践形式的出现，标志着人类在信息技术和文化领域的重大变革，它具有极高的交互性、开放性和多样性，突破了传统实践的空间和时间限制，创造了一个新的社会实践维度。虚拟实践的出现不仅深刻改变了人们的生活方式，也为社会文化的发展提供了全新的途径。面对这一新的实践形式，社会应当采取合理的政策引导和实践模式，确保这一新兴实践符合人民群众的需求，并为社会带来更多的福祉。

要充分认识科学技术的双重效益。科学技术作为第一生产力，是推动社会进步的核心力量，直接关系到国家的现代化进程和民族的强盛。马克思主义指出，生产力是社会发展的决定性力量，科学技术的革新与发展始终是社会变革和文化进步的源动力。科技兴则民族兴，科技强则民族强，这一命题在当今时代尤为突出。在科技迅速发展的今天，科学文化不仅仅是对物质生产力的支持，它还深刻影响着社会的精神面貌和文化认同。文化自信作为国家和民族的灵魂，是衡量民族振兴的一个重要标准。为了实现科学文化的全面发展，我们必须通过加强人民的科学素养教育，推动全民科学文化的普及，提高全体人民的文化创新意识。与此同时，在科学技术迅速发展的背景下，我们必须警惕科技应用过程中可能带来的伦理和社会问题。例如，科技进步若未能与社会的道德和人文价值相协调，可能导致科技的"异化"，产生社会不平等、环境问题等负面效应。因此，科技的应用必须始终坚持"以人民为中心"的发展思想，确保科技发展始终服务于全体人民，推动社会的共同进步和人的自由全面发展。正如习近平总书记所强调的，科技的双重效益必须在保证伦理和社会价值的基础上充分发挥，只有这样，科技才能真正为人民谋福祉，为民族复兴贡献力量。

二、关注人民的需求变化

关注人民的需求变化，是推动社会进步和实现人民幸福的重要前提。人民的需求不仅包括物质层面的温饱保障和生活质量提升，还涵盖政治参与的权利保障与精神文化的丰富发展。从马克思主义的视角来看，社会发展本质上是生产力与生产关系相互作用的过程，而人民的需求变化正是这一演进的核心动力。政治环境的变迁，使人民从被压迫的客体转变为国家治理的主体；物质生活的改善，使人民的生活条件和消费水平持续提升；精神需求的增长，则体现了社会文明的进步和人的自由全面发展。在新时代，更应坚持以人民为中心，顺应人民对美好生活的向往，持续优化社会制度、提升经济质量、丰富精神文化，推动社会全面进步。

（一）人民生活的政治环境变化

人民的政治生活环境经历了漫长而深刻的变革，从早期的社会压迫到现代人民当家作主的政治体系，这一过程涉及经济、政治、文化等各方面的根本变革。从马克思主义的角度看，人民的解放不仅仅是政治权利的获得，更是历史发展的必然，体现了无产阶级和全体劳动人民的共同解放过程。

在人类历史上人民大众长期处于剥削压迫中。人民生活的政治环境是指在社会政治框架内，人民所面临的条件、背景和制约因素，包括政治体制、文化氛围、政治权利等多个方面的变动。根据马克思主义的社会发展理论，社会形态的演变是从原始社会、奴隶制社会、封建社会，到资本主义社会，并最终向共产主义社会过渡的历史过程。封建社会在资本主义到来之前，作为主导的社会形态，由地主或领主对土地的占有和对农民或农奴的剥削构成。这一制度下，人民生活在深重的压迫之中。18世纪的欧洲，随着启蒙思想的传播和大航海时代的开启，商品经济逐渐发展，在此背景下逐步蓬勃发展。特别是英国率先爆发的工业革命，不仅推动了社会生产力的飞跃，也促进了社会生产关系的剧变，封建社会的统治体系开始崩溃，资本主义逐渐替代了封建制度。然而，资本主义社会内部生产资料和财富仍然集中于资产阶级手中，工人阶级日益沦为无产阶级，资本家对剩余价值的榨取使得工人阶级陷入"越生产越贫困"的困境，产生了阶级对立和社会不平等的根源。马克思主义的出现，揭示了这一社会矛盾的根源，并为改变这一状况提供了理论武器。

马克思主义第一次创立了为人民求解放的理论。在马克思之前，主流社会理论一直是为统治阶级服务的，忽视了劳动人民的利益和解放。而马克思主义的提出，第一次从人民的角度出发，明确以解放人民、促进社会全体成员自由解放为目标，创立了科学的、系统的思想体系。马克思主义充分认识到，历史的主体不是反动的剥削阶级，而是无产阶级和全体劳动人民。马克思主义的核心思想之一便是，无产阶级作为最受压迫的阶级，只有通过彻底推翻资本主义制度，消除阶级剥削，才能实现自身的解放。正如马克思指出："即被剥削被压迫的阶级（无产阶级），如果不同时使整个社会一劳永逸地摆脱一切剥削、压迫以及阶级差别和阶级斗争，就不能使自己从进行剥削和统治的那个阶级（资产阶级）的奴役下解放出来。"① 无产阶级的解放必须与全人类的解放相联系，唯有如此，才能最终实现自己的解放。这一理论为工人阶级和广大劳动人民指明了正确的解放道路，并带来了无产阶级革命的理论基础，开辟了实现人民解放的可能性。

（二）人民生活的物质条件变化

人民物质生活的变化主要体现为人民在经济活动中的生产、消费和生活水平等方面的转变。马克思主义理论在分析和指导这一变化过程中，深入揭示了人民物质生活发展的内在规律，体现了其人民思想特质的广泛应用与发展。

物质需求是人最基本的需求。马克思与恩格斯均强调，衣食住行是人类生存与发展的基本条件。无论在何种社会历史条件下，只有在物质生产

---

① 《马克思恩格斯文集》第 2 卷，北京：人民出版社 2009 年版，第 14 页。

活动满足了最基本的衣食住行等生活需求后，才能开展政治、文化等其他社会活动。这表明，物质生活资料的满足是人类生存与发展的前提，只有通过不断发展生产力，积累物质财富，才能使人类实现自身的进一步发展与解放。如果连最基本的物质需求尚未满足，其他需求便无从谈起。

物质条件是人们追求美好生活的基础。马克思主义强调，劳动人民是创造财富的主体，他们应当享有劳动成果与财富的合理分配。马克思指出，在资本主义社会中，劳动人民被剥夺了应得的劳动价值，无法享受到自己创造的财富。社会主义制度下，劳动人民通过政治与社会改革，逐步实现了物质生活的显著改善与提高。随着社会的发展和经济的持续增长，人民的物质生活发生了深刻的变化。在当代社会，人民物质生活的主要变化趋势表现在以下几个方面：首先，人民收入水平不断提升，随着经济增长和就业机会的增加，工资、福利和社会保障逐步增强。人民的收入来源更加多样化，从而能够更好地满足日常生活需求，提高生活质量，享受更多物质福利。其次，消费结构发生了显著变化。随着经济发展和收入的增加，人民的消费需求逐渐从基本生活需求转向更高层次的需求，注重生活品质、健康养生、文化娱乐等方面。教育、旅游、健身等领域的消费需求显著增加，这种变化表明人民对更加多元和高品质物质生活的追求。最后，人民的生活条件得到显著改善。城乡建设和社会发展推动了人民居住条件、基础设施和医疗保障的提升。居住环境更加舒适宽敞，交通、通信等基础设施的建设为人民生活带来了便利，医疗卫生水平的提高和医疗保障的增强显著提升了人民的健康水平和生活质量。

（三）人民生活的精神需求变化

精神需求的变化是人民生活发展中的重要方面。马克思主义理论深刻揭示了人民在精神生活领域中的地位与作用，强调人民群众不仅是物质财富的创造者，更是精神财富的塑造者与评判者。通过对人民精神生活需求变化的分析，可以进一步理解马克思主义思想在现代社会中的指导意义，并在实践中不断推动人民精神文明的进步。

人民群众是精神财富的创造者和评判者。马克思主义明确指出，人民群众不仅仅是精神观念的接受者或被启蒙者，而是所有精神财富的真正创造者与评判者。人民群众通过物质生产活动为精神生产提供了基础，正是在此物质条件下，精神生产得以展开。没有人民群众的实践活动，任何精神财富的产生都是不可能的。一旦这些精神财富创造出来，它们会通过特定的文化形态展现出来，这种文化形态随时间与空间的变化而不断演变，适应时代和社会的发展。人类对真理的不断认识，是在物质生产实践过程中，通过"感性认知—理性认知—实践"这一环节的反复总结与提炼完成的。在这一过程中，人民群众充当了思想观念是否符合社会发展规律的评判者角色。因此，人民群众不仅是精神财富的创造者，还是其评判者，任何思想的发展必须经过人民群众实践的检验，才能真正获得认可。

精神生活是"人的自由全面发展"的重要内容。马克思与恩格斯在《共产党宣言》中提出，人的自由与全面发展是社会发展的根本目标。他们写道："代替那存在着阶级和阶级对立的资产阶级旧社会的，将是这样一个联合体，在那里，每个人的自由发展是一切人的自由发展的条件。"①马克思主义的最终目标是解放人类，摆脱资本的束缚，这种解放不仅仅是身体上的解放、政治上的解放，更包括精神上的解放。马克思主义深入阐明了社会生活的本质，强调人类实践活动在社会存在和发展中的核心地位，并指出物质生活的生产方式从根本上影响着人类的精神生活。此种理论为打破人民精神枷锁、实现精神解放提供了理论基础和实践路径。

三、关注人民的理论武装

人民的理论武装是确保社会主义事业稳步推进的思想基石。关注人民的理论武装，是马克思主义实现其历史使命的根本前提。马克思主义作为认识世界、改造世界的科学理论，只有通过深入学习，才能帮助人民确立科学的世界观和方法论。

（一）深刻洞察人民内部的思想动态

了解人民群众的思想动态，是及时掌握人民诉求和期望的关键，只有

---

① 《马克思恩格斯文集》第 10 卷，北京：人民出版社 2009 年版，第 666 页。

这样才能有针对性地进行思想引导，及时响应人民的关切和需求，确保与人民群众保持紧密联系。这不仅是坚持马克思主义人民立场的体现，也是实现人民幸福生活的必由之路。然而，尽管人民的根本利益保持一致，具体利益和诉求仍然存在差异与矛盾，这些差异与矛盾为不同思想派别的出现提供了土壤。因此，深入了解人民内部思想的变化，特别是分析各种思想流派的形成与影响，对于引导社会稳定与发展具有重要意义。

其一，左派思想。左派思想在人民内部的形成和发展，主要反映了无产阶级对社会不平等现象的深刻不满及其追求社会公平正义的诉求。资本主义社会本质上是以剥削为基础的，阶级关系极为不平等。无产阶级常常处于被压迫的境地，且其利益往往无法得到有效的保障。在这种背景下，无产阶级通过阶级斗争和革命，力求推翻现有的资本主义制度，建立起社会主义社会，实现真正的自由和平等。左派思想在工人运动中起到了推动和引领的作用，它鼓励工人阶级通过集体行动争取更好的工作条件和基本权益。这些斗争不仅限于工资、工作环境等具体利益，也包括更广泛的政治诉求，甚至是对现有社会制度的根本性反思与革命要求。

其二，中派思想。中派思想，也常被称为温和派或改良派思想，其形成与发展体现了人民内部对于社会变革方式的深刻反思。马克思主义认为，社会变革是历史发展的必然过程，但这一过程并非简单直线前进，而是充满了复杂性和曲折性。中派思想深刻意识到这一点，倡导通过渐进的改革推进社会变革，而非激烈的革命冲突。中派思想强调，在实现社会变革的过程中，要重视稳定和谐，推动渐进式的改革，以逐步解决社会矛盾。这种思想主张通过对话、协商和妥协等和平方式，解决社会矛盾，而不是通过激烈的对抗来进行社会重构。中派思想的一个重要贡献，是它在工人运动中倡导通过理性对话和协商解决与雇主之间的矛盾，从而保持工人运动的稳定性，避免过度冲突和不必要的社会动荡。

其三，右派思想。右派思想的形成和发展反映了资产阶级对资本主义市场经济机制的坚持与追求。资本主义社会的核心特征是私有制和市场竞争，在这种社会结构下，资产阶级的主要利益便是通过自由市场追求利润最大化，扩大资本积累。右派思想在经济政策上强调市场自由和竞争，主张维护现有的社会秩序和利益格局，反对任何可能破坏市场机制的行为。然而，资本主义制度的内在矛盾，如阶级剥削、贫富差距不断加剧，导致社会矛盾无法通过简单的改良来根本解决。尽管右派思想强调市场经济对社会进步的重要性，但其往往反对提高工人阶级的待遇或改善工人工作条件，认为这些措施可能会增加企业成本，影响市场的竞争力。在工人运动中，右派思想倾向于支持维护现有的资本主义秩序，反对大规模的社会改革。

（二）肃清人民内部消极观念或思潮

肃清人民内部的消极观念与思潮，对于保持党和人民事业的纯洁性和正确性具有深远意义。面对错综复杂的国际国内形势，各种错误思想不仅日益复杂，且频繁与社会主义思想发生碰撞。通过马克思主义理论武装思想、开展批判性斗争，深入引导人民群众树立正确的价值观、世界观和历史观，始终保持理论上的清醒与坚定，才能在思想斗争中胜出，确保社会主义现代化建设的顺利推进。

必须充分认识唯心主义消极思潮的危害。唯心主义在哲学上的基本立场是主张意识或思想是世界的本质，而物质则是其衍生和派生的结果。它否认物质世界的客观存在及其对人类意识和生活的决定性作用，将人的意识、思想置于世界本体之上，从而忽视了社会实践、经济基础及其变化对人类思维的深刻影响。马克思主义理论彻底批判唯心主义，明确指出物质世界才是现实的基础，而人的意识、思想、观念则是物质生活条件、社会关系及历史发展的反映。唯心主义的思潮容易引导人们脱离现实，低估社会实践的作用，误导其对历史发展和社会变革的认识，阻碍科学社会主义理论的发展，助长对科学精神的否定和对传统文化的误读。因此，唯心主义思想一旦蔓延，将对社会稳定与发展带来深远的负面影响，必须深刻揭示其错误性并坚决予以批判。

必须警惕机会主义思潮的危害。机会主义是一种只关注眼前局部利益而忽视长远战略目标的思想倾向。机会主义者往往寻求个人或局部群体的利益，忽视无产阶级的根本利益与革命目标，背离社会变革的长期性和必然性。马克思主义严厉批判机会主义,认为其往往在关键时刻抛弃革命原则,放弃对社会变革的坚持,从而导致革命事业的失败和社会进步的停滞。机会主义者倾向于随波逐流、屈从于短期利益的诱惑,而不愿坚持革命的理想和原则。马克思主义明确指出,社会革命和阶级斗争具有长期性、复杂性和阶段性,革命进程需要我们始终保持高度的革命性和持续性。在这一过程中,只有坚定信念,坚持原则,保持阶级斗争的斗志,才能最终实现社会主义社会的根本变革。机会主义思潮的存在无疑是对革命事业的严重威胁,必须时刻保持警惕,坚决与其斗争。

必须防范个人主义思潮的侵蚀。个人主义是指强调个体利益和自主意识,强调个人对社会、集体和他人的独立性与优先性。它无视社会集体的利益和整体的利益,倡导自我至上的价值观,容易引发社会分裂和内耗。个人主义不仅是资产阶级价值观的体现,也是小生产者在个体与集体之间的冲突反映。在经济全球化和信息化的背景下,个人主义思潮被某些不良社会现象推崇,给社会带来了诸如内部分裂、消极竞争和缺乏协作等负面效应。在党和人民的事业中,个人主义的扩张将削弱集体主义和社会主义的精神力量,影响社会的共同发展与团结稳定。马克思主义坚持集体主义的核心价值观,主张个人的发展应与社会的集体利益和整体进步相统一。只有坚持集体主义,充分发挥集体力量,才能形成强大的凝聚力和向心力,推动社会的协调进步。因此,必须坚决反对个人主义,牢固树立集体主义理念,确保社会的共同利益和长远目标。

必须旗帜鲜明地反对历史虚无主义。历史虚无主义是一种否定历史发展的错误思潮,它对历史进行无端的批判和歪曲,忽视历史进程中的伟大成就,抹杀革命的积极作用。历史虚无主义不仅否定革命历史的进程,还试图抹黑历史人物、歪曲重大历史事件,甚至对社会主义的历史成就进行全盘否定。该思潮产生并蔓延于20世纪50年代,并在东欧剧变后蔓延至我国。其错误表现为:一方面,历史虚无主义者否定革命的正当性,强调革命的破坏性,忽视其推动社会进步的积极作用;另一方面,否定社会主义道路和社会主义革命对人民和历史的历史性意义,割裂党和人民的关系;此外,还恶意歪曲党史,抹黑英雄人物,对重大历史事件进行造谣与篡改。马克思主义历史观明确指出，历史是由人民创造的，历史发展有其内在规律和必然性。我们必须坚定不移地抵制历史虚无主义，坚守历史唯物主义立场，正确解读历史，弘扬社会主义核心价值观，引导人民树立科学的历史观、民族观和国家观。历史虚无主义的蔓延不仅危害到社会的历史认同，也有可能破坏党和人民的团结与信任，因此必须旗帜鲜明地予以反对和抵制。

（三）以科学社会主义理论武装人民

科学社会主义理论不仅是对人类社会发展规律的深刻揭示，也是推动社会进步、实现人民解放的重要指导思想。马克思主义提供了分析社会现象和历史发展的科学框架，经过实践的验证，展现了其强大的生命力和正确性。在全球范围内，尽管社会主义理论面临过各种挑战与质疑，但它的核心理念——通过无产阶级革命实现社会进步和人类解放——始终在各国实践中不断取得成功。

科学社会主义理论是经过实践检验的正确的理论。马克思主义理论指出："理论只要说服人，就能掌握群众；而理论只要彻底，就能说服人。"① 科学社会主义自《共产党宣言》发表以来，便标志着社会主义理论从空想走向科学的历史性飞跃，拉开了科学社会主义运动的序幕。虽然历经了国际社会多个阶段的波动与挑战，但社会主义的伟大实践始终证明了科学社会主义理论的真理性。从巴黎公社的初试锋芒，到俄国十月革命的伟大胜利，再到中国革命、建设和改革的巨大成就，无不证明了科学社会主义理论的正确性。特别是中国共产党在中国特色社会主义道路上的引领，充分展示了科学社会主义理论在当代实践中的强大生命力与现实意义。尽管世界社会主义运动曾在某些历史时期面临低潮，但科学社会主义理论为中国共产党提供了明确的思想指南，确保我国始终能够坚持社会主义道路，克服种种困难，朝着现代化的目标稳步前进。

要以科学社会主义理论武装人民。"一个民族要走在时代前列，就一

---

① 《马克思恩格斯文集》第 1 卷，北京：人民出版社 2009 年版，第 11 页。

刻不能没有理论思维，一刻不能没有正确思想指引。"① 科学社会主义理论的普及与传播，不仅是实现马克思主义中国化的必然要求，也是新时代我国全面推进社会主义现代化建设的重要保障。科学社会主义理论武装人民，是推动社会发展、加强理论武装的关键举措。首先，做好科学社会主义理论的普及教育至关重要。深入的宣传和教育使人民群众深入理解科学社会主义理论的核心原则和价值观，掌握辩证唯物主义与历史唯物主义的基本方法，这些举措有助于培养人民用科学的视角分析问题和解决问题的能力。理论的普及不仅要注重知识的传授，更要帮助人民形成正确的思维方式，培养理性分析的思维模式，为社会发展提供理论支撑。其次，推动群众自治和民主实践是科学社会主义理论的另一关键组成部分。科学社会主义始终强调人民群众的主体地位与积极性，倡导人民参与社会决策和管理。通过激发人民群众的参与意识和民主精神，能够有效推动基层治理和社会管理的现代化，促进社会民主化进程。这不仅能够提升人民的自我管理能力，还能在社会主义建设的过程中增强人民对社会生活的掌控感，从而形成更加和谐、富有活力的社会局面。再次，加强党的领导和组织建设，是理论武装的重要保障。作为中国社会的领导核心，中国共产党必须加强自身的思想建设、组织建设和纪律建设，不断提升党员干部的理论水平和政治素养。通过不断强化党的理论武装，确保党在全面深化改革、推动社会进步的过程中始终处于理论的前沿，成为引领人民走向更高目标的核心力量。党要发挥好组织优势，凝聚社会各界力量，确保社会主义核心价值观在全社会的贯彻实施，推动人民不断提高思想觉悟、政治觉悟和集体意识，从而促进社会主义事业的稳步发展。

---

① 《习近平谈治国理政》第4卷，北京：外文出版社2022年版，第29页。

第四章　实践斗争中的人民立场

　　思想的发展遵循一定规律,立场的确立也经历一定的过程。马克思人民立场也是在一次次揭露社会不公的实践中逐步确立的,也是在与错误思想的一次次批判较量中逐渐坚定的,更是在指导工人运动的实践斗争中深化的。从马克思一生的实践经历中,我们看到一位捍卫人民利益的英雄,看到一位敢于辩争求真的思想战士,更看到一位坚持解放事业的战斗楷模。

第一节　捍卫人民的利益

　　《莱茵报》时期是马克思从象牙塔走向社会,从理论走向实践的一个关键时期。在《莱茵报》工作期间,现实生活中的书报检查制度、等级议会、林木盗窃法案、摩泽尔河流域贫困农民等政治问题使马克思遇到了物质利益方面的"难题",这些现实性的"难题"促使马克思不断关注现实社会,积极撰写稿件,发表政治见解,揭露社会不公,寻求人类解放的真正途径。在《莱茵报》工作期间的马克思以笔为剑,划开了压抑普鲁士政治制度和社会环境的重重黑幕。在一次次为维护人民权益、捍卫人民利益的实践斗争中,马克思一步一步坚定他为人民奋斗的立场。

一、人民出版自由的维护者

　　在与资产阶级反动派作斗争的时候,马克思坚强的革命意志逐步彰显，人民立场不断增强。在《莱茵报》担任编辑时期，他决定以报刊为阵地，开始对旧世界进行批判。马克思认为，杂志的任务就是要对现存的反动制度进行无情的批判。什么是无情的批判，怎样才能称为无情呢？马克思特别做了解释。他说："所谓无情，意义有二，即这种批判不怕自己所作的结论，临到触犯当权者时也不会退缩。"① 他进一步指出："我们的任务是要揭露旧世界，并为建立一个新世界而积极工作。"② 那个时候，在普鲁士反动制度统治下，人民是没有自由的，要想从事写作、报刊出版、杂志出版和书籍出版，都必须受到书报检查制度的严格限制。为了争取出版自由，一些进步人士同反动政府进行了长期的斗争。

（一）普鲁士野蛮的书报检查制度

19世纪40年代的普鲁士，是一个专制主义制度严厉统治的国家。自从1819年10月18日由弗里德里希·威廉三世按照卡尔斯巴德决议颁发书报检查令制度起，德意志帝国就进入了长达20年的思想钳制期。1840年被民众寄予厚望的新国王腓特烈·威廉四世登上了普鲁士的王位。早在任职前，这位国王便不止一次地谈及爱国主义、民主原则和君主政体的自然联盟；他也说过同意通过新宪章。通过频频提及"唐·卡洛斯"③与"加冕的浪漫主义者"，这位新国王在民众心中塑造了与其独裁主义者父亲完全相悖的政治形象，以冉冉新生的政治开明的自由主义国王的面孔欺骗了所有人。他打着自由的旗号大肆执行较之父亲同样保守的行为。他在自己的自由和浪漫主义的誓言前止步，丝毫没有任何政治或者社会变革的迹象。在他的统治下，他手下的警察们所用的镇压方式远比腓特烈·威廉三世时期更加残酷，也更为极端奏效。

在法国七月革命的影响下，德国激进分子获得了极大鼓舞与信心，他们仿佛看到了封闭陈旧的普鲁士在革命洗礼下焕发新生重获自由的希望。

---

① 《马克思恩格斯全集》第1卷，北京：人民出版社1956年版，第416页。
② 《马克思恩格斯全集》第1卷，北京：人民出版社1956年版，第414页。
③ 注：唐·卡洛斯（1545—1568）是西班牙国王腓力二世的长子，也是席勒戏剧《唐·卡洛斯》（1787）中浪漫主义的主人公。

一时间，思潮迭起，民心沸腾。与此同时，统治阶级利用手中的一切特权试图阻止工业家和银行家这一新兴阶层的发展。即便无法达到完全压制的效果，也给新兴阶层的崛起带来了重重阻碍。在当时的普鲁士，在媒体或者公开集会上发表言论是不可思议的；官方审查制度十分高效，而且无处不在；议会中到处都是国王的拥护者。在长期的专制制度下，极度的压抑扼杀着每一颗向往自由的心灵。然而，哪里有压迫哪里就有反抗，随着生产发展不断壮大的新兴阶层，即便在落后顺从的普鲁士，也都为维护自身利益，开始表现出明确无误的不满现状的迹象。

面对普通群众对自由的狂热向往的现状，普鲁士贵族地主阶级世袭的特权却一再阻挡着人民尤其是新兴阶级通往自由的每一分努力。面对国内争取自由和民主的活动不断频繁、关于出版现状和争取出版自由的论争异常尖锐的局势，在普鲁士新国王的统治下，以普鲁士贵族地主阶级为代表的统治阶级为了缓和人民的反对情绪，减少国内频繁发生的争取自由和民主的活动给统治带来的压力，出台政策制造自由民主的假象。1841年，普鲁士政府根据新国王的诏书颁布了新的书报检查令，并于1842年在《普鲁士国家总汇报》上公布。

（二）马克思争取言论自由的斗争

在新的书报检查令中有这样的规定："为了使新闻出版现在就能摆脱那些未经许可的、违背陛下旨意的限制，国王陛下曾于本月10日下诏王室内阁，明确反对使写作活动受到各种无理的约束。"① 一时间，这个表面上反对加于写作活动的"各种无理的约束"的新书报检查令得到了自由主义知识分子的欢迎。

柏林的青年黑格尔分子布尔这样描述新书报检查令出台后人们欣喜若狂的状态，"我们将保持住我们的意外收获，并且承认这是一个成就。我们要享受这片刻的恩泽，假如过后事实说明它原不过是一场美梦，那末，这仍不失为一个伟大的、美好的时刻，而美好的生活和人民的美好历史就

---

① 《马克思恩格斯全集》第1卷，北京：人民出版社1995年版，第107页。

是由许多这样的时刻构成的……"①

但是,人们并未意识到新的书报检查令反民主、反自由的实质。通过对新书报检查令的考察,马克思看到了掩藏在统治者高明话术下的专制手段。于是,在1842年,马克思以莱茵省一居民的匿名形式在《莱茵报》上发表了政论文《评普鲁士最近的书报检查令》,以犀利的文笔戳穿普鲁士当局的政治谎言。

马克思首先揭露了新书报检查令的虚伪自由本质。他指出"书报检查就是官方的批评。书报检查的标准就是批评的标准。"② 书报检查令只是在制造改善的幻想,而不从本质上改变严苛专制的检查令制度。检查令的制定者对因为书报检查制度造成的非法行为和令人愤恨的现象加以扭曲,推脱为书报检查官个人品质导致,企图将制度本身的缺陷嫁祸于个别人,转移矛盾以此为保护制度制造假象。马克思对此加以严厉批判,指出"虚伪自由主义的手法通常总是这样的:在被迫让步时,它就牺牲人这个工具,而保全事物本身,即制度。这样就会转移从表面看问题的公众的注意力。"③

马克思进而抨击书报检查令所谓的"不得阻挠人们对真理作严肃和谦逊的探讨"④ 的骗局。在马克思看来,这一规定一开始就使人们的探讨与真理脱离。因为"真理像光一样,它很难谦逊"⑤。书报检查令中以谦虚和严肃作为讨论真理的前提,其实是给人们的思想活动打造一个官方的标尺,给人们的言论自由打上"一种对付真理的预防剂"⑥。在严肃和谦逊这两重相互排斥的环境下探讨真理,实质上就是在剥夺人们讨论真理的自由,将讨论真理的命运交给检察官,由检察官判定何为真理,什么才是官方允许讨论的真理,达到统治者对真理和自由遏制的统治目的。

---

① 〔法〕奥古斯特·科尔纽:《马克思恩格斯传》第1卷,刘丕坤等译,北京:生活·读书·新知三联书店1963年版,第302—303页。
② 《马克思恩格斯全集》第1卷,北京:人民出版社1995年版,第107页。
③ 《马克思恩格斯全集》第1卷,北京:人民出版社1995年版,第109页。
④ 《马克思恩格斯全集》第1卷,北京:人民出版社1995年版,第110页。
⑤ 《马克思恩格斯全集》第1卷,北京:人民出版社1995年版,第110页。
⑥ 《马克思恩格斯全集》第1卷,北京:人民出版社1995年版,第110页。

此外，马克思还就书报检查令中对于写作的种种限制进行了批判。他认为，新书报检查令限制了人们多样的写作风格，人们写什么、怎么写都在政府的支配下，丧失了对自己精神的自由支配权，失去了自由表露精神风貌的基本权利。风格就是人，而限制风格就是在限制和侵犯人的权利。思想如同水滴在太阳照耀下闪耀无尽色彩，而精神却在书报检查令的禁锢下只能产生官方允许的灰色，这何尝不是一种强权下的"强颜欢笑"呢？

（三）马克思捍卫出版自由的实践

马克思揭露了新书报检查令的自由骗局，但他对出版自由权利的捍卫并没有止步。1842年，针对莱茵省议会上各等级关于出版自由的辩论，马克思在《莱茵报》上正式发表了他的第一篇文章《第六届莱茵省议会的辩论（第一篇论文）》，以文章为武器开启了他对出版自由的捍卫实践。

莱茵省议会由不同的等级构成，骑士等级占六分之三，城市等级占六分之二，而农民占六分之一。成立之初，莱茵省议会是建立在封建等级制度之上的议会，以捍卫封建贵族特权为宗旨，因此不能代表广大人民的普遍利益。在议会上的辩论便清晰地说明这一问题。

马克思首先分析了省议会不同等级代表对出版自由的态度。他指出，"辩论向我们显示出诸侯等级反对新闻出版自由的论战、骑士等级的论战、城市等级的论战，所以，在这里进行论战的不是个人，而是等级。"①

马克思进而剖析了省议会上不同身份的代表以等级作为辩论的身份，以各等级利益作为辩论的出发点的论据。通过对各方关于新闻出版自由观点的分析，各等级代表出于自身等级利益的考量对新闻出版自由得出了截然不同的结论。

贵族代表根本不容许任何出版自由和思想自由。因为在他们看来，实行最严格的书报检查制度是天经地义的事情，而出版自由是不合理的。在贵族等级背后隐藏着统治阶层禁锢人民思想、把持思想自由维护统治的根本目的。市民等级也要求出版自由，但是，他们将出版自由与行业自由混作一谈，旨在攫取更多的经营利润。唯有农民等级代表讲出了出版自由内

---

① 《马克思恩格斯全集》第1卷，北京：人民出版社1995年版，第146页。

在蕴含的普遍精神。他们犀利地指出"人类精神应当根据它固有的规律自由地发展,应当有权将自己取得的成就告诉别人"①。在农民代表看来,当前的书报检查制度就像北美刑事犯遭受的令人窒息的监禁制度一样,是如此的严酷极端。它如牢笼一般限制着人们抒发自身精神的自由,抑制着人们向他人无拘无束地表达思想感情的本性,约束着人们遵从意志表达真实想法与诉求的权力。它使得德国人民已经在精神和意志上遭受着无可比拟的压迫。德国人民像呼吁赞扬一样,极度需要指责的权利,需要"享有新闻出版自由"②,需要使他们"从麻木状态中奋起的刺激",③ 以彰显民族原有的表现力和生命力。

从多方利益代表的激烈辩论中,马克思意识到了利益对立造成的市民社会分裂。"没有一个人反对自由,如果有的话,最多也只是反对别人的自由"④。在这里,马克思首次触及了制约人们思想和行动的利益原则,也开始意识到德国资产阶级的软弱性,他们的抗争远没有一无所有的农民等级来得彻底。

通过马克思的深入分析,贵族等级强硬专制、市民等级不彻底的自由主义与软弱、农民等级积极抗争的形象展现在公众面前。普鲁士当局专制蛮霸地限制人的精神自由、禁锢公众精神的阴谋也遭到了披露,在普鲁士社会引起了强烈的反响。马克思犀利的分析也得到了卢格的赞扬,他写道"关于出版自由,以及在捍卫出版自由方面,从来没有、甚至也不可能有比这说得更深刻更透彻的了。在我们的时论中,出现了这样有真才实学、有气魄、善于理清普通的概念混乱的文章,真是值得我们庆幸"⑤。

二、人民物质利益的捍卫者

捍卫出版自由的斗争经验给予了马克思观察社会、观察利益的新视

---

① 《马克思恩格斯全集》第 1 卷,北京:人民出版社 1995 年版,第 200 页。
② 《马克思恩格斯全集》第 1 卷,北京:人民出版社 1995 年版,第 200 页。
③ 《马克思恩格斯全集》第 1 卷,北京:人民出版社 1995 年版,第 200 页。
④ 《马克思恩格斯全集》第 1 卷,北京:人民出版社 1995 年版,第 167 页。
⑤ 〔德〕弗·梅林:《马克思传》,樊集译,北京:生活·读书·新知三联书店 1965 年版,第 53—54 页。

角。在《莱茵报》开展工作的实践中，越来越多关于利益的争论进入了马克思的视野中。在莱茵省农民与林木主们的利益斗争中，马克思逐渐成长为人民物质利益的捍卫者。

（一）莱茵省农民每况愈下的生活

19世纪40年代的普鲁士，随着资本主义的发展，普鲁士的生产力得到了解放。与此同时，普鲁士不同阶层、不同等级之间的分化也越加严重，国家内部两极分化急剧加速。一方面，随着资本主义生产方式的拓展和影响，越来越多农民破产，被迫卖地抵债，流离失所。城市内小作坊生产者由于行业竞争陷入贫困。另一方面，则是封建地主阶级、特权阶级大肆兼并，占领市场。农村居民和城市无业居民贫困化日益严峻。

除了忍饥挨饿，农民想要按照惯例捡拾树林中掉落的枯枝作为柴火烧火做饭、取暖驱寒的行为，还遭到了林木主的驱逐和法律的惩罚。1836年，农民因捡拾枯枝而被林木主告上法庭的案件数量激增，因盗窃林木被告而受罚的人数高达15万人之多。遭受失地破产、被告挨罚，流离失所的贫苦农民过着每况愈下的生活，数量庞大的他们在德国以最低下的方式延续生命。

（二）普鲁士严苛的林木盗窃法案

"林木盗窃法"是最早于1821年通过的一项普鲁士封建法令。后来又不断作出了保护林木所有者利益的补充规定。由于农民破产，生活陷入窘境，林木盗窃案件每年以惊人的数量增加。到19世纪40年代，普鲁士政府审理的20万件左右的刑事案件中，约有15万件与林木盗窃相关，其中不乏违反森林、狩猎和牧场的立法"罪行"。

但是，封建地主还是认为惩罚不够严厉，因而对法庭审判此类案件进行施压，要求以更严厉的新法律保护自身利益。在封建地主势力的推动下，一个更为严苛的新法律提交到了省议会。新法律议案提出，为了更好地保护林木主的权益，惩治盗窃行为，要求将捡拾枯树枝的行为列入盗窃林木的范围，并对此行为予以制裁。

收到议案，莱茵省议会便围绕这一提议展开了辩论。当这一消息传到普鲁士各地时，引起了人们的不安。因为与出版自由相比，这一问题更直接地关切到占全国多数人口的劳动人民的生存问题。由于普鲁士王权与封建地主之间存在密切的利益联系，因此，保护地主阶级利益的提案一经提交，便得到了普鲁士王权的支持。在普鲁士王权授意下，普鲁士法律制定部门忽视广大民众的议论与意见，将捡拾枯树枝归入"盗窃罪"当中，以法律的形式为林木所有者的权益保护筑起了高墙。随着时间的推移，这一侵害贫苦民众利益的法案非但没有终止，反而在1841年7月通过的议会议案中变得愈加苛刻。议会通过了对"林木盗窃"者实施更严峻的惩罚和加强刑法措施的提案，进一步挤压贫苦民众的生存空间。无独有偶，四个月后威廉四世又颁布了新的法令，他公开支持七月议案通过的各项决议，并主导和示意政府部门在新法律的制定和实施中充分吸纳这些要求。

（三）为备受屈辱的人民群众辩护

马克思十分同情这些在"政治上和社会上一无所有"① 的民众，并主张坚决捍卫贫苦民众的合法利益。他从省议会的辩论记录着手，对林木占有者和省议会的利益勾结进行了分析。他首先将批判的矛头指向省议会，强烈抨击了议会将捡拾枯树和林木盗窃两种不同情况的行为混为一谈的错误逻辑。马克思指出，捡拾枯树的行为并没有造成"任何东西同财产脱离"②，因此其与林木盗窃具有完全不同的性质。将与盗窃性质完全不同的捡拾行为归为盗窃来称呼、作为盗窃来判罚的林木盗窃法逃避了法律"说真话的普遍义务"③，是彻彻底底的撒谎！

进而，马克思又对林木所有者在利益问题上的双重标准提出了批判。他指出，面对利于自己利益的法律，林木所有者称其为好的，因为"我的利益就是好事"。④ 而当法律规定不利于自身时，这些法律在他们眼中，就

---

① 《马克思恩格斯全集》第1卷，北京：人民出版社1995年版，第248页。
② 《马克思恩格斯全集》第1卷，北京：人民出版社1995年版，第244页。
③ 《马克思恩格斯全集》第1卷，北京：人民出版社1995年版，第244页。
④ 《马克思恩格斯全集》第1卷，北京：人民出版社1995年版，第247页。

是"多余的、有害的、不实际的"①。从中就可以看出利益阶级在权益面前的摇摆不定。

此外,马克思对以林木所有者为代表的特权阶级予以了强烈的抨击,并对其残酷的剥削行径展开猛烈的批判。他指出林木所有者为了不断扩大自身利益的边界,能够将有利于自身的"习惯的权利"扩张乃至凌驾于普遍的习惯法之上,大肆侵害贫困民众"捡拾枯枝"的习惯权利,掠夺自然界赋予贫苦民众生存保障的最低怜悯,这样的行径不仅违背法律精神,更是极度不人道的。

透过省议会和国家在利益面前对法律的制定、解释和实施的偏移,马克思逐渐认识到,国家观念在私人利益面前没有得到充分的尊重与保护。在等级国家中,法律是为特权阶级服务的,在特权阶级的利益面前,法律不仅仅局限于"承认他们的合理权利"②,还要在不同利益冲突的形势下,尽可能保障特权阶级的权益,甚至需要"经常承认他们的不合理的非分要求"③。这就造成国家沦为"私人利益的手段",④ 成为为其追逐、实现和保护自身利益的忠实奴仆。

马克思写道:"人们看到,自私自利用两种尺度和两种天平来评价人,它具有两种世界观和两副眼镜,一副把一切都变成黑色,另一副把一切都变成彩色。当需要牺牲别人来充当自己的工具时,当需要粉饰自己的不正当的手段时,自私自利就戴上彩色眼镜,这样一来,它的工具和手段就呈现出一种非凡的灵光;它就用温柔而轻信的人所具有的那种渺茫、甜蜜的幻想来哄骗自己和别人。它脸上的每一条皱纹都呈现出善良的微笑。它把自己敌人的手握得发痛,但这是出于信任。但是,突然问题涉及了自身的好处,涉及要在舞台幻影已经消失的幕后仔细地检查工具和手段的效用了。这时,精通人情世故的自私自利便小心翼翼、疑虑重重地戴上深谙处世秘诀的黑色眼镜,实际的眼镜。自私自利像老练的马贩子一样,把人们

---

① 《马克思恩格斯全集》第 1 卷,北京:人民出版社 1995 年版,第 248 页。
② 《马克思恩格斯全集》第 1 卷,北京:人民出版社 1995 年版,第 250 页。
③ 《马克思恩格斯全集》第 1 卷,北京:人民出版社 1995 年版,第 250 页。
④ 《马克思恩格斯全集》第 1 卷,北京:人民出版社 1995 年版,第 261 页。

仔仔细细、毛发不漏地打量一遍,以为别人一个个也像它一样渺小、卑鄙和肮脏"①。马克思用生动的话语将统治阶级压迫人民的面孔描绘得淋漓尽致,正是他无情的揭露,使人民认清了一切剥削阶级自私的、虚伪的两面派行径。

三、人民正当权益的辩护者

在经历林木盗窃法案的物质利益斗争实践后,《莱茵报》的工作又将马克思带到了新的一轮权益辩护。在记录播报摩泽尔河农民破产事实的记者遭到统治当局清算时,马克思坚定为人民、为百姓捍卫正当权益的行动一直没有改变。

(一)关于摩泽尔河农民的破产报道

1842年12月,时任《莱茵报》记者的彼·科布伦茨在该报第346和348号登载了两篇文章②。通过对摩泽尔河沿岸地区的大量走访,科布伦茨就该地柴荒、葡萄种植者破产救助等问题进行了详细的分析报道。科布伦茨犀利的言辞将该地区农民正在遭遇的生产生活危机描绘得淋漓尽致。这两篇反映当地农民现实生存境遇的报道一经发布便受到了广大民众的关注。该地葡萄种植者向当地政府发出求助的强烈呼声也经由报道传递到民众面前。一时间,这两篇报道成为普鲁士民众了解摩泽尔河沿岸农民的最前沿,得到了人民的支持。

社会舆论的兴起也引起了普鲁士政府的注意。在一向以严苛的书报检查政令著称的普鲁士政府管控下,科布伦茨的报道很快就被普鲁士当局作为重要关注对象予以警惕。

尽管科布伦茨忠于事实进行报道,但是"用最优美、最谦恭的方式"③

---

① 《马克思恩格斯全集》第1卷,北京:人民出版社1995年版,第262—163页。

② 注:文章标题分别为《摩泽尔河沿岸地区居民关注新闻界的下一步行动》《关于乡镇财产必须退还》。

③ 《马克思恩格斯全集》第1卷,北京:人民出版社1995年版,第357页。

表达的民众呼声不仅没有使得官方放松对其的警惕，而且官方还将报道定义为不真实的消息。更严重的是，官方非但没有积极回应葡萄种植者的求助，开展相应的援助，反而将其视为不可理喻的无理取闹，无动于衷。

（二）极力压制事实真相的地方政府

为了维护统治秩序，统治当局极力压制新闻报道事实。然而，当科布伦茨关于摩泽尔河农民的破产报道在《莱茵报》刊发，并吸引越来越多人的关注时，民众对普鲁士政府的统治又一次产生了不满。

冯·沙培尔是当时莱茵省的总督，当他看到《莱茵报》上刊登的这两篇文章时愤怒至极，他指责科布伦茨的报道严重失实，是知识分子对政府统治的恶意中伤，是对政府威信的挑衅，必须严厉惩处。于是，沙培尔以莱茵省最高行政长官的身份在《莱茵报》第 352 号上专门刊登文章。在文章中，沙培尔傲慢地向报道记者提出了一系列问题，并要求记者以具体事实作出回复。

迫于政府当局的压迫，科布伦茨不得不避其锋芒，在写给马克思的信中，他表达了自己不得不离开战场的决定。随着科布伦茨的离开，压力转移到了马克思的身上。这时的马克思 24 岁，已是《莱茵报》的重量级评论者。作为多次撰稿抨击普鲁士政府专制统治的战斗者，马克思得到了民众的追崇，却被统治当局视为眼中钉肉中刺，饱受当局嫉恨。在政府层层的压力下，作为报刊主编的马克思毅然决然地选择担负起为科布伦茨辩护的任务。

（三）挺身而出为劳动人民利益声辩

面对极力压制事实真相并蓄意刁难的统治阶级，面对普鲁士政府与贵族阶级相互勾结、串通一气的联合操纵，面对字里行间流露出资产阶级的特权和对无产阶级农民的欺诈和剥削的法律，马克思并没有退却，他选择挺身而出为劳动人民的利益声辩，揭露普鲁士国家与法被物质利益束缚的事实。

为了更好地驳斥莱茵省统治当局的不当控诉，马克思决意以调查事实为基础，以真实材料为依据进行辩护。据此，马克思开始了大量的文献阅读与材料收集，在深入调查研究的基础上，他不仅找出了摩泽尔地区农民贫困的原因，还掌握了普鲁士政府当局管理不作为的事实。于是，马克思信心十足地开始了他对沙培尔无理非难的反击。

马克思首先用大量的调查资料驳斥了普鲁士当局对报道失实的污蔑指责。大量的数据资料表明，摩泽尔河地区农民贫困的情况是真实存在而非虚构。为了逃离破产的深渊，农民已经采取了自己所能采用的一切办法，他们竭尽自身所能地提高葡萄的质量来换取更高的价值回报以养活自身，但最终的结果却是大面积的贫困泛滥。不论是"谨慎的还是轻率的"①，也不管是"勤勉的还是懒散的"②，抑或是"殷实的还是贫寒的"③，该地区的农民都无一例外地陷入了贫困的泥沼中，更有甚者已经遭遇"无力养活自己"④ 的绝对险境之中。

面对底层百姓的呼救，普鲁士当局并没有选择开展积极的援助，而是采取提出人们熟知的"歉收年份豁免捐税"⑤ 及"从事其他经营活动"⑥ 等让农民自己救自己的"适当措施"⑦ 来减轻农民面临的问题。除了漠视农民求助外，普鲁士当局还将"大部分的过错推给私人"⑧，指认致使贫困是农民自身挥霍无度的结果，当局管理不当只是诬告。

马克思认为，普鲁士当局的行为是对自身管理失职的掩盖。他批评道"摩泽尔河沿岸地区的贫困状况同时也就是管理工作的贫困状况。"⑨ 该地区农民经常性的贫困事实恰恰是当局轻视民众利益、毫无作为的最佳证明。因为在这些管理机构的眼中，官僚管理原则是如此的完美无缺，以至

---

① 《马克思恩格斯全集》第1卷，北京：人民出版社1995年版，第368页。
② 《马克思恩格斯全集》第1卷，北京：人民出版社1995年版，第368页。
③ 《马克思恩格斯全集》第1卷，北京：人民出版社1995年版，第368页。
④ 《马克思恩格斯全集》第1卷，北京：人民出版社1995年版，第368页。
⑤ 《马克思恩格斯全集》第1卷，北京：人民出版社1995年版，第375页。
⑥ 《马克思恩格斯全集》第1卷，北京：人民出版社1995年版，第375页。
⑦ 《马克思恩格斯全集》第1卷，北京：人民出版社1995年版，第375页。
⑧ 《马克思恩格斯全集》第1卷，北京：人民出版社1995年版，第372页。
⑨ 《马克思恩格斯全集》第1卷，北京：人民出版社1995年版，第376页。

于其绝不可能导致贫困的发生，因此贫困从不被纳入管理的范围，贫困的现实情况只能是管理之外的"自然的和市民私人的范围内"① 的各种原因造成的。对于普鲁士当局明显歪曲事实的行为，马克思一针见血地指出了其掩盖管理失职转嫁责任的荒谬，更揭露了其为了维护"创造出来的管理原则和制度的完善性"② 而抛却民众利益的真实本性。

此外，马克思还分析了贫苦民众面临孤立无援的危险境地，一方面，物质上的贫困导致其生活困苦，另一方面，当局管理的漠视和法律上的贫瘠更使得他们的合法权益受到严重侵害。在夹缝中艰险求生的他们除了依靠《莱茵报》告知世人其处所境况寻求帮助外毫无他法，而记者的正义报道却遭受当局的非难。这让更多的人看到普鲁士当局的险恶，也更加确证了以马克思为代表的《莱茵报》保护人民利益揭露统治制度黑暗的事实。

马克思进一步揭示作为自由报刊的《莱茵报》重要的存在意义。他指出，摩泽尔河沿岸地区贫困的特殊事件产生的根源在于不良的管理制度，而基于事实的报道是为了引发更多人的关注，并给予援手解决问题。统治当局不但没有根据实情解决民众面临的实际困难，调整管理政策，反而将报道的记者和刊载的报刊视作制造问题的根源，并加以公开非难和镇压，恰恰说明了当局被报刊文章戳中了要害，揭穿了官僚制度的伪善嘴脸。同时也证明了自由报刊和批评文章为民众发声、捍卫民众利益的重要作用。据此，马克思有力回击了以沙培尔为代表的统治当局的迫害，让服务私人利益的国家与法赤裸裸地暴露在世人面前。

第二节　批判错误的思想

在捍卫人民出版自由权利、践行为人民权益辩护的过程中，马克思逐渐坚定了他为人民利益持续抗争的立场。此外，与错误思想的论战实践也帮助马克思肃清自己思想中抽象的、脱离实际的部分。在同青年黑格尔

---

① 《马克思恩格斯全集》第1卷，北京：人民出版社1995年版，第376页。
② 《马克思恩格斯全集》第1卷，北京：人民出版社1995年版，第372页。

派、错误"社会主义"以及机会主义的论战中,马克思通过形形色色的批判实践为业已确立的人民立场提供了更加坚定的思想底气。

一、与青年黑格尔派的论战

马克思人民立场的确立和发展是一个渐进的过程,在这个过程中,黑格尔哲学以及黑格尔思想的后继者都对马克思逐步澄清思辨、站稳人民立场发挥着重要作用。正是在与黑格尔以及黑格尔后继者青年黑格尔派思想家们的思想论战中,马克思对人民的认识不断加深,对脱离人民群众、抽象思辨的危害更加明晰。

(一)拨开自我意识的迷雾

马克思在参加青年黑格尔派的活动时,并不完全赞同他们的观点,这在他的《博士论文》中就可以看出。在《莱茵报》时期,马克思与柏林"自由人"集团有过短暂的相交,但交往结果并不完全值得喜悦。因为集团里的知识分子们大多沉迷于抽象的哲学争论,而对现实问题置若罔闻,甚至拒绝对现实问题进行分析和回应。马克思对这样的取向非常不喜,甚至提出了严肃的批评。在写给卢格的信中,马克思这样描述他的观点:"少发些不着边际的空论,少唱些高调,少来些自我欣赏,多说些明确的意见,多注意一些具体的现实,多提供一些实际的知识。"[①] 为了减轻这些脱离现实的抽象思辨的影响,马克思逐渐与"自由人"断绝了私人交往,并在反抗普鲁士政府侵犯广大民众利益的实践中走向现实的理论探索。

以鲍威尔兄弟为代表的青年黑格尔派分子并没有因为马克思的批评而停止他们空洞抽象的思辨,反而因马克思的批评激起了愤恨之情。当马克思到《德法年鉴》继续探索批判黑格尔法哲学思想时,青年黑格尔派分子却处心积虑对付马克思。1843年12月,以鲍威尔兄弟为代表的青年黑格尔派分子在柏林附近的沙格顿堡办起了与《德法年鉴》相对抗的《文学总汇报》。在这个报刊中,青年黑格尔派分子们轮番撰写文章,大肆宣扬马

---

① 《马克思恩格斯全集》第27卷,北京:人民出版社1972年版,第436页。

克思背叛青年黑格尔派基本原则，公开反对马克思关于无产阶级历史使命的观点，极力号召人们回到抽象的思辨之中。

面对青年黑格尔派分子狂轰滥炸的言辞，马克思意识到这个对自己思想曾起到过推动作用的团体，这些过去和自己打过交道的人们已经走到了极端的反面，并且带来了极大的危害。他指出"在德国，对真正的人道主义来说，没有比唯灵论即思辨唯心主义更危险的敌人了。它用'自我意识'即'精神'代替现实的个体的人，并且同福音传播者一道教诲说：'精神创造众生，肉体则软弱无能。'显而易见，这种超脱肉体的精神只是在自己的想像中才具有精神力量。鲍威尔的批判中为我们所驳斥的东西，正是以漫画的形式再现出来的思辨。我们认为这种思辨是基督教德意志原则的最完备的表现，这种原则的最终目的就是要通过变'批判'本身为某种超经验的力量的办法使自己得以确立。"①

马克思对待充满玄思的自我哲学并没有手忙脚乱，而是以人们最常见的"果实"作为撬动它奥秘的钥匙。他指出思辨哲学神秘的原因就在于利用将世界头足倒置方法把人们认识中个别和一般的关系加以颠倒。马克思指出人们先认识苹果、梨和扁桃等具体水果后，逐渐从它们抽象出水果的概念，这个概念就是"一般"，它来自于个别，只能寓于个别之中。而思辨哲学则提出"水果"这个一般先于具体的、现实的各种水果而存在，它独立于现实水果之外并主宰各种水果。这种颠倒的手法约束了人们认识丰富事物的可能性，也将思想束之高阁成为常人无法理解的秘密。

接着，马克思进一步阐述思辨哲学之所以充满秘密，是因为它将认识绝对化，抽象发展了"认识的能动方面"，提出"果实"这个一般概念是活动的、自相区别的，它能够"创造"出水果。这与常规观念截然相悖的结论，却在思辨哲学中成为金科玉律。在这样的逻辑下，人们不能说苹果、梨、扁桃是"水果"，而只能说"水果"把自己确定成为苹果、梨、扁桃。对此，马克思采取了强烈的批判，他指出当人们已经认识了各种事物的共同本质之后，就以这种共同认识为指导继续研究各种未知的事物，拓展自己的认识，而不是相反！

---

① 《马克思恩格斯全集》第 2 卷，北京：人民出版社 1957 年版，第 7 页。

由此，潜藏在青年黑格尔派崇高理论体系——自我意识当中的奥秘被马克思彻底拨开了。这个奥秘的精要就在于从个别事物中抽取出其中的一般关系，通过对个别和一般关系的颠倒，使得原本空洞的一般呈现出实体化的特征。最后，再从一般观念中推导出个别和具体，制造出一般创造个别、一般创造具体的事物与存在的假象。思辨哲学正是以这样反复抽取颠倒的方式完成了对思维和存在关系的颠倒，并以此为原则形成深奥抽象的思想蛊惑，对此，马克思尖锐地指出"把实体了解为主体，了解为内部的过程，了解为绝对的人格。这种了解方式就是黑格尔方法的基本特征"①。

（二）破除"唯一者"的迷思

卡斯帕尔·施米特出生在德国巴伐利亚，1826年进入柏林大学哲学系学习。在大学期间，他受到黑格尔的影响加入青年黑格尔派，以麦克斯·施蒂纳作为笔名开始了自己的著述活动。他先后在《莱茵报》《柏林月刊》等刊物上发表《关于布·鲍威尔的〈末日的宣告〉》《爱的国家的若干暂时的东西》等抨击普鲁士当局、反对书报检查制度的文章，表现出他否定专制制度和反对任何国家的思想倾向。

《唯一者及其所有物》就是施蒂纳这一时期思想的集中反映。该书1844年10月在莱比锡出版。作为青年黑格尔派后期代表人物的重要论著，这本书一经发表便引起了关注。由于这本书充斥着无政府主义的思想，恩格斯也将施蒂纳称为"现代无政府主义的先知"②。

作为思辨唯心主义的最后表现形式，施蒂纳在《唯一者及其所有物》中将自我意识推到了顶点，以虚构历史的手法创造出了无所不包的、万能的"唯一者"。为了提升"唯一者"的崇高地位，施蒂纳首当其冲地对费尔巴哈提出的"抽象的人"进行了猛烈的批判。在他看来，"抽象的人"就好比上帝、真理、自由、人道等固定观点，这些普遍的、非个人的东西的存在不仅没有帮助人们做得更好，反而如同牢笼一般，不仅给人带来压迫和奴役，还在否定个人自己。因此，施蒂纳主张为了实现最彻底、最全

---

① 《马克思恩格斯全集》第2卷，北京：人民出版社1957年版，第75页。
② 《马克思恩格斯全集》第21卷，北京：人民出版社1965年版，第313页。

面、最自由的状态，个人必须成为真实的"自我"。而"真实的自我"绝不是神性的东西，而是只考虑自我的、完完全全的利己的"唯一者"。在施蒂纳眼中，"唯一者"否定它之外的一切。它不被约束，是世界的核心、万物的尺度、真理的标准，与它相抵触的一切应当被人们抛弃。在此基础上，施蒂纳提出"神的事是神的事业，人的事是'人'的事业。""我的事业并非是普通的，而是唯一的，就如同我是唯一的那样。对我来说，我是高于一切的。"① 由于国家总是约束和限制个人，因此国家和个人是天生的仇人，"唯一者"要消灭国家，个人要随着对自己轻视的消失和确立创造性的"我"的自我意识而达到"唯一"的状态，使国家消亡。

由于施蒂纳"唯一者"思想充斥着虚构和颠倒，它对真实历史的歪曲达到了自我意识的顶峰，裹挟在自我意识哲学下的无政府主义和利己主义影响着众多在实际斗争中困惑的工人。马克思意识到只有尽快破除"唯一者"造成的思想混乱，才能把工人从思辨唯心主义的影响下解救出来，坚定地在走向共产主义道路上开展积极的抗争。

基于此，马克思在《德意志意识形态》中对施蒂纳展开了批判。马克思首先将批判的矛头指向了施蒂纳的利己主义思想。他指出人们的欲望和特性"这不决定于意识，而决定于存在；不决定于思维，而决定于生活；这决定于个人生活的经验发展和表现，这两者又决定于社会关系。"② 施蒂纳颠倒了社会存在和社会意识的关系，将利己主义的自我意识当作衡量利己主义者的标准，并将其扩大成为历史发展的标准，是脱离实际的。

马克思进而对建立在利己主义基础上个人利益和普遍利益绝对对立起来的观点进行批判。他指出"个别人的私人利益和所谓普遍利益，总是互相伴随着的。"③ 施蒂纳将私人利益和普遍利益绝对分开的思想，其实是现实生活中小资产者思想的真实写照与集中表现。小资产者们一方面积极地

---

① 〔德〕麦克斯·施蒂纳：《唯一者及其所有物》，金海民译，北京：商务印书馆1997年版，第5页。

② 《马克思恩格斯全集》第3卷，北京：人民出版社1960年版，第295页。

③ 《马克思恩格斯全集》第3卷，北京：人民出版社1960年版，第272—273页。

否定资产阶级的利己主义，另一方面却倡导推崇小资产阶级的利己主义。这种思想替代的手法恰恰反映了小资产者们对资产阶级利益与权力的虎视眈眈。他们妄图先从思想层面推翻与其利益相抵触的资产阶级的统治，进而在现实的利益角逐中构建保护自身利益的合理性理论基础，是一种想要将真正的资产者取而代之的幻想。

马克思还对施蒂纳歪曲历史的思想进行了批判。在马克思看来施蒂纳只是从资产阶级的观念出发理解共产主义，因此他根本不懂得现实的社会主义运动，也不懂得共产主义。他不懂得"过去的工人起义的形式都是与劳动发展的每一个阶段以及由此决定的所有制形式联系在一起的；直接或间接的共产主义起义则是与大工业联系在一起的。"① 因为施蒂纳放弃对工业发展、工人起义、所有制变化等复杂的、现实的关联情况的分析和考察，却离开现实开展抽象思辨的活动，导致他超越历史发展条件，舍本逐末地虚构出被压迫阶级完成从能够忍耐到不能忍耐状况的完美过渡，这就是其历史虚构的重要表现。

在这里，马克思重申共产主义不是观念的产物而是资本主义社会矛盾发展的必然结果。工人运动必须脱离不切实际的幻想，以实际行动对资本主义社会进行变革才能达到共产主义的实际目标。

二、同各种"社会主义"的论战

随着资本主义的发展和工人运动的持续进行，形形色色的思潮在社会上，甚至在工人团体内部传播开来。一部分思想家借着人民群众对社会主义、共产主义的向往，别有心机地将"社会主义"的帽子戴在自己思想上，以此吸引工人注意，达到掩盖其思想远离广大人民、脱离实际、维护小资产阶级利益的目的。在同赫斯、蒲鲁东等人的论战中，马克思进一步揭露了打着社会主义旗号的错误思想的本质，为人民认识科学共产主义是"用实际手段来追求实际目的的最实际的运动"② 指明了道路。

---

① 《马克思恩格斯全集》第 3 卷，北京：人民出版社 1960 年版，第 242 页。
② 《马克思恩格斯全集》第 3 卷，北京：人民出版社 1960 年版，第 236 页。

（一）揭露"真正的社会主义"的面目

"真正的社会主义"是19世纪40年代流行在德国小资产阶级的社会主义。从1844年起，它便像瘟疫一样在德国蔓延开来。赫斯是这一思潮的主要奠基者。1845年后，在格律、克利盖等人的传播下，国际工人组织"正义者同盟"也逐渐受到这一思想的影响。随着德国工人运动的不断发展，"真正的社会主义"这种充满费尔巴哈人本哲学色彩的，打着社会主义旗帜的抽象理论在各方面影响着国际工人运动的进步。马克思和恩格斯也注意到了这一思想运用德国思辨哲学解释法国共产主义和社会主义思想的理论特点。为了帮助工人运动更好地发展，清除该思想的有害误导，他们决定合作完成一部论著，对这一思想进行彻底的批判，这部论著就是著名的《德意志意识形态》。

面对"真正的社会主义者"对法国共产主义的责难以及对其他社会主义、共产主义思想体系扣上"独断独裁"的否定行径，马克思和恩格斯表达了自己坚决的反对意见。他们严厉地批判道："一切划时代的体系的真正的内容都是由于产生这些体系的那个时期的需要而形成起来的。所有这些体系都是以本国过去的整个发展为基础的，是以阶级关系的历史形式及其政治的、道德的、哲学的以及其他的后果为基础的。"① 过往思想家对共产主义体系的研究建立在其所处的具体的社会历史条件之上，是特殊历史背景条件下的思想结晶。"真正的社会主义者"丝毫没有发现前人的思想精华的谦虚，反而高高在上地指责这些思想是独断的、独裁性的。他们的行为既不能清晰地对这些支撑过往共产主义体系建立的现实基础和具体内容作出阐释和解读，也无益于在进一步充分汲取前人宝贵的思想财富基础上创作出有益的理论。可见，所谓的"真正的社会主义者"们在推进共产主义思想创新和指导工人运动方面毫无建树。在马克思看来，"真正的社会主义者"能做的，只是在不断贬低他人思想的基础上，按照自己所处的社会等级和阶层为自己创造的"伟大理论"找寻相应的现实基础。但是，他们局限的世界观和骄傲的态度决定了其创造的理论最终只能是一种过往

---

① 《马克思恩格斯全集》第3卷，北京：人民出版社1960年版，第544页。

"受小手工业关系限制"的思想理论的复制品。

针对"真正的社会主义者"运用虚构的"人的本质"同"现在的社会"相对立，宣扬"人的特性"决定劳动和享受的一致的荒谬言论，马克思尖锐地批评道，从抽象的"人"和"人的本质"出发，是不可能对现实的社会问题作出科学分析的。人的特性并非如"真正的社会主义者"所言"不决定于我们之外的物"①，事实恰恰相反，人的特性是人们的活动和被活动所限制的享乐方式的结果。树立在虚假的、抽象的"纯粹思维"上的"真正的社会主义者"只是一批借助思维着的精神创造世界和毁灭世界的幻象吹嘘者，他们不能认识也无法正确解释真正的共产主义的真实内涵。

通过批判抽象思辨的唯心主义思想，马克思和恩格斯为工人们揭示了"真正的社会主义者"的真实面目，对工人阶级摆脱小资产阶级社会主义思想的迷雾，沿着现实的、社会历史发展的走向开展现实的斗争换取自身的解放提供了指引。

（二）揭穿小资产阶级社会主义本质

蒲鲁东是法国小资产阶级社会主义者。他进入公众视野源于一本在1840年出版的著作——《什么是财产?》。该书一经出版，就受到了社会各界的强烈反响。其中书里提出的"财产就是盗窃"的论断，使作者声名大噪。伴随该书思想的传播，越来越多人关注到这位年轻的思想家，社会不同阶级对他也抱有极为欢迎和极为敌视两种截然对立的态度。

极为欢迎蒲鲁东的是无产者群体。在他们看来，蒲鲁东的思想揭秘了资产阶级获取和保护私有财产的奥秘，是捍卫被掠夺了劳动产品的劳动者利益的重要成果。基于书中对资本家剥削的猛烈批判，其思想在很长一段时间内受到工人的推崇，甚至在较长的时间内影响着法国工人运动。极为敌视蒲鲁东的是资产阶级。在这些视财产如生命的财富维护者们看来，蒲鲁东对私有财产的批判恰恰勒住了他们的命脉，他的思想给工人反抗资本家剥削统治带来了启迪，因此，资产阶级常常将其称为"最危险的革命者"。

---

① 《马克思恩格斯全集》第3卷，北京：人民出版社1960年版，第548页。

来自约·巴·施韦泽的委托为马克思评价这位年轻的思想家提供了契机。在复信中，马克思这样评价这部著作，认为这本书"无疑是他最好的著作"①。接下来，马克思就蒲鲁东在书中将自己对前人陈旧思想的重复看作是自己独立发现的行为进行了抨击，指出"在严格科学的政治经济学史中，这本书几乎是不值得一提的。"② 通过套用他人思想借以抨击现存制度的做法纯粹是一种赤裸裸的剽窃。在马克思看来，蒲鲁东玩弄文字的手段是如此的顽劣，以至于只能欺骗一些缺少政治经济知识的劳动者们。尽管他的书在工人群众中形成了表面上"轰轰烈烈"的影响，但是，在思想文字中处处洋溢着不可忽视的矛盾，即"一方面以法国小农的（后来是小资产者的）立场和眼光来批判社会，另一方面他又用社会主义者流传给他的尺度来衡量社会。"③ 这些不可掩盖的问题恰恰说明了蒲鲁东局限的认知和维护小资产阶级利益的本质。

六年后，不满足于只解释财产权由来的蒲鲁东出版了自己的"潜心巨著"。这部名为《经济矛盾的体系，或贫困的哲学》的得意之作是蒲鲁东阐发自己经济学观点的集中表达。他十分满意自己新的代表作，并高调地宣扬自己的发现能够帮助人们找到贫困的根源。

一时间，蒲鲁东的思想给工人运动带来了极大的振奋，由于工人阶级缺乏洞悉抽象思想的理论能力，工人们并没有能够识破蒲鲁东思想的危害。与此相反，工人们还纷纷认为蒲鲁东为工人阶级解放找到了有力的武器。这不仅严重阻碍科学共产主义思想在工人之中传播，而且还会将工人运动带入邪路，使工人走上歧途。

基于此，马克思决定执笔为剑，揭穿蒲鲁东思想中的小资产阶级社会主义本质。扫清迷惑工人头脑的错误思想，将工人运动引回科学社会主义指导的大道上来。

马克思首先对蒲鲁东的价值理论进行了批判。马克思发现，蒲鲁东构

---

① 《马克思恩格斯文集》第3卷，北京：人民出版社2009年版，第16页。
② 《马克思恩格斯文集》第3卷，北京：人民出版社2009年版，第17页。
③ 《马克思恩格斯文集》第3卷，北京：人民出版社2009年版，第17—18页。

建价值理论的方法仍以黑格尔唯心主义观点为基础，他将牵涉众多内容的经济范畴视作纯粹的理性活动的产物，简单地认为内涵丰富的现实的经济关系不过只是其简单经济范畴的表现和化身。蒲鲁东强调，人们只要"发现"和认识了这些范畴，就能够掌握现实的经济运动史。对蒲鲁东这种将复杂问题简单化，颠倒社会存在和社会意识的观点，马克思予以猛烈的抨击。他指出"人们按照自己的物质生产率建立相应的社会关系，正是这些人又按照自己的社会关系创造了相应的理论、观念和范畴"①。社会现实关系是不断运动变化的，这就决定了反映这些关系的观念和范畴也是不断变化，而绝非停滞、永恒。因此只能从历史的、暂时的角度出发加以理解才能准确把握其中的关系。蒲鲁东空谈抽象的原理和范畴的事实表明他已经脱离了现实社会复杂变化的经济生活和生产关系，注定其空洞的理论在现实生产关系面前丧失了解答的能力。

在马克思看来，社会关系不是凭空产生的，人们现实的物质生产是形成和构建社会关系的基础。物质生产的变化推动着生产方式的变化，进而影响并改变社会关系。这就决定了人类无法形成超越现实生产条件的社会关系，就像以手推磨为主的生产方式绝无可能产生"工业资本家的社会"②，而蒸汽磨也注定要推动人类从封建社会迈向大工业生产的社会。蒲鲁东将经济范畴和社会关系的决定顺序进行颠倒所取得的"惊人的发现"，不过是一种理论上的倒退。在这里，马克思不仅把政治经济学完全奠基在新唯物主义哲学的基础上，而且重申了对待唯物主义基本问题的唯物主义原则，那就是必须坚持社会存在决定社会意识，只有如此，人们才能获取打开政治经济学各个范畴概念的历史性的宝库钥匙。

在揭露蒲鲁东唯心主义历史观本质的同时，马克思进一步揭露其"构成价值"的实质错误。所谓的"构成价值"是蒲鲁东吹嘘自己弥合过往经济学家理论缺失的重要发现。在蒲鲁东眼中，过往经济学家们的研究存在两个方面的重大缺陷，一方面是不涉足关于交换价值的起源的探索，另一方面是缺少关于交换价值和价值矛盾的深入研究。"构成价值"的提出正

---

① 《马克思恩格斯文集》第1卷，北京：人民出版社2009年版，第603页。
② 《马克思恩格斯文集》第1卷，北京：人民出版社2009年版，第602页。

是消除以往研究"空白"的重要成就。

在蒲鲁东的理论体系中，"'构成'价值是经济矛盾体系的基石"①，是其构建"新的社会世界"②的出发点。借由"劳动时间"为尺度展开的关于"构成价值"的体系中，蒲鲁东对劳动量、劳动产品预设了必然相等的设想。他指出"一定的劳动量和同一劳动量所创造的产品是等价的"③。在劳动量相等的条件下，劳动者之间在"完全平等"的条件下进行劳动产品的平等交换。在这样的推导下，一种混淆商品价值和劳动价值的荒谬结论呈现在人们面前。

马克思并没有被蒲鲁东庞大而混乱的理论所迷惑。基于自己对古典经济学理论的深入研究，他发现蒲鲁东所谓的"伟大发现"不过是建立在对李嘉图等经济学家们理论盗用基础上加以歪曲的结果。蒲鲁东虚设的"完全平等"不过是一种天真的猜想，一种毫无事实依据的杜撰。因为资本主义条件下，劳动并不仅仅只是劳动者个人的事情，而且已经成为庞大商品体系的一环。在这种情况下，"劳动的自然价格无非就是工资的最低额"④，资本家们为了追求利益的最大化极力压缩劳动者的工资，创造出的最低工资，导致作为劳动价值的工资和工人生产商品所创造的价值之间存在巨大的差额，这一差额就是工人被资本家挤占和剥削价值的奥秘所在。蒲鲁东的虚假平等是一种拙劣的理论挪用，他笼统而抽象的理论建构不过是对前人思想观点的变相重复。他不过就是"充当李嘉图观念的负责发行人"⑤的虚伪存在。马克思尖锐地指出蒲鲁东不加分辨地混淆经济事实的行径，正是为了给资产阶级剥削根源进行遮掩。因此，马克思用"工人遭受现代奴役的公式"⑥的生动比喻来描绘蒲鲁东的思想，因为他的理论为工人和无产阶级带来的绝非解放，而是遭受剥削和蒙蔽的深渊。

此外，马克思还下大力气批判蒲鲁东关于提高工资就会引起物价同步

---

① 《马克思恩格斯全集》第4卷，北京：人民出版社1958年版，第88页。
② 《马克思恩格斯全集》第4卷，北京：人民出版社1958年版，第93页。
③ 《马克思恩格斯全集》第4卷，北京：人民出版社1958年版，第93页。
④ 《马克思恩格斯全集》第4卷，北京：人民出版社1958年版，第94页。
⑤ 《马克思恩格斯全集》第4卷，北京：人民出版社1958年版，第89页。
⑥ 《马克思恩格斯全集》第4卷，北京：人民出版社1958年版，第95页。

上涨，工人贫困加剧的荒谬观点。因为"利润和工资的提高或降低只是表示资本家和工人分享一个工作日的产品的比例，在大多数情况下不会影响产品的价格。"① 蒲鲁东的观点正是企图以物价上涨和贫困加剧为借口打击工人阶级反对资本剥削、提高工资、改善生存境遇的正当性和积极性，以此维护小资产阶级的利益。马克思的批判使其改良主义和小资产阶级社会主义的本质赤裸裸地暴露在工人面前。

三、和各种机会主义的论战

第一国际的建立推动国际工人运动进入了新的阶段。在第一国际的指导下，国际工人运动不仅有了科学的理论指导，并且有了团结广大工人群众的组织形式。但是，当时的工人运动内部存在着十分复杂的情况，涌现着形形色色的机会主义派别，其中拉萨尔主义和巴枯宁主义的影响范围最广，持续时间也最长。马克思在与各种机会主义的论战实践中，进一步坚定了自己的人民立场，成为树立科学社会主义原则的伟大旗帜。

（一）批判"小资产阶级民主派"

1842年爆发了二月革命后，法国社会经历重大洗礼。以保皇党、秩序党、小资产阶级民主派为代表的诸多政治力量出于对自身利益的维护和对其他阶层利益的排挤，在法国开展了轰轰烈烈的政治斗争，并上演了联合与背叛、妥协与屈服等接连不断的政治运动。

混乱的斗争形势最终以路易·波拿巴政变掌权落下帷幕。这个时而精明时而傻瓜的复辟者在亲手摧毁自己一手建造的"十二月十日会"——这个曾经帮助他赢得支持却满是斑斑劣迹的工具面前，将他专制的野心完全暴露。

波拿巴的胜利是对饱受资产阶级剥削的广大底层法国人民更为严苛统治的宣告，更是对"小资产阶级民主派"的猛烈打击。在法国，"小资产阶级民主派"人数众多，构成力量复杂，其中不乏有广大的城乡小生产

---

① 《马克思恩格斯文集》第1卷，北京：人民出版社2009年版，第650页

者，也涵盖了一部分受其主张影响的无产者。"小资产阶级民主派"常常以改良家的形象出现在公众面前，大肆宣扬要推翻专制制度，主张"以民主主义的方法来改造社会"①。这种激进革命的宣言得到了部分底层民众的欣赏，但马克思却发现了其虚假的性质。

在《路易·波拿巴的雾月十八日》中，马克思对"小资产阶级民主派"展开了批判。在马克思看来，"小资产阶级民主派"不过是左右逢源的投机分子。为了加强自身革命力量，他们混淆资产阶级共和国同社会主义共和国的理念，却在不同势力面前摇摆。在封建势力面前，他们是联合无产者反抗专制统治最激进的力量，而在无产者面前，他们却是坚决维护自身阶级利益的剥削者。因此，为了保护无产阶级运动，马克思坚决提出，无产者的革命绝不能将希望寄托在"小资产阶级民主派"身上，必须要"集中自己的一切破坏力量"② 开展革命！

（二）揭露工联主义的危害

在欧洲，英国以机器大工业快速发展闻名于世，国内产业工人数量众多，以工人运动的形式形成了与资本家对抗的有效力量。英国工人运动的丰富斗争经验和组织方式为世界无产阶级运动建立了光辉榜样。其中，英国工人建立的经常性组织——英国工联就在其中发挥了重要作用。

随着资本主义的发展，工联也遭到了垄断资本家的渗透。资本家们一方面用金钱拉拢技术工人，制造群体分裂。另一方面利用工会领袖的影响，散播放弃斗争、不问政治等机会主义和自由主义的思想。使得工联由"斗争的堡垒"③ 变成了"少数工人贵族的组织"④。英国工联的变化不仅消磨着工人的抵抗斗志，还造成了工人运动成果的破产，甚至导致英国人民在普选权斗争中失败。

这一情况引起了马克思的重视，他痛斥英国工联关于"资本与劳动"

---

① 《马克思恩格斯文集》第 2 卷，北京：人民出版社 2009 年版，第 501 页。
② 《马克思恩格斯文集》第 2 卷，北京：人民出版社 2009 年版，第 564 页。
③ 《马克思恩格斯全集》第 4 卷，北京：人民出版社 1958 年版，第 196 页。
④ 《马克思恩格斯全集》第 17 卷，北京：人民出版社 1963 年版，第 694 页。

和谐的主张。在马克思看来，资本家与工人是天然对立的两大阶级，在英国二者之间只存在着"资本专横和劳动被奴役达到了顶点"① 的压迫与被压迫的关系。工人广泛存在的身体损坏、道德堕落等状态，无一不是对劳资利益一致荒谬言论的最好批判。此外，马克思还强调，英国工人阶级绝不能成为资产阶级的尾随者，创造了"无穷无尽的生产力"② 的工人阶级只有靠自己顽强不屈的团结斗争才能保障自己的利益。

此外，马克思还对工联领袖的民族沙文主义行径进行了批判。在爱尔兰民族解放运动关键问题的讨论上，英国工联领袖不仅没有伸出援手，给予声援，反而倒打一耙，污蔑民族运动者为"叛乱者"。这种割裂行为打压了国际工人运动的反抗力量。马克思从工人运动的总体利益出发，指出"爱尔兰问题不单纯是个民族问题"③，如不能在其他民族争取解放的过程中给予帮助，给剥削阶级予以强烈的打击，那么今天剥削者奴役他者的牢笼在过后就会以同样的方式奴役自己！

（三）挫败拉萨尔主义骗局

斐迪南·拉萨尔出生在德国东普鲁士勒斯劳城的一个犹太富商家庭。1848 年后，拉萨尔在德国莱茵省参加民主"人民俱乐部"和民主"市民自卫团"活动，并和《新莱茵报》建立了联系。1848 年 11 月，由于"号召武装、反对王室"的罪名，拉萨尔被迫下狱。由于他在监狱和法庭上较为坚定的革命表现，马克思建议将其吸纳成为共产主义者同盟的盟员。但是，随着实践的深入，拉萨尔革命立场背后的黑格尔历史唯心主义国家观逐渐显露。在 1863 年，被选为全德工人联合会的第一任主席后，拉萨尔反对德国人民通过破坏现存制度来实现民族统一，企图通过普鲁士政府政策来改变现实世界，妄图将工人运动拉到与普鲁士专制政府结盟的拉萨尔主义阴谋暴露在世人面前。

虽然拉萨尔自称是马克思的学生和拥护者，但是，马克思看穿了拉萨

---

① 《马克思恩格斯全集》第 13 卷，北京：人民出版社 1998 年版，第 133 页。
② 《马克思恩格斯全集》第 13 卷，北京：人民出版社 1998 年版，第 134 页。
③ 《马克思恩格斯全集》第 21 卷，北京：人民出版社 2003 年版，第 581 页。

尔思想背后的妥协性和两面性。在 1862 年，马克思在伦敦会见拉萨尔时便明确向其表明，不可能在政治上与拉萨尔合作，"因为我们在政治上，除了某些非常遥远的终极目的以外，没有任何共同之处"①。

拉萨尔死后，其思想在工人群众中的影响还很大。其中，拉萨尔的信徒和追随者在当时还是工人运动中不可忽视的重要力量。当时的德国存在着两个相互对立的工人组织——一个是拥护国际工人协会纲领的德意志工人协会，另一个则是由拉萨尔派控制的全德工人联合会。为了团结工人队伍，壮大工人阶级革命的战斗力和影响力，身为第一国际德国通讯书记的马克思主张两个工人组织合并，并引导统一的工人组织抛弃拉萨尔主义错误思想、在科学共产主义的理论指导下继续开展工人运动。为此，马克思开展了多方的努力，并成功帮助了德国工人组织建立了社会民主工党。

在德国社会民主党的带领下，德国工人运动取得了一系列革命胜利。正当马克思和恩格斯为此感到欣慰时，社会民主工党却在关键环节出了差错。当时，出于团结的目的，工党领导人威廉·李卜克内西、奥古斯特·倍倍尔等人被党内宿存的持有拉萨尔主义思想的拉萨尔分子裹挟头脑，在两个工人组织合并过程中忽视了马克思和恩格斯强调的绝不能在原则问题上让步的劝告，在匆忙中与拉萨尔派举行会谈后，共同起草了一份充满拉萨尔主义观点的纲领草案并在报纸上公开发表。

当马克思看到这个纲领时充满失望，认为这是一个使党堕落的纲领。为了肃清拉萨尔主义的影响，帮助德国社会民主工党认清拉萨尔主义的实质，划清科学社会主义同拉萨尔主义的原则界限，1875 年 5 月，抱病的马克思坚持写下揭露拉萨尔主义骗局的《对德国工人党纲领的几点意见》，对纲领草案进行了系统批判。

马克思首先将批判的矛头对准了"劳动是一切财富和一切文化的源泉"②的荒谬观点。马克思指出，自然界——这个为人类提供大量具有使用价值同样能够为创造财富提供条件。但是，在拉萨尔主义者这里，自然这一伟大的存在却被完完全全抛却了。基于此，拉萨尔派主张的劳动所得

---

① 《马克思恩格斯全集》第 30 卷，北京：人民出版社 1975 年版，第 272 页。
② 《马克思恩格斯全集》第 25 卷，北京：人民出版社 2001 年版，第 8 页。

"不折不扣"地平等分配的结论也是纯粹空谈。马克思认为,这一言论过于荒谬以至于成为拉萨尔主义掩盖资本主义制度剥削性质的遮羞布。因为,这一结论最终推导出如不占有劳动产品便无法拥有财富的观点。也就是说,如果资本家依靠压榨他人的劳动以及占有他人劳动所产生的财富作为谋生手段,在拉萨尔主义者看来就是完全合理合法的,这完全是对资本主义私有制明目张胆的庇护。因为,私有制下,资本家个人对生产资料的大量占有,为他们通过控制生产资料达到占有他人劳动成果提供了便利。无法彻底消除私有制条件,"公平分配劳动所得"① 就是一纸空谈。

在这基础上,马克思就"对它(工人阶级)说来,其他一切阶级只组成反动的一帮"② 的错误观点进行了猛烈的批判。他指出,拉萨尔主义提出这一纲领的目的就是妄图孤立工人阶级。因为消灭资本主义统治的伟大事业,绝不仅仅是工人阶级解放自身的任务,还是受到资产阶级压迫的"封建主和中间等级"③ 的重任。相同的敌人是工人阶级得以与其他等级谋求合作的基础。拉萨尔主义不加分辨地打击其他阶级,不仅混淆了敌我界限,还严重挫伤国际反压迫力量,其狭隘的民族主义本质暴露无遗。

接下来,马克思批判了"铁的工资规律"④ 的错误。在马克思看来,工资只是资产阶级剥削工人的手段,远远无法与资本家从工人身上榨取的巨额剩余价值相比拟。工人贫困的根源恰恰在于剩余价值被资本家攫取,劳动获取的工资仅仅只能维持最低的生存!拉萨尔主义对这个早已在党内广为流传的见解视而不见,充分说明了其维护资本主义制度的反动本质。

此外,马克思还坚决反对拉萨尔主义有关"依靠国家帮助建立生产合作社"⑤ 的言论。在马克思看来,这是一条充满改良主义取向的错误主张。"依靠国家"⑥ 就意味着依靠当权的德国政府,以向当权政府投诚的方式彻底放弃工人阶级的暴力革命,这就从根本上篡改工人组织自己解放自己的

---

① 《马克思恩格斯全集》第25卷,北京:人民出版社2001年版,第15页。
② 《马克思恩格斯全集》第25卷,北京:人民出版社2001年版,第21页。
③ 《马克思恩格斯全集》第25卷,北京:人民出版社2001年版,第21页。
④ 《马克思恩格斯全集》第25卷,北京:人民出版社2001年版,第24页。
⑤ 《马克思恩格斯全集》第25卷,北京:人民出版社2001年版,第26页。
⑥ 《马克思恩格斯全集》第25卷,北京:人民出版社2001年版,第26页。

革命宗旨，是彻彻底底的背叛。

正是在这场与拉萨尔主义错误思想的论战中，马克思依靠人民群众践行无产阶级革命，捍卫无产阶级专政，维护广大无产阶级利益的思想得到进一步的阐发。

（四）瓦解巴枯宁主义阴谋

巴枯宁出生于俄国贵族家庭，年轻时先后到过德国、法国、瑞士等地学习，并结识了魏特林、蒲鲁东和卢格等人。1848年欧洲革命爆发，巴枯宁先后参与了革命活动，先后投身于欧洲一些城市起义。由于革命失败，巴枯宁被统治当局逮捕并处以极刑。在1851年5月，沙皇政府将巴枯宁流放到西伯利亚。几经周转逃出西伯利亚后，巴枯宁先后辗转到达英国，此后他便一直投入到破坏一切国家政权的无政府主义活动之中。为了扩大行动影响，他先后写下不少关于无政府主义主张的文章，其中最著名的就是《国家制度和无政府状态》。因为他活跃的行动和思想的影响，"民族兄弟会""国际社会主义民主同盟"等无政府主义团体和组织先后建立，并在工人运动中产生一定的影响。

在第一国际内部，巴枯宁主义是一种危险性的存在。其极左主义的理论面貌和行动宗旨都无一不在思想上和实践上对国际构成威胁。面对这个来势汹汹的敌人，马克思和恩格斯没有掉以轻心。在充分掌握巴枯宁主义的理论实质后，马克思开始对这个阻碍国际发展的"毒瘤"展开清算。

针对巴枯宁主义主张"废除继承权是社会革命的起点"[①]的反动主张，马克思给予了强烈批判。在马克思看来，巴枯宁的唯心史观立场导致他无法正确认识继承权和私有制之间的因果关系。从而得出了继承权先于私有制存在的错误结论。对此，马克思指出，"继承法不是现存社会经济组织的原因，而是这种经济组织的结果，是这种经济组织的法律结果"[②]。将私有制这个根本原因置之不理，却在同反映私有制的继承权——这个"法律

[①]《马克思恩格斯文集》第3卷，北京：人民出版社2009年版，第89页。
[②]《马克思恩格斯文集》第3卷，北京：人民出版社2009年版，第88页。

的上层建筑作斗争"①，就是一种本末倒置的体现。因此，在马克思看来，巴枯宁按照颠倒思维提出的反动构想"在理论上是错误的，在实践上是反动的"②。

此外，巴枯宁从抨击阶级观点的抽象人性论出发，认为一切国家都是反人性的，主张要反对一切国家，并将其作为核心理念贯彻在实践当中，不断鼓动人们进行社会清算，以此开展废除国家的活动。马克思洞察了巴枯宁主义的荒谬本质，指出"如果无产阶级本身还是一个阶级，如果作为阶级斗争和阶级存在的基础的经济条件还没有消失，那么就必须用暴力来消灭或改造这种经济条件，并且必须用暴力来加速这一改造的过程"③。在马克思科学理论的回击面前，对阶级的历史发展和作用毫无所知的巴枯宁是如此的不堪一击，以至于他与他的理论都显得那么的空乏无力。

未能在思想上达到取代马克思和恩格斯在第一国际指导地位的目的，巴枯宁又企图在实践上开展分裂活动，阻碍第一国际的发展。1871年巴黎公社成立，巴枯宁分子极力抹黑巴黎公社，在工人中散布谣言歪曲公社性质。公社失败后，巴枯宁集团又与国际反动派联合，恶意中伤第一国际和马克思，妄图造成思想混乱，达到覆灭工人运动的险恶目的。他们公开在瑞士、意大利等国进行分裂运动，成为国际资产阶级反动派大联盟运动的佼佼者。

面对巴枯宁集团的在思想上和行动上制造的严峻考验，马克思与恩格斯积极领导第一国际开展反抗斗争。在1871年9月举办的伦敦会议上，国际对巴枯宁集团造成的危害进行了分析，"鉴于目前国际受到的迫害，代表会议号召发扬团结一致的精神，这种精神应当比过去任何时候都更能使工人阶级受到鼓舞。"④ 可见，巴枯宁集团的分裂破坏行为让国际更加团结，也证明了保护工人运动的紧迫性和必要性。但是，阴谋的暴露没有阻止巴枯宁集团的嚣张气焰，他们以更加公开的、更令人不齿的举动开展迫

---

① 《马克思恩格斯文集》第3卷，北京：人民出版社2009年版，第88页。
② 《马克思恩格斯文集》第3卷，北京：人民出版社2009年版，第89页。
③ 《马克思恩格斯文集》第3卷，北京：人民出版社2009年版，第403页。
④ 《马克思恩格斯全集》第17卷，北京：人民出版社1963年版，第459页。

害行为。为了彻底粉碎阴谋，马克思领导的第一国际决定在海牙大会上对巴枯宁集团进行最后的清算。在记名投票表决后，巴枯宁被第一国际永久除名，这场持续五年之久的斗争最终以第一国际的胜利画上圆满的句号。

第三节　引领工人的运动

在和各式各样的思潮斗争过程中，马克思并没有放弃现实的、捍卫人民利益的斗争。在联系和组织工人运动过程中，马克思和亲密的战友们一直投身在对抗反动势力的战争最前沿，经历漫长的建党历程、筹建无产阶级国际组织的工作，马克思毕生都贯彻了他改造世界、解放无产阶级的伟大梦想！

一、漫长建党征途上的攀峰者

为了实现改变世界、解放无产阶级的伟大任务，成为流亡者的马克思一边同错误思想作斗争，一边深入工人团体，为筹建工人联盟做了大量工作。

（一）与英国工人团体深入交流

1845年2月，马克思和恩格斯合著的《神圣家族》在法兰克福出版问世了。在《神圣家族》中，马克思和恩格斯除了对以鲍威尔为代表的青年黑格尔派思辨唯心主义进行猛烈批判外，还在分析资本主义结构和雇佣工人过着非人生活的基础上提出了无产阶级必须采取革命行动解放自己的思想。这些思想随着书籍的出版引发了强烈反响。"每一行字都在鼓吹反对国家、教会、家庭、法制、宗教和财产……的暴动。"[①]

不论是《莱茵报》《德法年鉴》，还是《神圣家族》，抑或是马克思发

[①] 靳辉明：《思想巨人马克思》，北京：中国社会科学出版社2018年版，第216页。

表在巴黎《前进报》上的文章，都充斥着对普鲁士统治者的不满。当普鲁士统治阶级看到马克思充满革命色彩的文章时，感到十分震怒，他们一刻也不能等待，必须清理马克思这个聪慧却随时会引爆统治的"炸弹"。于是他们向法国政府施压，要求驱逐《前进报》所有的撰稿人和合作者，包括伯恩斯坦、卢格、海涅、巴枯宁……以及马克思都作为重点对象被勒令驱逐。

当有人告知马克思必须立即离开法国时，马克思极度震惊。面对统治阶级的威逼利诱，马克思并没有像卢格一样递交悔过书保证不再从事反对普鲁士的宣传而换取自由，他十分明白，正是因为自己戳中了统治阶级的伤口才使得他们恼羞成怒。已经揭示了无产阶级历史使命的马克思意识到，他要离开法国这个普鲁士势力延伸的地方，到布鲁塞尔去，到那里继续开展他未完成的和资本主义的战斗。

就这样，马克思在1845年2月3日来到了布鲁塞尔。随后，马克思怀有身孕的妻子燕妮和生病的女儿以及女佣琳蘅来到了布鲁塞尔和马克思团聚。在布鲁塞尔，举目无亲的马克思一家过着捉襟见肘的生活，囊中空空的他们甚至连一处固定的住房也无法找到。幸而恩格斯将自己书稿的第一笔稿酬寄给了马克思解决燃眉之急。

安顿好后，马克思在布鲁塞尔迎来了他的亲密友人恩格斯。二人继续谈论在上次分别后各自的思考和研究。在交谈中，他们欣喜地发现物质生产是一切社会活动的基础，而为了开展物质生产，人们必须结成一定的社会关系这一历史观点。为了在现实中印证这一观点，马克思和恩格斯决定到资本主义"世界工厂"——英国考察，去进一步收集资本主义经济的文章。

1847年7月，马克思和恩格斯一同前往英国，并在那里度过了六周。在这六周时间里，马克思和恩格斯不仅见识到英国迅猛发展的资本主义工业，看到了在迅猛发展的工业社会中资产阶级和无产经济的经济差距和社会生活差距，而且也结识了许多到英国避难的德国人。在恩格斯的引荐下，马克思结识了正义者同盟的领袖乔治·朱利安·哈尼、厄内斯特·查理·琼斯等人。在和这些人的交往中，马克思与恩格斯参与了多场工人团体旨在建立友好民主协会的准备性会议，并竭力用自己的思想影响这些正直且具有理想主义精神的人们，帮助他们进一步认清工人运动的发展环境与斗争前景。

（二）成立共产主义联络委员会

在英国与工人团体的交流过程中，马克思和恩格斯的思想深深地影响了这些朴素的、却充满革命斗争精神的人们。从工人团体身上，马克思和恩格斯看到了联合工人壮大革命力量的希望。

回到布鲁塞尔后，马克思和恩格斯一方面接受哈尼的建议为英国宪章运动的机关刊物《北极星报》写稿，另一方面，在撰写《德意志意识形态》过程中，马克思和恩格斯决定要同书中"使现存世界革命化，实际地反对和改变事物的现状"① 说的一样，将自己的理论知识同现实结合起来，在工人中间传播，使没有受到教育无法依靠自身力量发现历史规律的广大工人们在科学理论的指导下，有计划、有目的地联合起来，使已经解开人类社会发展规律的科学社会主义思想同业已存在的工人组织结合起来，在理论和革命实践的推动下促进工人斗争。马克思和恩格斯吸取了工人团体的建设经验，打算成立一个将欧洲革命者联合在一起的国际性组织。

在这样的思想引导下，马克思和恩格斯在1846年初，在思想和组织上团结各国社会主义者和先进工人，并设法在伦敦、巴黎和德国建立联络委员会，为创立国际无产阶级政党做准备。

（三）建立共产主义通讯委员会

在布鲁塞尔这个流亡者积聚的地方，马克思和恩格斯遇到了和他们一样躲避政治迫害、遭受驱逐的思想家、革命家。沿着共产主义联络委员会的发展思路，马克思和恩格斯决心要建立一个依靠先进的理论武装起来，宣传共产主义、团结工人运动，使无产阶级认识到自己的伟大历史使命的国际无产阶级的政党组织。

马克思和恩格斯打算建立国际无产阶级政党的想法得到了他们亲密战

---

① 《马克思恩格斯全集》第3卷，北京：人民出版社1960年版，第48页。

友的支持。经过多次的协商、会谈，1846年初，一个名叫"共产主义者通讯委员会"的革命组织在布鲁塞尔诞生了。

在共产主义者通讯委员会的组织下，许多社会主义者和革命工人团体建立了联系，各路社会主义者精英如德国裁缝威廉·魏特林，科隆的犹太有产者莫泽斯·赫斯，普鲁士前炮兵海尔曼·克利盖，俄国作家巴维尔·安年柯夫，出众记者斐迪南·沃尔弗……等人都汇聚到共产主义者通讯委员会之中。

然而，随着共产主义者通讯委员会的发展，一部分成员的思想和行动发生了变化。魏特林就是其中的重要代表。曾经在西欧工人革命团体中宣扬通过暴力革命推翻旧制度实现共产主义的魏特林并没有坚持他的实践，反而在宪章运动发展得如火如荼的伦敦离群索居，沉溺在自己的封闭思想中不能自拔。

在《和谐与自由的保证》一书中，魏特林大谈特谈自己已经脱离工人运动实际的思想，还妄图在1846年3月30日召开的布鲁塞尔共产主义者通讯委员会集会上，对批评他充满粗陋平均主义、封闭宗派主义和过时革命密谋主张的马克思给予痛击。面对来势汹汹的魏特林，马克思并没有怯弱。正如他对魏特林思想的犀利批判一样，马克思尖锐地指出魏特林"不能给群众以任何可靠的、深思熟虑的行动依据，而是在欺骗群众；不能拯救受苦受难的人们，而只会把他们引向最终的毁灭！"[①] 这样，马克思和他的战友们与魏特林的合作宣告终结。不久魏特林离开布鲁塞尔去往纽约，他的思想也和他一起消失在大洋彼岸。

正是在与思想、行动离异者们的一次次战斗中，马克思和恩格斯带领着忠于共产主义者通讯委员初衷的战友们，继续在团结带领各国工人团体继续同现存的、不合理的社会制度抗争，共产主义者通讯委员会在一次次的战斗中逐渐成长壮大。

---

① 〔法〕雅克·阿塔利：《卡尔·马克思》，刘成富等译，上海：上海人民出版社2010年版，第81页。

二、无产阶级国际组织的建设者

马克思致力于通过建立全世界工人阶级的联盟形成磅礴的革命力量改造旧世界。在筹建共产主义通讯委员会基础上,马克思就欧洲革命形势的发展提出了要建立无产阶级国际组织的构想。为此,马克思和亲密的战友们一同在致力于人民解放的道路上接续奋斗。

(一) 创建共产主义者同盟

随着日渐活跃的共产主义者通讯委员会受到了越来越多人的注意。在伦敦的正义者同盟也关注到了这个逐步成长壮大的组织。1847年,在伦敦的正义者同盟中央机构派遣代表前往比利时,试图说服马克思和恩格斯加入共产主义者同盟。

在此之前,马克思和恩格斯拒绝了许多以空想观点和密谋策略为指导思想的组织的邀请。但这一次,共产主义者同盟却开宗明义地坚持要抛弃先前陈旧学说的影响,尽快通过改组变革成为一个新的战斗组织。这样的话语打动了马克思,他十分欣喜地期待着这个曾经还只具有朴素革命热情的工人组织现在以科学的理论武装自己,完成自己的历史任务,这正是建立无产阶级国际组织的良好时机。为了团结更广大工人团体,推进工人运动,马克思和恩格斯接受了正义者同盟的邀约。

1847年6月初,正义者同盟代表大会正式在伦敦召开。由于经济拮据,马克思未能成行。但大会召开前,马克思给各地的战友们写信建议他们参加此次大会。布鲁塞尔共产主义者通讯委员会方面派出了威廉·沃尔弗——马克思的忠实战友出席会议。恩格斯也从巴黎前往伦敦,为大会改组提供建议。

此次大会通过了数项影响深远的决定,其一,正义者同盟改名为共产主义者同盟;其二,马克思恩格斯提出的"全世界无产者,联合起来!"[①]成为共产主义者同盟的口号;其三,恩格斯起草的《共产主义信条》成为

[①] 《马克思恩格斯文集》第2卷,北京:人民出版社2009年版,第697页。

同盟的新纲领。此外，共产主义者通讯委员会正式并入共产主义者同盟的中央权力机构，并由马克思和他的亲密战友继续指导。

经过这次大会，原先狭隘的工人小团体变为横跨英、德、比、瑞士等西欧国家的国际性共产主义组织。它在各地的支部都以团结、组织工人，宣传共产主义理论为目的开展了广泛的活动。

1847年11月，共产主义者同盟的第二次代表大会在伦敦召开，马克思和恩格斯都出席了这次大会。在大会上，马克思发表的演讲赢得了众人的崇敬。大会后，马克思和恩格斯受同盟委托继续为同盟撰写新的纲领。在二人的不懈努力下，名垂千古的历史性文献《共产党宣言》出现在世人面前。在《宣言》中，马克思和恩格斯向世人公开说明了共产党人自己的观点、目的、意图，并有力地回击了各种关于共产主义幽灵神话的传言。

在马克思和恩格斯的带领下，共产主义者同盟以《宣言》为旗帜开展了一系列革命实践，给正处在欧洲革命的工人阶级披上了理论的铠甲，促进了欧洲工人运动的发展。

（二）宣讲政治经济学原理

在共产主义者同盟成立后，马克思以布鲁塞尔支部为平台，继续开展团结、组织工人，宣讲共产主义原理的工作。1847年8月，马克思在布鲁塞尔依据同盟的运转模式创建德意志工人协会，吸引德国工人流亡者，帮助尚未政治化的德国工人接受必要的国民教育。

在马克思的组织下，德国工人在协会里开展歌唱、游戏等休闲活动，同时马克思也通过协会组织的讲座向工人们宣讲自己研究的政治经济学基本原理。马克思深知使这些未受教育的工人理解深奥的政治经济学原理是一个长期的过程。但是，启迪工人、解放工人思想也是共产主义者改造工人的重要环节。因此，他将自己的经济学研究以通俗易懂的方式给工人们做了说明。资本、利润、分工、竞争等抽象玄奥的词汇通过马克思的讲解变得生动明了。

在马克思的宣讲下，工人群众逐渐掌握了政治经济学原理。他们明白了当前雇佣劳动看似自由却始终被束缚于资产阶级统治的本质。他们明白了随着资本的增长，社会危机也变得更加频繁和猛烈，工人之间的竞争也会变得更加突出。他们明白了随着资本主义的发展为共产主义变革创造条件，工人的任务就是要联合起来结束资本的统治，解放自身，建立新社会。

马克思的宣讲使得工人的智慧大大提高，也为工人团结起来抗争资本统治提供了思想启迪。正是在马克思的带领下，越来越多工人群众团结在同盟之中，为后续形成浩浩荡荡的革命力量奠定基础。

（三）供稿《德意志—布鲁塞尔报》

在帮助共产主义者同盟改组发展、给工人团体宣讲政治经济学原理外，马克思还十分热心地为《德意志—布鲁塞尔报》供稿。虽然为了能在布鲁塞尔定居，马克思极力避免从事政治活动，但如今，比利时已经将他作为危险分子派警察对他进行监视。但是，当看到自己忠诚的战友经常在该报上发表文章，使报纸的社会主义色彩更加浓烈。马克思和恩格斯认为，可以将这份报刊改造成为共产主义者同盟的宣传阵地，扩大共产主义者同盟的影响，吸纳更多还未走在一起的社会主义者。

1847年10月，马克思在《德意志—布鲁塞尔报》上发表重要文章《道德化的批判和批判化的道德》。在文中，马克思阐述了自己形成已久但尚未公开发表的观点：社会主义革命只能在资产阶级革命之后进行。[1] 马克思认为，即使"无产阶级推翻了资产阶级的政治统治，它的胜利也只能是暂时的，只能是资产阶级革命本身的辅助因素。"[2] 在这里，马克思阐述了无产阶级革命的长期性和艰巨性，因为无产阶级只有在"历史的进程制定出能够终结资本主义生产方式与资产阶级政治统治的物质因素"[3] 后，才能真正地完成对资产阶级统治的推翻任务，才能获得最终的胜利。

---

[1] 〔法〕雅克·阿塔利：《卡尔·马克思》，刘成富等译，上海：上海人民出版社2010年版，第87页。

[2] 〔法〕雅克·阿塔利：《卡尔·马克思》，刘成富等译，上海：上海人民出版社2010年版，第87页。

[3] 〔法〕雅克·阿塔利：《卡尔·马克思》，刘成富等译，上海：上海人民出版社2010年版，第87页。

因为马克思和恩格斯的热情供稿,《德意志—布鲁塞尔报》逐渐发展成为共产主义者同盟的机关报刊,成为宣传共产主义思想,反对普鲁士政府思想侵蚀的前沿阵地。

(四)组织和团结"民主协会"

通过写作和参加社会政治运动,马克思不仅在社会主义、共产主义圈子里享誉盛名,而且在民主主义者中间也广受推崇。在繁重的生活和工作中,身负重任的马克思一直挤出时间参加社会主义、共产主义和民主主义各界的活动,以团结更多的革命者汇聚革命力量。

1847年各国社会主义者、共产主义者和各种各样的民主主义者汇集在布鲁塞尔的宴会上,他们商讨筹建一个联合各国政治力量的国际性"民主协会"。恩格斯作为筹备委员会委员因身兼多职无法参加,马克思代替他出席了会议,并发挥聪明才智协助协会筹建。

在1847年11月15日,协会正式成立,马克思同意出任民主协会的副主席。协会的目标是今后"在比利时逐步创建一个强大、团结且极富组织性的民主政党"。① 马克思彻底违背了他不参与任何政治活动的保证,比利时当局更加紧对他的监视。但对此,马克思并没有后悔,因为在他看来,没有什么比团结更广大革命力量更重要的事。

民主协会在马克思带领下发挥了重要作用。在马克思的组织和推动下,民主协会先后与英国、法国、荷兰、瑞士等国的民主正义者建立了广泛的联系,工人群体同民主协会也建立了交往,对后来西欧的革命民主主义运动的开展产生了积极的影响。

三、革命斗争前沿无畏的抗争者

随着欧洲工人运动的变化,革命导师马克思看到了欧洲革命爆发的潜力,也意识到反动势力全力绞杀革命的冲动。为了形成更猛烈的革命热

---

① 〔法〕雅克·阿塔利:《卡尔·马克思》,刘成富等译,上海:上海人民出版社2010年版,第88页。

潮，马克思同工人阶级一道走上了反抗压迫的战场。在一次次挫败反动势力的斗争实践中，马克思为人民奋斗的立场更加坚定。

（一）新建阵地《新莱茵报》

1848年1月，声势浩大的革命在巴黎爆发，愈演愈烈的革命战火逐渐延伸到了法国其他地区。共产主义者同盟的成员们正以刊印成册的《共产党宣言》作为思想指导，积极投身到革命之中。

此时的马克思正从母亲手中取回父亲留给他的大额遗产。面对数额庞大的遗产，马克思决心为起身革命却没有武器的市民和工人们购置武器，他将遗产大笔大笔地拿出来购买装备，预备和同盟的盟友一道去往革命的巴黎。但身在布鲁塞尔的马克思正受到来自比利时政府镇压动荡局势的影响，作为曾经允诺不参与政治活动却公然违背誓言的活跃革命分子，马克思被比利时政府视作眼中钉肉中刺。

在即将离开之际，马克思却遭到了比利时政府的逮捕。马克思的妻子燕妮也没有逃过迫害。二人相继被比利时当局扣押在监狱中。警察的暴行引起了各界的公愤，但是遭受驱逐的马克思一家却在紧迫的几小时内告别了曾经战斗过的布鲁塞尔。

与此同时，巴黎正在享受革命后的新生。虽然不久前战斗的堡垒还未拆除，取得胜利的下层群众和工人们在街上欢声笑语，历经革命洗涤的巴黎街头呈现出一派活泼热烈的气氛。再次流亡的马克思来不及细细安顿，就又投身到了各种集会和辩论之中了。他到处发表演讲，同各派别的革命者会面交谈，同先前结识的流亡者会晤，他热情洋溢，充满斗志。

在革命的巴黎，虽然大家还做着从法国打回本国的畅想，但熟知资产阶级反动势力手段的马克思坚决表示反对，因为本国并不具备实现革命的充分条件，贸然地依靠人民的热情将革命力量带回本国，不仅不会形成有效的革命打击，反而会折损革命力量，挫败革命热情，葬送革命未来。

基于此，马克思选择了和海尔维格不同的革命道路。他首先和战友们一起组织德国工人俱乐部，极力说服陷入革命激动情绪的工人们不要参加表面上轰轰烈烈的革命冒险，而要单个地返回德国，以宣称革命为主为行将到来的革命制造舆论环境。在马克思和俱乐部的指导和安排下，几百名的德国工人分开回到德国，并在德国从事革命宣传和鼓动工作，他们构成了各邦革命运动的积极分子。

除了引导工人运动，马克思还在德国革命达到高潮之际回到了德国，在革命战争的最前沿同广大工人群众一道反抗统治阶级。

随着革命的发展，马克思与战友来到科隆，他们计划在这里创办一份大型报刊，站在无产者一边来宣传革命主张，团结工人阶级，推进资产阶级民主革命。由于科隆曾是《莱茵报》的旧址，因此，马克思决定以《新莱茵报》为这一革命阵地命名。由于缺少启动资金，马克思到处写信向友人求稿，并请他们帮助推销报纸。

在马克思的不懈努力下，《新莱茵报》在1848年5月31日晚出了创刊号。在马克思的带领下，《新莱茵报》以犀利的文字来批判资产阶级、小资产阶级在革命中的软弱和妥协，主张依靠广大人民的起义来把革命推进到"攻下巴士底狱"。

坚决的革命立场使得《新莱茵报》成为工人革命最重要的革命指南。在和议会的斗争上，在关于东欧、东南欧人民的民族解放问题上，在组织共产主义者同盟成员参与各地革命活动的实际战斗中，马克思带领《新莱茵报》取得了众多革命成果，使得《新莱茵报》的使命任务得到最大程度的发挥。

（二）在法庭上驳斥反动政府

《新莱茵报》始终站在革命战争的前线，号召人民群众使用暴力来对抗反革命的暴力，主张"应当用一切暴力手段来还击暴力。消极反抗应当以积极反抗为后盾。否则这种反抗就像被屠夫拉去屠宰的牛犊的反抗一样。"①

1848年11月19日，马克思在《新莱茵报》上刊登了题名为《呼吁书》的署名文章。在文章中，马克思号召莱茵省各民主团体和民众积极行动起来，组建民团反击普鲁士政府，并呼吁各地给积极反抗的贫民供应武

---

① 《马克思恩格斯全集》第6卷，北京：人民出版社1961年版，第38页。

器和弹药，同反动政府对抗到底。在马克思的指引下，民众开展了轰轰烈烈的反抗活动。这些斗争给普鲁士政府维护统治秩序带来了严峻的挑战。随着斗争的持续进行，反抗运动最终在普鲁士政府的镇压下破产。柏林议会投降后，坚定支持反抗斗争的马克思和《新莱茵报》的主要力量成为普鲁士政府清算的目标。为了将这个革命的报刊打垮，政府将主编马克思以及恩格斯、科尔夫等人一次又一次地传讯到警局，并在1849年将三人以发表名为《逮捕》的文章，抨击科隆检察长和宪兵暴行和丑恶言论，触犯刑法典关于侮辱和诽谤的罪名送上了陪审法庭。

在法庭上，马克思和他的战友们不卑不亢，丝毫没有被邪恶的政府所恐吓。作为曾经修习过法律，并研究了大量法律文本的马克思而言，揪出政府非法控告的漏洞轻而易举。

马克思首先对指控的刑法条文作出分析，指出控告引用的第222条关于国家"负责人员在执行职务时或由于执行职务而遭到某种口头侮辱"①的法律根本不适用于《新莱茵报》，原因在于文章写作时检察长根本不在现场。接着，马克思又反驳了控告引用的第367条关于"本规定不适用于法律允许公布的行为，也不适用于控诉人由于其职务或职责必须加以揭露或阻止的行为"②的诽谤规定。因为《新莱茵报》只是据实陈述，揭露事实而无半点夸大。马克思通过以上两个控告的反驳，明确指出，普鲁士当局的控告举措不过是要报复革命报刊对官员蛮劣行为的揭露罢了，真正违反法律的正是非法控告的当局反动势力！

马克思英勇无畏的揭露不仅在为自己以及众多受到反动势力迫害的人民发声，更是在向反动势力发出确切的政治宣言——革命者永远不会屈服在反动势力的恐怖举措中！

在第二天的庭审上，马克思延续了第一天的风格，不卑不亢之间更见英勇的革命神色。控诉一开始，马克思便用辛辣的辞藻讽刺了检察机关控诉人民的不合理性，因为其引用的依据正是用早已"被王权本身踩躏了的

---

① 《马克思恩格斯全集》第6卷，北京：人民出版社1961年版，第266页。
② 《马克思恩格斯全集》第6卷，北京：人民出版社1961年版，第274页。

法律"①。这充分证明了本次控告行为的荒谬和可笑。接着，马克思列举了政府进行的一系列包含滥用军事独裁、任意实施戒严，以及"用已被推翻了的法律去反对这种法律本身的维护者"②的卑劣行为。伪善的反动当局正在利用自己的权利制定迫害革命人士的法律，这样的法律是无效的，也是非法的。因为"社会不是以法律为基础的。那是法学家们的幻想。相反地，法律应该以社会为基础。法律应该是社会共同的、由一定物质生产方式所产生的利益和需要的表现，而不是单个的个人恣意横行。"③

马克思指出当前反动政府的行径的可耻程度不亚于在开展反革命活动中向人民纳税一样卑劣，因为人民绝不会屈服于反动政府的，向往自由和解放的人民将会用实际的革命行动向国民议会彰显自己的权利，以实际的革命焰火点燃这蓄势待发的解放斗争！最后马克思以"不是反革命的完全胜利，就是新的胜利的革命！也许，革命的胜利只有在反革命完成之后才有可能"④结束了发言。

马克思精彩绝伦的发言折服陪审员，陪审员们当庭宣告被告无罪，马克思和他的战友们在大批民众的欢呼和簇拥下离开了法庭，在同反动的普鲁士政府的斗争中取得了压倒性胜利！

（三）新建斗争阵地重建同盟

在马克思和战友们获得释放后，他们又重新投入到引导工人阶级开展独立行动之中，继续反抗反动政府。在《新莱茵报》大声疾呼之中，德国境内的战斗愈演愈烈。反动政府出动优势兵力四处镇压革命起义，缺少先进武器的工人阶级在一次次镇压中遭到迫害。敌我双方势力在连日的战斗中发生了反转。

随着多地革命运动宣告失败，反动政府的报复行动又开始了。他们如

---

① 《马克思恩格斯全集》第 6 卷，北京：人民出版社 1961 年版，第 286 页。
② 《马克思恩格斯全集》第 6 卷，北京：人民出版社 1961 年版，第 288 页。
③ 《马克思恩格斯全集》第 6 卷，北京：人民出版社 1961 年版，第 291—292 页。
④ 《马克思恩格斯全集》第 6 卷，北京：人民出版社 1961 年版，第 306 页。

同豺狼将《新莱茵报》视为猎物疯狂地扑杀、撕咬。这份一直挺立在革命前线的报刊在马克思的带领下一次又一次揭露了反动政府的阴谋诡计，因此，反动势力对它绝不轻饶。对《新莱茵报》敌视和迫害并没有因为逮捕主编而停止，反动势力认为既然无法在法庭上定罪，那么就将报刊主编和撰稿人一并驱逐出境，使其再无法在德国的土地上继续革命。

在1849年5月19日，《新莱茵报》最终在反动政府的迫害下停刊。马克思和战友们在最后一期报刊中留下了他们对反动政府的谶告，"我们铁面无情，但也不向你们要求任何宽恕。当轮到我们动手的时候，我们不会用虚伪的词句来掩饰恐怖手段"①。也留下了对科隆工人的告别"无论何时何地，他们的最后一句话始终将是：工人阶级的解放！"②

在反动政府的迫害下，马克思与战友们辗转在德国和法国之间，继续参与战斗。在到达巴黎后不久，巴黎的反动政府又对马克思一家进行了驱逐。流亡英国期间，马克思经历了倾家荡产、痛失幼子和病魔光顾的苦难。

苦难折磨着马克思一家却并没有压倒他们。虽然身处劣境，但马克思却以积极乐观的态度重新站了起来。在英国，除了总结欧洲大革命的战斗经验外，马克思还在英国这个工业迅速发展、经济腾飞的地方看到了进一步革命的可能。好不容易安定下来的马克思又多方筹集资金创办《新莱茵报。政治经济评论》。

在创建报刊的同时，马克思又为重振流亡者希望的计划忙碌起来。遭受了失败的革命，大批流亡到英国的革命者难以接受失败的事实，他们当中的多数人生活潦倒，自暴自弃，整日在烟酒中度过，甚至走上了斗殴、剽窃的不归路。

为了重建革命队伍，积累了丰富斗争经验的马克思担起了帮助和救济这些流亡者的重任。1849年9月18日，马克思参加了德意志工人教育协会全体大会，并在会上成功当选"伦敦德国流亡委员会"委员，帮助无家可归的流亡者维持生活。

---

① 《马克思恩格斯全集》第6卷，北京：人民出版社1961年版，第603页。
② 《马克思恩格斯全集》第6卷，北京：人民出版社1961年版，第619页。

此外，另一件重要的大事一直萦绕在马克思心头，那就是重建共产主义者同盟。由于参与革命，各支部的同盟成员都分散到各地，同盟的组织事实上已经不存在了，而反动势力对革命的镇压以及对革命者的迫害使得同盟成员和其他革命者一样纷纷逃亡英国。马克思预感可以在英国重振同盟组织，为后续的革命做充分准备。

为了实现同盟的重建，马克思和恩格斯在1850年撰写了《中央委员会告共产主义者同盟书》，在文章中，马克思和恩格斯振臂疾呼"革命已经迫近，而这次革命不管将来是由法国无产阶级的独立起义引起的，还是由神圣同盟对革命的巴比伦的侵犯引起的，都会加速这种发展"①。在马克思和恩格斯充满燃烧激情的文字中，越来越多革命者以及同盟成员重新汇聚到了马克思恩格斯身边。

四、国际革命舞台上的斗争先锋

成为国际公民的马克思流浪在欧洲，但是他的思想却没有局限在欧洲某国、欧洲大地上。作为革命导师的马克思，即便遇上革命失败也仍旧肩负着团结工人团体，为工人运动鼓舞呐喊的重任。在晚年重病缠身之际，马克思仍旧没有忘记他为无产阶级解放矢志奋斗的诺言，拥有世界视野和广阔胸怀的马克思将革命希望寄托在遥远的东方，以期巨变的东方给全世界无产阶级吹响胜利的号角！

（一）缔造国际工人协会

"当欧洲工人阶级又强大到足以对统治阶级政权发动另一次进攻的时候，产生了国际工人协会"②。1863年，长期遭受俄罗斯、普鲁士、奥地利等国奴役的波兰人民举起了武装反抗的大旗。但是武装起义遭到了来自沙皇政府的残酷镇压。正义的反压迫斗争得到了英国、法国工人阶级以及进步人士的支持。他们一边为俄国镇压波兰起义召开声势浩大的声援大

---

① 《马克思恩格斯全集》第10卷，北京：人民出版社1998年版，第387页。
② 《马克思恩格斯文集》第2卷，北京：人民出版社2009年版，第20页。

会，一边积极组织由英、法、德、意、波和所有愿意为造福人类而共同努力的国家代表大会，讨论联合的问题。他们还专门邀请了马克思作为德国工人的代表参与这次重要的会议。

考虑到会议的重要性，马克思意识到目前的国际形势已经发生了很大的变化，加强国家联合成为日益发展起来的各国工人运动的共同要求，马克思决定打破十几年来拒绝此类邀请的惯例，答应出席会议，并推荐原共产主义者同盟盟员的约翰·格奥尔格·埃卡留斯在大会上发言。1864年9月28日，在伦敦圣马丁礼堂，由英、法、德、意、波等国2000多名工人代表参加的国家工人大会隆重举行。经过发言、协商，大会决定成立国际工人协会（史称第一国际），选举了包括马克思和埃卡留斯在内的35人组成的临时中央委员会。

由于协会中有来自各国各地、信仰各种主义的人士，国际的《成立宣言》和《临时章程》的起草工作经历了激烈的斗争过程。其中，马克思发挥了中流砥柱的作用。他明白必须力争起草一个不致把英国工联，法国、比利时、意大利和西班牙的蒲鲁东派以及德国的拉萨尔派拒之门外的纲领。因此，他巧妙地把原则的坚定性和策略的灵活性结合起来，结合当时工人运动的实际情况，坚持《宣言》的基本原则和精神，彻底地修改了那些已经"被采纳的意见"①，起草了能为多数人接受的国际工人协会的关键文件。

1864年11月1日，马克思草拟的《成立宣言》和《临时章程》被审议批准后来又在代表大会上一致通过，成为国际工人协会的正式文件。在两份文件中，马克思倾尽全力坚持的无产阶级原则得到了认可，这是无产阶级原则战胜资产阶级原则的重大胜利，也是马克思推动第一国际真正为实现其无产阶级性质指导工人开展斗争的伟大实践。

在国际随后的发展中，马克思作为总委员会委员及德国和俄国通讯书记，一直奔忙于国际的政策、纲领和路线制定，领导国际开展反抗运动，与各种侵蚀国际的错误思想进行论战。在马克思的努力下，第一国际与国际工人的联系日益密切，国际工人之间的行动更加紧密，被科学理论武装

---

① 《马克思恩格斯全集》第31卷，北京：人民出版社1972年版，第16页。

的工人阶级已经认识到自己所处的地位，并把"夺取政权已成为工人阶级的伟大使命"① 的理念作为开展轰轰烈烈的革命活动的指引。

马克思对第一国际的发展壮大起到了重要的作用，人们常常用"主脑""灵魂"等词汇描绘他的伟大形象。在总委会迁往纽约后，马克思辞去国际的领导职务，但他却没有退出与资产阶级斗争的战场。他明确表达了自己对革命胜利的期待，"我不会退出国际，我将一如既往，把自己的余生贡献出来，争取我们深信迟早会导致无产阶级在全世界统治的那种社会思想的胜利。"②

当革命陷入低潮，各国工人阶级建立自己独立的政党任务迫在眉睫。1876年7月，曾经作为引领欧美工人运动首脑机关的国际在最后一次代表大会后，宣告解散。在国际存在的近12年时间里，它光荣地完成了团结工人群众，为反对资本主义制度争取自身解放而斗争的使命任务，它的伟大贡献将会在人类文明发展史上留下浓墨重彩的一笔。

（二）与巴黎人民站在一起

19世纪60至70年代，社会矛盾尖锐复杂、国家之间为争夺土地不时爆发战争，偶有发生的经济危机更给处于动荡的欧洲增加了火药，人民群众生活在水深火热之中。在欧洲各国的混战中，德国和法国之间的战争最为激烈。多年以来，德国和法国怀有各自的政治图谋和领土野心。两国的军事较量在1870年的普法战争达到高潮，最终以法国战败，与德国签订条件十分苛刻的投降条约告终。

当战败消息传回法国，激起了饱受战争压迫的广大人民的不满，在法国国内，人民爆发了武装反抗，巴黎工人们的英勇战斗引爆了"巴黎公社"革命的热潮。在巴黎人民武装起义中，工人阶级组成了自卫战的第一道防线。在法国政府投降后，工人阶级仍坚持与普军战斗，爱国的巴黎人民也公开募集资金为工人武装购置大炮武器。1871年3月18日，法国内阁总理下令政府军队夺取巴黎工人的大炮引发震怒，人们纷纷起来反对资

---

① 《马克思恩格斯全集》第16卷，北京：人民出版社1964年版，第13页。
② 《马克思恩格斯全集》第18卷，北京：人民出版社1964年版，第180页。

产阶级政府对外怯懦对内镇压的损害民族利益的行径，巴黎工人、手工业者及其他劳动者和军队中倒戈的士兵组成了爱国人民阵线，将资产阶级政府驱逐巴黎，巴黎市政厅上方高高扬起了工人的旗帜，3月28日，在群众性的庆祝大会上，巴黎公社正式宣告成立。

巴黎公社成立的消息传到欧洲其他国家，极大地鼓舞了工人运动。作为工人运动的领袖，马克思在公社革命爆发开始就紧密关注发展形势，并勇毅地以无产阶级革命家的满腔热情采取一切可以采取的手段支持巴黎人民和巴黎革命。与此同时，马克思也洞悉到反动的资产阶级政府绝不会轻易地将国家政权拱手相让，他们必定会勾结国外资产阶级力量进行反扑，不计代价地镇压革命，扼杀新生的人民政权。

马克思从两个方面着手开展保护巴黎公社这一珍贵的革命果实的实践工作。一方面他给住在各国的朋友和国际的成员写信，将巴黎发生的真实情况告诉他们，并呼吁各国工人联合起来声援巴黎工人阶级的革命斗争，对巴黎的新生政权给予保护，扩大工人阶级的革命影响。在马克思的呼吁下，欧洲一些国家的工人阶级纷纷举行游行集会，为巴黎工人阶级的革命行动进行声援。另一方面，马克思还告知人们必须警惕欧洲资产阶级对巴黎公社的语言诽谤。在给李卜克内西的信中，马克思指出"你千万一个字也不要相信报纸上出现的关于巴黎内部事件的种种胡说八道。这一切都是谎言和欺骗。资产阶级报纸上那一套下流的胡言乱语还从来没有表现得这样出色"[1]。对部分已经受到言语迷惑的友人，马克思公正地肯定了巴黎公社的伟大意义，认为"工人阶级反对资本家阶级及其国家的斗争，由于巴黎的斗争而进入了一个新阶段。不管这件事情的直接结果怎样，具有世界历史意义的新起点毕竟是已经取得了"[2]。

事情的发展没有超出马克思的预料，资产阶级反动政府并没有在一次失败后轻易败走，而是在蛰伏一段时间后卷土重来。法国梯也尔反动势力不仅纠集了法国境内的反动势力，而且还联合了法国宿敌德国的反动势力

---

[1] 《马克思恩格斯文集》第10卷，北京：人民出版社2009年版，第351—352页。

[2] 《马克思恩格斯文集》第10卷，北京：人民出版社2009年版，第354页。

一起加入到扑杀巴黎公社的对抗中。战斗首先在巴黎近郊打响，而后进入巴黎市区每一条街道、每一栋楼房。面对反动势力来势汹汹的绞杀，公社战士并没有投降屈服，他们英勇地战斗直至牺牲。

巴黎公社最终在血腥的五月结束了它短暂的生命，而巴黎公社的社员们也在资产阶级反动势力的绞杀下永远地长眠在他们抗争过的土地里。随着巴黎公社的失败，一部分幸存的社员成为流亡者。面对这些无家可归的革命英雄，马克思无惧牵连，坚毅地扛起了救助流亡者的重任。他慷慨地提供自己的家作为流亡的第一个避难所。在救助流亡者的过程中，马克思和家人一方面竭力鼓励公社流亡者振作精神，全心全力关心和照顾他们，另一方面，马克思还付出极大的精力为公社流亡者们寻找住所、凑集衣物和家庭用品等物资，帮助他们办理护照，筹措路费和找工作。

受国际工人协会委员会的委托，马克思在1872年4月为巴黎公社撰写了宣言。虽然，此时的马克思正在因忧心反动势力反巴黎公社而病倒，但是他并没有推脱这个崇高而重要的工作，最终写成了《法兰西内战·国际工人协会总委员会宣言》。在《宣言》中，马克思除了深刻总结公社的战斗经历和历史经验、阐明公社原则外，还进一步表达了他和巴黎人民站在一起的坚定决心，他这样写道："工人的巴黎及其公社将永远作为新社会的光辉先驱而为人所称颂。它的英烈们已永远铭记在工人阶级的伟大心坎里。那些扼杀它的刽子手们已经被历史永远钉在耻辱柱上，不论他们的教士们怎样祷告也不能把他们解脱。"[①]

（三）探索东方民族的出路

作为世界工人阶级的革命导师，在勇敢地同各种错误思潮进行论战、积极地在革命前线参与战斗外，马克思毕生关注被压迫民族的革命斗争和命运，他从未放弃过对世界历史和人类命运的探索。直到晚年，随着资本主义列强瓜分殖民地的斗争越来越尖锐，马克思对爱尔兰、印度、中国、埃及以及处在资本主义薄弱链条之间的俄国的前途命运也越来越关注。

帝国主义全世界范围内的野蛮扩张，给世界其他地区和民族带来深重

---

① 《马克思恩格斯文集》第3卷，北京：人民出版社2009年版，第181页。

灾难。远在东方的中国也难逃帝国主义侵略的魔爪，成为其倾销商品、掳掠钱财、扩张势力范围的实验场所。马克思非常同情饱受殖民掠夺苦难的中国人民，他用历史唯物主义的观点和方法深刻剖析中国社会的特点。同时，在他《中国革命和欧洲革命》《波斯和中国》《对华贸易》等二十余篇公开发表的文章里，马克思在国际舆论场向世界人民说明了中国百姓正在遭受的非人处境，他针砭时弊地谴责和批判以英国、法国和俄国为代表的帝国主义国家的强盗行径，并对中国人民进行不屈不挠的反抗斗争和英勇无畏的保家卫国气概表示赞扬。在马克思眼中，中国如同处在黎明前的黑暗里，亟待光明的到来。进行正义反帝反侵略英勇斗争的中国革命将会迎来光明的前景。恩格斯同样对中国人民怀抱支持和鼓励，他这样预言道："过不了多少年，我们就会看到世界上最古老的帝国作垂死的挣扎，同时我们也会看到整个亚洲新纪元的曙光"①。

即便在健康恶化的晚年，马克思仍然关心俄罗斯社会发展前景和俄国公社的命运问题，论述了关于落后国家超越资本主义"卡夫丁峡谷"的多种可能性和条件。在马克思给维·伊·查苏里奇的信中，他强调了对俄国公社的重视，指出"'农村公社'的这种发展是符合我们时代历史发展的方向的，对这一点的最好证明，是资本主义生产在它最发达的欧美各国中所遭到的致命危机，而这种危机将随着资本主义的消灭，随着现代社会回复到古代类型的高级形式，回复到集体生产和集体占有而告终"②。通过对历史和现实的细致分析，马克思看到了俄国1861年改革后，俄国公社面临的潜在威胁，以及俄国社会亟待冲破一切束缚的革命力量。他提醒俄国革命者们，"要挽救俄国公社，就必须有俄国革命。而且，政府和'社会新栋梁'正在尽一切可能准备把群众推入这一灾祸之中。如果革命在适当的时刻发生，如果它能把自己的一切力量集中起来以保证农村公社的自由发展，那么，农村公社就会很快地变为俄国社会新生的因素，变为优于其他还处在资本主义制度奴役下的国家的因素。"③

---

① 《马克思恩格斯全集》第12卷，北京：人民出版社1962年版，第234页。
② 《马克思恩格斯文集》第3卷，北京：人民出版社2009年版，第579页。
③ 《马克思恩格斯文集》第3卷，北京：人民出版社2009年版，第582页。

第五章　理论思辨中的人民立场（哲学）

"一切划时代的体系的真正的内容都是由于产生这些体系的那个时期的需要而形成起来的。"① 人类社会发展到 19 世纪中叶，欧洲资本主义制度基本确立，工业革命引发了整个资本主义社会的深刻变革，正如毛泽东所讲："生产力、阶级斗争和科学均发展到了历史上未有过的水平，工业无产阶级成为历史发展的最伟大的动力"②。正是在这样的社会背景和历史条件下，马克思逐渐意识到实现无产阶级和人类解放是这一时代的历史任务，并在实践探索中创立出辩证唯物主义和历史唯物主义，让无产阶级第一次拥有了自己的科学世界观。

马克思主义在哲学发展史上实现了伟大变革，为时代发展和社会进步开辟了全新的道路。它既不是少数精英的学说论调，也不是价值中立的抽象观念，而是广大人民群众改造社会的强大思想武器，始终代表着无产阶级和人民群众的根本利益。"为人类解放而不懈奋斗"的马克思立足人类社会现实，公开申明自己服务于人民解放事业的价值立场，强调人民群众对社会发展的决定性作用，将实现人自由而全面的发展作为根本价值追求和最高奋斗目标。"马克思坚信历史潮流奔腾向前，只要人民成为自己的主人、社会的主人、人类社会发展的主人，共产主义理想就一定能够在不断改变现存状况的现实运动中一步一步实现。"③

---

① 《马克思恩格斯全集》第 3 卷，北京：人民出版社 1960 年版，第 544 页。
② 《毛泽东选集》第 1 卷，北京：人民出版社 1991 年版，第 300 页。
③ 习近平：《在纪念马克思诞辰 200 周年大会上的讲话》，北京：人民出版社 2018 年版，第 16 页。

第一节　人民解放论：让人民成为自己的主人

追求人民解放，实现人的自由全面发展是人类千百年来孜孜不倦的诉求。从中国的"大同思想"到西方的"乌托邦梦想"，无不体现着人类对自身解放的关注和实践。作为无产阶级的代言人，马克思一生不变的思想主题就是为人类求解放，而这也是他终生为之奋斗和献身的价值目标。说到底，人民解放就是让人民成为自己的主人，这既是运动过程，也是历史目标，是过程与目标的统一。

在马克思看来，人民只有经过政治解放，才能获得自由平等的权利；只有经过经济解放，才能拥有充足的物质基础；只有经过精神解放，才能真正实现人的发展。人民在解放自身的过程中，不断释放出个体和社会的力量，从而彻底摆脱被奴役、被压迫、被剥削的悲惨境遇，全面颠覆资本逻辑，最终以自由人的联合体取代国家，建立起共产主义社会。

一、人民要实现政治解放

政治解放是实现人民解放的基本前提。马克思认为，在人的漫长的解放的历史进程中，首要的是获得政治解放。所谓"政治解放"就是使国家从中世纪的宗教束缚下解脱出来，废除人们在政治上的不平等。而资产阶级革命正是"政治解放"的表现。正如马克思指出："政治解放当然是一大进步；尽管它不是普遍的人的解放的最后形式，但在迄今为止的世界制度内，它是人的解放的最后形式。不言而喻，我们这里指的是现实的、实际的解放。"① 人民要实现政治解放，首要的就是摆脱一切宗教束缚，废除一切封建特权，使人民享有法律保障的政治权利和社会地位。

（一）打碎宗教神学枷锁

西方社会自中世纪以来，宗教神学一直与封建王权、贵族特权相互勾

---

① 《马克思恩格斯文集》第 1 卷，北京：人民出版社 2009 年版，第 32 页。

结，是统治者用以愚弄欺骗人民的工具。在宗教神学的影响下，劳苦人民往往会安于现状而不思反抗，丧失谋求政治解放的主动性。因此，人民实现政治解放首先要让国家摆脱宗教的控制，使国家不再维护任何宗教，而去维护国家本身，彻底消除上帝对人的奴役，以恢复人的本质力量。

在19世纪资本主义并不发达的德国，宗教问题依然是社会矛盾的主要表现，这集中体现在"犹太人问题"上。在马克思之前，青年黑格尔派的代表布鲁诺·鲍威尔就把犹太人问题和人民的政治解放联系起来。特别是他撰写了《犹太人问题》和《现代犹太人和基督徒获得自由的能力》这两篇文章，深入展开宗教批判。在鲍威尔看来，"犹太人问题"本质上是纯粹的宗教问题，认为犹太人遭受的政治压迫，根源在于宗教信仰的对立，是他们不放弃自己的宗教信仰，才招致以基督教为国教的德意志国家所排挤。鲍威尔更进一步指出，宗教堪称一切社会压迫的根源所在，唯有彻底消灭宗教，才能够消除社会压迫，所以，犹太人要获取政治解放，必须放弃犹太教，而全体人民要获得政治解放也就必须消灭宗教。这些观点看似在进行宗教批判，但实质上忽略了其背后深刻的社会和政治根源。

对此，马克思撰写《论犹太人问题》一文进行批驳。他认为，德国犹太人所受的压迫和歧视，其原因在于德意志"没有政治国家、没有真正的国家"①。完备的资产阶级民主国家实行政教分离和信仰自由的政策；而德意志却是政治和宗教合二为一，实行宗教歧视的政策。他指出，政治解放不意味着宗教的彻底消灭，更不是人类的彻底解放，决不可以把批判宗教作为解决一切社会问题的根本途径。"只有消灭了世俗桎梏，才能克服宗教狭隘性。我们不把世俗问题化为神学问题。我们要把神学问题化为世俗问题，相当长的时期以来，人们一直用迷信来说明历史；而我们现在是用历史来说明迷信。"②后来马克思在《黑格尔法哲学批判导言》中进一步强调："宗教是人民的鸦片"。虽然"对宗教的批判是其他一切批判的前提"③，但要将"对天国的批判变成对尘世的批判，对宗教的批判变成对法

---

① 《马克思恩格斯全集》第1卷，北京：人民出版社1960年版，第424页。
② 《马克思恩格斯全集》第1卷，北京：人民出版社1960年版，第425页。
③ 《马克思恩格斯文集》第1卷，北京：人民出版社2009年版，第3页。

的批判,对神学的批判变成对政治的批判。"① 这也就意味着人民实现政治解放一方面必须使宗教不再是国家公权和国家精神的象征,而要成为人民的私事,"把宗教从公法领域驱逐到私法领域中去"。② 另一方面,政治解放必须使国家返回到现实世界中,使国家"不信奉任何宗教,确切地说,信奉作为国家的自身。"③

(二) 推翻封建专制统治

宗教神学的政治根源在于封建专制统治。近代资产阶级革命,尤其是 1789 年爆发的法国大革命震撼了整个欧洲的封建秩序,动摇了欧洲其他国家君主专制的现实基础。马克思就出生在这片深受大革命洗礼的土地上。随着深入研究法国历史,他逐渐认识到大革命的思想政治渊源,分析到革命本身,特别是第三等级反对封建阶级的阶级斗争,这无疑促进了马克思的政治解放思想。立足德国现实,他指出德国是"一个以议会形式粉饰门面,混杂着封建主义残余、已经受到资产阶级影响、按官僚制度组织起来,并以警察来保卫的军事专制制度的国家"④,因而人民要争取政治上的权利,必须推翻封建专制统治。

早在 1842 年,马克思在他第一篇政论文章《评普鲁士最近的书报检查令》里,就对德国普鲁士的封建专制制度予以抨击。马克思认为,新书报检查令将基督教精神确立为国家精神,这一举措意味着在政治解放之后,国家竟重新倒退回基督教国家,堪称虚伪自由主义的"杰作"。他痛斥:"政治原则和基督教原则的混淆,已然成为官方的信仰标志。"⑤ 此后,在《关于林木盗窃法的辩论》《摩塞尔记者的辩论》等一系列文章中,马克思持续对封建制度和专制国家发起批判,以此坚定捍卫贫苦农民的切身利益。例如,他从法律视角深入剖析,指出等级国家的法律是为剥削阶级

---

① 《马克思恩格斯全集》第 1 卷,北京:人民出版社 1960 年版,第 453 页。
② 《马克思恩格斯文集》第 1 卷,北京:人民出版社 2009 年版,第 27 页。
③ 《马克思恩格斯文集》第 1 卷,北京:人民出版社 2009 年版,第 28 页。
④ 《马克思恩格斯全集》第 25 卷,北京:人民出版社 2001 年版,第 29 页。
⑤ 《马克思恩格斯全集》第 1 卷,北京:人民出版社 1956 年版,第 14 页。

的利益服务的,法律不但承认他们的合法权利,甚至经常承认他们的不合理的欲求。在马克思看来,等级国家是大私有者用以掠夺人民的工具,私人利益则是国家机关的灵魂所在。

马克思指出,"政治解放同时也是同人民相异化的国家制度即统治者的权力所依据的旧社会的解体。"① 以自由、平等为旗帜的资产阶级革命推翻了封建专制统治,消除了各种封建等级制度,更重要的是促使市民社会挣脱封建专制的枷锁而走向独立,也使得人民成为市民社会的有机组成部分,并被视作具有独立地位的个体。19世纪30—40年代,随着资本主义生产方式的扩张,欧洲封建贵族的势力逐渐削弱。为了让社会特权重新回到自己手中,他们其中一部分人开始用流行的"社会主义"思想包装自己,对资产阶级进行攻击,同时发表一些同情无产阶级的理论,从而达到欺骗人民、拉拢人民的目的。马克思、恩格斯在《共产党宣言》中将这种错误思潮称之为"封建社会主义",并用单独的一节进行批判。他们指出:"为了激起同情,贵族们不得不装模作样,似乎他们已经不关心自身的利益,只是为了被剥削的工人阶级的利益才去写对资产阶级的控诉书。"② 正是因为它所反映的是封建主义意识形态在资本主义社会的延续,所以"每当人民跟着他们走的时候,都发现他们的臀部带有旧的封建纹章,于是就哈哈大笑,一哄而散。"③

(三) 确定人的基本权利

政治解放使"法"代替了"特权",让人民从等级制度中解放出来,成为独立的个体。在经过政治解放的国家里,人民实现了以人权形式来维护自身的自由和平等。通过法律明文规定,每个人的公民地位得到了确立,而且不论出身贵贱、等级高低、文化程度深浅、职业有何殊异,每个人都平等地成为人民主权的享有者,其各项权利均会获得平等且坚实的保障。

---

① 《马克思恩格斯文集》第1卷,北京:人民出版社2009年版,第44页。
② 《马克思恩格斯文集》第2卷,北京:人民出版社2009年版,第54页。
③ 《马克思恩格斯文集》第2卷,北京:人民出版社2009年版,第55页。

为反对封建专制和宗教神学，近代资产阶级启蒙思想家如霍布斯、洛克、卢梭等就提出了"天赋人权"的学说。他们认为，人类在进入公民社会之前，一直处于自然状态中，受到理性自然法则的支配，每个人生而平等地拥有上天赋予的权利，如生命、自由、平等、财产等自然权利。这些权利是不可转让、不可剥夺的、永恒的。为了保护自然权利，人们通过订立契约，把一部分自然权利让渡出来，这样就产生了国家。国家最基本的职能就是保护人民的自然权利，而如果侵犯到人民的自然权利，人们就有合法的理由反对甚至推翻它。后来黑格尔从唯心主义的立场上进一步阐明人的权利。他认为，人权基础存在于人类的心灵之中，更精确地说，人权源自人类的自由意志，也存在于人类的自由意志之中。意志是自由的，故而，自由既是人权的本质，也是人权努力争取的目标。需要指出的是，黑格尔所谓的"人权"只是"主观精神"的表现，而现实的人也只是"绝对精神"实现自我认识的工具。

马克思在青年时代曾受这种"天赋人权"论的影响，但随着他围绕国家、市民社会、法之间的相互关系，阅读了大量的历史学、政治学和社会学著作之后，他走向了对这一思想的批判。在《黑格尔法哲学批判》里，马克思指出，黑格尔忘记了"特殊的人格"的"本质不是人的胡子、血液、抽象的肉体的本性，而是人的社会特质，而国家的职能等等只不过是人的社会特质的存在和活动的方式。"① 1845 年，在《德意志意识形态》中，马克思、恩格斯明确提出："全部人类历史的第一个前提无疑是有生命的个人的存在。因此，第一个需要确认的事实就是这些个人的肉体组织以及由此产生的个人对其他自然的关系。"② 人权不是天生就有的，而是历史地产生的，主要取决于社会政治经济文化发展的实际水平，"决不能超出社会的经济结构以及由经济结构制约的社会的文化发展。"③ 同时，人权又具有阶级性。在马克思看来，资本主义社会中无产阶级的人权并没有保障，因为商品生产与交换的发展给人的一切赋予了"物"的特征，使人处

---

① 《马克思恩格斯全集》第 1 卷，北京：人民出版社 1956 年版，第 270 页。
② 《马克思恩格斯文集》第 1 卷，北京：人民出版社 2009 年版，第 519 页。
③ 《马克思恩格斯文集》第 3 卷，北京：人民出版社 2009 年版，第 45 页。

于被物所统治与奴役的状态。资本家被资本利润所驱使,工人被资本追逐所奴役,人与人之间的关系都被归结为功利关系。资产阶级的人权就是以资本自由平等地剥削劳动力的形式来实现的。所谓"自由平等"的人权口号在资本主义社会很快就化为资产者对工人赤裸裸的压榨。只有进行无产阶级革命,人权才能够真正实现。

二、人民要实现经济解放

马克思十分关注资本主义社会中因经济力量而导致的人的异化问题。他认为经济力量的异化是阻碍人民解放更为深层次的因素。它使人受到私有财产的绝对支配,使人不再是对自己身体和本质的全面占有者,人变得"非人"。在经济力量的异化下,社会关系会沦为商品拜物教、货币拜物教、资本拜物教等物与物的关系形式。而要消除这一异化力量,必须从生产力与生产关系的辩证关系中来寻求解决之道。只有推翻资本主义生产方式,消灭资本主义私有制,建立生产资料公有制,才能使人民成为生产力的主人,自由地占有自己的劳动产品,为人的解放提供充实的物质基础。

(一)消灭资本主义私有制

早在16世纪,英国空想社会主义者托马斯·莫尔在《乌托邦》一书中就表示,"如不彻底废除私有制","产品不可能公平分配,人类不可能获得幸福。"意大利空想社会主义者康帕内拉也认为,"太阳城"的理想之所以能实现,就是由于那里的人民"没有财产"。他认定私有财产本身就是恶,个人"如果有了财产,他们就会靠它来侵犯别人的权利"。

卢梭在《论人类不平等的起源和基础》中指出,"私有制"是一切不平等的万恶之源。正是生产的发展,使得人们在填饱肚皮以后还有剩余产品;正是人们对未来更好的生活的追求,使得人们对多余的产品有了占有欲。他说:"一旦某个人需要另一个人伸出援手,一旦人们发现一个人能够拥有两人份食粮的好处,平等就此土崩瓦解,取而代之的则是私有制。从此,劳动成为必需,而广袤的森林则变成了需要人们播撒辛勤汗水的欣欣向荣的田野。后来也正是在这片土地上诞生了奴隶,苦难从此在这里萌芽，随着庄稼一道在这田野里生长。"① 虽然如此，但卢梭并不主张废除私有制。后来，"德国古典哲学的集大成者"黑格尔又进一步强调私有财产的神圣性，将私有财产诠释为"纯粹人格"的"所有物"，"纯粹人格"通过占有这个"所有物"获得自由并成为理性存在物。在他看来，私有财产是自由的首要彰显，取消私有财产，便等同于否定自由个体的存在根基。正像马克思所指出的："人的本质，人，在黑格尔看来＝自我意识。"② 黑格尔以抽象辩证的方式表达了自己对私有制的崇拜，表达了自己对资本主义国家发展的支持。

1844年初，马克思在批判地研究法学和国家学的同时，也开始在政治经济学上对黑格尔客观唯心主义进行自觉清算。而这集中体现在《1844年经学哲学手稿》中。与黑格尔不同，马克思认为私有财产表现为外化劳动，是外化劳动的后果。他深刻分析道：资本家和工人之间的敌对斗争是由经济利益矛盾引起的。在资本主义的统治下，工人必然陷于贫困的境地，必然会"劳动过度和早死，沦为机器，沦为资本的奴隶……"③ 在这种阶级矛盾尖锐化之下，也必然会导致革命的发生，其结局是资本主义私有制"成为全部私有财产关系的顶点、最高阶段和灭亡。"④ 在马克思恩格斯合著的《神圣家族》中，也提出必须消灭生产资料私有制的思想。后来在《共产党宣言》中，马克思、恩格斯进一步指出："共产党人可以把自己的理论概括为一句话：消灭私有制。"⑤ 这里的"私有制"不是一般意义的私有制，而是特指资本主义私有制，即建立在阶级对立和剥削基础上的生产资料私有制。因此，"消灭私有制"也并不是要消灭生活资料私有制，而是要消灭生产资料私有制，是要消灭"剥夺利用这种占有去奴役他人劳动的权力。"⑥

---

① 卢梭：《论人类不平等的起源和基础》，杭州：浙江文艺出版社2015年版，第88页。
② 《马克思恩格斯文集》第1卷，北京：人民出版社2009年版，第207页。
③ 《马克思恩格斯文集》第1卷，北京：人民出版社2009年版，第124页。
④ 《马克思恩格斯文集》第1卷，北京：人民出版社2009年版，第172页。
⑤ 《马克思恩格斯文集》第3卷，北京：人民出版社2009年版，第435页。
⑥ 《马克思恩格斯文集》第2卷，北京：人民出版社2009年版，第47页。

（二）建立生产资料公有制

古希腊时期，柏拉图设想的"理想国"就把公有制作为制度安排，提出所有物质由国家进行统一分配，废除私有财产。然而这种公有制只适用于城邦的统治者，广大劳动人民不可能从公有制那里享有一切福利。在马克思之前，诸如温斯坦莱、康帕内拉、欧文等空想社会主义者，同样主张废除私有制，建立财产公有制。但他们认为，私有制被公有制取代，仅仅是人类重新发现理性的必然结果。他们没有科学地阐明私有制产生的根本原因，没有理解资本主义社会的基本矛盾，甚至还不懂正确地区分生产资料和消费资料，因而只能把未来的理想社会笼统称之为一种"财产公有"的社会。19世纪法国空想社会主义思想家德萨米在《公有法典》中说："公有制！公有制！一切美好的、优美的东西，都在这一个名词中概括地叙述出来了。"他主张要求人们大公无私，牺牲自己的私有财产和自由权利来确立社会的平等。

而在马克思看来，这些空想社会主义者所倡导的"公有制"是一种普遍的禁欲主义和粗陋的平均主义，是对历史的反动。他们"不可能看到无产阶级解放的物质条件"，只能人为地去创造这些条件。在《1844年经济学哲学手稿》中，他写道："这种共产主义，由于到处否定人的个性，只不过是私有财产的彻底的表现，私有财产就是这种否定。"[1] 马克思认为，所有制的本质是通过人和物的关系表现出来的人和人的关系，即所反映的是某种在历史上存在的劳动者与生产资料的结合方式，以及由它决定的劳动产品的占取方式为主要内容的生产关系。从封建社会到资本主义社会，私有制始终是国家制度的根基，只是表现形式有所不同。在封建制度中，君王的权力就是私有制的直接体现；在现代国家中，法律则取代了君王，成为正义和民主的化身，但这一时期的私有制仍然体现了"占有"的事实和本质，只不过以合法的形式进行了包装和规定。在标志着历史唯物主义形成的《德意志意识形态》中，马克思、恩格斯进一步指出："只有在现实的世界中并使用现实的手段才能实现真正的解放；没有蒸汽机和珍妮走

---

[1]《马克思恩格斯文集》第1卷，北京：人民出版社2009年版，第184页。

锭精纺机就不能消灭奴隶制；没有改良的农业就不能消灭农奴制；当人们还不能使自己的吃喝住穿在质和量方面得到充分保证的时候，人们就根本不能获得解放。"①

从历史唯物主义来看，生产资料私有制必将被生产资料公有制所代替。在《德意志意识形态》中，马克思、恩格斯写道："共产主义和所有过去的运动不同的地方在于：它推翻一切旧的生产关系和交往关系的基础，并且第一次自觉地把一切自发形成的前提看做是前人的创造，消除这些前提的自发性，使这些前提受联合起来的个人的支配。"② 又说："随着联合起来的个人对全部生产力的占有，私有制也就终结了。"③

（三）提高社会生产力水平

经济解放促使资本主义私有制走向消亡，使得生产力不再以一种盲目、无序的力量去支配生产者。就其本质而言，生产力是人类改造自然，使之契合自身需求的物质力量，直观体现着人类改造自然的实际能力与水平，包含了劳动者、劳动资料以及劳动对象三个基本要素。通过经济解放，人民将自主支配自己产品的生产、分配、交换、消费等过程，把人的异己关系真正消灭，也就真正地提高了社会生产力水平。从根本上来说，原始社会、奴隶社会、封建社会、资本主义社会以及社会主义社会，这五种生产方式的依次更迭，是由生产关系必须适应生产力发展状况这一客观规律所决定的，同时也是生产关系持续推动生产力发展的动态过程。从人类历史看，"无论哪一个社会形态，在它所能容纳的全部生产力发挥出来以前，是决不会灭亡的；而新的更高的生产关系，在它的物质存在条件在旧社会的胎胞里成熟以前，是决不会出现的。"④

19世纪初期，弗里德里希·李斯特就提出了生产力理论，探讨一个国家发展生产力的重要性及应该如何发展国家综合生产力等问题。但李斯特

---

① 《马克思恩格斯文集》第2卷，北京：人民出版社2009年版，第527页。
② 《马克思恩格斯文集》第2卷，北京：人民出版社2009年版，第574页。
③ 《马克思恩格斯文集》第2卷，北京：人民出版社2009年版，第582页。
④ 《马克思恩格斯文集》第2卷，北京：人民出版社2009年版，第592页。

所定义的生产力，实际指"生产能力"，即特定生产方式所展现出的能力。其局限性在于，只是孤立地考察了生产力的个别因素，仅停留在对生产力的直观认识上，对生产关系却未曾提及。这一时期也是受李斯特《政治经济学的国民体系》的影响，马克思撰文时大量使用他的生产力概念。如马克思自己所言："我们是从国民经济学的各个前提出发的。我们采用了它的语言和它的规律。"①

在《德意志意识形态》中马克思对生产力的概念有了更科学地理解。如："历史的每一阶段都遇到一定的物质结果，一定的生产力总和，人对自然以及个人之间历史地形成的关系，都遇到前一代传给后一代的大量生产力、资金和环境，尽管一方面这些生产力、资金和环境为新的一代所改变，但另一方面，它们也预先规定新的一代本身的生活条件，使它得到一定的发展和具有特殊的性质。"② 后来在致安年科夫的信中，马克思又从生产力和生产关系的矛盾关系上理解和说明人类的历史发展，进而驳斥蒲鲁东主义。他指出："人们借以进行生产、消费和交换的经济形式是暂时的和历史性的形式。随着新的生产力的获得，人们便改变自己的生产方式，而随着生产方式的改变，他们便改变所有不过是这一特定生产方式的必然关系的经济关系。"③ 可见，推动历史演进的动力并非某种超脱于人的神秘力量，亦非观念或普遍理性，而恰恰是现实中人的生产活动以及交往形式——"这正是蒲鲁东先生没有理解、更没有证明的"。在蒲鲁东的认知里，现实中的个人被排除在社会和历史之外，沦为"观念或永恒理性为实现自身发展而利用的工具"。④ 所以，在马克思看来，正是资本主义大工业和它所创造的发达生产力，促成经济解放，从而也为人民解放创造更为坚实的物质基础。

---

① 《马克思恩格斯文集》第1卷，北京：人民出版社2009年版，第183页。
② 《马克思恩格斯文集》第1卷，北京：人民出版社2009年版，第544—545页。
③ 《马克思恩格斯选集》第4卷，北京：人民出版社2012年版，第410页。
④ 《马克思恩格斯文集》第10卷，北京：人民出版社2009年版，第46页。

三、人民要实现精神解放

马克思对人的精神活动及解放过程的认识是从寻觅"理性"开始的。他在青年时期接触了康德、费希特、黑格尔的思想。尤其是黑格尔精神哲学,曾像磁石一样深深地吸引着他,令他"要证实精神本性也和肉体本性一样是必要的、具体的并有着坚实的基础"①。然而面对现实问题,尤其是遇到要对所谓物质利益发表意见时,马克思逐渐意识到黑格尔纯粹抽象的精神哲学所固有的局限性。因而他选择清算黑格尔哲学,而又开始接近人民群众的立场,将人民的精神解放定格在人的实践活动及其所构成的历史过程之中。同时在马克思看来,政治解放和经济解放为人的解放提供了现实前提和物质基础,但并不能代表人民真正得到解放,因为只有精神的参与才能真正体现政治解放和经济解放的价值。只有这样,人民才能体会到财富增加和制度变革给人带来的意义。所以,他在《共产党宣言》中指出:"共产主义革命就是同传统的所有制关系实行最彻底的决裂;毫不奇怪,它在自己的发展进程中要同传统的观念实行最彻底的决裂。"②

(一)增强人民的主体意识

西方近代以来,随着"人"从"神"的束缚中挣脱,哲学家们开始关注人的本质、人的意识、人的精神。尤其是笛卡尔、康德、黑格尔等唯心主义者将"人的主体性"抽象地发展了。笛卡尔以"我思故我在"首开对主体性研究的先河,用"我思"来规定"我在",用反思来规定自我,把对自我考察的目光集中在对理性的反思及其逻辑规定上。康德在此基础上将"我思"改造为"综合的先验视觉",把理性自我提高到先验自我的地位,宣告了人是目的,其余的一切都围绕着人展开。然而,康德面临着一个困境,即无法探寻到理性通往现实世界的有效路径,无法阐释主体究竟如何达成自律与自由。最终康德只得设定一个不可知的自在之物,从而在

---

① 《马克思恩格斯全集》第47卷,北京:人民出版社2004年版,第13页。
② 《马克思恩格斯文集》第2卷,北京:人民出版社2009年版,第52页。

"物自体"与现象界之间划出了一道难以跨越的鸿沟。黑格尔在批判性继承康德主体性思想的基础上，进一步将人的主体性归结为"绝对精神"实现自我的一种工具。在黑格尔那里，"绝对精神"是创造宇宙万物的主体，具有认识功能且先验地拥有绝对性和至上性。继黑格尔之后，费尔巴哈从唯物主义的视角对宗教神学和思辨哲学进行批判，试图揭示"人的本质"。但由于缺乏历史生成的视野，他只将"人"视为具有抽象的类本质，把精神理解为"爱的宗教和贫乏无力的道德"，因此"他下半截是唯物主义者，上半截是唯心主义者。"①

马克思之前的哲学在人的主体性思想上存在着自身不能克服的理论困境。对其进行批判超越就成为马克思精神解放思想的生长点。马克思认为人是历史性的存在物，人民的主体意识是社会历史的产物。他指出"意识一开始就是社会的产物，而且只要人们存在着，它就仍然是这种产物。"②同时"人们的意识，随着人们的生活条件、人们的社会关系、人们的社会存在的改变而改变。"③ 由于社会分工的出现，人的物质活动同精神活动之间发生了分离，从此"意识才能摆脱世界而去构造'纯粹的'理论、神学、哲学、道德等等"④。此外，马克思、恩格斯还用阶级分析方法来考察人的精神状况。他们指出，"一个阶级是社会上占统治地位的物质力量，同时也是社会上占统治地位的精神力量。支配着物质生产资料的阶级，同时也支配着精神生产资料，因此，那些没有精神生产资料的人的思想，一般地是隶属于这个阶级的。"⑤ 如此说来，在资本主义条件下，无产阶级居于被统治地位，既不能"支配物质生产资料"，也不能"支配精神生产资料"，故只能隶属于资产阶级。这样一来，无产阶级想要摆脱资产阶级的精神生产的束缚，就必须进行自身的精神解放。早在《〈黑格尔法哲学批判〉导言》中，马克思就针对德国无产阶级指出："德国人的解放就是人

---

① 《马克思恩格斯选集》第4卷，北京：人民出版社2012年版，第248页。
② 《马克思恩格斯文集》第1卷，北京：人民出版社2009年版，第533页。
③ 《马克思恩格斯文集》第1卷，北京：人民出版社2009年版，第50—51页。
④ 《马克思恩格斯选集》第1卷，北京：人民出版社2012年版，第162页。
⑤ 《马克思恩格斯文集》第1卷，北京：人民出版社2009年版，第550页。

的解放。这个解放的头脑是哲学，它的心脏是无产阶级。哲学不消灭无产阶级，就不能成为现实；无产阶级不把哲学变为现实，就不可能消灭自身。"①

（二）提升人民的实践能力

人民的精神解放必然要经历一定的活动过程，这在马克思看来就是"实践"。而在马克思的实践观诞生之前，其实已有不少哲学家探讨过这个概念。如黑格尔就曾把实践看作是认识达到真理的必经环节，不过他把实践视为"绝对精神"的发展运动，仅仅抽象地表达了实践的能动方面。费尔巴哈对此纯粹的抽象活动进行批判，但遗憾的是他将实践的能动性抛弃了，"仅仅把理论的活动看作是真正人的活动，而对于实践则只是从它的卑污的犹太人的表现形式去理解和确定。"② 认为人与动物一样，只是自然界的一部分，是自然界的产物。

马克思认为，无论是以黑格尔为代表的唯心主义，还是以费尔巴哈为代表的旧唯物主义都没有正确认识"实践"。他在《关于费尔巴哈的提纲》中明确指出："社会生活在本质上是实践的。凡是把理论导致神秘主义的神秘东西，都能在人的实践中以及对这个实践的理解中得到合理的解决。"所以，正是实践构成了人的存在方式，成为人的意识活动的根基。在实践的进程中，人类逐步发展出意识能力，使得自身的生命活动升华成为有意识的生命活动，从而与动物那种被动适应环境的活动划清了界限。更进一步说，正是人通过实践使浑然一体的世界分化为客观世界与主观世界的二重化世界。尤其在主观世界里，人的欲求、愿望、情感、意志、目的、观念、信念、知识等，都是其具体的表现形式，并具有相对独立性，但这并不意味着主观世界能够脱离客观世界而独立存在。从根本上而言，主观世界从属于客观世界，是由客观世界派生而来的。主观世界的形成与发展，始终受到客观世界的制约与影响，二者相互关联、不可分割。因而马克思强调："人的思维是否具有客观的真理性，这不是一个理论的问题，而是

---

① 《马克思恩格斯全集》第3卷，北京：人民出版社2002年版，第214页。
② 《马克思恩格斯选集》第1卷，北京：人民出版社2012年版，第133页。

一个实践的问题。"① 正是在实践的认识论指引下，马克思深切关注着人民群众的现实处境和社会地位。在对资本主义条件下资本对雇佣劳动进行残酷剥削的现实进行充分认识之后，马克思科学地提出要通过革命的实践活动把广大人民群众的精神世界解放出来。他指出："正是现代大工业把束缚在土地上的劳动者变成了一个完全没有财产、摆脱一切历来的枷锁而被置于法律保护之外的无产者，正是这个经济革命造成的条件才可能推翻剥削劳动阶级的最后一种形式，即资本主义生产。"② 在这里马克思看到，在资本主义生产方式下，劳动阶级虽然遭受剥削和压迫，但也逐渐形成了阶级意识和革命意识。随着他们的斗争意识、实践能力的提升，必然会对现存世界进行根本的变革。

（三）促进人民的精神交往

精神交往活动始终伴随着人民的生产与生活。17世纪英国哲学家洛克认为人是一种社会动物，需要相互沟通和交流。18世纪经验论哲学家、不可知论者休谟进一步提出"同情"理论。他认为别人的心理活动会借助同情注入我们心中，形成观念。而"关系对同情是必需的"，因果关系、血缘关系、相识关系等都会促进同情。后来德国哲学家费希特提出了主体间性的问题，对人与人之间的相互承认给予重视。黑格尔发展了这一思想，将人在市民社会中的劳动、财产和交换也都理解为人与人的交往。但这里的人依然是纯粹抽象出来的。1845年，青年黑格尔派代表施蒂纳在《唯一者及其所有物》中对"人"的出场提出了一个荒诞的说法。他认为，思想家在开始思想时、说话者在开始说话时、唱歌者在开始唱歌时，必须从无中创造自身。

针对这样的认识，马克思、恩格斯指出："断言我'从无中'把我自己例如作为'说话者'创造出来，这是绝对不正确的。这里作为基础的无其实是多种多样的某物，即现实的个人、他的语言器官、生理发育的一定阶段、现存的语言和它的方言、能听的耳朵以及从中可以听到些什么的人

---

① 《马克思恩格斯文集》第1卷，北京：人民出版社2009年版，第500页。
② 《马克思恩格斯选集》第3卷，北京：人民出版社2012年版，第198页。

周围的环境，等等。"① 在马克思看来，"物质生活的生产方式制约着整个社会生活、政治生活和精神生活的过程。不是人们的意识决定人们的存在，相反，是人们的社会存在决定人们的意识。"② 然而，仅仅将人民的精神交往理解为物质活动的直接反映，只是把人的精神交往界定在物质活动的决定关系上，就忽略了其对人本身的价值意义。精神交往对物质世界的把握，并非如动物般直观，或像照相一样简单复刻，相反其超越了现象世界，达到对事物的本质和规律的认识。马克思指出："人不仅像在意识中那样理智地复现自己，而且能动地、现实地复现自己，从而在他所创造的世界中直观自身。"③ 在此情形下，人民的精神交往就不仅包括一般的信息传递，还包括人的抽象思维、艺术审美、情感道德等。正是这样的精神交往赋予了人民更加明确且自觉的目的性与计划性，进而通过实践活动将目的、计划转化为现实存在，从而创造出符合人类目的的客观世界。因此，马克思在《1844年经济学哲学手稿》专门提及："作为对象性的、感性的存在物，是一个受动的存在物；因为它感到自己是受动的，所以是一个有激情的存在物。激情、热情是人强烈追求自己的对象的本质力量。"④ 所以，实现人民的精神解放要致力于促进人民的精神交往，激发人民的激情与热情。

第二节 人民创造论：让人民成为社会的主人

是否承认人民对历史的创造作用，是历史唯物主义和历史唯心主义斗争的根本问题之一。在历史唯心主义看来，少数英雄人物能够凭借他们的非凡智慧随心所欲地左右历史进程。他们代表了神秘的精神力量，如"上

---

① 《马克思恩格斯全集》第3卷，北京：人民出版社2002年版，第157—158页。
② 《马克思恩格斯文集》第1卷，北京：人民出版社2009年版，第591页。
③ 《马克思恩格斯全集》第42卷，北京：人民出版社2009年版，第97页。
④ 《马克思恩格斯全集》第42卷，北京：人民出版社2009年版，第169页。

帝""天命""宇宙精神"等，人民群众不过是"消极的、被动的、惰性的东西"，只能俯首听从这种精神力量的支配。

与其根本相反，在马克思看来，人民群众的活动是整个社会生活的基础。从量的规定性来看，人民群众是社会成员中的绝大多数。从质的规定性看，人民群众始终代表着社会进步的发展方向，是无法抗拒的伟大力量。正如毛泽东所讲："人民，只有人民，才是创造世界历史的动力。"①而这种动力作用全面地体现在社会生活之中。

一、人民是社会物质财富的创造者

社会发展的历史反复证明，人民群众的物质生产活动是社会一切活动的基础，人民不首先取得物质生活资料，就不可能从事政治的、科学的和艺术的活动。在物质生产活动中，人民不断积累生产经验，改进生产工具，变革生产关系。既然物质生产在根本性上推动了社会发展，而且人类社会赖以生存的物质生活资料是人民群众用双手创造出来，那么也就决定了人民是社会物质财富的创造者。

（一）人民不断生产物质生活资料

近代以来，哲学探索的重点转移至对人的理性的重视和对世界的科学认识上，开始致力于通过理性来解释人的存在及其现实社会的存在。很长时间里，许多哲学家都认为物质生活只是理性的附属品而不值得研究。直到英国古典政治经济学以人的自然需要和劳动为立足点，尝试建构人与物质生活世界的联系。亚当·斯密在《国民财富的性质和原因的研究》开篇即提出，分工对人的劳动具有促进作用。"劳动生产力最大的增进，以及运用劳动时所表现的更大的熟练、技巧和判断力，似乎都是分工的结果。"② 同时，他也认为人的自然需要是促进分工的根源，而劳动分工则是人满足自身需要的手段，二者是紧密关联的。这一思想影响到黑格尔哲

---

① 《毛泽东选集》第3卷，北京：人民出版社1991年版，第1031页。
② 亚当·斯密：《国民财富的性质和原因的研究》上卷，北京：商务印书馆1972年版，第5页。

学。黑格尔在《精神现象学》关于"自我意识"的讨论中，正是以需要与劳动作为起点的。但黑格尔不是从物质生活世界入手去剖析意识与理性的建构过程，相反认为物质生活世界的历史是理性的外化存在。在他看来，理性是贯穿世界历史的绝对力量，它通过不断外化自身来实现自身的发展，最终达到理性的自由状态。后来青年黑格尔派虽试图对黑格尔哲学及当时的德国社会现实进行批判，但他们始终未能彻底摆脱黑格尔的唯心主义框架，未能揭示这一哲学体系与物质生活之间的本质性关联。

对马克思来说，当他理解了人的物质生产生活之后，他才真正在哲学上实现了革命。在《1857—1858年经济学手稿》的"导言"中他明确指出："摆在面前的对象，首先是物质生产。"① 只要人类社会存在，物质生活资料的生产就是前提。在《资本论》中他再次阐释生产劳动的意义，他说："劳动首先是发生在人和自然之间的行为。在这个行为中，人自身作为一种自然力与自然相对立。为了占有物质，赋予物质以对自身生活有用的形式，人就使他身上的力——臂和腿、头和手运动起来。当他通过这种运动作用于他身外的自然并改变自然时，也就同时改变他自身的自然，使自身的自然中沉睡着的能力发挥出来。"② 即使在资本主义社会中生产劳动发生了异化，物质生产过程仍然具有重要的人类学意义。这是因为人民在物质生产劳动的实践中，不仅改造了自然世界，同时也对自身进行了改造，为人类的未来发展奠定了现实基础，提供了切实的可能性。

（二）人民不断改进劳动生产工具

在物质生产生活中，劳动生产工具是人民发挥关键作用的重要因素。它处于生产主体与自然的中间位置，充当着连接生产主体和自然客体的桥梁。劳动生产工具是根据主体自身的需求而创造出来的，是人类对自然物进行加工改造后的产物，用于满足生产过程中的各种需求，使生产主体能够更有效地改造自然、利用自然。所以，马克思才说："各种经济时代的

---

① 《马克思恩格斯全集》第30卷，北京：人民出版社1995年版，第22页。
② 《马克思恩格斯全集》第43卷，北京：人民出版社2016年版，第180页。

区别，不在于生产什么，而在于怎样生产，用什么劳动资料生产。"① 马克思曾明确指出，区分各个经济时代的关键，并非在于生产的具体内容，而在于生产的方式，特别是所使用的劳动资料。这说明人民对生产工具的制作与运用能力，直接决定着生产力的发展水平。中国古代的先哲们早已洞察到这一点，"工欲善其事，必先利其器"的古训，就生动阐释了生产工具对于工匠的重要性，凸显了"器"在生产实践中的关键地位。黑格尔在《小逻辑》里提出，生产工具是作为服务于目的主体的工具客体，存在于主体与自然之间，其作用是为了实现主体预先设定的目的。而在马克思看来，"生产工具不是天然之物，而是人造之物，因而其本质不是某种自然属性，如硬度、强度、速度等，而是某种社会属性，即制造生产工具的人与这种物的关系"。②

在渔猎农耕文明时期，"手"的解放与自由运用催生了手工劳动这一最基本的劳作形式。手工劳动是渔猎文明与农业文明的坚实根基，创造了众多反映时代风貌的文化佳作，构筑起人类手工文明的宏伟殿堂。随着社会实践的不断推进，手工劳动的局限性日益显现，人类为了满足日益增长的需求和欲望，必须进一步"延伸"自己的肢体和大脑，这促使了手工工场的诞生。在手工工场时期，分工的细化与劳动者的组织化大大提高了劳动生产效率，生产规模也显著扩大，但随着新市场的出现及人们需求的不断增加，基于个人技能和体力的手工生产方式的局限性更加明显。随后，蒸汽机的发明引发的工业革命标志着机器生产的兴起，人类由此迈入了"机器文明"的时代。法国启蒙思想家拉·梅特里提出的"人是机器"的论断，实质上揭示了机器文明时代人的劳动方式的总体特征。然而，机器文明虽然带来了生产力的巨大提升，但也导致了劳动者的异化和剥削。正如马克思所言，"劳动用机器代替了手工劳动，但是使一部分工人回到野蛮的劳动，并使另一部分工人变成机器。"③ 但是这种消极作用在马克思看

---

① 《马克思恩格斯全集》第 23 卷，北京：人民出版社 1972 年版，第 204 页。
② 陈永正：《马克思的生产工具思想及其当代启示》，载《南京政治学院学报》，2015 年第 5 期。
③ 《马克思恩格斯全集》第 3 卷，北京：人民出版社 2002 年版，第 270 页。

来并不是完全的,他敏锐地发现由于劳动工具的革命而引起劳动方式的变革,会产生出以新的方式从事人类社会生产活动的社会主体——无产阶级。所以他高瞻远瞩地指出:"我们知道,要使社会的新生力量很好地发挥作用,就只能由新生的人来掌握它们,而这些新生的人就是工人。"①

(三) 人民不断推动生产关系变革

在马克思之前,历代思想家面对纷繁复杂的社会历史现象,都曾给出各自的阐释,并形成了不同的历史观。如意大利思想家维科在其《新科学》中提出,尽管各个国家和民族拥有各自独特的历史,但"在杂多的发展形态中在可理解的实质上仍然现出一致性"②,只是他将这种一致性归于天意。康德对历史的认识建立在自然目的论和先验目的论的基础之上,他认为人的行为是自由意志的表现,但人类行为类同自然事件,"总是为普遍的自然律所决定的"③。黑格尔对历史规律的探讨更为深入且全面,在他看来,历史必然性等同于绝对精神的逻辑再现,认为"世界历史无非是'自由'意识的进展;这一种进展是我们必须在它的必然性中加以认识的"④。综上可见,虽然这些思想家、哲学家都认同历史发展有其规律,但都把规律归结为某种抽象原则,或神秘观念。仅凭借意志力量或超自然力量去诠释历史,终究只是触及了历史的表象,根本无法洞悉历史的本质。

马克思对生产关系的阐明,抓住了社会生活的本质联系,完全打破了过去的思维方式,更明确了不同历史时代、不同社会形态的根本区别。生产关系作为生产力各要素相结合的社会形式,是人们在物质生产活动及生产过程中形成的经济关系,包括生产资料所有制关系、生产中人与人的关系及产品分配关系,具体体现于人民生产、分配、交换和消费这四个环节

---

① 《马克思恩格斯选集》第1卷,北京:人民出版社1995年版,第775页。
② 维柯:《新科学》下册,朱光潜译,北京:商务印书馆1989年版,第597页。
③ 康德:《历史理性批判文集》,何兆武译,北京:商务印书馆1990年版,第1页。
④ 黑格尔:《历史哲学》,王造时译,上海:上海书店出版社1999年版,第19页。

之中。在《关于费尔巴哈的提纲》中，马克思写道："人的本质不是单个人所固有的抽象物，在其现实性上，它是一切社会关系的总和。"① 在《雇佣劳动与资本》中，他进一步指出："人们在生产中不仅仅影响自然界，而且也相互影响。他们只有以一定的方式共同活动和相互交换其活动，才能进行生产。为了进行生产，人们相互之间便发生一定的联系和关系；只有在这些社会联系和社会关系的范围内，才会有他们对自然界的影响，才会有生产。"② 而人类社会的发展，最重要的就是人民不断变革生产关系以适应生产力的发展，只有当"社会的物质生产力发展到一定阶段，便同它们一直在其中运动的现存生产关系或财产关系（这只是生产关系的法律用语）发生矛盾。于是这些关系便由生产力的发展形式变成生产力的桎梏。那时社会革命的时代就到来了。随着经济基础的变更，全部庞大的上层建筑也或慢或快地发生变革"。③

二、人民是社会精神财富的创造者

在人类广阔的精神世界中，在哲学、科学和文艺等深邃领域里，都离不开杰出思想家、科学家和艺术家的智慧贡献。但若追本溯源，一切精神财富的源头活水，都深深扎根于人民群众的实践活动中。人民群众的实践活动不仅为创造精神财富准备了物质条件，更作为许多伟大科学发明、艺术创作的直接素材。在阶级社会，虽然体力劳动和脑力劳动相分离，剥削阶级垄断了科学文化，但仍然有许多科学发明是劳动人民总结生产经验而得出的，许多艺术创作也是由人民群众亲自创造的。

（一）人民的物质生产制约着精神生产

精神生产是人类社会生产实践的基本形式之一，也是满足人民精神生活需要、实现全面发展的基础。黑格尔就曾将艺术、宗教、哲学、科学知识的创造称为"精神生产"，把"精神技能、科学知识、艺术，甚至宗教

---

① 《马克思恩格斯选集》第 1 卷，北京：人民出版社 1995 年版，第 56 页。
② 《马克思恩格斯选集》第 1 卷，北京：人民出版社 2012 年版，第 340 页。
③ 《马克思恩格斯选集》第 2 卷，北京：人民出版社 2012 年版，第 2—3 页。

方面的东西"称为"精神产品"。他说"精神产品的独特性，依其表现的方式和方法，可以直接转变为物的外在性，于是别人现在也能同样生产。"① 黑格尔是从唯心主义的立场说明精神生产的，他把"绝对精神"作为精神生产的主体，认为精神生产的过程就是"绝对精神"形成、异化、复归的过程。继黑格尔之后，费尔巴哈从唯物主义原则出发，指出精神生产的主体不是抽象的绝对精神，而是现实的人。他说："新的道德、新的观点、新的精神之所以产生，只是因为不断地有新的物体、新的人产生。"② 但费尔巴哈所说的人只是"作为个人的人"，缺乏社会性和历史性。俄国经济学家昂利·施托尔希在其《政治经济学教程》中也把精神生产称之为"内在财富即文明要素"的生产。他认为"人在没有内在财富之前，即在尚未发展其体力、智力和道德力之前，是决不会生产财富的，而要发展这些能力，必须先有手段，如各种社会设施等等。因此，一国人民愈文明，该国国民财富就愈能增加。反过来也一样。"③ 但是他也只看到精神生产对国民财富有所裨益，却忽略精神生产对人的价值意义。

  针对这些思想理论缺陷，马克思在《1844年经济学哲学手稿》中，把精神生产定义为"是不受肉体需要的支配也进行的生产"。后在《德意志意识形态》中，他进一步将其明确为"关于意识的生产"，并认为精神生产一开始就受制于物质生产。他讲道："'精神'从一开始就很倒霉，注定要受物质的'纠缠'，物质在这里表现为震动着的空气层、声音，简言之，即语言。"④ 在马克思这里，精神生产发展至独立的形态，是物质生产历经一定历史阶段，推动社会分工所逐步形成的结果。在物质生产不断发展的进程中，精神生产也同时在不断发展和提高。精神生产在社会发展和人的发展中的作用也愈发显著。这时候的精神生产就成为每个人全面发展的一个重要条件。正如《共产党宣言》诘问的那样："思想的历史除了证明精

---

① 黑格尔：《法哲学原理》，北京：商务印书馆1979年版，第51—52页。
② 《费尔巴哈哲学著作选集》（上卷），荣震华、李金山译，北京：商务印书馆1984年版，第331页。
③ 《马克思恩格斯全集》第33卷，北京：人民出版社2004年版，第345页。
④ 《马克思恩格斯选集》第1卷，北京：人民出版社2012年版，第161页。

神生产随着物质生产的改造而改造,还能证明什么呢?"① 后来恩格斯1872年在《论住宅问题》中指出:"在所有的人实行合理分工的条件下,不仅进行大规模生产以充分满足全体社会成员丰裕的消费和造成充实的储备,而且使每个人都有充分的闲暇时间从历史上遗留下来的文化——科学、艺术、交际方式等等——中间承受一切真正有价值的东西。"② 这也充分说明在一个分工合理的社会中,物质需求的满足、闲暇时间的创造,也会为精神文化生产和富足创造条件、奠定基础。

(二) 人民直接创造出无数的精神产品

离开人民群众的生产生活实践,任何思想家、科学家、艺术家的创造性活动就会成为无源之水、无本之木。古今中外,在劳动群众中不乏涌现出杰出的思想家、科学发明家和艺术家。如中国古代四大发明之一的印刷术就是由宋代平凡的劳动者毕昇所创造;英国的杰出发明家瓦特、德国著名唯物主义哲学家狄慈根、俄国伟大文学家高尔基都是普通工人和劳动者。此外,许多艺术作品、科技发明也是在人民群众对生活素材进行加工的基础上而形成的。从远古时山洞中的图画和石刻,到令人惊羡不已的古代建筑和工艺美术作品;从《诗经》中许多动人的歌谣,到唐诗宋词里婉转悠扬的韵律,都离不开人民群众的智慧的启迪。对于科技发明也是如此,如中国宋代发明活字印刷的毕昇,英国发明高效率蒸汽机的瓦特,美国电学理论家富兰克林,发明电灯、电影、留声机等的爱迪生,他们无不是来自社会下层。正如马克思所说"如果有一部考证性的工艺史,就会证明,18世纪的任何发明,很少是属于某一个人。"③

就艺术而言,马克思认为虽然创作艺术的天赋集中在个别人身上,但是它却折射着人民群众的精神光辉,与人民的物质劳动有所关系。他在《德意志意识形态》中讽刺施蒂纳:"桑乔以为,拉斐尔的绘画跟罗马当时

---

① 《马克思恩格斯选集》第1卷,北京:人民出版社2012年版,第420页。
② 《马克思恩格斯全集》第18卷,北京:人民出版社1964年版,第246页。
③ 《马克思恩格斯文集》第5卷,北京:人民出版社2009年版,第428—429页。

的分工无关。如果桑乔把拉斐尔同列奥纳多·达·芬奇和提戚安诺比较一下，他就会发现，拉斐尔的艺术作品在很大程度上同当时在佛罗伦萨影响下形成的罗马繁荣有关，而列奥纳多的作品则受到佛罗伦萨的环境影响很深，提戚安诺的作品则受到全然不同的威尼斯的发展情况的影响很深。和其他任何一个艺术家一样，拉斐尔也受到他以前的艺术所达到的技术成就、社会组织、当地的分工以及与当地有交往的世界各国的分工等条件的制约。"① 在资本主义社会，随着世界市场的开拓，一切国家的生产和消费也将成为世界性的，所以"各民族的精神产品成了公共的财产。民族的片面性和局限性日益成为不可能，于是由许多种民族的和地方的文学形成了一种世界的文学。"② 晚年马克思又阅读并研究了许多有关古代社会史方面的资料和著作，特别是对摩尔根的《古代社会》一书作了篇幅巨大的笔记。其中他就谈到了，早在野蛮时代，人类就开始产生属于自己的精神产品，"对于人类的进步贡献极大的想象力这一伟大的才能，这时已经创造出神话、故事和传说等等口头文学，已经成为人类的强大的刺激力"。③

（三）人民的精神力量转化为物质力量

人的精神力量能转化为强大的物质力量。马克思在《〈黑格尔法哲学批判〉导言》中提出一个十分重要的哲学思想："批判的武器当然不能代替武器的批判，物质力量只能用物质力量来摧毁；但是理论一经掌握群众，也会变成物质力量。理论只要说服人，就能掌握群众；而理论只要彻底，就能说服人。所谓彻底，就是抓住事物的根本。"④ 毛泽东后来对其进行进一步概括，在《人的正确思想是从哪里来的?》中他提到："一个正确的认识，往往需要经过由物质到精神，由精神到物质，即由实践到认识，由认识到实践这样多次的反复，才能够完成。这就是马克思主义的认识

---

① 《马克思恩格斯全集》第3卷，北京：人民出版社1960年版，第459页。
② 《马克思恩格斯选集》第1卷，北京：人民出版社1995年版，第276页。
③ 《马克思恩格斯全集》第45卷，北京：人民出版社1985年版，第384页。
④ 《马克思恩格斯选集》第1卷，北京：人民出版社1995年版，第9页。

论，就是辩证唯物论的认识论。"① 马克思主义认为，精神力量转化为物质力量所依靠的主体正是人民群众。

马克思曾在《神圣家族》中指出："思想本身根本不能实现什么东西。思想要得到实现，就要有使用实践力量的人。"② 人民群众作为将理论付诸行动的主体，必须借助其实践力量连接精神与物质，如此，理论这一"思想闪电"才能真正击中人民群众这片"朴素园地"，并转化为现实的物质力量。而历史事实也证明，马克思主义一旦被人民群众所掌握，便会释放真理的光芒，转化为改造世界的强大物质力量。这一过程，既是精神对物质产生反作用、理论指导实践并催生物质成果的过程，同时也是检验认识正确性的过程。人民群众在认识的第一阶段所形成的精神、思想、理论、政策、计划与方法等，是否真正符合客观世界的规律，尚未得到验证，其正确性也无法确定。只有进入认识的第二阶段，即从精神回归物质、从思想落实到实践的阶段，将第一阶段所获得的认识应用于社会实践，检验这些理论、政策、计划与方法能否取得预期成效，才能判断这些认识是否正确。只有经过从精神力量向物质力量的转化过程，人民才能最终实现认识的目的——改造世界。需要指出的是，对"物质变精神，精神变物质"的理解不能陷入简单化和庸俗化，这只是对人类认识过程的高度哲学概括，生动呈现了物质与精神之间的辩证关系。

三、人民是实现社会变革的决定性力量

在阶级社会漫长的历史演进中，生产关系的根本性变革以及社会形态的新旧交替，无不是广大人民群众通过自觉的革命斗争来推动实现的。每当社会变革的关键时期来临，人民群众决定社会发展走向的巨大作用就会凸显出来。正如列宁所说："革命是被压迫者和被剥削者的盛大节日。人民群众在任何时候都不能像在革命时期这样以新社会制度的积极创造者的身份出现。"③ 在所有真正意义上的社会变革运动中，人民群众始终是其中

---

① 《毛泽东文集》第 8 卷，北京：人民出版社 1999 年版，第 321 页。
② 《马克思恩格斯文集》第 1 卷，北京：人民出版社 2009 年版，第 320 页。
③ 《列宁选集》第 1 卷，北京：人民出版社 2012 年版，第 616 页。

的核心主体,是推翻旧社会、建立新社会的决定性力量。

(一) 民心所向在本质上是历史发展大势

民心所向深刻反映了时代对于变革的迫切需求,代表着历史发展的主流趋势,预示着社会发展的基本方向。当人民群众普遍不愿忍受旧有生活形式时,就意味着社会矛盾已极端尖锐化,社会革命性变革的时代即将到来。关于"谁是历史的创造者"这一问题一直备受关注。欧洲中世纪的神学家们认为神、上帝是历史的创造者,将历史的发展归功于神的安排。后发生的哥白尼革命,推动了人类思想的解放,"神创说"逐渐淡出,人的主体地位日渐突出。直至17世纪,意大利思想家维科发表《新科学》,强调人的主体性本质,极大地唤醒了人类的历史主体意识,但他将历史的产生和发展建立在观念之上,认为存在着一种"最高理性"支配和决定着历史的走向。进入18世纪,法国学者爱尔维修提出"人是环境的产物"的唯物主义观点,认为人的性格、观念和行为等都取决于后天所处的环境,是不同的教育、社会制度、文化氛围等环境因素,塑造出不同类型的人。但他过于强调环境的决定作用,而忽视了人的主观能动性,未能真正体察环境与人的一致性关联。到19世纪上半叶,法国复辟时代的历史学们察觉到环境背后,政治制度和法律对历史发展的重要作用,但他们仅将人类历史简单地视为一系列"偶然事件"的堆砌,否定历史发展的规律性,也不认可劳动人民、被剥削群众的历史创造性。在德国,以布鲁诺·鲍威尔为代表的青年黑格尔派,甚至将人民群众视为"进步和'精神的仇敌'"。

在马克思看来,上述思想家们都是从社会意识出发认识历史的,他们将历史发展的动力归结为思想、观念或精神力量,完全忽视人民群众在历史进程中的决定性作用;他们也没有意识到,上帝、神等超自然概念,以及其他各种精神观念,其实都是人类自身及其物质生活条件的产物和反映。所以,马克思、恩格斯明确指出,我们研究的所谓历史,不是先于预先存在的纯粹的自然界的历史,而是现实的、活生生的"感性世界"的人的历史。在《神圣家族》中,他们在批判青年黑格尔派的历史观时指出"历史的活动和思想"就是群众活动的反映,历史的发展是由人民群众的实际活动推动的，而不是由少数英雄人物或抽象的观念所决定。在《新莱茵报·政治经济评论》第4期发表的书评中，他们批判托马斯·卡莱尔的泛神论历史观将历史发展片面归功于天才和贤人，指出这种观点同样忽视了人民群众在历史发展中的决定性作用。后来在《德意志意识形态》《共产党宣言》等多部论著中，马克思、恩格斯多次用"人们"来替代人民群众，说明其"自己创造自己的历史"，强调"历史不过是追求着自己目的的人的活动而已"。民心所向不仅是人民群众的共同愿望，也是历史发展大势的必然要求。

（二）人民的实践决定着社会的发展进程

实践是人类能动地改造世界的对象性活动，它以人为主体，以客观事物为对象，是一种具有现实性和创造性的活动。通过实践，人能够将自身的本质力量对象化为客观实在。在这种转化中，客观对象依据主体的需求，在结构与功能层面发生改变，进而形成一个专属于人的对象世界，创造出原本不存在于世间的事物，这就是主体客体化的进程。与此同时，客体也会经历一个反向的转化过程，即原本作为对象的客体，以其基本的属性、功能，充实主体的能力和素质，实现主体的自我丰富和发展，这就是客体主体化的过程。一方面在主体客体化的进程中，人类活动的成果得以在体外不断积累，形成了一种独特的社会遗传方式，使得人类能够积累、传递并发展自身的本质力量，确保人类文明能够生生不息、代代相传。另一方面，在客体主体化的过程中，人类的本质力量不断得到丰富，主体能力得以持续提升，让主体能够以全新且更高的水平，去开展对客体的改造活动。从这个意义上而言，实践对人类社会的发展进程起着决定性作用。当人们在从事物质生产、改造自然的同时，也在改造着自己及其所处的社会关系，用马克思的话说，就是"人在积极实现自己本质的过程中创造、生产人的社会联系"[1]。

马克思批判费尔巴哈："他没有看到，他周围的感性世界决不是某种开天辟地以来就直接存在的、始终如一的东西，而是工业和社会状况的产

---

[1] 《马克思恩格斯全集》第42卷，北京：人民出版社1979年版，第21页。

物,是历史的产物,是世世代代活动的结果,其中每一代都立足于前一代所达到的基础上,继续发展前一代工业和交往,并随着需要的改变而改变它的社会制度"。① 在马克思看来,实践正是这样的社会历史性活动,是处于一定社会关系中的人凭借社会历史性的物质手段所采取的一种社会历史性行为,是个体间通过分工与协作形成的具有更大效能的社会历史力量。因而他断言:"这种活动、这种连续不断的感性劳动或创造、这种生产,是整个现存的感性世界的基础。"② 他甚至举例道:"甚至当我从事科学之类的活动,即从事一种我只是在很少情况下才能同别人直接交往的活动的时候,我也是社会的,因为我是作为人活动的。不仅我的活动所需的材料,甚至思想家用来进行活动的语言本身,都是作为社会的产品给予我的,而且我本身的存在就是社会的活动;因此,我从自身所做出的东西,是我从自身为社会做出的,并且意识到我自己是社会的存在物。"③

(三) 人民团结起来摧毁腐朽的社会制度

马克思主义认为,"一切历史冲突都根源于生产力和交往形式之间的矛盾。"④ 社会制度变迁的根本动因在于生产力与生产关系之间的矛盾运动。生产力作为根本性的推动力量,决定着生产关系的形态,而生产关系必须顺应生产力的发展态势。当生产力与生产关系之间的矛盾经过长期积累,达到不可调和的程度时,社会制度的变革便会应运而生。在这一过程中,推动社会制度变迁的主体就是代表先进生产力发展方向的人民群众。马克思、恩格斯在《共产党宣言》中写道:"自由民和奴隶、贵族和平民、领主和农奴、行会师傅和帮工,一句话,压迫者和被压迫者,始终处于相互对立的地位,进行不断的、有时隐蔽有时公开的斗争,而每一次斗争的

---

① 《马克思恩格斯选集》第1卷,北京:人民出版社2012年版,第155页。
② 《马克思恩格斯选集》第1卷,北京:人民出版社2012年版,第157页。
③ 《马克思恩格斯全集》第3卷,北京:人民出版社2002年版,第301—302页。
④ 《马克思恩格斯选集》第1卷,北京:人民出版社2012年版,第196页。

结局都是整个社会受到革命改造或者斗争的各阶级同归于尽。"① 正是在这样的斗争中，进步的社会力量战胜落后的社会力量，先进的社会制度取代落后的社会制度。

资产阶级在资本主义制度取代封建制度的过程中发挥了关键作用，但随着社会生产力的极大发展，资本主义制度的内在矛盾逐渐显现，开始威胁到自身的存在。马克思说，"资产阶级用来推翻封建制度的武器，现在却对准资产阶级自己了。""资产阶级不仅锻造了置自身于死地的武器；它还产生了将要运用这种武器的人——现代的工人，即无产者。"② 对于社会制度变迁的方式，马克思认为革命是主要途径，正如他在《共产主义同盟中央委员会告同盟书》所讲："我们的利益和我们的任务却是要不断地进行革命，直到把一切大大小小的有产阶级的统治全都消灭，直到无产阶级夺得国家政权。"③ 后来，恩格斯在马克思墓前也总结道："马克思首先是一个革命家。他毕生的真正使命，就是以这种或那种方式参加推翻资本主义社会及其所建立的国家设施的事业……斗争是他的生命要素。"④ 从根本上讲，资本主义基本矛盾是不可能通过改良来克服的，必须通过暴力手段达到根本性的变革。人民在社会制度变革中起着决定性作用。他们不仅是社会生产力的创造者，也是社会变革的推动者。正如"英国新马克思主义者"拉尔夫·密利本德所指出的，斗争的概念是马克思主义政治的核心，其不是简单的问题解决，而是要通过彻底改变产生统治和被统治状态的条件，来结束这种不平等的社会状态。无产阶级通过革命斗争，不仅能够推翻资本主义制度，还能建立一个更加公正、平等的社会制度，实现人民的自由和全面发展。

---

① 《马克思恩格斯选集》第1卷，北京：人民出版社2012年版，第400页。
② 《马克思恩格斯选集》第1卷，北京：人民出版社2012年版，第406页。
③ 《马克思恩格斯选集》第1卷，北京：人民出版社2012年版，第557页。
④ 《马克思恩格斯选集》第3卷，北京：人民出版社2012年版，第1003页。

第三节 人民发展论：让每个人自由而全面的发展

人类社会的发展过程本质上是人民群众不断创造并实现自身价值，进而引发社会生活在经济、文化、制度、科技等各方面的进步过程。在马克思主义诞生之前，无论是唯物主义还是唯心主义，其历史观的前提都不是现实的人，而是抽象的人。所以他们要么仅从自然主义角度去理解社会发展，要么认为社会历史是受"神意"主宰，或由抽象精神力量支配，始终没有探索到社会历史的客观规律性，也没能找到社会历史发展的主体力量和根本动力。

马克思主义从现实的人出发考察社会历史，强调人类社会发展只能是人民实践的结果，是世世代代的人民群众在积极创造的实践活动中向前推进的。换句话说，正是人的不断发展推动了社会形态的相继更替。在《1857—1858年经济学手稿》中马克思深刻揭示了人的发展与社会进步的辩证关系，并在此基础上提出了人类社会演进的三个阶段：第一阶段是人的依赖关系阶段，生产能力在狭窄范围内发展；第二阶段是以物的依赖性为基础的人的独立性阶段，形成普遍的社会物质交换和全面的能力体系；第三阶段是自由个性阶段，建立在个人全面发展和共同的社会生产能力成为社会财富的基础上。其中第二阶段为第三阶段创造条件，生产力的发展和社会关系的变革为实现人的自由个性发展奠定基础。所以，在人类社会漫长而复杂的历史进程中，人民群众必须克服"人的依赖关系"，摆脱对"物的依赖关系"，进而努力追求、实现每个人的"自由个性发展"。

一、人民克服"人的依赖关系"

人类社会最初是作为一个整体出现在自然界面前的，尚未分化为不同的阶级，这是因为"人的生产能力只是在狭小的范围内和孤立的地点上发展着"①。所以，在强大而陌生的自然力面前，包括各种灾害、疾病、野兽

---

① 《马克思恩格斯全集》第30卷，北京：人民出版社1995年版，第107—108页。

等，必然会使弱者依赖强者，使部落成员依赖部落整体，使小部落依赖大部落等。在这种原始条件下，人虽能够生存，但却极不独立；人虽有所发展，但却极不自由。这种状况一直从原始社会、奴隶社会延续到封建社会，个人只能无条件服从集体，只能通过集体的利益来活动，只有把他的本质力量、人格、个性全部转让给集体，才能从中让自己得到发展。这一阶段，马克思将其概括为"人的依赖关系"。但在此过程中，人不是被动地适应自然和对客观世界作出反应，而是能够积极主动地认识自然、改造世界。随着人的实践推动社会生产力的发展，人民逐步克服了这一依赖关系，而进入新的历史阶段。

（一）合理认识改造自然

人类社会赖以生存的物质生活资料只能从自然界获取，离开自然界人类的任何活动都无法进行，脱离自然环境的社会也是不存在的。18世纪法国启蒙思想家孟德斯鸠提出"地理环境决定论"，特别强调自然环境对人类社会发展的决定性作用。他认为地理环境，诸如气候、土壤和居住地域的大小直接决定着一个民族的精神、气质和行为以及国家的法律性质和政治制度。他曾指出："热带民族的怯懦常常使这些民族成为奴隶，而寒冷气候的民族的勇敢使他们能够维护自己的自由，我们不应当感到惊异。这是自然的原因所产生的后果。"① 他还说："土地硗薄能使人勤勉持重，坚忍耐劳，勇敢善战；土地不肯给他们的东西，他们必须自己取得。土地膏腴则因安乐而使人怠惰，而且贪生畏死。"② 事实上，这种观点并没有掌握到社会历史发展中的本质要素，没有看到自然环境对社会历史发展的影响大小，恰恰取决于生产发展的水平，取决于人类的生产劳动。

生物进化论与人类学研究表明，人是在自然演化的基础上，通过劳动这一特殊活动而产生的生命形式。尽管人类具有和其他动物一样的自然属

---

① 孟德斯鸠：《论法的精神》，张雁深译，北京：商务印书馆1961年版，第273页。
② 北京大学哲学系外国哲学史教研室编：《十八世纪法国哲学》，北京：商务印书馆1979年版，第56页。

性和生理机能，但人类特殊的物质生产活动即劳动，却将人类与自然界其他物种区分开来。在马克思看来，环境是由人的"革命的实践"改变的，而且"环境的改变和人的活动一致"。这种实践其实就是指人民的生产劳动，就是指人通过制造和使用工具，变自然物为人造物以适合于人类需要的活动。马克思认为："劳动首先是人和自然之间的过程，是人以自身的活动来中介、调整和控制人和自然之间的物质变换的过程。"① 正是这种物质变换，不断地将自在自然转变为"人化自然"，自然的进化上升为"自然的人化"。而自然人化的过程，就是社会历史形成、发展的过程。同时，人在从事物质生产、改造自然的过程中，也在形成、创造和改造着自己的社会关系。人类社会的整个结构就是在人们之间不同形式的交互活动中形成的。所以马克思给出的判断是，不管形式如何，社会都是人们交互活动的产物。

（二）拓展生存生活空间

从远古到现代，随着人类改造自然日益深广，人类控制自然的能力也在不断增强。在远古时期，"人们同自然界的关系完全像动物同自然界的关系一样"②，但在科技发达的今天，人对自然界的深度改造和控制已让人与自然的关系发生根本性转变。马克思认为这一转变即是生产力与生产关系、经济基础与上层建筑矛盾运动规律的结果，据此他还系统考察了在资本主义社会出现之前的社会形态的更替。这一思想的明确提出是在同恩格斯合著的《德意志意识形态》中，但这时他们是用"所有制形式"这个概念来解释历史发展的，仍不完全成熟，直到撰写《〈政治经济学批判〉序言》时马克思才进一步明确，"亚细亚的、古代的、封建的和现代资产阶级的生产方式可以看作是经济的社会形态演进的几个时代"。③

马克思认为，"第一种所有制形式是部落所有制"。在这种原始公有制下，生产力水平极度低下，人民靠狩猎、捕鱼、畜牧为生，分工很不发

---

① 《马克思恩格斯文集》第5卷，北京：人民出版社2009年版，第207页。
② 《马克思恩格斯选集》第1卷，北京：人民出版社2012年版，第161页。
③ 《马克思恩格斯文集》第2卷，北京：人民出版社2009年版，第592页。

达。因此，在这个时期人口的生产起着关键作用，家庭关系几乎成为唯一的生产关系和社会关系。随着人口规模增长，一些部落通过有效分工促进农业发展和粮食增长，剩余产品开始出现，人们可以进行剩余产品交换。但是人们对剩余产品的占有始终处在不平等的状态，因而潜在于家庭中的奴隶制也就滋生出来，阶级也就开始出现、分化并对抗起来，从而使原始公有制瓦解并进入到"第二种所有制形式"，即"古代公社所有制和国家所有制"。它是由几个部落通过契约或征服联合为一个城市而产生的。在这个阶段，社会分工不断扩大，社会生产力和私有制也进一步得到发展。特别是人民对铁犁牛耕的使用，使其生产生活范围进一步拓展。然而它只是奴隶主及其所代表的"公民"的"一种共同私有制"，奴隶主将劳动人民当作会说话的工具，以榨取剩余生产物，这就不断造成奴隶的反抗和武装起义，从而使人类社会进入到"第三种形式"，即"封建的或等级的所有制"。这一阶段，各个国家和民族的活动范围和交往联系虽然明显扩大了，但是封建领主和地主占有了更多的生产资料，能够对农民进行着更深的剥削和压迫。许多农民终年劳作却要遭受层层盘剥，最终自己所剩无几。随着社会化大生产发展，尤其是资本主义生产方式出现，封建行会、专卖制度和各种赋税制度已经无法适应经济基础的发展要求，它的阻碍作用越来越大。这也就决定了其终究被资本主义社会所代替。

（三）脱离人身依附关系

历史上每一次重大进步，人的自由化程度都不断加深，从而也就脱离了人身依附关系，成为独立的人。在原始社会，人们共同劳动，平均分配，过着没有差别的平等生活。表面看原始人似乎是自由的，但这种自由却是生产力极端低下的"自由"。这种近似动物式的"自由生活"，实际上是一种极大的不自由，因为每个人被血缘关系束缚在自己氏族或部落的极其狭小的范围内，难以进入广阔的天地。

奴隶社会取代原始社会，是人类社会发展的一次质的飞跃，具有深远的历史意义。虽然原始社会平等关系被打破后，开启了奴隶社会的剥削和压迫的阶级关系，但它在历史发展进程中仍占据着重要地位。奴隶社会的出现，不仅促使生产力显著提升，社会物质财富较大增长，人也在改造自然中得到了一定的自由。具体表现为人开始挣脱纯血缘关系的枷锁，拓展出更广泛的社会联系和社会空间。更重要的是，它使人类在一定程度上摆脱了野蛮状态，为文明的发展演进奠定了基础。

封建社会取代奴隶社会，是人类社会发展的又一重大变革，打破了奴隶对奴隶主的人身依附关系。封建社会中的农民拥有少量土地，或租种地主的土地，相较于奴隶社会的奴隶，他们拥有了一定的自由。但也要看到，这一时期农民不仅在经济上受到地主的严酷剥削，还面临着超经济的压迫，双重束缚将他们牢牢捆绑于土地上，其自由度又极为有限。当然封建社会的这种社会结构在一定程度上促进了生产力的发展，推动了社会经济的缓慢进步，为后续社会形态的演变积累了条件。

资本主义制度取代封建制度，标志着社会生产力的显著提升和生产关系的深刻变革。新兴资产阶级倡导自由竞争和市场机制，打破了封建等级和行会束缚，促进了劳动力、资本和市场的自由流动。资本主义生产方式以追求剩余价值最大化为目标，推动了生产力的快速发展，创造了前所未有的物质财富。而置身其间的劳动者，摆脱了对地主的人身依附关系后，代之以资本主义的雇佣关系，其自愿出卖劳动力，资本家购买劳动力，自由选择，平等交易。虽然这种自由和平等在本质上是虚伪的，但相较于奴隶和农民所拥有的自由，无疑是巨大的进步，具有重要的历史意义。

但是，我们必须认识到，尽管历史上的每一次进步和新旧社会制度的更替都在一定程度上使劳动者逐步脱离人身依附、超经济剥削以及政治上的奴役，但他们始终未能彻底获得解放。自从进入阶级社会，人民群众创造的历史都具有双重的性质：一方面，他们创造了物质财富和精神财富，推动了历史的前进和发展；另一方面，却又同时创造了他们自己受剥削、受压迫的历史。然而这却是不以人的意志为转移的。

二、人民摆脱"物的依赖关系"

在资本主义商品经济条件下，确立了"以物的依赖性为基础的人的独立性"。劳动者从超经济的人身依附关系中解放出来，成为拥有人身自由权利和独立利益的主体。法律确认和保障这种自由、独立、平等的权利，但是这时的个人劳动还不直接是社会劳动，必须通过市场交换才能转化为社会劳动，也即人与人的社会关系需要通过商品交换中的物与物的关系表现出来，并且这种物与物的关系支配着人与人的关系，决定着人的地位和命运。可见，人虽然摆脱了人的依赖性，但又陷入了对物的依赖，并通过物的依赖关系而使劳动者从属于资本，从属于资本家。要使人民摆脱这种"物的依赖关系"，就必须使人民重建个人所有制，消除不平等的交往，从而真正消灭异化劳动。

（一）重建个人的所有制

所有权是保证个人自由和独立的必要条件。只有劳动者拥有了对生产资料的所有权，才能保证其自由个性的发展。在奴隶社会，奴隶主对生产资料掌握和支配，因而奴隶的个性和独立性受到相当大的局限。在封建社会，农民只在自己的小块土地上才有着有限的个性和独立性，基本上都是以对封建主的依附为条件的。在资本主义社会，工人阶级丧失了所有的生产资料，因而变得自由地一无所有，在资本面前丧失了一切个性、独立和自由。而要想重新恢复劳动者的个性和自由，很显然需要恢复其对生产资料的所有权，重新建立一种个人的所有制。

在《资本论》中马克思为重建个人的所有制指明了方向："从资本主义生产方式产生的资本主义占有方式，从而资本主义的私有制，是对个人的、以自己劳动为基础的私有制的第一个否定。但资本主义生产由于自然过程的必然性，造成了对自身的否定。这是否定的否定。这种否定不是重新建立私有制，而是在资本主义时代的成就的基础上，也就是说，在协作和对土地及其靠劳动本身生产的生产资料的共同占有的基础上，重新建立个人所有制。"[①] 也就是要经由两次否定经过三个阶段，其中第一个否定是，个人的、以自己劳动为基础的私有制随着资本主义的发展逐步被消灭；在资本主义生产过程中，随着生产力的不断发展和生产关系的矛盾运动，会导致生产资料的集中和生产社会化程度的提高。这种集中和社会化

[①] 《马克思恩格斯选集》第2卷，北京：人民出版社1995年版，第269页。

生产的发展，使得生产资料的共同占有成为一种必然趋势，也即联合起来的个人共同占有生产资料的个人所有制取代资产阶级私有制，这是第二个否定。这里所说的个人所有制是新的个人所有制，不是基于个体对生产资料的私人占有，而是基于生产资料的社会化占有和个体在社会化生产中的平等参与，马克思把它叫作"社会所有制"，是经过否定之否定后建立的是更高形式的个人所有制。这一过程不仅是经济结构的变革，更是社会关系和人的发展的深刻变革。

（二）消除不平等的交往

马克思"现实的人"首先是一个自然存物，是一个活生生的人，但"当人们自己开始生产他们所必需的生活资料的时候，他们就开始把自己和动物区别开来。"① 在他们与他人进行分工合作时，各种各样的社会关系就产生了，社会也应运而生。所以，"现实的人"的社会属性源于人类的实践活动，是人们相互协作、互相交往的产物。人的交往分为自然的交往与社会的交往。在人类开发与利用自然的过程中，自然不再是纯粹的自然，而是被打上人类活动烙印的"人化"的自然。这也意味着在人与外界的持续交往中，其自然属性逐渐淡化，社会属性逐渐加强。人类这一从自然状态向社会状态的转变过程，也揭示了人的社会属性在人类发展中的重要性。

进入资本主义社会，资本的扩张本性为人类更大范围的世界交往提供了原初动力。在马克思看来，"创造世界市场的趋势已经直接包含在资本的概念本身中。"② 它会打破一切狭隘闭塞的自然经济的基础，将与自己相适应的生产方式传播到世界各地，"把世界各国人民互相联系起来，把所有地方性的小市场联合成为一个世界市场"③。当各民族闭关自守、自给自

---

① 《马克思恩格斯选集》第 1 卷，北京：人民出版社 2012 年版，第 147 页。
② 《马克思恩格斯全集》第 30 卷，北京：人民出版社 1995 年版，第 388 页。
③ 《马克思恩格斯全集》第 4 卷，北京：人民出版社 1958 年版，第 361—362 页。

足的状态被彻底打破后,"历史也就在愈来愈大的程度上成为全世界的历史"①。加之,资本在全球范围内配置资源,会让"毫不相干的个人之间的互相的和全面的依赖,构成他们的社会联系。"② 但是,这种交往关系使各交往主体天然具有不平等性,且这种不平等不仅体现在经济领域,还延伸到政治、文化等多个层面,形成全球范围内的依附和支配结构。就像马克思所说的"使未开化和半开化的国家从属于文明的国家,使农民的民族从属于资产阶级的民族,使东方从属于西方。"③ 可见,尽管世界历史的发展促进了各民族之间的联系,但在资本主义条件下,这种联系往往伴随着殖民掠夺和政治压迫,是一种剥削与被剥削、殖民与被殖民、控制与被控制的世界交往关系,是极其不平等的。从这个意义上看,人民要摆脱"物的依赖关系"必须消除这样不平等的交往关系,根本上说就是推翻资本主义生产方式及其全球霸权,建立社会主义和共产主义社会。这不仅是实现全球公平和正义的必要条件,也是推动人类社会进步和人的全面发展的关键。

(三) 真正消灭异化劳动

人的本质的生成和发展是在劳动中完成的。人类在劳动过程中利用自身的自然力(手、臂、腿等),去改变自然界,同时也改变自身。同时劳动是社会中的劳动。为了生存,人类必须生产劳动,以获得生存所必需的物质资料。而在资本主义社会中,劳动却被异化了,变成了压迫劳动者的力量。

一是人与劳动产品相异化。在资本主义社会中,劳动者生产的劳动产品不属于劳动者自己,而是属于资本家。所以马克思指出:"工人在劳动中耗费的力量越多,他亲手创造出来反对自身的、异己的对象世界的力量就越强大,他自身、它的内部世界就越贫乏,归他所有的东西就越少。"④

---

① 《马克思恩格斯选集》第1卷,北京:人民出版社1995年版,第88页。
② 《马克思恩格斯文集》第8卷,北京:人民出版社2009年版,第103页。
③ 《马克思恩格斯选集》第1卷,北京:人民出版社2012年版,第405页。
④ 《马克思恩格斯选集》第1卷,北京:人民出版社2012年版,第51页。

也即工人拼命地劳作,创造的产品越多,对工人的束缚、制约就越大。不属于工人的劳动产品,成为工人敌对的力量。二是人与劳动活动相异化。在资本主义雇佣劳动关系中,劳动者不仅失去了对劳动产品的所有权,还失去了对劳动过程的控制权。劳动过程被资本家严格控制,劳动者只能按照资本家的规定和要求进行劳动,失去了劳动的自主性和创造性。所以,对于工人来说,劳动变成了一种被迫的、痛苦的、异己的力量,只有停止了劳动,工人才会觉得身心愉悦。三是人与人的类本质相异化。劳动是人的类本质,是人实现自我价值和自由发展的基本方式。然而,在资本主义生产方式下,劳动者不再是为了实现自己的本质和价值而劳动,而是为了生存而被迫劳动,也即当劳动者的意志无法通过自由自觉的劳动转化为现实时,人与自身就相异化了,自然界与人的本质变成了对人来说异己的力量。四是人与人相异化。由于劳动产品的异化,劳动者与资本家之间形成了对立的关系。资本家通过占有生产资料而占有劳动者的劳动产品获取利润,劳动者一无所有不得不出售自己的劳动力而处于被剥削和被压迫的地位。这种对立关系不仅体现在经济领域,还延伸到社会和文化领域。

在马克思看来,消除资本对劳动的这种异化,办法就是要通过无产阶级的革命斗争来推翻资本主义制度,消灭资本主义私有制,建立无产阶级专政和共产主义社会。只有在此过程中,异化劳动才有所扬弃,从而人的本质得以恢复,也就实现了人和自然、人和人之间关系的和谐统一。

三、人民实现"自由个性发展"

在马克思看来,人民克服"人的依赖关系",摆脱"物的依赖关系",实现"自由个性发展",是一个漫长而复杂的历史进程,体现了人类社会发展的不断进步和人的本质属性的逐步提升。在"人的依赖关系"下,虽然个人表现为不独立的依附关系,但依然是以人作为目的的。而在"物的依赖关系"下,虽然个人从群体中解放出来,取得了"独立性",但是又受到"物"的奴役,从而使个人获得的"独立性"变得虚幻,而且,由于依赖"物",在"物"面前连做人的本质规定性都丢掉了,表现为一种"异化"。因此,人们迫切需要追求的是"人本身"的规定性和"个人的独立性"这两种性质的统一,也就是在重新获得"人本身的确认"的基础上,获得真正的"个人的独立性",即马克思所称的"自由个性"。人民要实现"自由个性发展",就意味着人民要真正成为自己命运的主人,成为社会的主人,实现人的本质的全面回归和自由发展。

(一) 促进人的全面发展

马克思在深刻剖析和批判资本主义社会的异化现象的基础上,明确提出了他倡导的未来社会的理想目标:消除异化,实现无产阶级乃至全人类的彻底解放,促进人的全面发展,即"人以一种全面的方式,也就是说,作为一个完整的人,占有自己的全面的本质"。① 在他看来,这表现在三个方面。

一是人的活动的全面发展。马克思指出:"在共产主义社会里,任何人都没有特殊的活动范围,而是都可以在任何部门内发展,社会调节着整个生产,因而使我有可能随自己的兴趣今天干这事,明天干那事,上午打猎,下午捕鱼,傍晚从事畜牧,晚饭后从事批判,这样就不会使我老是一个猎人、渔夫或批判者。"② 也就是人们不再被迫屈从于社会分工的严格限制,不再局限于特定的活动范围或职业,每个人都可以根据自己的兴趣和能力,在不同的领域和部门中发展自己。这种自由选择和发展的方式,使人们能够获得个人的全面发展。二是人的社会关系的全面发展。马克思指出:"人的本质不是单个人所固有的抽象物,在其现实性上,它是一切社会关系的总和"。③ 在共产主义社会人们的社会关系不再局限于地域、民族、分工等狭隘范畴,而是形成全方位、多层次的有机联系。不同地区、民族的人们自由交流与合作,个体在社会中找到自己的位置,实现自身价值与社会价值的统一。不断丰富和拓展的社会关系,不仅促进了个人的全面发展,还推动了社会的和谐进步。三是人的素质的全面发展。这里不仅包括物质生活的丰富,还包括精神生活的充实,涉及身体、智力、道德、

---

① 《马克思恩格斯文集》第 1 卷,北京:人民出版社 2009 年版,第 189 页。
② 《马克思恩格斯选集》第 1 卷,北京:人民出版社 2012 年版,第 163 页。
③ 《马克思恩格斯选集》第 1 卷,北京:人民出版社 2012 年版,第 505 页。

审美等多个方面，也就是人的自觉能动性、创造性和自主性得到全面的发展。每个人都保持着自己独特的人格，每个人都按照自觉自愿的分工，充分发挥自己的才能和创造力，发展自己的本质特性，充分彰显个人的唯一性、差异性，让社会因此而充满更大的生机和活力。

需要强调的是，马克思所说的"人的全面发展"，并非抽象或孤立的个体，而是指现实社会中的每一个具体的人。因为只有当每个人都获得解放时，社会本身才能实现真正的解放。同时，人的"全面发展"不仅要求"全面"，还包含"自由、充分、和谐发展"，自由意味着个体作为发展主体是自觉、自愿、自主的；充分则涉及人的全面、自由发展的深广度；和谐追求的则是个体发展的各个方面的协调与统一。

（二）构建和谐社会关系

马克思指出："社会关系实际上决定着一个人能够发展到什么程度。"① 这也意味着构建和谐社会关系是实现人的全面发展和社会进步的重要基础和有力支撑。审思人类社会关系的演进路径，是从基于较低生产力水平的简单、狭窄、封闭的社会关系，逐步过渡到建立在高度发达生产力之上的全面、开放的社会关系；是从导致人与人之间对立、使人像奴隶一样服从于固定社会分工的社会关系，转变为追求人与人、人与社会、人与自然和谐共生的社会关系。

在资本主义社会，由于私有制的存在，人与人之间的关系被物化，劳动者与资本家之间存在着剥削与被剥削的关系，这种关系导致了社会的阶级对立和贫富差距的扩大，使得社会关系充满了矛盾和冲突。突出地表现在其极大地促进了生产力发展的同时，又造成整个社会的物欲横流，"它使人和人之间除了赤裸裸的利害关系，除了冷酷无情的'现金交易'，就再也没有任何别的联系了"。② 资本虽然为资本家个人所拥有，但这已经不是"一种个人力量"，而是体现为"一种社会力量"，占社会总人口少数的资本家努力进行大规模的财富积累，人类所有创造的已成为一种异己的存

---

① 《马克思恩格斯全集》第3卷，北京：人民出版社1960年版，第295页。
② 《马克思恩格斯选集》第1卷，北京：人民出版社2012年版，第403页。

在，这样做的后果必然是产生严重的两极分化现象。对此，马克思批判道："原来的货币占有者作为资本家，昂首前行；劳动力所有者成了他们的工人，尾随于后。一个笑容满面，雄心勃勃；一个战战兢兢，畏缩不前，像在市场上出卖了自己的皮一样，只有一个前途——让人家来鞣。"①而这种不平等、不自由的资本主义社会关系必然要被新的社会关系所代替，即构建起社会主义的和谐社会关系。

需要指出的是，马克思所认为的和谐社会关系，是具体的历史的，既不同于青年黑格尔派将"和谐"视为一种抽象、空洞的观念，也不像庸俗政治经济学家如巴师夏和凯利那样，将"和谐"建立在陈词滥调之上，而是基于特定的经济基础，置于特定的社会历史背景之中的和谐。用马克思的话来说，就是"在共产主义社会中，即在个人的独创的和自由的发展不再是一句空话的唯一的社会中，这种发展正是取决于个人间的联系，而这种联系部分地表现在经济前提中，部分地表现在一切人自由发展的必要的团结一致中，最后表现在以当时的生产力为基础的个人多种多样的活动方式中。"②

（三）建成自由人联合体

马克思的"自由人联合体"是其对未来理想社会的构想。在深入批判资本主义社会后，马克思明确指出："必须推翻那些使人成为受屈辱、被奴役、被遗弃和被蔑视的东西的一切关系"。③ 因为这些关系如同沉重的枷锁，将人与社会推向敌对状态。只有打破这些枷锁，实现敌对状态的和解，人们才能重新找回属于自己的社会关系和世界，即"自由人联合体"，其不仅是"自由人"的"联合体"，也是联合起来的"自由人"，二者互为条件，相互协调。

马克思指出"自由人联合体"是人与社会之间真正的共同体，但必须清楚地认识到，以往那种由个人联合而成的共同体只能称之为"虚假共同

---

① 《马克思恩格斯选集》第2卷，北京：人民出版社2012年版，第168页。
② 《马克思恩格斯全集》第3卷，北京：人民出版社1960年版，第516页。
③ 《马克思恩格斯全集》第1卷，北京：人民出版社1956年版，第461页。

体",因为看似联合的个体实际上却被阶级对立和统治关系分割为一个阶级反对另一个阶级的联合,所以对于被统治阶级来说,它不仅是完全虚幻的共同体,更是一种新的枷锁。像资产阶级国家,表面上代表全体成员的利益,实际上只是维护统治阶级的特殊利益,在这种共同体中个人被迫成为统治阶级的工具,不仅自由个性受到阶级身份的限制,而且个人的自由也受到"物的力量"的奴役。为此,马克思特别批判了资本主义社会"把自由竞争视为人类自由的终极发展"的荒谬观点,他指出这种自由只不过是"在资本基础上的自由发展",存在明显的局限性,"这种个人自由同时也是最彻底地取消任何个人自由,而使个性完全屈从于这样的社会条件,这些社会条件采取物的权力的形式,而且是极其强大的物,离开彼此发生关系的个人本身而独立的物"。[1] 所以,只有到了共产主义社会,才能建立真正的"自由人联合体",到那时"代替那存在着阶级和阶级对立的资产阶级旧社会的,将是这样一个联合体,在那里,每个人的自由发展是一切人的自由发展的条件。"[2] 马克思、恩格斯在《共产党宣言》中如是说。

需要明白的是,"自由人联合体"的实现必须具备一定的历史条件。首先,生产力的高度发展是其物质基础。当生产资料私有制已不能适应和容纳更高的社会生产力时,新的社会形态就会出现。其次,无产阶级的觉醒与联合是实现"自由人联合体"的重要力量。无产阶级要通过政治斗争夺取政权,利用政治统治尽可能快地增加生产力。此外,世界交往的普遍发展也是实现"自由人联合体"的重要条件,它促进了生产力的全球性发展,为"自由人联合体"的形成提供了广阔的舞台。

---

[1] 《马克思恩格斯全集》第31卷,北京:人民出版社1998年版,第43页。
[2] 《马克思恩格斯选集》第1卷,北京:人民出版社2012年版,第422页。

第六章　理论思辨中的人民立场
（政治经济学）

马克思主义是实践的科学，作为马克思主义的三个组成部分之一，马克思主义政治经济学的理论价值和实践指向十分重要。习近平总书记指出："马克思和恩格斯批判继承历史上经济学特别是英国古典政治经济学的思想成果，根据辩证唯物主义的世界观和方法论，通过对人类经济活动的深入研究，创立了马克思主义政治经济学，揭示了人类社会特别是资本主义社会经济运动规律。"[①] 并指出："现在，各种经济学理论五花八门，但我们政治经济学的根本只能是马克思主义政治经济学，而不能是别的什么经济理论。"[②] 马克思主义是为了人民而存在发展的学说，马克思主义政治经济学，把决定全人类历史命运的劳动人民的根本利益，作为评判一切社会现实的标准，这是马克思主义政治经济学的根本立场。马克思主义政治经济学正是站在"以人民为中心"的根本价值立场上，揭示了资本主义制度在人类社会发展史上的历史贡献与根本性制度缺陷，从而确立了以具有鲜明人民性特征的社会主义作为人类社会的价值目标。

《1844年经济学哲学手稿》是马克思早期最重要的政治经济学思想手稿之一，是马克思研究政治经济学的起点，也通常被认为是人道主义的马克思主义的起源，而这种所谓的人道主义的马克思主义被称为马克思的第

[①] 习近平：《不断开拓当代中国马克思主义政治经济学新境界》，载《求是》，2020年第16期。

[②] 习近平：《不断开拓当代中国马克思主义政治经济学新境界》，载《求是》，2020年第16期。

二次降世。美国实用哲学家悉尼·胡克认为:"马克思在第二次降世的时候,不是《资本论》的作者那样,是身穿风尘仆仆的常礼服的经济学家,也不像是革命的长裤汉,《共产党宣言》中很有鼓动劲的作者。他穿上了哲学家和道德预言家的衣服,带来其作用超乎阶级、政党或宗派的狭隘圈子的关于人类自由的喜讯。"① 可见,《1844年经济学哲学手稿》一书对马克思思想发展的重要作用。《资本论》作为马克思政治经济学观点的集中表述,对资本主义经济形态进行了较为全面的深入剖析,对资本主义经济的运行规律及其必然灭亡的历史趋势进行了无情揭示,从而阐明了新的社会经济形态取代资本主义的历史趋势和条件,并对未来社会的某些基本特征进行了预测,从而指明了无产阶级推翻资本主义、建设社会主义和共产主义的前进方向。《资本论》的写作占据了马克思的盛年时光,耗费了他全部精力。这部著作在历史上对人类的命运尤其是占人口绝大多数的劳动人民的命运产生了深刻而持久的影响。今天,我们探求马克思在政治经济学中的人民立场,离不开对马克思关于阐释政治经济学思想著作的研读,首要的就是从其提出的三大理论入手,一起去领略蕴含其中的人民性特质。

第一节　劳动价值论:指出人民的劳动是创造价值的源泉

　　马克思在批判地吸取古典政治经济学的基础上创立的劳动价值论,是马克思主义政治经济学的基础。马克思的劳动价值论从劳动着的人出发,对价值的实体、存在形式、产生源泉和内在规律等基本理论问题进行了科学分析,为现实经济活动和经济现象的分析理解提供了一把钥匙。劳动价值论是马克思主义政治经济学全部理论大厦的科学前提,是真假马克思主义政治经济学的试金石。劳动是推动人类社会进步的根本力量,是人类的本质活动。马克思指出:"任何一个民族,如果停止劳动,不用说一年,

---

　　① 复旦大学哲学系现代西方哲学研究室统编译:《西方学者论〈一八四四年经济学—哲学手稿〉》,上海:复旦大学出版社1983年版,第5页。

就是几个星期，也要灭亡。"① 李嘉图的劳动价值论只是产品的"成本"，而马克思的劳动价值却是人们通过相互服务的劳动所结成的人与人的关系。社会契约论认为，上帝先将权力交给每一个人，再由每个人将其中的一部分权力通过契约交给君主和国家。马克思劳动价值论克服了这一神学观念，作出了彻底的唯物主义的解答：人民所具有的权力不是来源于上帝，而是来自人民自身创造历史的活动——物质生产活动，人民在进行物质生产活动创造财富的同时，也创造了以此财富为载体的社会关系。习近平总书记多次强调劳动及劳动者的重要性，指出："全面建成小康社会，进而建成富强民主文明和谐的社会主义现代化国家，根本上靠劳动、靠劳动者创造。"② 作为马克思主义劳动观的基本观点，劳动光荣、劳动创造伟大既是对人类文明进步规律的重要诠释，也是中华民族血脉根深蒂固的精神基因。马克思的劳动价值明确指出活劳动创造价值，蕴含着鲜明的人民立场。

一、发现商品使用价值背后的价值

马克思指出，"商品首先是一个外界的对象，是一个靠自己的属性来满足人的某种需要的物。"③ 从人的需求出发，马克思通过对商品的深入分析，揭示了商品使用价值背后的本质价值，从而实现了对价值概念的科学概括，这是他构建科学劳动价值论的基础。马克思进一步阐述，忽略商品的使用价值，商品仅保留一个特性，即作为劳动产品的属性。……当劳动产品的实用特性消失，包含在其中的各种劳动的实用特性也随之消失，使得这些劳动的具体形态不复存在。所有的劳动形式转变为统一的人类劳动，即没有差异的抽象的人类劳动。……这些劳动凝结成了它们共同拥有的社会实体，即商品的价值。

---

① 《马克思恩格斯选集》第 4 卷，北京：人民出版社 1995 年版，第 580 页。
② 《庆祝"五一"国际劳动节暨表彰全国劳动模范和先进工作者大会隆重举行习近平发表重要讲话》，载《人民日报》，2015 年 04 月 29 日 01 版。
③ 《马克思恩格斯文集》第 5 卷，北京：人民出版社 2009 年版，第 47 页。

（一）一切从研究商品开始

"商品"是《资本论》逻辑上的起点范畴。马克思指出："资本主义生产方式占统治地位的社会财富，表现为'庞大的商品堆积'，单个的商品表现为这种财富的元素形式。因此，我们的研究就从分析商品开始。"[①]物质资料的生产在商品经济条件下采取了商品生产的形式，在商品生产和商品交换中体现出来的生产关系，是商品经济中最基本的生产关系。商品经济的演进与资本主义生产关系及方式的兴起紧密相连。商品经济的发展分为两个阶段：简单商品经济和发达商品经济。以私有制和个体劳动为基础的简单商品经济，与代表着商品经济高级阶段的资本主义商品经济以私有制和雇佣劳动为基础不同。在资本主义体系下，社会财富体现为众多商品的大量积累，其中每个商品都是这种财富的组成部分。因此，研究简单商品经济中私有制前提下的内在矛盾及其规律，是理解资本主义本质的重要起点。

马克思进一步阐明，商品经济不是自古以来就有的，而是在一定的历史条件下，从自然经济模式逐渐发展起来的。自然经济是一种以自给自足为特征的经济形式，在这种经济体系中，生产和消费基本上是在家庭或小型社区内部进行的。生产的主要目的是满足家庭或小群体自身的需要，而不是在市场上销售获取货币收入。在自然经济中，剩余产品通常用于直接交换（物物交换）其他必需品，而非通过市场交易。在人类历史发展的早期阶段，即原始社会、奴隶社会和封建社会，生产力水平相对较低，技术发展有限，导致了社会分工的不发达。因此，这些社会形态中的经济活动往往采取自然经济的形式。

商品经济的产生和发展是生产力进步和社会分工深化的结果。当社会生产力发展到一定阶段，人们能够生产出超出自身直接需求的剩余产品时，就会出现交换的需求。以下是商品经济形成的两个关键历史条件的详细解释：一是社会分工的存在。社会分工是指在社会中，不同的个人或群体专门从事特定类型的劳动或生产活动。这种分工可以提高效率和专业技

[①]《马克思恩格斯文集》第5卷，北京：人民出版社2009年版，第47页。

能的发展,使得每个人或每个群体都能专注于自己最擅长的工作。随着社会分工的加深,出现了更多种类的商品和服务,不同地区和人群之间的差异性也增加了,这促进了更广泛的交流和交易。二是生产资料和劳动成果分属不同的所有者:当生产资料(如土地、工具、原材料等)和个人劳动成果(即生产的商品)由不同的实体所拥有时,就形成了私有制的基础。在这种情况下,为了获取所需的资源或商品,所有者之间就需要进行交易。一方可以通过提供自己的产品或服务来换取另一方的产品或服务,这就是商品交换的过程。随着这种交换行为的频繁发生,逐渐形成了一定的市场规则和价格机制。正如恩格斯指出,"随着生产分为农业和手工业这两大主要部门,便出现了直接以交换为目的的生产,即商品生产"①。

　　商品经济确实是在特定的社会历史条件下发展起来的,并且其形态和重要性随着社会的发展而变化。在原始社会晚期,虽然生产力水平较低,但已经开始出现简单的交换行为。这些交换最初是基于物物交换的形式,即直接用一种物品换取另一种物品。随着剩余产品的增多和社会分工的初步显现,产品交换逐渐变得更为频繁。在奴隶社会与封建社会,尽管私有制已经确立,但自然经济仍然占据主导地位。生产活动主要是为了满足家庭或庄园内部的需求,市场交易并不广泛。然而,这期间也存在一定程度的商品生产和交换,尤其是在城市中,手工业者和商人开始形成专门的群体,促进了商品经济的发展。但是,总体而言,商品经济尚未成为社会经济的主要形式。商品经济的核心在于等价交换原则,即每个参与者都希望通过公平合理的交易来维护自身的权益。这意味着,在商品经济中,劳动成果被赋予了价值,并通过市场价格体现出来。商品不仅是为了满足生产者的直接需求,更是为了在市场上出售以获取货币或其他所需的商品和服务。因此,商品经济强调的是通过市场机制实现资源的有效配置。

　　直到资本主义社会的兴起,商品经济才真正成为普世的、占统治地位的经济模式。资本主义的特点是生产资料的高度私有化和个人对利润最大化的追求。在这种体制下,几乎所有的产品和服务都被视为商品,通过市

---

① 《马克思恩格斯选集》第4卷,北京:人民出版社2012年版,第180页。

场进行买卖。资本家投资于生产过程，雇佣工人，利用他们的劳动力创造更多的商品，然后将这些商品卖到市场上赚取利润。这种模式极大地促进了生产力的发展，同时也带来了复杂的经济关系和社会结构的变化。

（二）分析商品确立价值概念

在上文中马克思就已经指出，商品首先表现为一个靠自身的有用性来满足人的某种需要的物。这种有用性使其具有使用价值。商品的使用价值是指商品能够满足人们某种需求或欲望的属性。马克思从商品的二因素出发，阐释价值的概念。马克思指出，商品是用来交换的劳动产品。商品包含使用价值和价值两个要素，是使用价值和价值的统一。商品的使用价值是由它的自然属性决定的。商品的自然属性不同，使用价值也不一样。同一种商品可以有多种自然属性，从而具有多种使用价值。当然，并不是具有使用价值的物品都是商品，商品必须是劳动产品，必须是对人有用的使用价值，而且必须通过交换让渡给他人。

马克思通过例子阐述，诸如小麦、布料、锄头等每一种有用物品，其使用价值总是通过一定数量来体现，例如若干斤小麦、几码布料、几把锄头等。度量这些使用价值的单位，如斤、码、件等，既受到物品自然属性的影响，也受到人们习惯的制约。人们消费或使用商品，即实现了商品的使用价值。使用价值是一个相对独立于社会生产关系的属性，它主要取决于物品本身的物理和化学性质以及其能够满足人类需求的能力。无论是在封建社会由农奴耕种的小麦，还是在资本主义社会由雇佣工人种植的小麦，小麦作为食物提供营养、维持生命的基本功能——即其使用价值——并不会因为生产它的社会经济结构或生产关系的不同而改变。因此，研究各种商品的特定使用价值属于商品学范畴，而非政治经济学。尽管如此，在所有商品经济体系中，商品的使用价值是交换价值的物质基础。因此，尽管政治经济学不直接研究使用价值，但在探讨商品关系时，使用价值是不可避免的研究内容。

马克思继续探讨价值的含义是什么。在现实生活中，商品的交换价值并不是简单地由劳动时间决定的。例如，10斤小麦、3尺布料和1把锄头之所以能够按照一定的比例进行交换，是因为这些商品在市场上经过长期交易形成的相对稳定的价格体系。这个价格体系综合反映了上述所有因素的影响，包括但不限于生产成本、供求状况和技术条件等。因此，在实际经济运行中，商品的交换价值受到多方面因素的影响。理解商品交换价值的确立需要考虑多种经济变量及其互动效应。

马克思最终阐明，商品是价值与使用价值的结合体。商品包含使用价值和价值这两个方面或双重属性，因此，商品总是使用价值和价值的结合。某物可能具有使用价值而不具备价值。某物可能有用且是人类劳动的成果，但若不作为商品，其劳动就不构成价值，如个人生产的产品仅用于自给自足或无偿提供给他人，未参与交换，这样的产品仅具有使用价值而非商品属性。要制造商品，不仅需要生产具有使用价值的产品，而且这些产品还需要具备社会性的使用价值。这意味着生产的物品不仅要能够满足个人或特定群体的需求（即具有直接的使用价值），还必须在更广泛的社会范围内被认可和接受，成为可以进入市场进行交换的商品。并且产品必须通过交换过程，才能转移到需要其作为使用价值的消费者手中。最终，若某物无使用价值，则被视为无用之物，即便投入了劳动，也不会形成价值。

（三）完成对价值范畴的科学抽象

从一开始，我们知道，商品具有使用价值和交换价值。后来表明，就价值而言，劳动已经不具备作为使用价值的创造者所具有的那些特征了。作为理解政治经济学的枢纽，马克思对商品中包含的劳动的这种二重性，做了较详细的说明。

马克思在《资本论》中强调，具体劳动是创造使用价值的过程。具体劳动是指生产过程中工人从事的具体形式的劳动，它直接关联到产品的使用价值。例如，裁缝的工作是为了制作衣服，木匠的工作是为了制造家具。这些活动都是具体的、有目的性的劳动，它们的结果是创造出具有特定使用价值的商品。马克思指出，有用劳动是指那些能够生产出对人类有用的物品或服务的劳动。这种劳动之所以被认为是"有用"，是因为它产生的结果——即产品或服务——能够满足某种社会需求。因此，有用劳动总是与其有用的效果联系在一起进行考察。换句话说，劳动的价值体现在它所创造的产品或服务的使用价值上。

从马克思的角度来看，劳动的有用性不仅仅在于它能够创造物质产品，还在于这些产品是否被社会认可并需要。如果一个产品虽然被生产出来了，但没有人愿意购买或使用，那么这个产品的使用价值就无法实现，相应的，生产它的劳动也就不能被视为真正有用的劳动。要使劳动成为有用劳动，其产品必须具备社会性的使用价值。这意味着该商品不仅能满足个体的需求，而且能在更广泛的社会范围内被接受和交换。例如，一件上衣不仅需要符合穿戴者的个人喜好，还要在市场上找到买家，这样才能体现其社会性的使用价值。

具体劳动创造了使用价值，而有用劳动则是通过其产品或服务的使用价值来体现自身的重要性。马克思强调，当我们谈论劳动时，应该始终关注其有用的效果，因为这是衡量劳动是否真正有用的标准。对于生产上衣或其他任何商品而言，生产过程中的每一个环节——从设计到选材再到加工——都决定了最终产品的使用价值，进而影响了该商品能否成功进入市场并实现其价值。

通过这种方式，我们可以更好地理解劳动如何通过其有用效果来表现自身的价值，并且认识到，在资本主义商品生产体系中，劳动不仅要创造使用价值，还要确保这些使用价值能够在市场上得到认可和社会承认。从人类劳动的共通或抽象特性来观察，所有劳动在一方面表现为生理学上的人类劳动力的耗费，形成了商品的价值；而在另一方面，从具体有益劳动的视角来看，它代表了人类劳动力在特定目的性活动中的耗费，从而产生了使用价值。

二、首次创立劳动二重性学说

马克思发现并证明了生产商品的劳动的二重性，首创了马克思劳动价值论的核心——劳动二重性学说。而缺少劳动二重性理论是英国古典政治经济学的根本缺陷。马克思在《政治经济学批判》一书中首先阐明了这一理论。他强调，劳动二重性"是理解政治经济学的枢纽"[①]。马克思为什么要这样说？首先是因为这个学说克服了古典经济学劳动价值论的缺陷，使劳动价值论成为完善的科学理论，为提出剩余价值学说准备了必要的理论条件。虽然李嘉图等古典经济学家提出了劳动形成价值的基本观点，但他们不懂得抽象劳动与具体劳动的区别，不能正确地回答究竟什么劳动形成价值，以及商品的使用价值与价值之间的关系是什么等一系列问题，最终导致其理论的破产。直到马克思提出劳动二重性学说，才建立了科学的基础，使劳动价值论无法颠覆。

（一）分析具体劳动和抽象劳动的特征

马克思指出，生产商品的劳动，首先表现为特定种类的生产劳动，例如生产上衣的劳动、制造皮鞋的劳动等。不同种类的生产活动是由它们的目的、操作方式、对象、手段和结果决定的，因而表现为具体劳动。人们要获得某种产品，就必须进行某种特定形式的劳动。例如，要满足食欲，就必须进行食物的采集、狩猎或者农产品的生产等劳动；要得到衣服，就必须进行纺织劳动，等等。可见，不同的具体劳动总是与不同商品的使用价值有关。"由自己产品的使用价值或者由自己产品是使用价值来表示自己的有用性的劳动，我们简称为有用劳动。"[②]

人类要生存，就必须不断地生产各种使用价值或产品来满足自己的需要，而任何一种非天然的物质财富要素，都是必须通过某种专门的、使其适合于人类需要的、有目的的生产活动创造出来，因此，"劳动作为使用价值的创造者，作为有用劳动，是不以一切社会形式为转移的人类生存条件，是人与自然之间的物质转换，即人类生活得以实现的永恒的自然必然性"[③]。然而，仅有劳动并不能生产出使用价值，即物质财富，作为对自然物质的改造过程，劳动还必然借助一定的物质手段，并作用于劳动对象才能生产出使用价值。一切使用价值，总是自然物质和劳动这两种要素相结

[①] 《马克思恩格斯文集》第5卷，北京：人民出版社2009年版，第55页。
[②] 《马克思恩格斯文集》第5卷，北京：人民出版社2009年版，第55页。
[③] 《马克思恩格斯文集》第5卷，北京：人民出版社2009年版，第56页。

合的产物。人在生产劳动过程中，利用自己的劳动生产力，通过对自然物质的性质和形式的改造，获得自己需要的特定形态的物质产品。离开了自然物质和自然条件，单纯的人类劳动本身是创造不出物质和物质产品的。马克思指出："正像威廉·配第所说，劳动是财富之父，土地是财富之母。"① 显然，这里的"财富"，指的是物质财富，或者说是物质形态的财富。

生产商品的劳动，从另一个方面来说，它又是一个抽象劳动。作为具体劳动，不同商品的生产劳动性质是各不相同的，但是，无论是纺纱的劳动还是织布的劳动，如果撇开具体的生产活动的性质，从而撇开劳动的有用性，那么，劳动就只剩下一点：它是人类劳动力的耗费。在这个意义上，各种不同形式的具体劳动又都是同一的人类劳动。商品价值所体现的，就是这种一般人类劳动的耗费。马克思指出："它是每个没有任何专长的普通人的有机体平均具有的简单劳动力的耗费。简单平均劳动本身虽然在不同的国家和不同的文化时代具有不同的性质，但在一定的社会里是一定的。"② 可见，生产或形成商品价值的一般人类劳动或抽象劳动，首先应该被理解为简单劳动。

生产不同商品的复杂程度是不同的，从而产生了复杂劳动与简单劳动的差异。马克思指出："更复杂的劳动只不过是自乘的或不如说多倍的简单劳动，因此，少量的复杂劳动等于多量的简单劳动。经验证明，这种简化是经常进行的。一个商品可能是最复杂的劳动的产品，但是它的价值使它与简单劳动的产品相等，因而本身只表示一定量的简单劳动。各种劳动化为当作它们的计量单位的简单劳动的不同比例，是在生产者背后由社会过程决定的，因而在他们看来，似乎是由习惯确定的。"③ 马克思在以上分析的基础上，对劳动二重性进行了这样的概括："一切劳动一方面是人类劳动力在生理学意义上的耗费；就相同的或抽象的人类劳动这个属性来

---

① 《马克思恩格斯文集》第 5 卷，北京：人民出版社 2009 年版，第 56—57 页。
② 《马克思恩格斯文集》第 5 卷，北京：人民出版社 2009 年版，第 58 页。
③ 《马克思恩格斯文集》第 5 卷，北京：人民出版社 2009 年版，第 58 页。

说，它形成商品价值。一切劳动，另一方面是人类劳动力在特殊的有一定目的的形式上的耗费；就具体的有用的劳动这个属性来说，它生产使用价值。"①。

（二）概括劳动二重性和商品二因素之间的关系

商品的交换价值从何而来，是个难解之谜。西方经济学的效用论与成本论，归根到底是用过去的商品价格通过买方与卖方形成价格的上限与下限，只能在某些方面解释价格变动的现象，不能揭示交换价值的本质和来源。

马克思揭示了商品的二重性：商品一方面既具有体现它的自然属性的使用价值，另一方面又具有作为它的社会属性的价值，体现的是人与人之间的社会关系，从而揭示了商品本质上是二者的辩证统一，即商品反映的是以使用价值为载体的人与人之间的社会关系。流通领域中作为反映物与物之间关系的交换价值，来自人与人的关系，这种关系是由生产领域的劳动生产的，因此，交换价值是价值的物质表现。更重要的是：马克思揭示了商品的二重性来源于劳动二重性：劳动既是作为自然物质过程的具体劳动，它与其他各种生产要素一起共同生产了商品的使用价值；同时劳动又是作为生产人与人的社会关系的抽象劳动，在劳动过程的社会属性方面，它凝结在商品中形成作为社会关系的价值实体。价值是通过劳动生产的人对人的社会关系——通过劳动而用人的生命生产社会上他人生命的社会关系，因此，作为人的活动过程的、为他人服务的社会性活劳动，是创造作为社会关系的价值的唯一源泉。

抽象劳动不是对具体劳动的抽象，因为具体劳动只是指劳动的自然属性，不可能抽象出社会属性。抽象劳动也不是孤立的抽象个人的劳动，因为孤立的抽象个人（脱离现实的社会关系的个人）只具有自然本性，不可能生产出作为社会关系的价值。抽象劳动是全社会劳动者相互服务而形成的整体的"社会人"的劳动，个人的抽象劳动是作为这个整体社会人的组成部分，正像人的各个器官的运动只是作为整体的人的生命活动的组成

---

① 《马克思恩格斯文集》第5卷，北京：人民出版社2009年版，第60页。

部分。

整个社会总体的抽象劳动的量，等于全社会生产的总产品所必须花费的总时间，它等于全社会生产的全部价值。它分配到各类具体劳动中，形成了各类具体劳动的抽象劳动时间，也即各类具体劳动所生产的使用价值所负载的总价值。各部门的总价值平均分配到该使用价值的总产量上，产生每个商品的使用价值所负载的价值，它等于生产该商品的使用价值的社会必要劳动时间。

正是因为生产商品的劳动形式不同，它们才成为使用价值的要素；同样，当它们的特殊形式被抽去之后，它们具有相同的质，即人类劳动，才成为价值的实体。总之，一切劳动，一方面是人类劳动在生理学意义上的耗费；就相同的或抽象的人类劳动这个属性来说，它形成商品价值。一切劳动，另一方面是人类劳动力在特殊的有一定目的的形式上的耗费；就具体的有用的劳动这个属性来说，它生产使用价值。商品的价值量随生产力变化而变化的规律也来源于劳动的二重性，生产力属于劳动的具体有用形式，生产力越高，单位时间内生产的使用价值就越多，但是"不管生产力发生了什么变化，同一劳动在同样的时间内提供的价值量总是相同的"[①]，从而使单个使用价值中所包含的劳动量相应减少，价值降低。

劳动二重性学说在马克思的理论体系中有着极为重要的地位和意义，"这一点是理解政治经济学的枢纽"[②]。第一，它科学地阐明了商品交换的质的基础及其量的决定，即抽象劳动形成的价值是商品交换的基础，每个商品中包含的价值量的大小决定它们之间的交换比例；第二，它体现了马克思主义的基本立场和基本方法，是劳动者的劳动而不是其他任何东西创造价值；第三，"同商品体的可感觉的粗糙的对象性正好相反，在商品体的价值对象性中连一个自然物质原子也没有……但是……商品只有作为同一的社会单位即人类劳动的表现才具有价值对象性，因而它们的价值对象性纯粹是社会的，那么不言而喻，价值对象性只能在商品同商品的社会关

[①] 《马克思恩格斯文集》第5卷，北京：人民出版社2009年版，第60页。
[②] 《马克思恩格斯文集》第5卷，北京：人民出版社2009年版，第54—55、55页。

系中表现出来。"① 也就是说，劳动二重性原理揭露了商品交换背后所掩盖的人与人之间的关系，只有依据科学的劳动价值理论，资本主义的各个经济范畴及其矛盾运动才能得到进一步分析。

（三）揭示价值规律的主要内容

作为商品经济的基本规律，价值规律贯穿于商品生产和交换的全过程。马克思指出：在私人劳动产品的偶然的不断变动的交换关系中，生产这些产品的社会必要劳动时间作为起调节作用的自然规律，强制地为自己开辟道路，就像房屋倒在人的头上的重力定律强制地为自己开辟道路一样。因此，价值量由劳动时间决定是一个隐藏在商品相对价值的表面运动后面的秘密。

首先，价值规律有两重含义。价值规律的第一重含义：就一种商品而言，生产商品的社会必要劳动时间，决定商品价值量及其等价交换的必然性，叫价值规律。每个商品的生产都要耗费劳动。在市场上有一只看不见的手检验劳动耗费，使劳动耗费少的生产者得利，使劳动耗费多的生产者发生亏损。价值规律的第二重含义：就一种商品来说，生产一种商品总量这就是价值规律的表现。社会必要劳动时间总量，决定该种商品总量的价值量及其实现为货币的必然性，叫价值规律。多方面的社会需求，要求各个行业按比例生产商品。哪一种商品总量超过了社会需求，表明其过多地耗费了劳动，必然造成全行业的商品积压和亏损；哪一种商品的总量与社会需求相一致，表明其劳动耗费没有超过必要的范围，因而必然使全行业的商品畅销而盈利。这是各行业生产受到价值规律制约的表现。

价值规律的两重含义表明，在商品货币关系中，价值规律既作用于微观经济，又作用于宏观经济。这就要求当今经济生活中的宏观调控一定要建立在以价值规律支配的市场基础之上。马克思在《资本论》第 1 卷第 1 章第 1 节指出，价值规律的表现形式是商品的价格围绕价值上下波动。商品价值决定商品价格。供求关系的变化影响价格波动。比如一辆自行车由

---

① 《马克思恩格斯文集》第 5 卷，北京：人民出版社 2009 年版，第 60 页。

其价值决定的价格为 300 元。当市场上自行车供不应求时,在购买者竞相购买的情况下,自行车的价格会向上波动;反之,当市场上自行车供过于求时,在售卖者竞相推销的情况下,自行车的价格会向下波动。但是,自行车的价格不论怎样波动,也不会持久地远离自行车的价值。因为在价值规律支配下,商品的价值是商品的价格的最终决定因素。

价值规律得以贯彻的过程就是价格上下波动的过程。本来商品的价值决定商品的价格,这是价值规律的规则。但是,供求关系的变化却影响价格离开价值上下波动,因而"规则只能作为没有规则性的盲目起作用"。可是,从整个过程看,商品价格的上下波动会互相抵消,因而价值规律表现为"平均数规律来为自己开辟道路"。马克思在《资本论》第 1 卷第 1 章第 4 节指出,价值规律是一只看不见的手。凡规律都是对事物运动的抽象,是看不见摸不着的客观存在。价值规律也不例外,因而是一只看不见的手。价值规律主宰着商品价值的决定,成为一只手。但这只手看不见,因为商品价值的决定不在表面而在现象的背后。这就是马克思所说的:"价值量由劳动时间决定是一个隐藏在商品相对价值的表面运动后面的秘密。"商品价值由货币相对地表现出来,叫做商品相对价值,成为商品价格。商品价格的"表面运动后面",隐藏着决定商品价值的东西。这是看不见的"秘密"。

三、揭露隐藏价值形式背后的秘密

马克思首先从交换价值中抽象出价值,在探讨了价值的质的和量的规定性之后,又从价值回到交换价值,开始全面论述价值形式。马克思指出:"商品只有作为同一的社会单位即人类劳动的表现才具有价值对象性,因而它们的价值对象性纯粹是社会的,那么不言而喻,价值对象性只能在商品同商品的社会关系中表现出来"①。马克思在《资本论》第 1 卷中详细探讨了价值形式的发展过程,这一过程不仅是一个逻辑上的演变,也是一个历史发展的进程。他分析了价值形式从简单形式逐步演进到扩大形

---

① 《马克思恩格斯文集》第 5 卷,北京:人民出版社 2009 年版,第 61 页。

式、一般形式，最终发展为货币形式的过程。这种研究，"有时好像是纯粹演绎式的叙述，实际上是以交换和商品生产发展史的大量实际材料作根据的"①。对于价值形式的分析，对马克思的劳动价值理论的形成具有非常重要的意义。它实际上是从价值形式形成和发展的过程中对价值的社会性质的再一次深刻揭露，揭露出隐藏在价值形式后面的秘密。

（一）开展价值形式的全面论述

马克思在阐明了商品的二因素和生产商品的劳动二重性之后，进而分析了商品的交换价值即价值形式及其发展，从而揭示了货币的起源和本质。早期的人类社会由于生产力极端落后，生产处在自然经济状态，既没有产品交换，也没有分工。随着生产力的发展，出现了剩余产品，于是，在原始公社之间开始发生偶然的产品交换。产品的交换推动了公社之间分工的发展。随着分工的发展，交换也扩展到公社的成员之间。随着商品生产和交换的不断发展，交换价值即商品的价值形式也随之经历了深刻的变化。马克思在其著作《资本论》中详细分析了这一过程，揭示了从简单价值形式到货币形式的发展逻辑及其背后的经济和社会变迁。马克思将价值形式发展的历史过程概括为如下几个发展阶段。

首先是简单的、个别的或偶然的价值形式。人类最初的交换是偶然发生的，并且这种交换往往只是发生在个别产品之间，从而使交换的形式本身具有简单的特征。由此而形成的价值形式就是简单的、个别的或偶然的形式，可以用例子表示为：1 只绵羊 = 2 把斧子。马克思指出："一切价值形式的秘密都隐藏在这个简单的价值形式中。"② 紧接着，马克思分析了等价形式。在 1 只绵羊 = 2 把斧子这个等式中，斧子成为绵羊价值的表现材料或表现物，处于等价形式，这时，斧子这个物品本身或使用价值本身，成为绵羊的内在价值的外在表现形式。具体来说，当一个商品（如绵羊）与其他商品（如斧子）进行交换时，它们各自的使用价值和价值之间的矛盾就通过这种交换关系显现出来。马克思指出："在考察等价形式时看见

---

① 《列宁全集》第 21 卷，北京：人民出版社 1959 年版，第 42 页。
② 《马克思恩格斯文集》第 5 卷，北京：人民出版社 2009 年版，第 62 页。

的第一个特点,就是使用价值成为它的对立面即价值的表现形式"①。

其次是总和的或扩大的价值形式。总和的或扩大的价值形式是指一种商品与一系列其他商品相交换的形式。这一阶段标志着商品交换从简单、偶然的关系向更复杂、系统化的方向发展。在扩大的价值形式中,1只绵羊的价值不再只是表现在斧子这一种商品上,而是也表现在茶叶、咖啡等各种不同的商品上,从而使得价值的表现不再是偶然的,交换的比例关系也不再受各种偶然情况的影响,而是越来越多地由商品的价值量来调节,商品的价值量得到了更充分地表现。正因为斧子、茶叶、咖啡等商品都能与绵羊交换,从而使斧子、茶叶、咖啡等商品都成为绵羊的一种特殊的等价物。

然后是一般价值形式。在形式上,一般价值形式就是扩大的价值形式颠倒了的形式,从扩大价值形式到一般价值形式的发展,是价值形式的质的变化。在一般价值形式中,商品价值的表现既是简单的,又是统一的。当所有商品的价值都表现在绵羊这一种商品上时,绵羊就成为了一般的等价形式,即一般等价物。这是马克思在《资本论》中描述的价值形式发展的第三个阶段——一般价值形式。马克思指出:"一般价值形式的出现只是商品世界共同活动的结果。"② 一种商品成为一般等价物,并不是法律的规定或其他任何形式的强制的结果,而是在交换过程中经过长期的实践自发形成的。在人类交换史上,曾经有多种商品充当过一般等价物,例如牲畜、贝壳、奴隶等。

正是在一般等价形式中,一切商品都用绵羊作为等价物,这样它们之间在质上是等同的,都作为价值存在,而且可以在量上进行比较。这对人类商品交换和商品生产的发展产生了极大的促进作用。与此同时,当绵羊作为一般等价物,其自然形式成为这个世界共同的价值形态时,它不仅能够与其他一切商品直接交换,而且它的物体形式成为了所有人类劳动的可见化身。这一过程为商品拜物教的产生提供了客观基础。当某种商品从其

---

① 《马克思恩格斯文集》第 5 卷,北京:人民出版社 2009 年版,第 71 页。
② 《马克思恩格斯文集》第 5 卷,北京:人民出版社 2009 年版,第 82—83 页。

他商品中分离出来并固定地充当一般等价物的时候，这种"独特商品"就具有了一种"特有的社会职能"，一种"社会独占权"。当贵金属金取代其他商品独占了一般等价形式地位时，一般价值形式也随之发展成为货币形式。

最后是货币形式。货币形式是价值形式的完成形态。货币形式与一般价值形式的唯一区别，只是金取代其他商品获得了一般等价形式地位。"金能够作为货币与其他商品相对立，只是因为它早就作为商品与它们相对立。"① 同时，贵金属的独特的自然属性使之最适合充当一般等价物，因为贵金属不仅价值含量高，还具有耐腐蚀、延展性好从而便于分割和携带等优点，于是，"金银天然不是货币，但货币天然是金银。"② 社会的习惯使贵金属成为货币。由以上分析可知，"简单的商品形式是货币形式的胚胎"③，货币的起源和发展是一个逐步演变的过程，它是商品交换发展到一定历史阶段的结果。通过对价值形式及其发展的分析，马克思深刻揭示了货币的本质：货币是从商品世界分离出来并固定地充当一般等价物的商品。当货币成为一般等价物后，它掩盖了商品背后复杂的劳动关系和社会分工。人们看到的是商品与货币之间的交换关系，而不是生产这些商品的具体劳动过程。这种现象导致了商品拜物教的产生——即人们倾向于将商品本身视为具有某种神秘属性或内在价值，而忽略了其背后的社会劳动关系。

（二）揭露价值的社会性质

列宁指出："凡是资产阶级经济学家看到物与物之间的关系（商品交换商品）的地方，马克思都揭示了人与人之间的关系。"④ 西方经济学价格理论的根本局限在于只看到物与物的关系（物与物的交换比值）、物对人的关系（使用价值或效用价值），只看到商品的市场交换，而没有

---

① 《马克思恩格斯文集》第5卷，北京：人民出版社2009年版，第87页。
② 《马克思恩格斯文集》第5卷，北京：人民出版社2009年版，第108页。
③ 《马克思恩格斯文集》第5卷，北京：人民出版社2009年版，第87页。
④ 《列宁选集》第2卷，北京：人民出版社2012年版，第312页。

看到市场交换过程背后错综复杂的社会关系——商品的生产过程、流通过程和分配过程中复杂的关系。而商品的交换价值和价格，正是在这些过程的错综复杂的社会关系中生成，而绝非仅由商品的市场交换过程所生成。这恰恰是马克思主义经济学高明之处。根据马克思的分析，我们认识到商品的使用价值和价值的矛盾、具体劳动和抽象劳动的矛盾，根源于私人劳动和社会劳动的矛盾。私人劳动和社会劳动的矛盾是商品经济的根本矛盾。

在商品经济体系中，由于生产资料分属不同的生产者，他们各自独立地进行生产活动，并拥有各自的经济利益。具体来说，首先是个人决策，生产什么、生产多少、如何生产，这些都属于生产者个人的事务，由个体生产者根据自身的资源和市场需求做出决定。成果私有，劳动成果归生产者个人所有和控制，生产者对自己的产品具有完全的所有权。生产具有分散性，每个生产者的生产活动相对独立，不受其他生产者直接控制或协调。因此，商品生产的劳动具有私有性质，即私有劳动。这种私有性质使得生产者的劳动主要服务于其个人利益，而不是直接满足社会需求。

商品生产者的劳动从私人劳动转变为社会劳动需要满足两个条件：首先，私人劳动必须是能够满足一定的社会需求的有用的劳动，这意味着，生产者提供的产品不仅要符合自身的生产能力和技术水平，还必须被社会认可为有用的物品；其次，私人劳动要成为社会劳动，必须能够与其他任何有用的私人劳动进行交换，且是等量劳动的交换，这意味着，生产者不仅需要生产有用的商品，还需要确保这些商品可以在市场上与其他商品进行有效的、公平的交换。私人劳动的社会性质无法直接在生产者那里得到体现和认可，必须通过市场交换来实现。这一过程不仅揭示了商品经济体系中私人劳动与社会劳动的复杂关系，也为理解资本主义市场经济中的价值形成和交换提供了重要的理论基础。

商品生产者的劳动从私人劳动转变为社会劳动的关键在于其生产的商品能否被市场接受。对于商品生产者来说，确保其生产的商品被市场接受至关重要。这不仅是为了获得经济回报，更是为了维持自身的生产和生活。这不仅决定了私人劳动是否能够得到社会的认同，还直接影响到生产者的经济生存和发展。私人劳动和社会劳动之间的矛盾揭示了资本主义商品经济体系中的内在紧张关系，为理解市场经济中的个体风险和集体利益提供了重要的理论视角。

马克思在《资本论》中对商品经济环境下私人劳动和社会劳动对立统一关系进行了深刻分析。这种对立统一关系在市场交换中得到了充分体现，揭示了商品生产和交换过程中的复杂动态。其对立性体现在：在商品经济体系中，每个生产者的劳动是私有的，他们独立进行生产活动，并拥有各自的经济利益。这使得私人劳动具有分散性和独立性。如果私人劳动的产品不被市场接受，生产者无法将商品的使用价值转移出去，劳动成果得不到社会认可，私人劳动不能或部分不能转化为社会劳动，矛盾就显现出来。其统一性体现在：当私人劳动的产品通过市场交换成功售出时，这些劳动成果就被社会认可，成为社会总劳动的一部分。这时，私人劳动转化为社会劳动，统一性得以体现。商品的成功交换不仅实现了其使用价值的转移，也实现了其价值的实现，即生产者获得了相应的货币补偿，从而维持再生产过程。

马克思在《资本论》中关于商品经济基本矛盾——私人劳动和社会劳动的对立统一关系——的核心理论。这一矛盾贯穿于商品经济发展的各个阶段，并且在资本主义市场经济条件下，具体表现为生产社会化和生产资料资本主义私人占有之间的矛盾。具体来看，商品经济的基本矛盾表现在：在商品经济体系中，私人劳动和社会劳动的矛盾是其基本矛盾。每个生产者的劳动是私有的，但这些劳动又必须通过市场交换来实现其价值，从而成为社会总劳动的一部分。因而表现出了劳动的二重性：为了实现私人劳动向社会劳动的转化，必须忽略各个商品生产者私人劳动的具体差异，将不同形式的具体有用劳动还原为同质的一般人类劳动，即抽象劳动。具体劳动创造使用价值，而抽象劳动形成商品的价值。这种劳动的二重性决定了商品具有二重属性：使用价值和价值。使用价值是指商品能够满足人们某种需求的自然属性。价值是指凝结在商品中的无差别的人类劳动，即生产该商品所需的社会必要劳动时间。商品经济中的各种矛盾，归根结底是由生产商品的劳动具有私人劳动和社会劳动这一基本矛盾所引起的。在资本主义市场经济条件下，私人劳动和社会劳动的矛盾具体表现为生产社会化和生产资料资本主义私人占有之间的矛盾，这是一切资本主义矛盾产生的根源。

（三）商品的拜物教性质及其秘密

在商品社会中，所有劳动产品一旦作为商品出现，确实会产生一种"神秘性质"，这种现象被马克思称为商品拜物教。在资本主义商品经济中，商品似乎具有某种独立的生命和力量，仿佛它们之间存在自然的交换关系，而忽略了这些关系实际上是人类劳动和社会关系的结果。马克思对商品拜物教的来源和产生的原因进行了深刻分析，揭示了商品生产的实质。马克思首先表明商品的神秘性不是源自商品的使用价值。"就商品是使用价值而言，不论从它靠自己的属性来满足人的需要这个角度来考察，或者从它作为人类劳动的产品才具有这些属性这个角度来考察，它都没有什么神秘的地方。"①

马克思指出，商品的神秘性并不是直接来源于其价值的规定内容，即凝结在商品中的抽象劳动。相反，这种神秘性更多地是由于商品交换形式及其背后的社会关系被遮蔽和扭曲。"因为，第一，不管有用劳动或生产活动如何不同，它们都是人体的机能，而每一种这样的机能不管内容和形式如何，实质上都是人的脑、神经、肌肉、感官等等的耗费。这是一个生理学上的真理。第二，说到作为决定价值量的基础的东西，即这种耗费的持续时间或劳动量，那么，劳动的量可以十分明显地同劳动的质区别开来。在一切社会状态下，人们对生产生活资料所耗费的劳动时间必然是关心的，虽然在不同的发展阶段上关心的程度不同。最后，一旦人们以某种方式彼此为对方劳动，他们的劳动也就取得社会的形式"②。

那么，商品的神秘性究竟是从何而来的呢？马克思说："商品形式的奥秘不过在于：商品形式在人们面前把人们本身劳动的社会性质反映成劳

---

① 《马克思恩格斯文集》第 5 卷，北京：人民出版社 2009 年版，第 88 页。
② 《马克思恩格斯文集》第 5 卷，北京：人民出版社 2009 年版，第 88—89 页。

动产品本身的物的性质，反映成这些物的天然的社会属性，从而把生产者同总劳动的社会关系反映成存在于生产者之外的物与物之间的社会关系。由于这种转换，劳动产品成了商品，成了可感觉而又超感觉的物或社会的物。"① 由此可见，"劳动产品一旦采取商品形式就具有的谜一般的性质"，它来源于劳动产品的商品形式，具体表现在："人类劳动的等同性，取得了劳动产品的等同的价值对象性这种物的形式；用劳动的持续时间来计量的人类劳动力的耗费，取得了劳动产品的价值量的形式；最后，生产者的劳动的那些社会规定借以实现的生产者关系，取得了劳动产品的社会关系的形式。"② 在商品经济中，生产者之间的劳动关系和社会分工通过市场交换得以体现，但这种关系并不是直接可见的。相反，它表现为商品之间的交换关系，仿佛商品本身具有某种独立的生命和力量。人们看到的是商品与商品之间、商品与货币之间的交换关系，而不是隐藏在其背后的生产者之间的劳动关系和社会分工。例如，当我们购买一件衣服时，我们关注的是这件衣服的价格和质量，而不是谁生产了它、如何生产的以及生产过程中涉及的劳动条件。劳动产品一旦作为商品来生产，就带上拜物教性质。这是因为商品的价值表现形式是抽象的，它掩盖了具体劳动的社会性质，使得商品之间的交换关系显得像是自然的、客观的现象，而非人类劳动和社会关系的结果。

既然拜物教的产生是源于商品的形式本身，那么实际上拜物教和商品的产生原因也就相同了。前面已经说明，社会分工的存在以及产品是私人劳动的产品，这是形成商品生产的两个基本条件。正是基于这两个条件，形成了私人劳动与社会劳动的矛盾，商品交换的必然性也就产生了。生产商品的劳动首先是一种私人劳动，即生产者作为独立的利益主体，为了实现自己的利益和满足自己的需要而从事的劳动。社会分工使得每个生产者专注于特定产品的制造，提高了生产效率和专业化水平。然而，这也意味着生产者不再自给自足，而是依赖于其他生产者的劳动成果来满足自己的多样化需求。尽管每个生产者的劳动是私有的，但从整体上看，这些劳动

---

① 《马克思恩格斯文集》第 5 卷，北京：人民出版社 2009 年版，第 89 页。
② 《马克思恩格斯文集》第 5 卷，北京：人民出版社 2009 年版，第 89 页。

共同构成了一个复杂的社会化生产过程。每个生产者的劳动都是社会总劳动不可或缺的一部分,对整个社会的生产和生活有着重要的贡献。由于生产者的需求是多样的,而他们只能专注于特定产品的制造,因此产品交换成为了必然。"他们的私人劳动的独特的社会性质也只有在这种交换中才表现出来。"① 这一过程掩盖了生产者之间的社会关系,导致了商品拜物教现象。人们往往将商品本身视为具有某种神秘属性或内在价值,而忽略了其背后复杂的劳动关系和社会分工。商品拜物教使得商品交换看似是一种自然现象,而非人类劳动和社会关系的结果。

商品生产和交换都是历史的产物,商品的拜物教性质同样具有历史性。资产阶级经济学否认商品经济的历史性,将资本主义视为永恒的社会形式,马克思对此进行了批判。马克思表明,在没有私人劳动与社会劳动之间矛盾的社会条件下,没有商品生产和交换,因而也就没有商品拜物教。在社会主义阶段仍然存在商品经济,因此,商品拜物教观念以及由此衍生出来的消极现象仍然会不可避免地存在,如拜金主义等。

第二节　剩余价值理论:揭开人民深受剥削的面纱

作为马克思的两大发现之一,剩余价值理论是马克思主义政治经济学的核心概念,也是我们了解资本主义内在运行规律的强大思想武器。马克思认为,资本主义生产的实质就是生产剩余价值,剩余价值就是由雇佣工人在剩余劳动时间内创造的、被资本家无偿占有的超过劳动力价值的那部分新价值,这部分新价值也就是劳动创造的价值与劳动者获得的报酬之间的差额。在《剩余价值学说史》的前言部分对剩余价值理论给出了总的评论:所有经济学家都犯了一个错误:他们不是就剩余价值的纯粹形式,不是就剩余价值本身,而是就利润和地租这些特殊形式来考察剩余价值。当资本家把剩余价值看作全部预付资本的增加额时,剩余价值就以利润的形式存在,可见,剩余价值才是利润的本质。资产阶级利润学说掩盖了资本

---

① 《马克思恩格斯文集》第 5 卷,北京:人民出版社 2009 年版,第 90 页。

家对工人的剥削程度、掩盖了剩余价值的真正来源,这正是马克思所要批判的。

一、指出货币转化为资本的前提

马克思深入剖析了货币如何转化为资本这一关键问题,揭示了资本主义经济体系运作的核心逻辑。他认为,货币转化为资本的前提在于劳动者与生产资料的分离,使得工人除了自己的劳动力外一无所有,从而被迫将劳动力作为商品出卖给资本家以维持生计。只有在这种条件下,货币持有者才能购买到劳动力这种特殊商品,通过其使用创造的价值超过其自身价值的部分——即剩余价值,实现货币向资本的转变。马克思强调,这一过程不仅依赖于劳动力市场的存在,还需要具备一定的社会经济条件,如自由劳动制度和商品经济的发展等。正是这些条件的集合,构成了货币转化为资本的基础,并开启了资本积累和社会财富增长的资本主义进程。理解这一前提,对于把握资本主义经济的本质及其内在矛盾具有重要意义。

(一)描述资本总公式及其矛盾

在简单的商品经济中,货币主要作为商品交换的媒介,促进商品流通。它使得商品交换更加便捷和高效,简化了交易过程。当货币进入资本主义生产关系中,它就可能转变为资本。资本的本质是能够带来剩余价值的价值,即通过生产过程增值的货币。尽管货币是资本的最初表现形式,但它本身并不就是资本。作为商品流通媒介的货币,其主要功能是促进商品交换;而作为资本的货币,则是在特定的社会生产关系中,通过劳动过程生产剩余价值,从而实现价值增值。马克思通过对货币与资本关系的分析,揭示了资本主义生产方式的本质特征及其内在矛盾。

简单商品流通的公式是:商品—货币—商品(W—G—W′)。商品生产者首先出卖自己的商品(W),换取货币(G)。然后用获得的货币(G)买进自己所需的商品(W′)最终目的是消费,即获得使用价值。生产者的出发点和终点都是商品,货币只是作为一种中介,帮助实现商品的交换。资本流通的公式是:货币—商品—更多货币(G—W—G′)。资本家先投入货币（G），购买生产资料和劳动力（W）。通过生产过程创造出新的商品，并将这些商品卖出，重新取得更多的货币（G'）。最终目的是增值，即获得更多的货币。资本家的出发点和终点都是货币，但终点的货币量大于起点的货币量，差额部分即为剩余价值。

这两种流通形式明显不同。商品流通是为买而卖，目的是消费，是要得到另一种使用价值。处在简单商品流通公式两端的两种商品在价值量上是相等的。资本流通是为卖而买，目的是要得到增殖了的价值，即资本家先用货币购买商品，再出卖商品换回更多的货币。在资本流通过程的终点，除了收回在这一过程的始点预付的货币之外，资本家还从流通中取出一笔增加的货币。当货币在运动中发生了价值增殖，货币就转化为资本。这里，G'=G+∆G。剩余价值是运动过程中价值的增加额，即∆G。资本流通的目标在于获取超出初始货币价值的额外价值。在资本流通的过程中，货币通过特定的社会生产关系和劳动过程实现了价值的增加，创造了剩余价值，从而转变成了资本。因此，资本本质上是能够产生剩余价值的价值。G—W—G'这一公式适用于所有形式的资本。不仅商业资本的运作直接体现为先购买后销售的过程，产业资本和借贷资本的基本运作过程也是如此，它们只是在这个公式基础上的扩展或简化。因此，这个公式总结了产业资本、商业资本和借贷资本运作的共同特性，体现了资本的总体公式。

资本总体公式与价值规律之间的表面矛盾，确实是马克思在《资本论》中探讨的一个核心问题。这一矛盾看似无法调和，但实际上可以通过深入分析资本主义生产过程中的劳动关系和社会条件来解释。价值规律规定商品交换应遵循等价原则，即商品的价值由生产该商品所需的社会必要劳动时间决定，商品交换的结果仅改变价值的表现形式，而不改变价值量本身。资本的总体公式是"货币—商品—更多货币"（G—W—G'），其中G'>G。这表明资本通过流通实现了价值的增加，似乎与价值规律相冲突。解释这一矛盾的关键在于，剩余价值并不是在流通领域直接产生的，而是在生产领域通过劳动过程创造的。关键在于劳动力成为商品。劳动力的价值是由维持和再生产劳动力所需的生活资料的价值决定的，但劳动力的使用价值是能够创造超过其自身价值的新价值的能力。资本家购买劳动力后，工人在生产过程中不仅再生产出相当于工资的价值，还创造了额外的剩余价值。这部分剩余价值被资本家无偿占有，从而实现了资本的价值增值。在生产过程中，工人的劳动时间分为必要劳动时间和剩余劳动时间。必要劳动时间用于再生产工人的劳动力价值（即工资），而剩余劳动时间则创造了超过工资的额外价值，即剩余价值。当新生产出的商品被卖出时，资本家不仅收回了最初投入的货币（G），还获得了更多的货币（G′）。差额部分即为剩余价值。虽然剩余价值是在生产领域创造的，但流通领域起到了重要的中介作用。资本家通过市场销售商品，将包含剩余价值的商品转化为更多的货币（G′）。表面上看，资本家通过商品交换实现了价值的增加，但实际上这是通过生产过程中的剥削机制实现的。流通领域只是使得这种价值增殖得以实现和表现出来。

综上所述，资本总体公式与价值规律之间的表面矛盾可以通过以下几点来解释，剩余价值的真正来源：剩余价值不是在流通领域直接产生的，而是在生产领域通过劳动过程创造的。关键在于劳动力成为商品，并且劳动力的使用价值能够创造超过其自身价值的新价值。生产过程中的价值增殖：在生产过程中，工人的剩余劳动时间创造了剩余价值，这部分剩余价值被资本家无偿占有，从而实现了资本的价值增值。流通领域的中介作用：流通领域起到了重要的中介作用，使得生产过程中创造的剩余价值得以实现和表现出来。因此，资本总体公式的矛盾并不意味着价值规律失效，而是揭示了资本主义生产方式的本质特征及其内在矛盾。马克思通过对这一问题的深入分析，揭示了资本运作的基本机制及其对社会经济结构的影响。

（二）论证劳动力成为商品的关键作用

人体内的体力和智力总和，即劳动力，是人们在生产使用价值时所运用的。在所有社会中，劳动力是核心的生产要素，然而，并非所有劳动力都自然地成为商品。劳动力要成为商品，需满足两个条件。首先，劳动者必须是自由人，能够自主决定是否以及何时出卖自己的劳动力。

这种自由意味着他们不是奴隶或农奴，不受封建或其他形式的人身依附关系的束缚。而且劳动者必须定期出售劳动力，而非一次性全部出售。如果劳动者一次性全部出卖自己的劳动力，就会失去自由，沦为奴隶。因此，劳动力的出售是一种持续的过程，劳动者可以在每次劳动合同期满后选择是否继续工作或更换雇主。其次，失去生产资料：劳动者必须失去生产资料（如土地、工具、机器等），无法独立进行生产活动。这意味着他们不能通过自给自足的方式维持生计，而必须依赖于为他人工作来获得收入。失去生活资料：除了自己的劳动力外，劳动者几乎没有任何其他财产或资源。他们没有足够的积蓄或财富来维持长期的生活，因此不得不依赖出售劳动力来换取工资，以购买必要的生活资料（如食物、住房等）。

作为交易对象的劳动力商品同样具有使用价值和价值两个方面。劳动力的价值由生产和再生产这一特殊商品所需的劳动时间决定，具体包括：维持工人及其家属生活的必要生活资料的价值，包括日常生活开支和家庭成员的生活费用；劳动者的教育和培训费用，包括技能提升和职业发展的费用。劳动力的价值与维持劳动者生存所需生活资料的价值等同起来，因为劳动力的生产和再生产依赖于劳动者自身的存在和健康状态，而这些状态又依赖于必要的生活资料。这种关系揭示了资本主义生产方式中劳动力商品化的本质特征。

马克思在《资本论》中对劳动力价值决定因素的复杂性和动态性进行了论述。确实，劳动力对生活资料的需求是在特定的社会历史条件下形成的，其决定因素包括：生理需要，包括维持劳动者及其家属生活的必要生活资料包括食品、住房、衣物等基本生活必需品。这些生活资料确保工人能够在生理上维持正常的劳动能力。劳动者生活中不可或缺的生活资料价值构成了劳动力价值的最低界限。这是保障劳动者能够继续从事劳动的基本物质基础。历史和道德因素，随着社会经济和文化的发展，生活资料的种类和数量会增加，质量和结构也会发生变化。再生产劳动力所需的物质资料内容会随之扩大。风俗习惯和社会道德，不同国家和地区有不同的风俗习惯和社会道德规范，这些因素会影响劳动者所需生活资料的种类和数量。例如，在某些社会中，教育和医疗被视为基本权利，因此这些方面的支出也纳入了劳动力价值的计算。特定历史条件下的确定性，尽管劳动力价值的决定因素包含历史和道德因素，但在一定时期内，劳动者所需生活资料的范围和数量是可以确定的。这取决于当时的经济发展水平、社会制度和政策环境。

劳动力商品最显著的特点体现在其使用价值上。普通商品在消费或使用时，其价值会消失或转移到新产品中。例如，原材料被加工成成品后，原材料的价值转移到成品中；机器设备在使用过程中逐渐损耗，其价值也逐步转移到生产出的商品中。劳动力商品的使用价值在于它能够生产商品并创造价值。当工人进行劳动时，他们的劳动不仅再生产了自身的劳动力价值（即工资），还创造了超过这一价值的新价值。根据马克思的劳动价值论，劳动是价值的唯一源泉。劳动力的使用即劳动，通过劳动凝结在商品中形成价值。其他生产要素（如土地、资本等）虽然在生产过程中起重要作用，但它们本身并不创造价值，只有通过劳动才能赋予其价值。劳动力商品的使用价值在于它能够生产商品并创造价值。这种能力使得劳动力商品具有独特的使用价值，成为资本增值的关键因素。

（三）分析资本在运动中显现出来的特征

第一，资本"只能理解为运动，而不能理解为静止物"[①]。作为资本的货币，"每一次为卖而买所完成的循环的终结，自然成为新循环的开始"[②]。在这里，"作为这一运动的有意识的承担者，货币占有者变成了资本家。他这个人，或不如说他的钱袋，是货币的出发点和复归点。这种流通的客观内容——价值增殖——是他的主观目的；只有在越来越多地占有抽象财富成为他的活动的唯一动机时，他才作为资本家或作为人格化的、有意志和意识的资本执行职能。因此，决不能把使用价值看作资本家的

[①] 《马克思恩格斯文集》第 6 卷，北京：人民出版社 2009 年版，第 121—122 页。

[②] 《马克思恩格斯文集》第 5 卷，北京：人民出版社 2009 年版，第 177—178 页。

直接目的。他的目的也不是取得一次利润，而只是谋取利润的无休止的运动"①。

第二，资本实际是运动中作为一个过程的主体的、具有一定量的价值实体。由于这一定量的价值本身，以不同方式存在着，时而以货币形式出现，时而以商品形式出现，并且不断地从一种形式转化为另一种形式，货币或商品只是价值的不同载体或外壳，价值在运动中永不消失，因而价值"就转化为一个自动的主体"②。价值在其货币形式和商品形式不断变换的循环中，展开其生命运动过程，并且在其生命运动中，带来剩余价值，不断地增殖自己，改变自己的量，使剩余价值同作为原价值的自身分离出来，就像一只会下金蛋的母鸡一样，把金蛋与母鸡自身分离开来。正是因为这样，价值成为过程的主体，通过它自身的生命运动，生出剩余价值，价值本身才成为资本。

第三，资本在运动中自行增殖的秘密，既与其作为货币执行价值的一般代表的职能相关，又与其购买到的商品所具有的独特的使用价值相关。换句话说，"资本就是货币，资本就是商品"③，即资本交替地具有货币和商品两种表现形式和功能。这对于正确破解资本在流通过程中表现为自行增殖的价值，并且"只是在这个不断更新的运动中才有价值的增殖"④这一秘密具有重要意义。

资本总公式是资本实现自身价值增殖运动的最抽象、最一般的形式。在这里，资本价值时而采取时而抛弃其货币形式或商品形式，实际是在表现资本作为一种社会的经济的有机体的本质。"资本不是一种个人力量，而是一种社会力量。"⑤ 资本价值之所以一定要采取货币形式，是因为作为一种经济有机体的资本，在其生命过程的自行扩张的过程中，"首先需要

---

① 《马克思恩格斯文集》第5卷，北京：人民出版社2009年版，第178—179页。
② 《马克思恩格斯文集》第5卷，北京：人民出版社2009年版，第180页。
③ 《马克思恩格斯全集》第32卷，北京：人民出版社1998年版，第13页。
④ 《马克思恩格斯文集》第5卷，北京：人民出版社2009年版，第178页。
⑤ 《马克思恩格斯选集》第2卷，北京：人民出版社1995年版，第46页。

一个独立的形式，把它自身的同一性确定下来"①。如果没有一个可以表明其具有价值同一性的形式，它就不能在自行增殖的运动过程中进行自我比较。现实生活中其他千差万别的商品的使用价值，由于都存在质的不同，因而也就不能进行量的比较。因此，资本作为自行增殖的价值必然要取得作为社会价值的等价物形式——货币形式。因此，在资本总公式中，货币作为价值的一般代表，出现在一个价值增殖过程的起点和终点，因为它本身是同一的，从而在量上可以比较。

二、解密剩余价值的生产过程

马克思通过对资本主义生产方式的深刻剖析，揭示了剩余价值生产的奥秘。他认为，剩余价值的产生是资本主义经济的核心，这一过程发生在劳动过程中，但其本质却隐藏在商品交换的表象之下。在马克思看来，工人在工作日的一部分时间内为自己维持生产了等价的价值（工资），而超出这一时间段的劳动，则无偿地为资本家创造了剩余价值。这种剥削关系通过延长工作日或提高劳动效率来加剧。马克思强调，尽管表面上工人和资本家之间的交易看似平等，但实际上，工人出卖劳动力的价格低于其实际创造的价值，差额即被资本家占有。正是这一机制，构成了资本积累的基础，并推动了资本主义社会的发展与矛盾。理解剩余价值的生产过程，对于洞察资本主义体系的本质及其内在不平等至关重要。这也为探索更加公正的社会制度提供了理论依据。

（一）分析绝对剩余价值的生产

资本家剥削工人的方式多种多样，但归根结底可归纳为两种主要手段：绝对剩余价值和相对剩余价值的生产。首先，让我们探讨绝对剩余价值的生产。工人的劳动是创造剩余价值的唯一来源。为了获取更多的剩余价值，资本家必须使工人的工作时间超过其必要劳动时间。所谓绝对剩余价值，就是在必要劳动时间保持不变的情况下，通过延长工作日而额外产

---

① 《马克思恩格斯文集》第 5 卷，北京：人民出版社 2009 年版，第 180 页。

生的剩余价值。在资本主义体系中，工人的工作日被划分为两部分：必要劳动时间和剩余劳动时间。在必要劳动时间固定的情况下，工作日越长，剩余劳动时间也就越长，资本家从工人那里获取的剩余价值就越多，剩余价值率也就越高。在资本主义初期，资本家通常通过延长工作时间来获取更多的剩余价值。此外，资本家还通过增加工人劳动强度的方式来榨取剩余价值。提高劳动强度意味着工人在相同的工作日内付出了更多的劳动，这实际上等同于延长了工作时间。

工作日劳动时间的最低界限不能少于或等于必要劳动时间。若没有剩余劳动时间去生产剩余价值，资本主义生产就不复存在。因此，劳动者每日的工作时长必须超过其必要劳动时间。每日工作时长的极限由两个主要因素决定：首先是生理上的限制，即工人每日需留出时间进行休息、进食等活动以恢复体力；其次是道德上的限制，工人每日亦需分配一定时间于家庭事务、社交活动以及文化生活（这些需求的广度和规模取决于社会的经济与文化发展水平）。在这两个因素的制约下，工作日的长短总是要受到限制的。但是，由于这两种因素实际上都是可变的而不是固定的，因而，工作日劳动时间的长短也带有很大的伸缩性。那么，决定工作日劳动时间长短的决定性因素是什么呢？就是无产阶级和资产阶级的力量对比。

资本家从他的本性出发，总是尽量地延长工作日劳动时间。工人的健康和生命并不是资本家所要考虑的主要问题。寄希望于道德心、同情心来约束资本家的行为是苍白而无力的。资本家延长工作日劳动时间的行为不仅具有内在的冲动，也有自己的客观依据。他和其他商品购买者一样，有权充分消费他购买商品的使用价值，有权充分使用自己购买的劳动力。但是，另一方面，工人作为劳动力的所有者，也有充分理由反对资本家过度延长工作日劳动时间，要求在工作日的正常长度内进行劳动，如果过度延长工作日劳动时间，就会破坏工人的健康。这里就出现了马克思所说的，"权利同权利相对抗，而这两种权利都同样是商品交换规律所承认的。"[1]权利与权利的对抗，结果取决于双方的力量对比。

---

[1] 《马克思恩格斯文集》第5卷，北京：人民出版社2009年版，第272页。

在资本主义发展的早期阶段，由于工人阶级还没有成为一种自觉的政治力量，资本家凭借饥饿和法律的强制，将工作日劳动时间延长到现代人难以想象的地步。例如，在17世纪和18世纪直至19世纪的英国，工作日劳动时间长达14—16小时，甚至18小时。在半殖民地半封建的旧中国，在某些行业，工作日劳动时间甚至长达20小时。在这种情况下，连起码的生理和道德界限都被突破了，工人的身心受到严重摧残。自19世纪初起，全球工人阶层持续不懈地争取减少每日工作时长。直至一战之后，由于工人阶层斗争的强烈影响，西方资本主义国家才不得不采纳了8小时工作制。二战结束后，工人阶层的政治影响力进一步提升，加之科技革命带来的劳动生产率巨大飞跃，西方资本主义国家的每日工作时长再次缩短。然而，无论每日工作时长具体多长，它始终包含必要劳动和剩余劳动两部分，因为只有在为资本家创造剩余价值的情况下，工人才能获得工作的机会。

（二）分析相对剩余价值的生产

为了使剩余价值的生产在一个固定的工作日内得以增加，资本家必须调整必要劳动与剩余劳动的时间比例，减少必要劳动时间以延长剩余劳动时间。这种策略，即在工作日长度不变的情况下，通过减少必要劳动时间来相对增加剩余劳动时间，从而产生的剩余价值，被称为相对剩余价值。

为何减少必要劳动时间能产生相对剩余价值呢？因为在工作日长度固定的情况下，必要劳动时间的减少直接导致剩余劳动时间的增加，相当于延长了剩余劳动时间，进而能产生更多的剩余价值。那么，如何减少必要劳动时间呢？必要劳动时间是劳动力价值再生产所需的时间。要减少它，就必须降低劳动力的价值。劳动力价值由工人及其家庭生活必需品的价值构成，而这些必需品的价值与生产它们的劳动生产率成反比。因此，要降低必需品价值，必须提升生产这些必需品的劳动生产率。同时，必需品价值中包含生产资料转移价值，若生产资料部门的劳动生产率提高，也会降低必需品的价值。所以，相对剩余价值的产生是由于社会劳动生产率的提升，导致劳动力价值降低，从而缩短了必要劳动时间，相应地延长了剩余劳动时间。

资本家为了提升剥削水平，通常依赖两种主要手段：绝对剩余价值生产和相对剩余价值生产。这两种策略既相互关联又各具特色。从剥削雇佣劳动的角度来看，它们的根本目的相同，即通过延长工人的剩余劳动时间来增加资本家无偿占有的剩余价值量。无论是采用绝对剩余价值还是相对剩余价值的方法，最终结果都是工人剩余劳动时间的延长和资本家获取剩余价值的增多。值得注意的是，绝对剩余价值生产是资本主义剥削的基础，并为相对剩余价值生产提供了起点。在任何情况下，资本主义剥削都需要工人工作的总时长超过其必要劳动时间，以确保剩余价值的生成。相比之下，相对剩余价值生产则是在保持工作日总长度不变的前提下，通过优化必要劳动时间来相应地增加剩余劳动时间。这种方法基于对工作日内部分配的精细调整，从而进一步加剧了剥削的程度。这种方式不仅维持了整体工作时间的稳定，还通过提高劳动效率实现了剩余价值的最大化。

在资本主义发展的各个阶段，两种提高剥削程度的策略扮演了不同的角色。早期资本主义时期，由于生产技术没有经历根本性的革新，生产力的增长较为迟缓，因此资本家主要依赖绝对剩余价值生产来增强对工人的剥削。然而，随着资本主义体系的进步和成熟，特别是科学技术在生产过程中的广泛应用，极大地加速了生产力的发展，相对剩余价值生产的重要性日益显现。值得注意的是，这两种剥削方式并非彼此对立，实际上，资本家往往会并行使用这两种方法，旨在最大限度地从工人身上获取剩余价值。这样，无论是通过延长工作时间还是缩短必要劳动时间，目的都是为了增加剩余价值的总量。

（三）指出剩余价值规律是资本主义的基本经济规律

资本主义经济的核心规律是追求剩余价值，即资本家通过生产活动追求最大化利润。这一目标通过加强对雇佣劳动的剥削来实现。正如马克思强调的，生产剩余价值或盈利，是资本主义生产方式的铁律。

在资本主义体系下，生产资料由资本家掌控，劳动者虽然享有自由，但却丧失了对这些资源的拥有权。只有当劳动者将其劳动力作为商品出售，并由资本家购买后，劳动力才能与生产资料相结合，从而启动资本主义生产流程。资本主义生产实际上是劳动过程和价值增值过程的融合。从劳动过程的角度来看，受雇工人的具体劳动行为制造出了具有实用价值的商品。而从价值增值的角度分析，工人付出的抽象劳动则赋予了商品新的价值。工人创造的价值总量超出了其自身劳动力的价值，这额外的部分即为资本家带来的剩余价值。资本家从事资本主义生产的最终目标并非为了使用工人所制造的商品，而是着眼于通过获取剩余价值来实现资本的增长。资本的本质体现在一个不断追求价值增值的过程中，旨在维持、扩展并增强自身的存在。这样，资本不仅得以保存，还能在循环往复的生产活动中实现自我增值。

价值规律构成了资本主义生产的基石，定义了其本质特征。资本家投身于各类经济活动的基本动力在于追求最大化的剩余价值。在资本主义体系中，企业决定生产哪些产品、生产数量以及采用何种生产方式的核心考量，在于能否获取剩余价值及获取的规模，这种对剩余价值的渴求推动了资本主义生产的进步与发展。剩余价值的规律不仅主导了资本主义生产的关键方面和流程，还覆盖了生产、流通、分配与消费等领域。具体而言，资本主义的生产环节是剩余价值的生成阶段；而流通过程则是将剩余价值转化为实际收益的步骤；分配过程实际上反映了剩余价值如何被划分的问题；至于消费层面，资本家个人的消费行为实质上是对无偿占有的剩余价值的使用，相比之下，雇佣工人的个人消费则致力于劳动力的再生与维持。这样，整个资本主义经济体系围绕着剩余价值的创造、实现、分配及使用展开循环。

剩余价值的规律同样决定了资本主义经济的发展方向及其历史进程。资本家阶级为了追求更多的剩余价值，持续探索技术创新、扩大生产规模及开拓市场，这些行为促进了资本主义经济的不断进步。然而，也正是由于对剩余价值的无尽追求，使得资本家对工人阶级及其他劳动者施加了更严重的剥削，这进一步激化了社会中生产力与生产关系之间的矛盾。随着这种矛盾的深化，预示着现有的资本主义生产关系终将被更能适应生产力发展的新型生产关系所替代。这一演变过程体现了经济发展规律对社会结构变革的推动作用。

三、揭示资本对雇佣劳动剥削实质

在马克思主义政治经济学视角下，资本主义社会中资本对雇佣劳动的剥削实质集中体现在剩余价值的占有上。资本家掌握生产资料，工人仅能出卖劳动力以维生。工人创造的价值超过其工资（劳动力价值），超额部分即剩余价值被资本家无偿占有。资本家为追求利润最大化，通过延长工作时间和提高劳动效率来增加剩余价值，分别对应绝对剩余价值生产和相对剩余价值生产。这种剥削深嵌于资本主义生产结构中，并随着生产力的发展而加剧，激化了社会矛盾。理解这一剥削本质，揭示了资本主义内在不平等与冲突的核心，为探索更加公正的社会制度提供了理论依据。这也表明工人阶级所受剥削是推动社会变革的重要动力。

（一）论证劳动过程和价值增殖过程

撇开社会的具体形式，"劳动首先是人和自然之间的过程，是人以自身的活动来引起、调整和控制人和自然之间的物质变换的过程。当人通过劳动改变自身以外的自然时，其自身也在发生改变。"①弄清人以自身活动来中介、调整和控制人和自然之间物质变换的过程，是进一步分析作为特殊社会形式的资本主义生产过程的前提。任何社会的劳动过程都有三个基本要素：人的劳动、劳动对象和劳动资料。

劳动是人类有目的地改造自然界的活动。人通过劳动从自然界获得自身生存和发展所需的物质资料。在劳动过程中，人本身作为一种自然力量与自然的物质相对立，主动地运用自己的力量对身外的自然物质施加影响，使之发现与自身主观需要相适应的改变。人的劳动与动物的本能活动的最本质区别，在于人的劳动具有主观能动性。"最蹩脚的建筑师从一开始就比最灵巧的蜜蜂高明的地方，是他在用蜂蜡建筑蜂房以前，已经在自己的头脑中把它建成了。劳动过程结束时得到的结果，在这个过程开始时

---

① 《马克思恩格斯文集》第 5 卷，北京：人民出版社 2009 年版，第 207——208 页。

就已经在劳动者的表象中存在着，即已经观念地存在着。"① 劳动在改变自然界的同时，也改变着人自身。在持续不断的劳动过程中，人们不断积累经验，增长知识，提高技术，改进劳动方法，提高劳动效率，使自己的体力和智力不断得到发展。

劳动对象是人的劳动加于其上的物。劳动对象分为两类：一类是大自然中原有的自然物，即"所有那些通过劳动只是同土地脱离直接联系的东西，都是天然存在的劳动对象"②。如采伐的树木、开发的矿藏，等等。另一类是被人加工过的物质要素，即原料。"一切原料都是劳动对象，但并非任何劳动对象都是原料。劳动对象只有在它已经通过劳动而发生变化的情况下，才是原料。"③

劳动资料是劳动者用来影响或改变劳动对象的各种物质手段，最主要的劳动资料是劳动工具。能够制造和使用工具，是人类区别于动物的一个重要特征。根据劳动资料的发达程度，可以分析一个社会的经济发展程度。马克思指出，"各种经济时代的区别，不在于生产什么，而在于怎样生产，用什么劳动资料生产。劳动资料不仅是人类劳动力发展的测量器，而且是劳动借以进行的社会关系的指示器。"④ 广义上说，除了劳动工具外，劳动资料还包括劳动过程进行所需要的一切物质条件，这些条件可能不直接加入劳动过程，但没有它们，劳动过程就不能进行，如土地、道路、厂房、河流等。

劳动过程是以上三个要素的结合过程，在劳动过程中，人的活动借助劳动资料使劳动对象发生预定的变化。劳动者是劳动过程的主观能动因素，运用劳动资料加工劳动对象，生产出满足人们需要的使用价值。因此，"如果整个过程从其结果的角度，从产品的角度加以考察，那么劳动资料和劳动对象二者表现为生产资料，劳动本身则表现为生产劳动"⑤。

---

① 《马克思恩格斯文集》第5卷，北京：人民出版社2009年版，第208页。
② 《马克思恩格斯文集》第5卷，北京：人民出版社2009年版，第209页。
③ 《马克思恩格斯文集》第5卷，北京：人民出版社2009年版，第209页。
④ 《马克思恩格斯文集》第5卷，北京：人民出版社2009年版，第210页。
⑤ 《马克思恩格斯文集》第5卷，北京：人民出版社2009年版，第211页。

价值增殖过程。一般劳动过程就是使用价值的生产过程,而生产商品的劳动过程不同于一般劳动过程,因为商品是为交换而生产的劳动产品,它不仅具有使用价值,而且具有价值。因而商品的生产过程是劳动过程和价值形成过程的统一。马克思分两步来研究资本主义的生产过程,首先研究商品价值的形成过程,然后再研究资本主义商品生产的价值增殖过程。

关于商品的价值形成过程,马克思以棉纱生产为例加以说明。他首先分析了生产资料的价值转移过程。在分析了生产资料价值在产品价值形成过程中是如何转移之后,马克思又进一步分析了工人劳动消耗在棉纱价值形成中的作用。价值形成过程与劳动过程一起构成商品生产过程,但这个过程不可能是资本主义生产过程,因为对于资本家来说,这种生产没有任何意义,当出现这个结果的时候,"我们的资本家愣住了"①。他们怎么会做这种愚蠢的事情呢?资本家是为赚钱而生产的,资本主义生产过程必须是劳动过程和价值增殖过程的统一。

通过对价值增殖过程的考察,《资本论》第 1 卷第 4 章提出的资本总公式的矛盾彻底得到了解决。在关于资本总公式矛盾的分析中,马克思指出,剩余价值既在流通领域中产生,又不在流通领域中产生。通过对资本主义生产过程的分析,我们找到了这个问题的答案。资本家要生产剩余价值,首先必须在流通领域购买到生产资料和劳动力商品,这些购买行为符合价值规律的要求,即按照等价交换的原则进行。而且,他也是按照新生产出来商品的价值来出售它们的。总之,买和卖都是等价交换。但在这一买一卖之间,价值增殖却发生了。显然,需要到买和卖之间的生产领域中去寻找价值增殖发生的秘密。事实上,资本的增殖是在生产过程中通过劳动力的使用发生的。可见,资本主义生产过程是劳动过程和价值增殖过程的统一。

(二) 探讨不变资本、可变资本与工资

基于前述分析,马克思对资本进行了分类,将转化为生产资料如原料、辅助材料和劳动工具的资本定义为"不变资本",因为这部分资本在

---

① 《马克思恩格斯文集》第 5 卷,北京:人民出版社 2009 年版,第 222 页。

生产过程中保持其价值不变。而将转化为劳动力的资本称为"可变资本"，因为这部分资本在生产过程中价值会发生变化，并创造出超出其自身价值的新价值。马克思指出："资本的这两个组成部分，从劳动过程的角度看，是作为客观因素和主观因素，作为生产资料和劳动力相区别的；从价值增殖过程的角度看，则是作为不变资本和可变资本相区别的。"① 有了不变资本与可变资本的划分，不仅能够更明确地说明剩余价值的来源，而且可以准确地衡量剩余价值的占有程度即工人受剥削的程度。

在理解不变资本范畴时，要分清不变资本中的"变"与"不变"。不变资本的价值是可以变化的。以原料、机器设备等形式存在的不变资本，随着生产它们的社会必要劳动时间发生变化，它们自身的价值自然也会发生变化。不变资本所谓的"不变"，是指其价值转移以其自身原有的价值量为限，不会增加，这两个过程不仅性质不同，而且在时间和空间上都不重叠，因此，不变资本价值量的变化不影响不变资本价值转移时价值量不变的性质。

此外，不变资本与可变资本之间的比例变化并不会改变它们各自的功能区别。例如，在劳动过程中引入技术革新后，过去需要 10 个工人使用 10 件价值较低的工具来加工相对少量的原材料；而现在仅需 1 个工人操作一台昂贵的机器即可处理超过原先 100 倍的原材料。在这种情况下，虽然不变资本的价值显著增加，而可变资本的比例大幅减少，但这仅改变了两者之间量的关系，并未影响它们在价值转移和价值创造中的本质差异。具体来说，无论不变资本的规模如何扩大，其作用始终是将自身的价值转移到产品中，而不是创造新的价值。相反，即使可变资本的使用量再少，它依然是价值增殖的唯一来源。这是因为只有劳动力能够通过劳动过程产生超出自身价值的新价值，即剩余价值，从而实现资本的增值。因此，尽管技术进步可能改变不变资本与可变资本的数量关系，但不会动摇二者在资本主义生产中的基本职能和特性。在这一点上，资产阶级经济学家因为分不清价值转移和价值创造的关系，所以辩称在自动化的生产条件下，工人很少但利润很多，因而机器创造了价值。对此，马克思在《资本论》第 3

---

① 《马克思恩格斯文集》第 5 卷，北京：人民出版社 2009 年版，第 243 页。

卷的平均利润和生产价格理论中进行了彻底批判。

关于不变资本和可变资本的理论，在马克思的整个经济理论体系中起着关键的作用。这个理论既证明了工人的劳动是剩余价值的唯一源泉，是进一步研究资本家对工人的剥削程度的前提，也是马克思的资本有机构成理论以及资本积累理论、利润平均化理论的基础。

（三）分析剩余价值率

在区分了不变资本和可变资本之后，马克思进一步考察了资本和劳动关系在对立性上的准确外在表现形式，即剩余价值率。产品的价值中，超过初始投资的部分构成了剩余价值。根据之前的探讨，我们了解到，固定资本在生产过程中保持其价值不变，而能够增加价值的是变动资本。因此，剩余价值实际上是由变动资本所创造的。为了揭示其实质，马克思运用了一个形象的比喻："一定的化学过程固然需要蒸馏器及其他容器，但这并不妨碍我们在分析时把蒸馏器本身抽去。"① 同样道理，不变资本只是提供一种物质条件，是实现剥削过程的条件而不是剩余价值的源泉，所以，当考察新价值创造时，它们就像化学实验中用到蒸馏器和其他容器一样，完全可以抽象掉。

剩余价值率的另一种表达方式是通过剩余劳动与必要劳动的比例，或者更具体地说，是剩余劳动时间同必要劳动时间的比例来体现。工人的每日工作时间可划分为两个阶段：在第一阶段，工人生产的仅是其劳动力的价值，即等同于维持其生活所需的价值。尽管在社会分工体系下，工人并不直接生产自身所需的生活资料，而是以生产特定商品（例如棉纱）的形式创造与其生活资料价值相等的价值。马克思将这一部分工作日定义为"必要劳动时间"，并将这段时间内消耗的劳动称为"必要劳动"。第二阶段的工作超出了必要劳动时间，这段时间里工人虽然同样付出了劳动，但这些超出的部分并不会增加工人的收益，而是形成了被资本家占有的剩余价值。这部分工作时间被称为"剩余劳动时间"，而其中进行的劳动则称为"剩余劳动"。

---

① 《马克思恩格斯文集》第5卷，北京：人民出版社2009年版，第248页。

由此可以得出结论，剩余价值与可变资本的比例等于剩余劳动对必要劳动的比例。这两种比例揭示了相同关系的不同侧面：一种表现为凝固的劳动，另一种则表现为流动的劳动。在资本主义经济中，采用凝固劳动形式更为准确，因为在这种体制下，剩余劳动是以物化形式而非活动形式被资本家占有，这正是资本主义区别于历史上其他经济模式的核心特征。马克思指出："把剩余价值看作只是剩余劳动时间的凝结，只是对象化的剩余劳动，这对于认识剩余价值也具有决定性的意义。使各种经济的社会形态例如奴隶社会和雇佣劳动的社会区别开来的，只是从直接生产者身上，劳动者身上，榨取这种剩余劳动的形式。"①

剩余价值率可以准确衡量劳动力受剥削的程度。马克思说："剩余价值率是劳动力受资本剥削的程度或工人受资本家剥削的程度的准确表现。"② 为了便于分析剩余价值率，马克思提出了价值产品概念，与产品价值概念相对应。所谓产品价值指的是一种产品中所包含的全部价值，它由不变资本价值、可变资本价值和剩余价值三部分共同构成。所谓价值产品则单纯指产品中由工人劳动创造的新价值，它由可变资本价值和剩余价值组成。

第三节　资本积累理论：揭示人民深陷贫困的根源

马克思从直接生产过程论述了剩余价值转化为资本即资本的积累过程，包括资本主义的简单再生产和扩大再生产的基本原理、资本主义积累的一般规律和历史趋势的基本原理，以及包含在资本积累过程中的商品生产所有权规律转化为资本主义占有规律、资本主义相对过剩人口规律和无产阶级贫困化规律、资本主义必然被新的社会制度取代即资本主义必然灭亡规律，资本积累理论进一步揭示资本主义生产方式的建立是以剥夺劳动者的土地等生产资料为前提的，深刻地揭示出人民深陷贫困的根源。

---

① 《马克思恩格斯文集》第 5 卷，北京：人民出版社 2009 年版，第 251 页。
② 《马克思恩格斯文集》第 5 卷，北京：人民出版社 2009 年版，第 252 页。

一、指出剩余价值是资本积累的唯一源泉

马克思认为，由于"剩余价值的分割和流通的中介运动模糊了积累过程的简单的基本形式。因此，对积累过程的纯粹的分析，就要求我们暂时抛开掩盖它的机制的内部作用的一切现象。"① 为了纯粹地从直接生产过程来考察资本主义再生产，马克思先对资本流通概念加以简单说明，做出了以下几个假定：第一，假定资本按正常的方式完成自己的流通过程即资本的运动过程；第二，假定资本主义的生产者是剩余价值的全部占有者。这两个假定具有现实性。因为，资本积累的过程商品转化为货币，货币转化为资本，剩余价值资本化，流通就是题中应有之义。而且，剩余价值总是先由产业资本家占有，然后再进行分割。

（一）从再生产的一般原理谈起

在分析资本主义再生产之前，马克思首先说明了有关再生产的一般原理。

第一，每一个社会生产过程同时就是再生产过程。马克思指出："不管生产过程的社会的形式怎样，生产过程必须是连续不断的，或者说，必须周而复始地经过同样一些阶段。一个社会不能停止消费，同样，它也不能停止生产。因此，每一个社会生产过程，从经常的联系和它的不断更新来看，同时也就是再生产过程。"②

第二，生产的条件也就是再生产的条件。马克思指出："任何一个社会，如果不是不断地把它的一部分产品再转化为生产资料或新生产的要素，就不能不断地生产，即再生产。在其他条件不变的情况下，社会在一年里所消费的生产资料，即劳动资料、原料和辅助材料，只有在实物形式上为数量相等的新物品所替换，社会才能在原有的规模上再生产或保持自己的财富，这些新物品要从年产品总量中分离出来，重新并入生产过程。

---

① 《马克思恩格斯文集》第 5 卷，北京：人民出版社 2009 年版，第 652 页。
② 《马克思恩格斯文集》第 5 卷，北京：人民出版社 2009 年版，第 653 页。

一定量的年产品是属于生产的。"①

第三，生产的社会性质决定再生产的社会性质。马克思指出："生产具有资本主义的形式，再生产也就具有同样的形式。在资本主义生产方式下，劳动过程只表现为价值增值过程的一种手段，同样，再生产也只表现为把预付价值作为资本即作为自行增值的价值来再生产的一种手段。"②

（二）资本主义简单再生产呈现出的新特征

在资本主义的再生产过程中，如果剩余价值仅仅作为资本家个人消费的资金被使用，那么它将被持续地获得并消耗，使得再生产只能在原有的规模上重复进行，这种情况被称为资本主义简单再生产。然而，即便是在简单再生产的条件下，相较于单个孤立的资本主义生产过程，这种连续的再生产也会赋予整个过程一些新的特性。

值得注意的是，在这一过程中，可变资本实际上并非来源于资本家的私人基金，而是由工人自身所创造的。当我们单独观察某一次生产活动时，看起来似乎是资本家用自己的资金预先支付了工人的工资，即所谓的可变资本。但是，一旦我们从生产过程不断循环更新的角度来考察资本主义生产，就会发现可变资本其实并不源于资本家的个人财产。相反，它是通过工人在劳动中创造的价值来实现的，从而失去了其作为资本家私人预付款项的本质特征。这种视角揭示了资本主义生产关系中更深层次的动态和依赖性。马克思指出："生产过程是以购买一定时间的劳动力作为开端的，每当劳动的售卖期限届满，从而一定的生产期间（如一个星期、一个月，等等）已经过去，这种开端就又更新。但是，工人只是在自己的劳动力发挥了作用把它的价值和剩余价值实现在商品上以后，才得到报酬。因此，工人既生产了我们暂时只看作资本家的消费基金的剩余价值，也生产了付给自己报酬的机会即可变资本，而后者是在比它以工资形式流回到工人手里之前生产的只有当他不断地再生产这种基金的时候，他才会被

---

① 《马克思恩格斯文集》第 5 卷，北京：人民出版社 2009 年版，第 653 页。
② 《马克思恩格斯文集》第 5 卷，北京：人民出版社 2009 年版，第 653 页。

雇佣。"①

由此，马克思指出："可变资本不过是工人为维持和再生产自己所必需的生活资料基金或劳动基金的一种特殊的历史表现形式；这种基金在一切社会生产制度下都始终必须由劳动者本身来生产和再生产。""劳动基金之所以不断以工人劳动的支付手段的形式流回到工人手里，只是因为工人自己的产品不断以资本的形式离开工人。但是劳动基金的这种表现形式丝毫没有改变这样一个事实：资本家把工人自己的对象化劳动预付给工人。"②

全部资本都是工人再生产出来的。马克思指出：资本家是一个不生产依靠工人阶级来养活的阶级，因此，资本家"预付资本价值除以每年所消费的剩余价值，就可以求出，经过若干年或者说经过若干个再生产期间，原预付资本就会被资本家消费掉，因而消失了。……如果资本家把自己预付资本的等价物消费掉，那么这些资本的价值不过只代表他无偿占有的剩余价值的总额。他的原有资本的任何一个价值原子都不复存在了。"③ 马克思进一步得出结论："因此，撇开一切积累不说，生产过程的单纯连续或者说简单再生产，经过一个或长或短的时期以后，必然会使任何资本都转化为积累的资本或资本化的剩余价值。即使资本在进入生产过程的时候是资本使用者本人挣得的财产，它迟早也要成为不付等价物而被占有的价值，成为无酬的他人劳动在货币形式或其他形式的化身。"④

工人阶级在资本主义体系中处于从属地位，可以视作资本的一部分。因此，工人的个人消费实际上是资本再生产的一个关键环节。即使不在直接参与劳动过程的时候，工人也像生产工具一样，是资本维持和增值的必要组成部分。通过个人消费，工人不仅保证了自身的生存与繁衍，同时也确保了他们能够持续地购买生活资料，从而不断重返劳动力市场，继续为

---

① 《马克思恩格斯文集》第 5 卷，北京：人民出版社 2009 年版，第 653 页。
② 《马克思恩格斯文集》第 5 卷，北京：人民出版社 2009 年版，第 655 页。
③ 《马克思恩格斯文集》第 5 卷，北京：人民出版社 2009 年版，第 657 页。
④ 《马克思恩格斯文集》第 5 卷，北京：人民出版社 2009 年版，第 657—658 页。

资本的增殖服务。这种关系表明，即便在非工作时间，工人依旧作为资本链条中的重要一环而存在。"罗马的奴隶是由锁链，雇佣工人则由看不见的线系在自己的所有者手里。他的独立性这种假象是由雇主的经常更换以及契约的法律虚构来保持的。"① 由此，马克思得出结论："可见，资本主义生产过程，在联系中加以考察，或作为再生产过程加以考察时，不仅生产商品，不仅生产剩余价值，而且还生产和再生产资本关系本身：一方面是资本家，另一方面是雇佣工人。"②

（三）剩余价值转换为资本

资本主义的扩大再生产和资本积累。先前从简单再生产视角探讨了资本主义再生产，但实际上资本主义再生产过程通常涉及扩大再生产。在这里，我们从积累和扩大再生产的角度进一步研究剩余价值向资本的转化、资本积累和扩大再生产的性质、条件和规律。

马克思首先指明了资本积累的概念。他指出："我们以前考察了剩余价值怎样从资本产生，现在我们考察资本怎样从剩余价值产生，把剩余价值当作资本使用，或者说，把剩余价值再转化为资本，叫作资本积累。"③其次，马克思分析了剩余价值向资本转化的过程。马克思指出："资本价值最初是以货币形式预付的；相反地，剩余价值从一开始就是总产品价值的一部分。一旦总产品被售出并转换成货币，资本价值便恢复了它的原始形态，而剩余价值则改变了它原先的形态。然而，从这一刻开始，资本价值和剩余价值都变成了货币量，并且以完全一致的方式重新投资为资本。资本家利用这两者购买商品，以便能够重新启动生产过程，这次是在更大规模上进行。"④

再次，马克思分析了剩余价值向资本转化的条件。资本家要买到扩大

---

① 《马克思恩格斯文集》第5卷，北京：人民出版社2009年版，第662页。
② 《马克思恩格斯文集》第5卷，北京：人民出版社2009年版，第666—667页。
③ 《马克思恩格斯文集》第5卷，北京：人民出版社2009年版，第668页。
④ 《马克思恩格斯文集》第5卷，北京：人民出版社2009年版，第669页。

再生产所需要的商品，即资本主义扩大再生产所需要的物质条件和主观条件，才能实现扩大再生产。而剩余价值转化为资本的物质条件即"要积累，就必须把一部分剩余产品转化为资本。但是，如果不是出现了奇迹，能够转化为资本的，只是在劳动过程中可使用的物品，即生产资料，以及工人用以维持自身的物品，即生活资料。所以，一部分年剩余劳动必须用来制造追加的生产资料和生活资料，它们要超过补偿预付资本所需的数量。"① 而剩余价值转化为资本的主观条件即追加劳动，"若无法在扩展性或深度上加强对已经就业工人的剥削，那么必须招募更多的劳动力。资本主义体系已经将这一点纳入考量，因为它将工人阶级视为依赖工资生存的群体，并不断再生产。他们的平均工资不仅足以维持自身生活，还能为资本的增殖提供劳动力。只要将工人阶级每年提供的不同年龄段的额外劳动力与年产品中已有的追加生产资料相结合，剩余价值向资本的转变便得以实现。"②

最后，马克思概括了资本积累的实质并分析了影响资本积累量的几种情况。剩余价值转化为资本的过程显而易见，它完全源自于他人的无偿劳动。换言之，剩余价值的每一个价值单位都未曾脱离过工人的无酬劳动。正是工人阶级通过他们当年的剩余劳动，为来年雇佣更多劳动力创造了资本。马克思指出："现在，对过去无酬劳动的所有权，成为现今以日益扩大的规模占有活的无酬劳动的唯一条件。资本家积累得越多，就越能更多地积累。"③ 这就是资本积累的实质。

二、考察资本积累对劳动者命运的影响

马克思在其对资本主义经济体系的深入分析中，特别关注了资本积累过程对劳动者命运的深远影响。随着资本的不断积累和集中，生产资料愈发集中在少数资本家手中，而绝大多数劳动者则因缺乏生产资料不得不依

---

① 《马克思恩格斯文集》第5卷，北京：人民出版社2009年版，第670页。
② 《马克思恩格斯文集》第5卷，北京：人民出版社2009年版，第670—671页。
③ 《马克思恩格斯文集》第5卷，北京：人民出版社2009年版，第673页。

赖出卖劳动力为生。资本积累不仅加剧了财富分配的不平等，还导致了工人阶级在经济和社会地位上的进一步边缘化。资本家为了追求更多剩余价值，通过延长劳动时间和提高劳动强度来压榨工人，同时技术进步带来的机器替代也增加了工人的失业风险。马克思揭示了这一过程中劳动者如何逐渐丧失自主性和生活保障，强调资本积累实质上是劳动者贫困积累的过程，深刻影响了工人阶级的生活境遇及社会结构的发展趋势。这一理论为理解现代社会问题提供了重要视角。

（一）作为相对过剩人口的工人

相对过剩的人口呈现出多种形态。在半失业或全失业期间，每位工人都可归类为相对过剩的人口。然而，若不考虑因工业周期更迭导致的周期性反复的相对过剩人口现象，通常过剩人口会以三种形态存在：流动形态、潜在形态以及停滞形态。

第一，流动的过剩人口。这是指在现代工业的中心时而被排斥、时而再被吸引，处于流动状态的那部分工人人口。这种形式的相对过剩人口显示出资本运动的下述矛盾：一是工人数量的自然增长不能满足资本积累的需要，但同时又超过这种需要；二是在成千上万的人流落街头的同时，却有人抱怨人手不足。此外，资本消费劳动力是如此迅速，以致工人过快衰老而落入过剩者的队伍，或者从较高的等级被排挤到较低的等级。在这种情况下，这部分无产阶级的绝对增长就需要采取这样一种形式：它的成员迅速耗损，但是它的人数不断增大。

第二，存在潜在的过剩人口现象。这主要体现在资本主义生产方式向农业领域的扩展，使得一些农村居民丧失了他们的土地，被迫离开家园。这部分人群通常处于准备状态，随时可以加入城市或工业领域的无产阶级队伍，只待合适的时机出现即可实现转变。这类相对过剩的人口来源几乎是无穷无尽的。然而，他们持续不断地向城市迁移的现象，实际上是基于农村地区始终存在着潜在的多余劳动力这一现实。结果导致农业工人的工资被压低到了最低限度，使他们长期处于社会救助需求的边缘状态。这种状态不仅加剧了城乡之间的经济差距，也进一步恶化了农业工人的生活条件。

第三，这些人虽然属于在职劳动者群体，但其就业状态极其不稳定。他们构成了资本家手中一个无尽的劳动力储备库。这类人群的生活水准普遍低于工人阶级的平均水平，成为资本家进行广泛剥削的基础。他们的典型特征是工作时间最长而收入却最低。随着"过剩"劳动力数量的增长，这部分人口也在不断扩大。实际上，他们形成了工人阶级中一个能够自我维持并持续增长的部分，在工人阶级整体增长中的占比超过了其他任何部分。值得注意的是，不仅出生率和死亡率与工资水平（即工人可支配的生活资源量）成反比关系，就连家庭规模也受到这一因素的影响。马克思在此深刻揭示了资本主义社会中一个讽刺的现象：贫困反而促使人口增长。这种现象进一步加深了对低收入工人阶级的压力，使得他们在经济和社会地位上更加脆弱，同时也为资本家提供了源源不断的廉价劳动力来源，巩固了现有的剥削体系。

第四，再者，在相对过剩人口的最底层，存在着依赖社会救助维持生计的极度贫困群体。除了真正的无业游民外，这一群体主要由三部分组成。首先是那些有劳动能力但在经济危机期间失业的人群，随着经济波动，他们的数量在衰退期增加，在复苏期减少。其次是孤儿及来自需要帮助的贫困家庭的孩子们，他们被视为未来劳动力储备的一部分。最后是那些因各种原因失去劳动能力的人，包括由于产业转型而无法适应新环境被淘汰的工人、超过行业平均工作年龄的老年工人，以及随着现代工业发展而不断增加的职业病患者等。这部分依赖救济生存的贫困人口就像是现役劳动者队伍中的"固定负担"，类似于运输工具自身的重量对所载货物的影响一样，构成了产业后备军中不可忽视的"固定负担"。这种现象不仅内含于相对过剩人口的增长之中，也是资本主义财富生产和发展的一个基本条件。尽管它是资本主义生产过程中的一项非生产性支出，但资本往往能巧妙地将这笔费用的主要部分转移给工人阶级和低层中产阶级承担。通过这种方式，资本减轻了自身的负担，同时加剧了社会不平等。

（二）对劳动者土地的剥夺和生活的压迫

马克思在《资本论》第 24 章第 2 节中，叙述了从 15 世纪最后 30 多年直到 19 世纪中叶，在英国所经历的、持续数百年地对农村居民土地剥夺的残酷的历史过程。14 世纪末和 15 世纪初，英国的农奴制实际上已经消亡。在人口中占绝大的是自耕农，农村中还不存在资本主义的雇佣劳动关系。15 世纪末，羊毛价格由于毛纺织业发展而上涨，这刺激英国新贵族和资产阶级采用暴力剥夺农民的土地，将耕地变为牧场。在 16 世纪的宗教改革过程中，教会占有的大量土地或者被送给国王的宠臣，或者被贱卖给租地农场主和市民，世袭佃农因而失去土地而沦为无产者。在 18 世纪的最后几十年，英国国会先后通过了一系列圈地法令，村社的公有土地被消灭，土地进一步集中在少数大土地所有者手里。到 19 世纪，又进行了领地清扫，对农村居民土地的剥夺达到顶点。经过这次清扫，许多农民连居住的小屋也失去了，不得不加入雇佣劳动者的行列。这些历史事实说明资本原始积累的过程，就是凭借暴力和欺诈手段，剥夺农村居民土地，使劳动者与生产资料分离而转变为雇佣工人的过程。

马克思在《资本论》第 24 章第 3 节叙述了从 15 世纪末到 19 世纪初持续数百年间，在英、法两国资本原始积累期间所实行的惩治被剥夺者的立法和压低工资的法律。前者的目的在于使被暴力剥夺了土地、被驱逐出来而变成了流浪者的农村居民，被迫习惯于雇佣劳动制度所必需的纪律。后者则在于运用国家权力和警察手段加强对劳动的剥削程度来提高资本积累。为了确立"工资"标准，新兴资产阶级强制性地将工资控制在有利于盈利的范围内，并且为了扩展工作时间，确保工人保持适当的依赖状态，他们利用并行使了国家的权力。这构成了原始积累的关键因素之一。为了对抗工人阶级的斗争，资产阶级还竭尽全力地阻挠工人组织团体。这些行为深刻揭示了资产阶级国家权力和劳动法规的阶级属性。

马克思在《资本论》第 24 章第 4 节考察资本主义租地农场主即农业资本家阶级的产生。这是一个延续了许多世纪的漫长过程。在英国，则经历了从本身也是农奴到租地农民，再到分成农和半租地农场主，最后到真正的租地农场主的历史过程。15 世纪最后 30 多年开始的、几乎在整个 16 世纪继续进行的农业革命，在使农村居民破产的同时，使租地农场主致富。马克思在《资本论》第 24 章第 5 节考察农业革命对工业的反作用，以及工业资本的国内市场的形成。马克思观察到，随着土地所有权关系的变革，耕作技术的进步、合作范围的扩大以及生产资料的集中等现象也随之出现。这导致农业劳动者的劳动强度增加，同时他们个人劳动所能带来的产出却在减少。随着部分农村居民迁移到城市，他们传统的生活必需品逐渐脱离了原有的生活环境，这些必需品转而成为可变资本的一部分。同样，国内农业所提供的工业原料也被纳入固定资本之中。这个过程不仅促进了资本自我构建内部市场，同时也为更大规模的市场奠定了基础。

只有解体了农村的家庭手工业，一个国家的国内市场才能达到资本主义生产方式所需的规模与稳定性。然而，真正为资本主义农业奠定稳固基石，并确保工业资本能够全面占领国内市场的，则是大型工业中机器的广泛应用。通过这种方式，不仅实现了对农业领域的深度整合，也推动了整个社会经济结构向资本主义模式转变，从而满足了资本主义进一步扩张的需求。这一系列变化深刻地改变了社会的经济面貌，促使资源和劳动力更加集中化。马克思在《资本论》第24章第6节考察工业资本家的产生。在这一节中，马克思首先指出了工业资本家的产生过程与租地农场主产生方式的不同，即工业资本家不是像租地农场主那样逐渐地产生的。毫无疑问，有些小行会师傅和更多的独立小手工业者，甚至雇佣工人，变成了小资本家，并且由于逐渐扩大对雇佣劳动的剥削和相应的积累，成为不折不扣的资本家。但是这种方法的蜗牛爬行般的进度，无论如何也不能适应15世纪末各种大发现所造成的新的世界市场的贸易需求。

马克思还说明了中世纪所留下来的高利贷资本和商人资本在工业资本家产生过程中的作用。马克思特别强调工业资本家的产生过程是一个利用社会暴力的过程。他指出，美洲金银产地的发现，土著居民的被剿灭、被奴役和被埋葬于矿井，对东印度开始进行的征服和掠夺，非洲变成商业性地猎获黑人的场所，这一切标志着资本主义生产时代的曙光。接踵而来的是欧洲各国以地球为战场而进行的商业战争。这场战争以尼德兰脱离西班牙开始，在英国的反雅各宾战争中具有巨大的规模，并且在对中国的鸦片战争中继续进行下去，等等。

（三）资本积累导致工人贫困的例证

在《资本论》第 23 章第 5 节中，马克思利用大量资料，分 6 个部分为资本主义积累的一般规律提供了实际例证。

1. 1846—1866 年的英格兰

这里列举了 1846—1866 年英格兰资本主义积累的一般规律的例证。所列举的材料包括：（1）人口的绝对增长和相对增长（即增长率）与财富增长的比较，用以证明人口的增长远远赶不上财富和资本的增长；（2）社会的两极分化及工人阶级的相对和绝对贫困的增加；（3）官方视作需要援助的贫困人口，即那些在工人阶层中失去了出售劳动力这一生存手段，转而依赖社会救助生活的群体。马克思还指出，一方面，这种贫民人数的增减运动反映着工业周期各阶段的变换；另一方面，随着资本的集聚，阶级间的斗争愈发激烈，工人们的意识逐渐增强，官方关于需要援助的贫困人口数量的统计也变得越来越不真实。其中特别值得注意的是，马克思在谈到工人阶级的相对贫困时，批判了资产阶级政客格莱斯顿关于"富人虽然更富了，穷人至少也不那么穷了"[①] 的辩护言论。马克思指出，多么拙劣的诡辩！如果工人阶层依旧处于"贫困"状态，尽管他们为资产阶级创造了"令人沉醉的财富和力量的增长"，使得他们的贫困程度有所减轻，但实际上，与之前相比，他们的相对贫困状况并未改变。如果贫困的最严重程度没有减少，那么实际上，由于财富的极端增长，贫困的极端程度反而加剧了。

2. 不列颠工业工人阶级中报酬微薄的阶层

这里考察了不列颠工业工人阶级中报酬微薄的阶层的状况。所列举的材料主要涉及英国工人阶级中营养最差的那部分人的贫困状况，以及工人和贫民在居住方面的恶劣状况。马克思所揭露的一系列事实和阐述的原理，对于我们观察当今世界各国的贫困问题和居住问题，对于正确认识资本主义的城市化和房地产开发业的性质，仍然具有现实意义。

---

① 《马克思恩格斯文集》第 5 卷，北京：人民出版社 2009 年版，第 751 页。

3. 流动人口

这里考察的流动人口，是指来自农村而大部分在工业中就业的居民阶层，他们是资本的轻步兵，资本按自己的需要把他们时而调到这里，时而调到那里。当不行军的时候，他们就"露营"。这种流动的劳动被用在各种建筑工程和排水工程、制砖、烧石灰、修铁路等方面。马克思考察了他们的卫生、居住以及所受的多重剥削。面对社会舆论乃至与警察的冲突，资本家们毫无羞愧地为工人所处的危险且堕落的劳动和居住环境辩护，声称这是剥削工人以获取更大利益的必要条件。

4. 危机对工人阶级中报酬最优厚的部分的影响

这里列举了危机对工人阶级中报酬最优厚的部分即工人阶级的贵族所产生的影响。所列举的材料包括1866年危机期间伦敦大工业中失业的技术工人及其家庭，以及比利时的工人的悲惨状况。

5. 不列颠的农业无产阶级

这部分考察不列颠农业无产阶级的状况。马克思指出，资本主义生产和积累的对抗性质，在任何地方再也没有比在英格兰农业（包括畜牧业）的进步和农业工人的退步上表现得更为残酷的了。他所引用的材料包括：资本主义历史发展不同阶段上农业工人生存状况的比较、被判处流放和强制劳动的犯人的饮食状况和农业工人劳动状况的比较、英格兰各郡农业工人的居住状况、农业相对过剩人口以及"帮伙"制度等。

6. 爱尔兰

这部分考察了资本积累对爱尔兰工人阶级的影响。内容涉及爱尔兰的人口减少和外流，农业生产的变动，地主、大租地农场主和工业资本家的财产的变动，相对过剩人口，工人实际工资的下降，农业工人的居住状况，农村短工、工业工人的状况，等等。

三、总结资本积累的一般性、普遍性规律

马克思在对资本主义经济体系的批判性分析中，深入探讨了资本积累的一般性和普遍性规律。他认为，资本积累不仅是财富在少数资本家手中

的逐步集中，同时也伴随着对劳动力市场的深刻影响，导致了工人阶级的贫困化和社会不平等的加剧。随着资本的不断积累，生产资料愈发集中在少数人手中，而大多数劳动者则因缺乏生产资料必须依赖出卖劳动力维持生计。这一过程不仅强化了资本与劳动之间的对立关系，还催生了一个相对过剩人口的现象，即大量劳动力的存在使得工资水平受到压制，劳动条件恶化。马克思指出，这种动态不仅决定了工人的生活状况，也是资本主义经济周期波动和社会矛盾加剧的根本原因。通过对资本积累规律的揭示，马克思为理解资本主义社会的本质及其发展趋势提供了重要的理论基础。

（一）揭示资本积累与工人阶级贫困之间的必然联系

马克思用一段经典的论述概括了资本主义积累的一般规律："社会的财富即执行职能的资本越大，它的增长的规模和能力越大，从而无产阶级的绝对数量和他们的劳动生产力越大，产业后备军也就越大。可供支配的劳动力同资本的膨胀力一样，是由同一些原因发展起来的。因此，产业后备军的相对量和财富的力量一同增长。但是同现役劳动军相比，这种后备军越大，常备的过剩人口也就越多，他们的贫困同他们所受的劳动折磨成反比。最后，工人阶级中贫困阶层和产业后备军越大，官方认为需要救济的贫民也就越多。这就是资本主义积累的绝对的、一般的规律。"① 资本主义积累的一般规律反映出资本主义积累的对抗性质。

第一，这一规律揭示了资本积累与工人阶级的贫困之间的必然联系。资本主义生产和积累的机制在不断地使工人人数适应资本增殖的需要。这种适应的结果是创造出不断增大的相对过剩人口或产业后备军以及他们的贫困。然而，在资本主义体系中，生产资料与劳动生产率的增长速度超过了生产人口的增速，这一现象却以相反的形式呈现出来：工人数量总是比资本增值的需求增长得更快。因此，当那些平庸的经济学者试图教导工人，要求他们调整自己的人数以符合资本增值的需求时，他们的愚昧显而易见。

---

① 《马克思恩格斯文集》第 5 卷，北京：人民出版社 2009 年版，第 742 页。

第二，这一规律进一步表明了剩余价值的生产与资本积累和工人阶级的贫困之间的必然联系。在资本主义生产方式的基础上，一切提高社会劳动生产力的方法都是靠牺牲工人个人来实现的。然而，所有用于创造剩余价值的方法同样也是资本积累的途径，而每一次资本积累的扩张又反过来促进了这些方法的发展。这表明，无论工人的工资水平如何，随着资本的不断累积，工人的处境将不可避免地恶化。最终，确保相对过剩人口或产业后备军与资本积累的速度和规模相适应的法则，使得工人更加紧密地被束缚于资本之上，这种束缚甚至超过了传说中赫菲斯托斯用以将普罗米修斯钉在岩石上的楔子。这一法则不仅控制着贫困的积累以匹配资本的增长，同时也揭示了资本主义体系内部的矛盾。

在一端是财富的迅速聚集，而在另一端，即对于那些将自身劳动转化为资本的人们来说，则是贫困、劳动艰辛、奴役状态、缺乏教育、粗鄙以及道德败坏的增加。资本主义积累所具有的这种内在矛盾性，常被资产阶级经济学家以各种方式进行解释，但他们有时会将其与前资本主义生产方式中的某些表面上相似但本质不同的现象混淆，或者错误地将其视为社会财富普遍增长的自然法则的一部分。实际上，这种解释忽视了资本主义特有的剥削机制及其对劳动者深远的影响。

（二）揭开原始积累的秘密

《资本论》从第1卷第4章"货币转化为资本"开始，马克思对资本主义生产方式的原始积累的秘密研究，都是以资本主义生产关系或雇佣劳动关系已经存在为前提的，即一方面已经存在手握大量货币的资本家，另一方面已经存在丧失了生产资料而不得不靠出卖劳动力为生的雇佣工人。至于货币最初是如何集中在少数人手中的，劳动者最初是如何丧失生产资料的，即资本主义形成的历史前提问题，他一直未加论述。而现在马克思考察"资本原始积累的秘密"，就是要回答这些问题

首先，在《资本论》第1卷第24章开头，马克思首先引出了所谓"原始积累"的概念，并且揭穿了资产阶级经济学家关于这一过程的虚构。马克思指出，这里所说的"原始积累"，不是指作为资本主义生产方式自

身的结果,而是作为它的起点的那种积累,也就是发生在第 21 章至第 23 章阐述过的周而复始地进行着的资本主义积累过程之前的积累。亚当·斯密称之为"预先积累"。马克思说:"这种原始积累在政治经济学中所起的作用,同原罪在神学中所起的作用几乎是一样的。亚当吃了苹果,人类就有罪了。人们在解释这种原始积累的起源的时候,就像在谈过去的奇闻逸事。在很久很久以前有两种人,一种是勤劳的,聪明的,而且首先是节俭的精英,另一种是懒惰的,耗尽了自己的一切,甚至耗费过了头的无赖汉……于是出现了这样的局面:第一种人积累财富,而第二种人最后除了自己的皮以外没有可出卖的东西。"①

按照马克思所指出的资产阶级经济学家的这种虚构,似乎正义和"劳动"自古以来就是唯一的致富手段。然而"在真正的历史上,征服、奴役、劫掠、杀戮,总之,暴力起着巨大的作用"。事实上,原始积累的方法绝不是田园诗式的东西。

接着,马克思指出资本原始积累的实质。货币通过资本主义的雇佣劳动关系转化为资本,是以劳动者和劳动实现条件的所有权之间的分离为前提的。因此,资本关系的形成过程,本质上是劳动者与其劳动条件所有权的分离过程。这一过程导致了社会生活资料和生产资料的资本化,同时使得直接生产者转变为雇佣工人。"因此,所谓原始积累只不过是生产者和生产资料分离的历史过程。这个过程所以表现为'原始的',因为它形成资本及与之相适应的生产方式的前史。"②

此外,马克思探讨了资本原始积累的历史背景及其进程。资本主义社会的经济框架是从封建社会结构中演变而来的,在封建体系瓦解的过程中,资本主义的各种要素逐渐显现出来。从劳动者角度来看,生产者向雇佣工人的转变既标志着他们摆脱了对封建领主的依赖和行会的约束,同时也意味着这些人失去了所有的生产资料以及旧封建制度下所享有的生活保障。这一剥夺过程是人类历史上的一个血腥篇章。对于新兴的工业资本家

---

① 《马克思恩格斯文集》第 5 卷,北京:人民出版社 2009 年版,第 820—821 页。

② 《马克思恩格斯文集》第 5 卷,北京:人民出版社 2009 年版,第 822 页。

而言，他们的崛起象征着战胜了封建特权阶层及令人反感的封建特权，并打破了限制生产和自由剥削的行会规则。这段历史不仅记录了封建制度的终结，也见证了新权贵们的兴起，他们通过打破旧秩序的枷锁，为资本主义的发展铺平了道路。然而，这个过程中充满了强制和暴力，许多人在失去传统保护的同时，也被迫进入了新的、往往更为残酷的剥削体系之中。这一变革不仅是权力的转移，也是社会结构的重大调整，深刻影响了后续的社会经济发展模式。

最后，马克思探讨了资本原始积累的起点及其关键因素。劳动者被奴役的状态标志着雇佣工人和资本家这一发展进程的开端。这个进程实际上是劳动者受奴役形式的转变，即从封建剥削制度过渡到资本主义剥削体系。在原始积累的历史进程中，最关键的因素是大量人口突然被迫与他们的生计资源分离，成为没有法律保护的无产者，被推向劳动力市场。剥夺农民土地的行为构成了整个过程的基础。尽管这一剥夺过程在不同国家表现出不同的特征，经历的顺序、时代背景及发展阶段也各不相同，但在英国，这种现象展现出了最为典型的形态。每个国家根据其独特的历史和社会条件经历了这一转变，但核心机制是将人们与其生存资料分离并将其转化为可利用的劳动力。这揭示了资本原始积累的本质，以及它如何为资本主义生产关系的建立铺平道路。

（三）说明资本主义积累的历史趋势

马克思在《资本论》第 25 章第 7 节说明了资本主义积累的历史趋势。马克思首先指出，资本的原始积累既然不是奴隶和农奴直接转化为雇佣工人，因而不是单纯的形式变换，那么它就只是意味着直接生产者的被剥夺，即以自己劳动为基础的私有制的解体。私有制作为一种与社会所有制和集体所有制相对的形态，仅在劳动工具和外部劳动条件归个人所有的条件下存在。其本质根据拥有者是否为劳动者有所不同。对于劳动者来说，拥有生产资料构成了小规模生产的基石，这种模式依赖于土地及其他生产资料的分散持有。它不鼓励资源集中、合作、内部劳动分工、对自然资源的集体管理和调控，也不利于社会生产力的自由发展，而是适应了生产和社交活动有限的、自然形成的边界。

当这种生产方式进化到一定阶段时，会自行创造导致其消亡的物质基础。这意味着这种生产形式注定将被取代，并且这一过程已经开始。基于劳动者对其劳动条件直接控制的小规模私有财产制度，正逐渐被资本主义私有制所替代，后者依靠剥削他人的劳动力维持运作，即使表面上看起来是建立在自由劳动的基础上。资本主义私有制的发展不仅改变了生产关系的本质，也标志着从依赖个体劳动向利用集体和社会资源进行大规模生产的转变。这一转换揭示了经济结构随时间演化的必然趋势。

当这一转型过程彻底瓦解了前资本主义旧社会的基础，并将劳动者完全转化为无产阶级，使他们的工作环境转变为资本时，资本主义生产模式便稳固确立了。随着劳动进一步社会化以及土地和其他生产资料逐渐公共化，对私有者的剥夺形式也发生了变化。此时，被剥夺的对象不再是独立经营的小生产者，而是那些剥削大量工人的资本家。这种新的剥夺形式是通过资本主义生产内部规律的作用来实现的，具体表现为资本的集中和积聚。随着资本垄断的形成，它成为了限制自身发展的桎梏，因为这种垄断阻碍了其所支撑并依赖的生产方式的持续繁荣。换句话说，资本的集聚虽然在短期内促进了经济的增长，但从长远来看，却成为了一个制约因素，预示着更深层次的社会经济变革的需求。这一过程揭示了资本主义内在矛盾的发展趋势及其不可避免的局限性。"生产资料的集中和劳动的社会化，达到了同它们的资本主义外壳不能相容的地步。这个外壳就要炸毁了。资本主义私有制的丧钟就要响了。剥夺者就要被剥夺了。"①

最后，马克思指出："从资本主义生产方式产生的资本主义占有方式，从而资本主义的私有制，是对个人的、以自己劳动为基础的私有制的第一个否定。但资本主义生产由于自然过程的必然性，造成了对自身的否定。这是否定的否定。这种否定不是重新建立私有制，而是在资本主义时代的成就的基础上，也就是说，在协作和对土地及靠劳动本身生产的生产资料的共同占有的基础上，重新建立个人所有制。"② 这句话中的"重新建立个

---

① 《马克思恩格斯文集》第 5 卷，北京：人民出版社 2009 年版，第 874 页。
② 《马克思恩格斯文集》第 5 卷，北京：人民出版社 2009 年版，第 874 页。

人所有制"，是以协作和对土地及靠劳动本身生产的生产资料的全体社会成员共同占有为基础的。这就是说，在资本主义条件下失去了生产资料的所有劳动者，都将通过公有制的形式重新占有生产资料。1877年，马克思在《给〈祖国纪事〉杂志编辑部的信》中谈到资本主义积累的历史趋势时说："资本主义生产的历史趋势归结成这样：……它本身已经创造出了新的经济制度的因素，它同时给社会劳动生产力和一切生产者个人的全面发展以极大的推动；实际上已经以一种集体生产方式为基础的资本主义所有制只能转变为社会所有制"①。

---

① 《马克思恩格斯文集》第5卷，北京：人民出版社2009年版，第465页。

第七章 理论思辨中的人民立场
（科学社会主义）

1848年2月，随着马克思与恩格斯共同为共产主义者同盟——这一国际工人组织起草的《共产党宣言》在伦敦首次问世，科学社会主义理论正式登上了历史舞台。此后，资本主义国家的科学技术有新的发展，电力代替了蒸汽动力，社会生产力显著提高。资本主义社会的基本矛盾以及无产阶级和资产阶级的矛盾日益暴露。马克思主义理论和国际工人运动进一步结合。马克思热情支持并参加了许多革命实践活动，及时总结社会主义运动的新经验，批判各种非无产阶级的社会主义流派，使科学社会主义理论不断得到充实，臻于完善。马克思关于科学社会主义原理的诸多论述中体现着深厚的人民思想，这种带有思辨性质的人民观贯穿于无产阶级革命论、无产阶级专政论、无产阶级政党论和共产主义社会论的始终，为人类社会发展指明了前进方向。

第一节 无产阶级政党论：维护人民共同的不分民族的利益

马克思和恩格斯既是科学社会主义理论的创始人，也是无产阶级政党的奠基者。他们致力于科学社会主义理论与各国工人运动相结合，创建无产阶级政党，使无产阶级在党的领导下更好地开展解放斗争，维护人民共同的不分民族的利益。马克思和恩格斯的建党活动，先后经历了共产主义者同盟、第一国际、欧美各国独立无产阶级政党的创建、第二国际初期这四个阶段。在这一过程中,马克思和恩格斯发表了大量有关建党的重要文献,探索无产阶级政党发展的规律,蕴含着无产阶级政党来自人民、服务人民、依靠人民的坚定立场。

一、明确党的性质纲领彰显人民中心

当共产主义思潮在欧洲兴起,共产党刚刚诞生之际,就给旧世界以强烈的震撼和冲击,使一切反动势力都感到惊恐不安。从宗教势力到世俗政权,从封建贵族到资产阶级,都把共产主义视为可怕的"幽灵",他们联合起来对它进行所谓"神圣的围剿"。但是,反动统治阶级却并不真正了解共产主义究竟是一种什么样的思想,共产党究竟是一个什么样的组织。因而,各国当政的统治者就把所有反对自己并想取而代之的党派都骂为共产党;而每一个在野的反对党也拿"共产主义这个罪名"去回敬比自己"更进步"一些的反对党人甚至自己的反动敌人。因而,马克思和恩格斯为共产主义者同盟制定了纲领性文献《共产党宣言》,阐明了共产党的性质、特点和目的意图。

(一)始终代表整个运动的利益

马克思和恩格斯指出在民族国家存在的情况下,由于各国的发展程度和具体国情不同,各国无产阶级解放斗争所面临的主要任务也不尽相同,所以,"就形式来说,无产阶级反对资产阶级的斗争首先是一国范围内的斗争。每一个国家的无产阶级当然首先应该打倒本国的资产阶级"①。对于各国无产阶级政党来说,毫无疑问,要首先代表本民族国家的无产阶级的利益,在无产阶级和资产阶级的斗争所经历的各个发展阶段上,共产党人始终代表整个运动的利益。

无产阶级政党要在全世界范围内彻底战胜资产阶级,需要经过一个很长的奋斗历程。以往建立的其他工人政党往往在工人运动发展的某一时期,能够反映无产阶级的利益要求,能够带领无产阶级为实现某一发展阶

---

① 《马克思恩格斯选集》第 1 卷,北京:人民出版社 2012 年版,第 412 页。

段的任务而奋斗。但是，由于它们在指导思想上的非科学性、组织上的宗派性和行动上的密谋性，随着无产阶级自身的进步和斗争的不断发展，这些工人政党就明显落后了，不再适应无产阶级在新的发展阶段上开展革命斗争的需要了。这些政党所起的积极作用是同无产阶级解放运动的发展成反比的。所以，随着无产阶级解放斗争不断迈入新的发展阶段，这些工人政党便相继退出了历史舞台。而无产阶级政党在任何时候都要把当前利益和长远利益结合起来，在努力实现无产阶级斗争的最近目标的同时，始终坚持共产主义的最终目标。只有这样，无产阶级政党才能始终站在时代的前列，才能起到一个先进政党的领导作用。共产党是科学社会主义理论与工人运动相结合的产物。科学社会主义本身就具有与时俱进的理论品质，它和不断发展的工人运动是互相促进，共同发展的。所以，共产党能够做到也必须做到在无产阶级解放斗争的"各个发展阶段上"，"始终代表整个运动的利益"，永葆生机活力，直至最终完成无产阶级的伟大历史使命。

（二）掌握革命的先进理论思想

一个政党是否真正代表无产阶级的利益，不仅取决于其成员构成中是否有大量来自工人阶级的先进分子，更重要的是要看该党遵循何种理论指导其行动和发展。共产党之所以能够成为先进政党并保持它的先进性，最根本原因就在于它有科学社会主义理论作为自己的指导思想。恩格斯指出"我们党有个很大的优点，就是有一个新的科学的世界观作为理论的基础"①。马克思主义的辩证唯物主义与历史唯物主义提供了一种科学的世界观和方法论，使得共产党可以更清晰地认识到无产阶级解放运动所必需的条件、其发展进程以及可能达成的目标，这些目标深刻体现了以人民为中心的核心价值。

马克思强调共产党要有"胜过其余无产阶级群众"的理论优点，而且强调党还要正确地对待和运用这一理论。以往建立的各种工人政党，都没有马克思主义理论的科学指导，它们要么不懂得无产阶级解放运动的条件，盲目地掀起武装斗争，付出了血的代价，却根本没有胜利的可能。法

---

① 《马克思恩格斯选集》第 2 卷，北京：人民出版社 2012 年版，第 10 页。

国的布朗基派就曾经一再犯过这样的错误。也有的不清楚无产阶级解放运动的进程，企图毕其功于一役，结果只能是幻想。还有的党派不明白无产阶级解放运动的结果，没有远大的理想目标，只是为眼前的点滴利益而斗争，同样不能实现无产阶级的真正解放。因此共产党必须克服这些弊端，坚持马克思主义理论的指导，切实了解无产阶级运动的条件、进程和一般结果，这样，才能领导无产阶级不断走向胜利。马克思指出："正确的理论必须结合具体情况并根据现存条件加以阐明和发挥。"① 恩格斯也强调"我们的理论不是教条，而是对包含着一连串互相衔接的阶段的发展过程的阐明。"② 可见，一个党拥有再好的理论，也必须把它与各国实际相结合，否则，仍然不能真正了解无产阶级运动的条件、进程和一般结果。

（三）最终将建立共产主义社会

马克思和恩格斯运用唯物辩证法，通过对资本主义社会的总体分析，科学地预测共产主义社会形态可划分为两个不同的发展阶段：共产主义社会第一阶段和共产主义社会高级阶段，即后来约定俗成的社会主义社会和共产主义社会。它们属于同一种社会形态，区别只是在于成熟程度不同。就其共产主义社会的生产资料公有制、分配方式、发展前景等主要特征而言，无疑是有指导意义的。我们今天必须根据客观世界的新情况和实践的新经验而不断检验原先的设想，进一步丰富和发展科学社会主义事业。

马克思和恩格斯预测共产主义第一阶段有如下特征：（1）最基本的特征是消灭了私有制，建立起集体的、以共同占有生产资料为基础的生产资料公有制。（2）有计划地协调进行各种生产，社会"按照统一的总计划协调地安排自己的生产力"，"社会生产内部的无政府状态将为有计划的自觉的组织所代替"③。（3）个人的消费资料实行按劳分配的原则。每个劳动者从社会方面领得一份劳动量证书，在作了各项扣除（再生产基金、社会保障基金等）之后，领取相应的生活资料。（4）国家作为生产的组织者和

---

① 《马克思恩格斯全集》第 27 卷，北京：人民出版社 1972 年版，第 433 页。
② 《马克思恩格斯全集》第 27 卷，北京：人民出版社 1972 年版，第 433 页。
③ 《马克思恩格斯选集》第 3 卷，北京：人民出版社 2012 年版，第 671 页。

领导者的管理职能、作为按劳分配和防止外敌侵略的保卫职能将保留，而无产阶级国家镇压敌对阶级的职能已经逐渐消失。马克思和恩格斯认为，共产主义社会的第一阶段是从资本主义社会转型而来的新社会形态，尽管在这个阶段实行了按劳分配的原则，这确实反映了劳动者之间形式上的平等，但由于等价交换原则的存在，实际上这种平等并不能完全消除劳动者之间因劳动条件差异而导致的收入不均现象。相比之下，共产主义社会的高级阶段则是基于自身的发展而达到的高度完善状态，此时社会已经彻底摆脱了早期阶段遗留下来的旧制度痕迹，形成了一个完全成熟的共产主义社会。其区别于第一阶段的特征是：（1）消除了脑力劳动和体力劳动、城市和乡村、工农之间的差别。（2）生产力高度发展，集体财富的一切源泉都充分涌流。（3）劳动成为生活第一需要。（4）实行各尽所能，按需分配的原则。

二、加强党的组织建设践行人民主张

无产阶级政党不仅要有科学的政治纲领，还要有正确的组织建设原则。正确的组织建设原则是确保党的先进性和革命性的关键规范，也是实现党政治目标的重要制度保障。马克思和恩格斯在建立和指导无产阶级政党的实践中，初步形成了民主集中制这一基本原则，要求采取正确方式开展党内斗争，确保党内思想、政治和组织的团结统一，奠定了无产阶级政党的组织建设的基础，更好地保证了中国共产党为人民服务的性质和宗旨。

（一）实行民主集中制原则建党

马克思和恩格斯从历史唯物主义的科学视角出发，认为无产阶级革命运动本质上是代表绝大多数人的利益、为绝大多数人谋求福祉的独立行动。这种运动的成功依赖于广大人民群众的共同努力与奋斗，而非少数人的孤立斗争。无产阶级政党作为科学社会主义理论与工人运动相结合的结果，必须体现出为广大人民谋福利的本质特征。为了确保无产阶级政党的正确方向及其代表性，必须依据民主原则进行组织建设，并实施民主制度。这意味着党内决策过程应当公开透明,广泛吸纳党员意见,避免任何形式的个人独裁或小团体控制。这样的组织形式不仅能够保障党的领导层与基层之间的有效沟通,还能激发全体成员的积极性和创造力,从而更好地服务于广大人民的利益。

共产主义者同盟就是以民主原则为基础组建起来的,同盟章程规定"所有盟员都一律平等";支部、区部和中央委员会的领导人都由选举产生,并且"可随时撤换之";同盟的代表大会是全党的立法机关,"代表大会的一切立法性决议须提交各支部讨论,以便决定是否可以接受"①。这些规定都体现了共产主义者同盟在组织上的民主制精神。第一国际坚持了共产主义者同盟所确立的民主原则,并且作了进一步的丰富和完善。19世纪70年代末至80年代初,国际工人运动迎来了一个新的阶段,这一时期的特点是在各个民族国家中相继成立了独立的工人阶级政党,大约有20多个欧美国家在此期间建立了社会主义性质的工人政党。随着各国社会主义工人政党的迅速成立与发展,1889年7月,在恩格斯的领导下,第二国际应运而生。不同于第一国际拥有较为固定的组织架构,第二国际采取了一种更加灵活的形式——即每隔几年召集一次由各国政党代表参加的大会。这种方式不仅促进了各国工人阶级政党之间的交流与合作,同时也确立了它们之间相互尊重、平等对话的传统。总之,马克思和恩格斯关于扩大党内民主的思想以及第二国际的创立,都对国际工人运动产生了深远的影响,帮助塑造了一个更加民主和平等的合作框架,这对于后来的世界社会主义运动有着不可忽视的意义。

(二)采用正确方式开展党内斗争

无产阶级政党内部并不都是那么思想统一、步调一致,也会产生这样那样的分歧,甚至形成尖锐的矛盾和斗争,对此,必须正确对待,妥善处理。这也是无产阶级政党组织建设的重要内容之一。马克思恩格斯认为无产阶级政党在内部斗争中不断发展是一条客观规律。对此恩格斯讲得十分

---

① 中共中央党校党建教研室选编:《共产主义运动国际章程汇编》,郑州:河南人民出版社1980年版,第4—6页。

明确、深刻，认为任何大国的工人政党，只有在内部斗争中才能发展起来，这是符合一般辩证发展的规律的。所以，开展积极的党内斗争，不断清除异己力量的影响，是无产阶级政党巩固和发展的客观需要。

纵观无产阶级政党内部斗争的历史，可以看出党内斗争是十分复杂的。党内错误的东西，有的表现为"左"倾盲动主义，有的表现为右倾改良主义；有的鼓吹无政府状态，有的则大搞专制独裁统治；有的是好心同志失足出错，也有的是野心家、阴谋家蓄意作乱。这许多形形色色的错误现象所引起的党内斗争，虽然在性质和方式上都不同于阶级斗争，但同这些错误危害所进行的斗争，就其重要性来说，并不亚于阶级斗争。所以，恩格斯曾说过：马克思和我"一生中对冒牌社会主义者所作的斗争比对其他任何人所作的斗争都多（因为我们把资产阶级只当作一个阶级来看待，几乎从来没有去和资产者个人交锋）"。① 对各种不同的党内斗争，要区别其性质和表现形式，采取适当的方式来解决。其一，进行批评教育的方式。这是对党内犯错误的同志所应采取的基本方式，包括对犯了严重政治错误的领导人，都应这样来处理。其二，进行公开地揭露批判。这是对在党内搞阴谋诡计的人所应采取的斗争方式。针对巴枯宁阴谋集团的活动，马克思和恩格斯指出要"把这些阴谋诡计彻头彻尾地加以揭穿，就是使它们失去任何力量。"② 其三，做坚决的组织处理。对于那些犯了错误而不接受批评，死不悔改，最终堕落为无可救药的腐化分子、背叛分子，尤其是那些混入无产阶级政党内大搞阴谋诡计的投机分子，应从组织上清除出党，以便纯洁党的性质和宗旨。

（三）确保组织思想行动团结统一

党的团结统一是确保党能够持续取得胜利的关键保障。从无产阶级政党的创立之初，马克思和恩格斯就深刻认识到这一问题的重要性，并且不断强调其必要性。当共产主义者同盟成立时，马克思和恩格斯就在《共产党宣言》中明确指出：只有"工人通过结社而达到的革命联合代替了他们

---

① 《马克思恩格斯选集》第 4 卷，北京：人民出版社 2012 年版，第 554 页。
② 《马克思恩格斯全集》第 18 卷，北京：人民出版社 1964 年版，第 372 页。

由于竞争而造成的分散状态",他们才能挖掉"资产阶级赖以生产和占有产品的基础本身"①。因此要实现对资本主义制度的根本变革,即成为资本主义的"掘墓人",联合行动是无产阶级解放不可或缺的前提条件之一。

党的组织、思想和行动的统一是确保无产阶级革命能够顺利推进的关键要素。在第一国际成立之际,马克思在其起草的《临时章程》中强调了建立国际工人协会的重要性,并指出"每个国家的工人运动的成功只能靠团结和联合的力量来保证"②。为了促进各国工人运动之间的协作与联合,马克思在制定第一国际的《成立宣言》及《临时章程》时,采取了一种既坚定又灵活的方法,力求使不同国家的工人团体都能接受这些文件。马克思高度重视党内在思想和行动上的统一,他曾明确表示:"为了保证革命的成功,必须有思想和行动的统一。"③ 这种统一指的是全体成员在科学理论和正确方针上的一致性,而非机械地要求所有人的想法和行为完全相同。马克思与恩格斯认为,为了维护党的思想和行动统一,即使意味着要与机会主义者断绝组织联系也是必要的。然而,他们始终反对任何破坏党内和谐的行为,提倡通过积极的思想斗争来解决分歧,巩固共同的理想信念,保持党的团结一致。恩格斯也进一步精辟地论述说:"在可能团结一致的时候,团结一致是很好的,但还有高于团结一致的东西。"④ 这里提到的团结应当被视为组织层面的一致性,而超越于组织之上的是更为重要的思想原则和行动指导的一致性。对于无产阶级政党而言,在强调组织结构统一的同时,绝不能忽略甚至牺牲思想原则和行动方针的统一;相反,应该努力实现这两方面的紧密结合,从而达到真正的党内外部的一致性和战斗力。正如恩格斯所言,当面临选择时相较于形式上的团结,实质性的思想与行动一致更加重要。

---

① 《马克思恩格斯选集》第 1 卷,北京:人民出版社 2012 年版,第 412 页。
② 中共中央党校党建教研室选编:《共产主义运动国际章程汇编》,郑州:河南人民出版社 1980 年版,第 21 页。
③ 《马克思恩格斯全集》第 18 卷,北京:人民出版社 1964 年版,第 180 页。
④ 《马克思恩格斯选集》第 4 卷,北京:人民出版社 2012 年版,第 554 页。

三、指明党的互相关系推动人民团结

1848年6月,在马克思和恩格斯的指导下,创立了共产主义者同盟,这是世界上第一个以科学社会主义为理论基础建立起来的具有国际性的共产党组织。马克思和恩格斯在为之所作的纲领《共产党宣言》中,不仅阐明了共产党的阶级基础和阶级性质,阐明了党的理论原则、奋斗目标和实现途径,而且还阐明了共产党与各民主政党的团结合作关系,指明各国无产阶级政党之间应该平等交往,世界民主政党要团结协作起来为实现全人类解放的远大目标拧成一股绳。

(一)坚持无产阶级国际联合主义

无产阶级国际主义的核心在于强调全球范围内工人阶级的团结与协作。马克思和恩格斯在其经典著作《共产党宣言》中,提出了"全世界无产者,联合起来!"这一充满力量的口号成为激励各国劳动者携手并肩、共同抗争的重要号召。随着资本主义体系的发展及国际市场的一体化,资本的力量逐渐演变成一种跨越国界的影响力。资产阶级往往能够跨国界地联合起来对抗无产阶级的利益。对此无产阶级不仅要在各自国内推动社会变革,还要超越民族和地域的界限建立广泛的同盟关系,包括但不限于与其他被压迫群体结成统一战线,互相提供援助和支持。正如马克思和恩格斯所倡导的那样,只有当全世界的无产阶级紧密团结在一起时,他们才能够有效地挑战现存的社会秩序,并为构建更加公平合理的未来而努力。

无产阶级的国际联合是界定各国工人政党间关系的一项基本原则。尽管"无产阶级反对资产阶级的斗争首先是一国范围内的斗争。每一个国家的无产阶级当然首先应该打倒本国的资产阶级"[①],但无产阶级解放的目标具有全球性,只有通过各国无产阶级之间的合作与共同努力才能实现这一目标。在马克思和恩格斯的思想指导下,在第一国际时期,马克思和恩格斯积极对抗蒲鲁东主义、工联主义、拉萨尔主义以及巴枯宁主义等不同思

---

① 《马克思恩格斯文集》第2卷,北京:人民出版社2009年版,第43页。

潮的影响，确保了马克思主义理论在工人运动中的主导地位，并为国际无产阶级争取社会主义斗争奠定了坚实的基础。到了第二国际早期，在恩格斯的领导下，该组织致力于制定保护劳动者权益的具体政策，例如推广八小时工作制、禁止使用童工、限制女性及未成年男性夜间工作等措施。此外，第二国际还通过决议确定每年五月一日为国际劳动节，以此来强调对国际劳工权利的关注和支持，极大地促进了世界工人运动的发展。值得注意的是，无产阶级的国际联合不仅限于自身阶级内部的合作，还必须考虑到与其他受压迫民族解放斗争的关系。无产阶级国际联合不仅是理论上的必要性，也是实践中的必然选择，它要求各国无产阶级超越国界限制，携手并进，共同对抗资本主义体系，同时也要积极参与和支持所有形式的反压迫斗争，从而推动整个人类社会向着更加公正和平等的方向前进。

（二）团结各种民主党派联合行动

所谓各民主政党，马克思和恩格斯又把它们统称为"各种反对党派"，即在当时条件下反对现存的社会制度和政治制度的党派，包括其他工人政党、小资产阶级政党及一切反对封建势力的资产阶级民主主义政党和争取民族独立的政党。马克思和恩格斯在阐明共产党同这些民主政党的关系时，首先指出："共产党人为工人阶级的最近的目的和利益而斗争，但是他们在当前的运动中同时代表运动的未来。"① 共产党人应当将无产阶级的即时利益与长远福祉、近期目标和最终理想相结合，团结一切可以团结的力量共同为实现共产主义社会的理想而持续努力。

团结各种民主党派联合行动是明晰党的相互关系的应有之义。第一，关于共产党与其他工人政党的关系，马克思和恩格斯认为两者都是无产阶级政党组织，其阶级性质和最近目的是一样的，即都是为了使无产阶级成为阶级，推翻资产阶级的统治，由无产阶级夺取政权。因此共产党与其他工人政党不是相对立的，而应密切联合共同为无产阶级的解放事业而奋斗。第二，对于小资产阶级政党，共产党也要争取同它们采取联合行动。小资产阶级在资本主义制度下也处于受压迫的地位，有反抗压迫和消灭剥

---

① 《马克思恩格斯选集》第 1 卷，北京：人民出版社 2012 年版，第 434 页。

削制度的要求。共产党可以也应该与小资产阶级政党结成联盟，反对共同的敌人。但是小资产阶级政党往往在革命的目的性上与共产党有根本的区别，共产党在联合小资产阶级政党一道开展反对资本主义统治的斗争中，一定要坚持自己的奋斗目标和革命原则。第三，对待进步的资产阶级政党，共产党和进步的资产阶级政党在一定时期在社会变革要求上会有共同之处，可以一道开展斗争，但是，二者毕竟是阶级性质不同的政党。资产阶级政党以维护资本主义制度、压迫和剥削无产阶级为目的，而共产党则以消灭资本主义制度、最终解放无产阶级乃至全人类为己任，所以二者终将从一时的联合走向对立斗争。

（三）各国无产阶级政党平等交往

19世纪70至80年代，欧美各国工人阶级相继建立了各自民族国家的独立政党，大批社会主义工人党产生，由此也产生了严格意义上的无产阶级政党的党际关系问题。在此基础上建立的第二国际，在处理党与党的关系方面进行了有益的探索，采取比较松散的形式在各国政党完全平等的基础上实现国际联合，以确保各国社会主义工人政党独立自主的根据本国国情领导工人运动的开展。第二国际的组织原则是对第一国际组织原则的继承与发展。它们都体现了各国工人组织要求联合统一与保持各自独立自主有机结合的精神。

各国无产阶级政党平等交往是明晰党的相互关系的内在要求。马克思指出："国际一方面让各国工人阶级的运动和意愿享有充分的自由，同时它又能够把工人阶级团结成为一个统一的整体，第一次使统治阶级及其政府感觉到无产阶级的国际威力。"① 第二国际的建立使得各国工人阶级在思想上、组织上的水平提高，各国工人阶级政党独立自主开展革命活动的能力增强，也就更加强调相互间平等交往、民主协商、自主活动的一面。一方面，首先，各国党必须在平等的基础上加强国际合作。无产阶级的解放事业是国际性的，无产阶级历史使命的完成有赖于各国工人阶级的共同奋斗，因此，各国工人阶级政党必须坚持国际主义原则，根据不同时期实际

---

① 《马克思恩格斯全集》第18卷，北京：人民出版社1964年版，第484页。

斗争状况的需要采取适当的组织形式而联合、团结起来。但是，这种联合必须是平等、自愿、自主的联合，这样，才能真正充分发挥每个党的积极性，互相支持、协作共进。另一方面，反对把自己的意志强加于别国政党的大党主义。一个党在国际工人运动中的地位，主要取决于它在国际无产阶级解放斗争中所起的实际作用的影响，而不取决于一个党的主观愿望和意图。在某一时期，一国工人阶级政党可能成为国际工人运动的先锋力量，但它也绝不能把自己凌驾于其他国家工人阶级政党之上，去领导和指挥别国党，强迫别国党服从自己的意志。任何党和组织都不能干预别国党和组织的内部事务，碰到需要联合行动的事，一定要经过平等协商来达成。

第二节　无产阶级革命论：为着自己利益重新掌握社会生活

无产阶级革命不仅是对旧有秩序的一次彻底颠覆，也是对未来理想社会形态的一种积极探索与实践。它标志着从资本主义向社会主义过渡的关键一步，并指引着通往共产主义的美好愿景。马克思关于无产阶级革命的理论，既是对无产阶级解放斗争经验的科学总结，又是指导各国无产阶级革命正确进行并取得胜利的思想武器。这一理论揭示了无产阶级革命的必然性和必要性，阐述了无产阶级革命的性质、任务和目的，指明了无产阶级革命的条件和方式。这一理论是科学社会主义理论的基本原理之一，对无产阶级革命具有深远的意义。马克思在指导无产阶级革命时明确强调要让无产阶级为着自己利益重新掌握生活，要发挥革命历史作用、采取灵活斗争形式和团结一切积极力量唤醒人民为自己利益作斗争的意识。

一、通过革命手段唤醒人民

所谓革命，广义来讲是指人们改造自然和社会的巨大变革，如改造自然的巨大变革，有科技革命、产业革命等；改造社会的巨大变革，有生产方式的革命、政治制度的革命、思想文化的革命等。狭义上的革命主要是指政治制度的革命,即政治革命。政治革命是社会意义上的革命的一种特殊形式,是先进阶级推翻反动阶级的政治统治、以进步政治制度代替腐朽政治制度的激烈变革。它促使一种社会形态向另一种更高级的社会形态演变。无产阶级革命,或称社会主义革命,是一种由无产阶级领导的革命运动,旨在推翻资本主义制度,建立无产阶级专政,并最终实现共产主义社会。

(一)促进社会生产力极大发展

马克思认为,革命是历史发展规律的一种表现形式,也是解决社会基本矛盾、促进社会进步的根本途径。马克思和恩格斯详细论述了欧洲各国革命的进程,充分肯定和颂扬了人民群众在革命中所迸发出来的极大革命积极性和革命首创精神,热情讴歌了革命对人类历史发展的巨大推动作用。由此,马克思形象地把革命比喻为历史的火车头。无产阶级革命可以极大地解放社会生产力,从而为唤醒人民群众的斗争精神和权利意识提供充分的物质基础。

生产力的发展是人类社会发展的最终决定力量。生产力发展到一定阶段,会遇到落后生产关系的阻碍,遇到反动上层建筑的钳制,因而需要通过革命来推翻旧的上层建筑,改变旧的生产关系,建立新的生产关系和上层建筑,这样就解放了生产力,大大推动社会生产力的发展,从而促进整个社会的进步。马克思和恩格斯在《共产党宣言》中评价资产阶级在历史上的革命作用和揭示资产阶级能够战胜封建主阶级的原因的时候,充分肯定地指出,其根本所在就是资产阶级打破了已经成为束缚生产力发展的桎梏的封建所有制关系,代之以资产阶级的生产关系,从而"资产阶级在它的不到一百年的阶级统治中所创造的生产力,比过去一切世代创造的全部生产力还要多,还要大"[①]。而无产阶级之所以要起来革资产阶级的命,根本原因也在于资产阶级的生产关系也不再能适应社会生产力发展的需要了。无产阶级要用暴力推翻资产阶级而建立自己的统治,并利用自己的政治统治,一步一步地夺取资产阶级的全部资本,建立以生产资料公有制为

---

① 《马克思恩格斯选集》第1卷,北京:人民出版社2012年版,第405页。

基本内容的新的生产关系，使社会生产力再一次得到大解放，从而"尽可能快地增加生产力的总量"①。由此可见，解放生产力，促进生产力的大发展，是任何一次政治革命的真谛之所在，是唤醒人民自主意识的重要前提，如果不能体现这一点，那么，就称不上是真正意义上的革命。

（二）变革政治制度和政治体系

以往的革命虽然也推动了社会的变革和进步，但都是以一种新的私有制代替旧的私有制，只是私有制形式不同罢了。地主阶级的革命以封建的私有制代替了奴隶主私有制；资产阶级的革命又以资本主义私有制代替了封建私有制。在无产阶级的生活环境中，传统社会的生存条件已经被根本性地改变了。对于无产者而言，他们并不拥有私有财产；为了获取社会生产力并实现自身解放，无产者必须摒弃现有的占有模式，进而促使所有现行的占有形式发生变革。然而无产阶级革命在废除一切私有制的同时要重新构造与当前社会发展相适应的政治制度和政治体系，从而通过强有力的制度体系维护广大人民群众的根本利益。

无产阶级革命是进行更新政治制度和政治体系的必由之路。恩格斯曾经指出革命暴力"是社会运动借以为自己开辟道路并摧毁僵化的垂死的政治形式的工具"②。当一个社会的政治体制建立在过时的生产关系之上时，这种体制往往会因为腐败和衰败而失去其适应社会进步的能力。旧有政治制度的问题根深蒂固，积弊已久，以至于常规的政治改革已经不足以解决问题，无法恢复其活力与效能。在这种情况下，唯有通过革命来实现政治体制的根本性转变，才能为社会和政治的发展开辟新的路径。革命的本质在于政权从腐朽阶级向代表进步力量的新阶级转移，以此完成政治体制的更新换代。这不仅仅局限于政治体制本身的变化，还包括了整个与之相关联的政治体系的革新。换句话说，对于无产阶级而言，他们并没有既得利益需要维护，因此他们更有可能成为推动深刻变革的力量。为了实现这一目标，无产阶级必须打破那些保护私有财产及既得利益群体的政治结构和

---

① 《马克思恩格斯选集》第2卷，北京：人民出版社2012年版，第421页。
② 《马克思恩格斯选集》第3卷，北京：人民出版社2012年版，第564页。

机制，彻底清除阻碍社会前进的一切障碍。通过革命，可以荡涤旧有政治上层建筑中的种种弊端，促使政府组织形式、法律法规、政策导向、政治行为准则、政治互动模式以及政治文化等方面发生深刻的转型。这样的变化将催生出一种全新的政治秩序与体系，促进社会政治生活的现代化与发展。此时，新生的先进阶级则顺应生产力发展的要求，致力于摧毁旧的生产关系和政治制度，以新的生产关系和政治制度代替之，从而解放生产力，推动整个社会的进步，唤醒广大人民群众的政治意识。

（三）提高人民群众的政治能力

无产阶级革命具有鲜明的人民导向，"无产阶级的运动是绝大多数人的，为绝大多数人谋利益的独立的运动"①。无产阶级是先进的阶级，它代表社会发展的方向。无产阶级在资本主义社会中处于最底层，只有解放全人类才能最后解放自己。因此，无产阶级革命不仅体现了无产阶级的根本利益，而且也体现出了农民和小资产阶级等一切被压迫劳动人民的利益。无产阶级革命不仅能够调动起无产阶级的所有力量积极参加，而且能够团结其他一切被剥削劳动群众共同战斗，在战斗中提高自身的政治素养和政治能力。

无产阶级革命具有提高人民群众政治能力的先进性。在革命时期，千百万受压迫的、平时不能参与政治生活的劳动群众都会焕发出革命的热情和理想，表现出创造历史的无比力量和智慧。列宁在解释马克思所说的"革命是历史的火车头"这句话时指出："革命是被压迫者和被剥削者的盛大节日。人民群众在任何时候都不能像在革命时期这样以新社会制度的积极创造者的身份出现。在这样的时期，人民能够作出从市侩的渐进主义的狭小尺度看来是不可思议的奇迹。"② 当1871年巴黎公社革命爆发后，马克思热情地赞扬巴黎无产阶级说："这些巴黎人，具有何等的灵活性，何等的历史主动性，何等的自我牺牲精神！……历史上还没有过这种英勇奋

---

① 《马克思恩格斯选集》第1卷，北京：人民出版社2012年版，第411页。
② 《列宁选集》第1卷，北京：人民出版社2012年版，第616页。

斗的范例！"① 历史上的每一次革命，无一例外地都在不同程度上动员了广大民众，借助人民的力量来推翻反动阶级的统治，并终结陈旧腐朽的社会制度，从而促使社会实现质的飞跃。在这个过程中，参与革命的阶级和人民不仅改变了外部世界，也同时经历了内在精神世界的深刻变革。随着旧制度的瓦解，新的社会秩序逐渐建立起来，而参与其中的人们也在这个过程中实现了自我的升华。革命不仅仅是对政治权力的一次简单更迭，它更是社会结构与文化价值的一场深刻重塑。通过革命，人民在实践中学习，在斗争中成长，逐渐形成了新的思想观念和社会关系。历史上的革命运动已充分证明，人民群众正是在革命斗争的实践中逐步认识社会的发展规律，在政治上不断成熟起来的。人民群众在革命时期所受到的教育和锻炼是和平时期所无法比拟的。

二、采取灵活斗争形式维护人民利益

无产阶级革命必须打碎资产阶级国家机器，建立无产阶级专政，这是马克思主义的科学结论，但是如何达到这一目的呢？这就涉及无产阶级革命以什么方式来进行的问题。通常社会革命要求各国独立自主决定革命实行，选择暴力革命或非暴力和平斗争的形式，取决于多种复杂因素，而非仅仅由革命者的意愿所决定。特定革命采取何种方式，实际上是受到社会政治文化背景、革命条件的成熟度以及革命力量与反革命力量之间对比等多重因素的影响。在这诸多考量之中，政治力量的对比往往起到决定性的作用。革命的最终目的是维护人民群众的根本利益。

（一）各国独立自主决定革命形式

马克思曾指出各国工人阶级选择这种解决方法"是这个国家工人阶级自己的事"②。无产阶级革命是建立在各国"现实"的基础之上，是社会经济、政治、文化和阶级力量对比综合作用的结果。因此，革命不是人们

---

① 《马克思恩格斯选集》第 4 卷，北京：人民出版社 2012 年版，第 494 页。
② 《马克思恩格斯文集》第 3 卷，北京：人民出版社 2009 年版，第 611 页。

可以随心所欲制造的。无产阶级反对资产阶级的斗争,发展为无产阶级革命需要有必要的客观形势和主观条件。只有具备了必要的主客观条件,无产阶级反对资产阶级的斗争才能发展成为无产阶级革命,才能取得胜利。

无产阶级革命采用何种形式夺取政权,应该根据各国无产阶级斗争的实际情况决定。恩格斯说:"我们的策略不是凭空臆造的,而是根据经常变化的条件制定的"①,一贯主张革命方式应当根据具体的时间和地点灵活调整,这一思想不仅体现了科学性,也在无产阶级革命斗争的历史中得到了验证。各国无产阶级及其政党应该基于对本国国情和革命运动状况的深刻理解,自主决定革命的形式。他们最了解本地的具体情况,因此最适合做出这样的决策。无产阶级革命的发生需要满足一系列客观条件:首先,资本主义内部矛盾必须达到尖锐化的程度,这是衡量无产阶级革命客观形势是否成熟的标志。当社会生产力的发展已经与现存的社会制度产生不可调和的冲突时,即意味着无产阶级革命的条件已经具备。其次,由于资本主义矛盾引发的社会全面危机,使得无产阶级的生活条件恶化到难以维持现状的程度,而资产阶级作为统治阶级也失去了有效管理社会的能力,导致整个社会在其领导下无法继续正常运转。再次,无产阶级的革命热情需达到前所未有的高度。如果这些关键性的客观条件不具备,那么即使存在强烈的革命意愿,也无法触发真正的革命行动。总之,只有当资本主义内在矛盾发展到极端尖锐的程度,以至于现有的生产关系不再能够支撑和推动生产力的进步时,无产阶级革命所需的客观条件才算真正成熟,革命形势才会到来。此时,无产阶级及其政党将面临一个历史性机遇,可以利用这一时机来推翻旧有秩序,建立新的社会制度。只有这样,才能在广大群众的支持和参与下,展开强大的革命群众运动,不失时机地夺取革命的胜利。

(二) 通过暴力打碎旧的国家机器

在人类社会历史上,绝大多数的社会革命者采用了暴力革命的方式。马克思和恩格斯一直非常强调暴力革命的必要性。在《共产党宣言》中,

---

① 《马克思恩格斯文集》第 10 卷,北京:人民出版社 2009 年版,第 630 页。

马克思和恩格斯又强调指出:"共产党人不屑于隐瞒自己的观点和意图。他们公开宣布:他们的目的只有用暴力推翻全部现存的社会制度才能达到。"① 暴力革命的核心在于利用武力作为工具,去终结旧的政治统治并建立一个新的、更加符合革命目标的政治与社会结构。这种形式的革命往往伴随着剧烈的社会动荡和人员伤亡,但它也被视为是推动历史进步和社会转型的关键机制之一。

暴力革命揭示了无产阶级革命的根本特性。第一,从国家的本质出发,国家本质上是一个实施阶级压迫的暴力机构。对于无产阶级而言,要实现革命目标必须以革命性的暴力来回应资产阶级的反革命暴力。随着资产阶级逐渐走向衰落并变得更加保守和反动,它在民众中的支持度不断下降,因此愈发依赖于反革命暴力手段——如逮捕、监禁、强迫劳动乃至屠杀等来压制工人阶级和其他劳动人民,并镇压任何革命活动。可以说资产阶级国家机器始终是维护既有统治秩序并对抗无产阶级利益的力量,无产阶级若要取得胜利,就必须组织起来进行武装斗争。这不仅是为了对抗来自统治阶级的暴力镇压,更是为了最终解除资产阶级的武装,从而彻底击败并消灭这个阶级,进而建立一个不再基于阶级剥削的新社会秩序。第二,就统治阶级的本性来说,任何居于统治地位的阶级都不会轻易放弃自己的阶级统治,自行退出历史舞台,资产阶级同样如此。无产阶级革命要推翻资产阶级的政治统治,剥夺他们的政治经济特权,而资产阶级出于切身利益的需要,总是要利用自己手中掌握的武装力量进行拼命地反抗。所以,要推翻武装起来的资产阶级,无产阶级必须组织和运用革命的暴力。第三,就革命的本质来说,革命与反革命双方必然要最大限度地动员和调动包括武装力量在内的一切力量进行反复较量。因此,社会革命具有空前的残酷性和激烈性,在这其中,暴力往往是敌对双方的主要依据力量和必然的选择手段。暴力是政治力量构成要素中最有组织、最为直接、最具威慑力的力量,对于政权的更替来说,暴力是最强有力的有效手段。无产阶级革命不采用这一手段就达不到革命的目的。

---

① 《马克思恩格斯选集》第 1 卷,北京:人民出版社 2012 年版,第 435 页。

（三）不排除用和平方式夺取政权

马克思和恩格斯强调暴力革命在社会变革中的必要性，但并没有把这条道路绝对化。恩格斯说过："阶级之间的战争的进行，并不取决于是否采取真正的军事行动，它并不是永远都要用街垒和刺刀来进行的。"① 和平斗争也是政治革命的一种重要方式。所谓和平斗争，就是通过宣传教育，组织发动群众，开展政治罢工、游行示威、集会抗议、请愿谈判、议会斗争、不服从不合作的抵制行为等，造成强大的政治声势和政治压力，孤立、动摇统治阶级，迫使统治阶级交出政权，实现政治权力非暴力性的交替。

关于和平斗争取得革命胜利的可能性，马克思主义从未予以否认。马克思指出："我们应当向各国政府声明：我们知道，你们是对付无产者的武装力量；在我们有可能用和平方式的地方，我们将用和平方式反对你们，在必须用武器的时候，则用武器。"② 无产阶级革命的斗争方式在不同的国家会有不同。马克思对巴黎公社运动给予了高度的评价，认为它"是把人类从阶级社会中永远解放出来的伟大的社会革命的曙光"。然而，在同一时期，他也明确指出英国工人阶级通往社会主义的道路与法国截然不同。对于英国而言，马克思认为工人阶级面前存在着一条可以展现自身政治力量的开放路径。他强调在那些能够通过和平宣传更迅速、更可靠地实现目标的地方，发动起义是不智之举。在法国的情况下，由于持续不断的迫害法令以及阶级间激烈的对抗，似乎预示着暴力结局的社会战争不可避免。但马克思坚持，具体采用何种方式来达成这一结局，应由该国的工人阶级自主决定。这体现了他对各国无产阶级根据自身国情选择斗争策略的支持。1872年，马克思在海牙代表大会结束后，在阿姆斯特丹的一次公众集会上发表演讲时再次提到："我们知道，必须考虑到各国的制度、风俗和传统；我们也不否认，有些国家，像美国、英国——如果我对你们的制度有更好的了解，也许还可以加上荷兰，——工人可能用和平手段达到自

---

① 《马克思恩格斯全集》第8卷，北京：人民出版社1961年版，第249页。
② 《马克思恩格斯全集》第17卷，北京：人民出版社1963年版，第700页。

己的目的。"① 马克思认识到无产阶级采取何种形式的革命斗争，很大程度上取决于反动统治阶级对人民意志的抵抗程度。如果统治阶级在争取社会主义的过程中选择了暴力镇压，则无产阶级可能被迫转向武装斗争；反之，若存在和平变革的可能性，那么这样的途径应当优先考虑。因此，革命的方式并不是固定的，而是需要结合实际情况灵活调整，以适应不同国家和地区的特点总之，无产阶级的革命斗争方式，还在很大程度上取决于反动统治阶级对于绝大多数人民的意志抵抗到什么程度，决定于在争取社会主义的斗争中统治阶级是不是采取暴力。

三、团结一切积极力量加速人民运动

无产阶级必须最大限度地团结一切可以团结的力量。无产阶级在与资产阶级对抗的过程中，必须精明地联合所有可能的合作力量，构建一个涵盖直接盟友和间接支持者、稳定伙伴及临时合作者在内的广泛统一战线。这样做的目的是确保无产阶级在其斗争中占据优势地位。通过这种方式，无产阶级能够有效地扩大自己的阵营，同时最大限度地孤立并削弱其主要对手。这种策略不仅有助于增强无产阶级的力量，也使得它能够在复杂的斗争环境中保持灵活性，根据实际情况调整策略，从而更好地实现自身的目标。建立广泛的统一战线还可以促进不同社会群体之间的相互理解和合作，这对于长期的社会进步至关重要。

（一）争得广大农民广泛支持

无产阶级在斗争中必须争取广大农民的有力支持。在无产阶级与资产阶级的斗争中，正确识别并区分革命力量、中间力量以及反动势力至关重要。无产阶级需要团结所有可能的合作力量，以此来最大限度地增强自身实力，同时孤立并针对主要敌人进行打击。这一策略不仅有助于无产阶级巩固和发展自己的同盟军，还能有效地削弱对手的力量，为实现社会变革创造有利条件。一般而言，在资产阶级民主革命中，农民是从属于资产阶

---

① 《马克思恩格斯全集》第18卷，北京：人民出版社1964年版，第179页。

级的。在资本主义制度下，农民既是私有者，又是被资产阶级剥削的劳动者。在无产阶级反对资产阶级的斗争中，农民尤其是人数众多的小农，便成为这一斗争天平中的重要砝码。

争取广大农民的支持是无产阶级革命的重要一步。第一，无产阶级反对资产阶级的斗争必须得到农民的支持，否则便不能成功。尤其是在一个农民占人口多数的国家里，无产阶级反对资产阶级的斗争如果没有农民的支持，没有无产阶级同农民的合唱，无产阶级的独唱就不免要变成孤鸿哀鸣。因此，农民对无产阶级革命斗争的态度如何，农民站在哪一边，关系到无产阶级斗争的成败。无产阶级要取得反对资产阶级斗争的胜利，就必须同广大农民结成牢固的联盟。第二，农民的经济地位决定了工农联盟的必要性和可能性。在以往的资产阶级民主革命中，常常是农民帮助资产阶级成就了革命大业，但革命后资产阶级却背叛了农民。小块土地过去曾是农民赖以生存的条件，而在资本的剥削下却成为农民贫困破产的根源。对于农民来说，"只有资本的瓦解，才能使农民地位提高；只有反资本主义的无产阶级的政府，才能结束农民经济上的贫困和社会地位的低落"①。因此，农民和工人有着共同的利益，这是工农联盟的经济基础。第三，无产阶级要在工农联盟中起领导作用。这是实现工农联盟的政治前提。在封建社会，农民反对地主阶级的斗争说到底只是改朝换代的工具。在资产阶级民主革命中，农民不过是资产阶级的追随者，"他们不能代表自己，一定要别人来代表他们"②。当资本主义制度基本确立、无产阶级作为独立的政治力量登上历史舞台之后，农民才有了根本利益的忠实代表，农民必然要把负有推翻资本主义制度使命的城市无产阶级看作自己的天然同盟者和领导者。

（二）建立工农联盟制度基础

在无产阶级的领导下，构建工农联盟，依靠工人和农民这两大力量的

---

① 《马克思恩格斯文集》第 2 卷，北京：人民出版社 2009 年版，第 160—161 页。

② 《马克思恩格斯文集》第 2 卷，北京：人民出版社 2009 年版，第 567 页。

支持，来实现民主革命及随后社会主义革命的成功，这是马克思主义理论中的一个核心原则。无产阶级在革命进程中与农民建立合作关系是不可或缺的。马克思和恩格斯在《共产党宣言》中指出：为了对共产主义这个"幽灵"进行神圣的围剿，"旧欧洲的一切势力，教皇和沙皇、梅特涅和基佐、法国的激进派和德国的警察，都联合起来了"①。面对反动势力的集结，无产阶级单靠本阶级的力量就难于获得革命的胜利。它必须尽可能地联合一切受压迫和剥削的劳动群众，形成足以战胜敌人的强大力量取得革命的成功。

　　无产阶级与农民结成联盟不仅具有必要性，而且具有完全的可能性。第一，农民既是小私有者，又是劳动者。它和无产阶级有着共同的利益。他们共同受着资本主义的剥削。马克思指出："很明显，农民所受的剥削和工业无产阶级所受的剥削，只是在形式上不同罢了。剥削者是同一个：资本。单个的资本家通过抵押和高利贷来剥削单个的农民；资本家阶级通过国家赋税来剥削农民阶级。"② 因此，"只有资本的瓦解，才能使农民地位提高；只有反资本主义的无产阶级的政府，才能结束他们在经济上的贫困和社会地位的低落。"③ 第二，农民所以向往与无产阶级结成联盟，还在于无产阶级与农民之间有天然的联系。从历史上看，由于资本主义的发展，破产的农民不断流入城市沦为雇佣工人，成为补充城市无产阶级的后备军。并且，工人和农民是社会物质生活资料的主要创造者，他们之间有着千丝万缕的联系，这些条件都有利于结成工农联盟，有利于工农联合起来开展反对资产阶级的斗争。恩格斯就此曾指出："毫无疑问，总有一天贫困破产的农民会和无产阶级联合起来，到那时无产阶级会发展到更高的阶段，向资产阶级宣战"④。第三，农民虽然有摆脱压迫和剥削的革命要求，但由于它存在着散漫性、无组织性、缺乏远大目光等阶级的局限性，因此，它单靠自己的力量是不可能获得翻身解放的，只有和无

---

① 《马克思恩格斯选集》第 1 卷，北京：人民出版社 2012 年版，第 399 页。
② 《马克思恩格斯选集》第 1 卷，北京：人民出版社 2012 年版，第 526 页。
③ 《马克思恩格斯选集》第 1 卷，北京：人民出版社 2012 年版，第 526 页。
④ 《马克思恩格斯全集》第 4 卷，北京：人民出版社 1958 年版，第 511 页。

产阶级结成巩固的联盟并接受无产阶级的领导,才能推翻地主和资本家的剥削和压迫。无产阶级要教育农民,使他们认为到这一点,这样,"农民就把负有推翻资产阶级制度使命的城市无产阶级看作自己的天然同盟者和领导者"①。

(三) 支持各国无产阶级联合

伴随着无产阶级革命的兴起和发展,被压迫民族争取独立的解放斗争也蓬勃开展起来。在探讨无产阶级与民族解放运动之间的关系时,马克思和恩格斯意识到这是一个亟需深入研究并加以明确阐述的关键议题。他们认为由于各国工人阶级遭受着来自本国及国际资本家阶层相似形式的剥削与压迫,这意味着不仅工人们的需求相同,而且面对的对手资产阶级也是相同的。基于此逻辑,马克思和恩格斯主张,为了有效对抗共同的敌人,即那些试图维持现有剥削体系的统治阶级,全世界的无产者应当携手合作,建立一个超越国界的劳动人民联盟来对抗资产阶级间的跨国合作。

马克思和恩格斯深刻地揭示了民族压迫的根源,多次强调各国无产阶级要联合起来进行革命。马克思指出"要使各国真正联合起来,它们就必须有一致的利益。要使它们利益一致,就必须消灭现存的所有制关系,因为现存的所有制关系是造成一些国家剥削另一些国家的条件。"② 从这一点上来说,民族解放斗争的根本任务与无产阶级革命是一致的。所以,马克思进一步强调一国无产阶级革命与被压迫民族的解放斗争是互为条件、互相促进的,而被压迫民族解放斗争的胜利在很大程度上取决于无产阶级革命的胜利。为了实施其对外的扩张与侵略策略,统治阶级往往会加强对内对外的控制力度。特别是当涉及奴役或压迫其他民族时,这种控制变得更加明显和严厉。为此,统治阶级会着力于强化国家机构,尤其是军事力量的发展。这是因为一支强大且高效的军队是确保其霸权政策得以执行的关键工具。统治阶级往往会采取多种手段来支持其侵略战争和维持庞大的军事力量。一方面,他们会强制劳动人民的子女参军,迫使他们为统治者的

---

① 《马克思恩格斯选集》第 1 卷,北京:人民出版社 2012 年版,第 766 页。
② 《马克思恩格斯选集》第 1 卷,北京:人民出版社 2012 年版,第 313 页。

战争目标服务；另一方面，则通过增加税收等措施，进一步加重对普通民众的经济剥削，以确保有足够的资源用于军队的建设和维护。此外，为了转移民众注意力并削弱内部反对声音，统治阶级可能会煽动狭隘的民族主义情绪，以此来分散人们对真正问题的关注，甚至挑起本民族内部及与其他被压迫民族之间的矛盾。这种做法旨在破坏无产阶级及其他劳动群体内部的团结，降低他们对抗反动政权的能力。因此对于全世界那些生活在压迫性政权下的无产阶级而言，认识到被压迫民族争取自由的斗争实际上是对自己革命事业的重要支持这一点至关重要。无产阶级应该联合起来，反对自己国家统治阶级推行的任何对外侵略或奴役政策，并积极参与到支持被压迫民族解放斗争中去。

第三节　无产阶级专政论：争得民主建立自己的政治统治

无产阶级专政的思想是马克思主义国家学说的实质。按照历史唯物主义原理，人类社会由原始社会发展到以私有制为基础的阶级社会，冉由阶级社会发展到无阶级的共产主义社会，这是历史发展的必然规律，而无产阶级专政则是由资本主义通向共产主义的必然的过渡，是历史必由之路。无产阶级专政是马克思主义学说的主要支点。充分理解马克思的人民立场，必须深度剖析马克思主义关于无产阶级专政的思想，要认清无产阶级专政的历史必然性。

一、依靠无产阶级消除人民剥削状态

马克思不仅对阶级和阶级斗争作了一般规律上的揭示，还对每一历史阶段的阶级状况作了具体的考察分析，着重阐明了资本主义社会的阶级状况，提出在奴隶社会和封建社会，阶级对立主要表现为"不同等级"的差别，而这种等级差别又被罩上了一层宗教的神圣外衣和伦理的温情面纱，因而很不明朗。资本主义社会破除了封建的等级特权制度，但并没有消灭阶级对立，它只是用新的阶级形式代替了旧的。其突出表现就是："它使

阶级对立简单化了。整个社会日益分裂为两大敌对的阵营，分裂为两大相互直接对立的阶级：资产阶级和无产阶级。"①

（一）发挥无产阶级的革命作用

历史上封建地主阶级推翻奴隶制度的革命，资产阶级推翻封建制度的革命，都是用一种私有制代替另一种私有制，一种剥削制度代替另一种剥削制度的革命。他们的革命性是很不彻底的，他们在变革旧的生产关系和社会制度的同时，不但保留了大量的旧社会的残余，而且都对劳动人民实行新的压迫和剥削。唯有无产阶级是人类历史上和现代社会中革命性最坚决最彻底的阶级，无产阶级除了自己的双手以外，一无所有，失去了任何生产资料，唯一的谋生手段就是以自己的劳动力作为商品，年复一年地出卖给资本家，成为雇佣奴隶。

无产阶级在争得民主的进程中发挥着非常革命的作用。无产阶级在资本主义社会里是受苦最深的阶级，是整个资产阶级和资产阶级国家的奴隶。无产阶级是唯一同资产阶级直接对立、完全对立的阶级。他们生活在资本主义社会的最底层，经济地位极低，受剥削最重；政治上毫无权利，受压迫最深。因此，无产阶级若要实现社会生产力的解放，必须从根本上改变现有的占有模式，并进而推翻所有现行的财产占有形式。作为生产资料私有制的天然反对者，无产阶级本身并不拥有需要保护的私有财产。实际上，现存的社会结构对他们是压迫性的，为了打破这种束缚，他们有必要废止那些维护和保障私有财产的制度与机制。只要私有制以及由此衍生的资本主义生产关系仍然存在，无产阶级就将持续处于被剥削的状态，无法真正获得自由和发展。这意味着只要资本家阶层能够通过控制生产资料来支配劳动成果，无产阶级就不可能摆脱其从属地位，也就难以取得实质性的胜利。对此马克思和恩格斯曾经指出："对我们说来，问题不在于改变私有制，而只在于消灭私有制，不在于掩盖阶级对立，而在于消灭阶

---

① 《马克思恩格斯选集》第1卷，北京：人民出版社2012年版，第401页。

级，不在于改良现存社会，而在于建立新社会。"① 无产阶级只有消灭私有制，消灭阶级，建立共产主义社会制度，解放全人类，才能最终解放自己，取得彻底胜利。这就决定了无产阶级具有最大公无私的宽广胸怀，具有远大的政治眼光和崇高的理想，能够代表全体被剥削被压迫人民的根本利益，是革命最坚决最彻底的阶级。

（二）夺取资产阶级的全部资本

无产阶级反对资产阶级的经济斗争、政治斗争和理论或思想斗争三种斗争的基本形式都具有十分重大的意义。无产阶级政党在领导无产阶级反对资产阶级的阶级斗争中，必须根据斗争发展的实际情况，巧妙地将三种斗争形式结合起来。为了彻底终结资产阶级的主导地位，无产阶级需要实现全面的社会变革，使自己成为新的统治阶级，从而赢得民主权利，真正成为国家和社会的主人。在这个过程中，无产阶级将运用其政治力量，逐步接管资产阶级所拥有的全部资本，确保所有的生产资料集中在作为新统治阶级的无产阶级手中，并且致力于迅速提升社会生产力。

无产阶级夺取政权后要进行生产关系的变革，变生产资料资本主义私有制为无产阶级和其他劳动人民共同所有的公有制。生产资料私有制及建立其上的雇佣劳动制度是资产阶级剥削和压迫无产阶级及其他劳动人民的基础，所以无产阶级夺取政权后，"首先必须对所有权和资产阶级生产关系实行强制性的干涉"②。不这样做，不建立生产资料的公有制，就不能彻底消灭剥削，无产阶级就不会实现完全彻底的解放。进行生产关系的大变革是一项很困难的事情，资产阶级不愿意丧失其对生产资料的垄断占有，不愿意因其私有制被消灭而丧失进行经济剥削和政治统治的特权，所以，他们还会做激烈的反抗。无产阶级必须要利用自己所掌握的国家政权的力量，迫使资产阶级就范，强制资产阶级接受改造。当然，变革资本主义生产关系也要根据不同国家的具体情况，视资产阶级不同阶层和集团的态

---

① 《马克思恩格斯选集》第 1 卷，北京：人民出版社 2012 年版，第 557—558 页。

② 《马克思恩格斯选集》第 1 卷，北京：人民出版社 2012 年版，第 421 页。

度，采取相应的行之有效的改造措施；而且，来不得急躁冒进，不能操之过急，要根据社会生产力水平的要求，"一步一步地""在运动进程中""在发展进程中"，去完成这一任务。

（三）推动无产阶级的国际联合

在马克思看来，无产阶级的存在和发展具有全球性的特征，这与共产主义必须作为"世界历史性"的现象才能实现的理念相呼应。在这个意义上无产阶级超越了民族和国家的界限，它在所有民族中代表着共同的利益，不再受制于特定地域或文化的限制。这一阶级的独特之处在于，它的形成和发展标志着与旧世界的彻底决裂，并且与之形成了鲜明的对立。马克思曾经指出："劳动的解放既不是一个地方的问题，也不是一个国家的问题，而是涉及存在现代社会的一切国家的社会问题。"① 从这个角度来看，无产阶级不仅是一个经济上的概念，更是一种国际性的力量，它承载着推翻现有不公正制度、建立一个更加公平合理的全球社会的历史使命。

无产阶级的解放是国际性的事业，没有无产阶级的国际联合，革命事业就不能胜利。从斗争的形式而非具体内容来看，无产阶级与资产阶级之间的对抗最初表现为国家内部的冲突。这意味着在每个国家内部，无产阶级首要的任务是挑战并最终推翻本国的资产阶级统治。但是，就其内容和实质而言，无产阶级革命是国际性的事业。因为，各国无产阶级的社会经济地位是共同的，他们有着共同的利益和共同的革命目标。在资本主义社会，全世界无产者都受到资本家的残酷剥削和压迫，他们除了自己的劳动力以外一无所有，都是资本家的雇佣奴隶。他们不仅受本国资本的剥削，而且受国际资本的剥削，受整个资产阶级的剥削。无产阶级的历史使命是国际性的，任何一国的无产阶级都不可能单独完成。各国无产阶级只有联合起来，推翻国际资本的统治，才能够摆脱自己作为雇佣奴隶的命运。无产阶级只有解放全人类，才能最终解放自己。为此，在各国无产者的斗争中，"共产党人强调和坚持整个无产阶级共同的不分民族的利益"②。共产

---

① 《马克思恩格斯全集》第2卷，北京：人民出版社1957年版，第609页。
② 《马克思恩格斯选集》第1卷，北京：人民出版社2012年版，第413页。

党人"到处都支持一切反对现存的社会制度和政治制度的革命运动","到处都努力争取全世界民主政党之间的团结和协调"①。这正是无产阶级国际主义原则的体现。

二、建立国家政权突显人民政治地位

无产阶级专政与历史上一切剥削阶级的专政有着本质的区别。以往的奴隶主阶级专政、封建主阶级专政和资产阶级专政,都是剥削阶级掌握国家政权,是少数剥削者对大多数劳动人民的统治。无产阶级专政则不同。它是建立在生产资料公有制基础上、为社会主义公有制经济服务的上层建筑。它使广大人民群众享有民主权利,对少数剥削阶级残余势力及破坏社会主义秩序的反动分子实行打击。它对内主要是组织人民群众进行经济文化建设,对外防御敌人的侵略和颠覆活动。它的历史使命是消灭一切剥削制度和一切阶级,为实现共产主义创造条件。

(一)坚持共产党的根本领导

工人阶级是无产阶级专政的领导力量。无产阶级专政的实质就是工人阶级对社会实行国家领导,是工人阶级一个阶级掌握国家领导权,它绝不与其他任何阶级分享领导权。这是由工人阶级的阶级特性和历史使命决定的。马克思主义认为,工人阶级是人类历史上先进的、革命的和有前途的阶级。它与社会化大生产相联系,是先进生产力的代表,比其他任何阶级都富有远见和革命的组织性、纪律性。只有这个阶级才能担负起领导无产阶级政权、建设社会主义和共产主义的历史重任,这是其他阶级所做不到的。

共产党的领导作用是无产阶级领导作用的集中表现,无产阶级政党是无产阶级的先锋队,只有通过无产阶级政党的领导,才能把群众的利益和意志集中起来,才能协调各部分人的关系,才能为无产阶级专政制定正确的方针、政策和策略,指明无产阶级事业的发展方向和前途。没有无产阶

---

① 《马克思恩格斯选集》第1卷,北京:人民出版社2012年版,第435页。

级政党的领导，无产阶级就不能取得革命的胜利，即使偶然地取得了胜利，夺得了政权，由于缺乏无产阶级政党的坚强、统一的领导，政权也不能巩固，革命很快就会由胜利走向失败。巴黎公社就是最好的证明。1870年普法战争爆发以后，巴黎各派革命的政治力量在国际国内阶级斗争紧张激烈的形势下，一度在推翻梯也尔卖国政府、保卫祖国、保卫巴黎、建立公社等共同要求下联合起来，赶跑了政府成立了巴黎公社。但夺得政权后，没有一个统一的政治力量来领导，各派在巩固政权及社会经济措施方面的许多重大问题上争论不休。最后，公社委员会从组织上分裂为多数派、少数派。当敌人大军压境的时候，两派还在那里争吵不休。没有一个无产阶级政党的领导，这是巴黎公社在四面受敌的情况下迅即失败，政权得而复失的根本原因之一。基于这一原则，自英国宪章运动以来，每一个真正代表无产阶级利益的政党都将阶级政治视为核心要素，强调无产阶级必须组建自己独立的政治组织，并将此作为首要任务。同时，这些政党也将实现无产阶级对社会的领导，即无产阶级专政，视为近期斗争的关键目标。

（二）巩固工农联盟阶级基础

无产阶级专政必须由工人阶级来领导，并不是说只有这一个阶级可以参加政权。无产阶级专政的建立可以有"直接或间接"两种形式。在当时英国那样的工业较发达的国家里，无产者已占人民的大多数，无产阶级可以直接建立自己的政治统治；而在法国和德国那样的大工业不太发达的国家，无产阶级专政只能间接地建立。因为这样的国家，大多数人民不仅是无产者，而且还有小农和小资产者，小农和小资产者正处在转变为无产阶级的过渡阶段，因而他们很快就会同意无产阶级的要求，接受无产阶级的领导，和无产阶级结成一定的阶级联盟，来建立无产阶级专政的国家政权。所以，无产阶级必须要做争取农民的工作。

建立工农联盟对于无产阶级夺取政权和巩固政权具有至关重要的意义。在资本主义制度下，农民也是受剥削的劳动者，他们是工人阶级可靠的同盟军。工人阶级只有把农民团结联合起来，才能形成足以战胜剥削阶级反动统治的强大革命力量,从而摧毁资产阶级统治,建立无产阶级专政。否则,无产阶级革命就不免要变成孤鸿哀鸣式的"独唱",是不可能胜利的。无产阶级取得革命胜利,建立了无产阶级专政后,同样也离不开农民的支持,要继续保持与农民阶级的密切联盟。只有把无产阶级专政建立在稳固的工农联盟的基础上,无产阶级才能掌握对绝大多数人民群众的领导权,建立在国家内的多数统治。这样,这个政权才有牢固的根基,才有战胜一切敌对势力、克服一切困难的力量,才能无往而不胜。马克思和恩格斯在总结巴黎公社失败的教训时,已经充分说明了这一点。且无产阶级政党"夺取政权已成为可以预见的将来的事情。然而,为了夺取政权,这个政党应当首先从城市走向农村,应当成为农村中的一股力量"①。

(三) 确保人民内部实行民主

任何政权体系本质上都包含着民主与专政的双重特性,即对统治阶级内部实行民主,而对被统治阶级实施专政。例如,在资产阶级政权下,这种二元性表现为资产阶级内部的民主机制,同时对外则是对无产阶级及其他劳动阶层的控制。相比之下,无产阶级专政则体现了人民民主与对敌对势力专政的独特结合。它首先体现在劳动人民内部广泛的民主参与上,实现了大多数人的民主而非少数特权群体的垄断。这一转变标志着社会结构的根本变革,赋予了广大人民群众前所未有的政治权力和社会地位。巴黎公社作为创建无产阶级专政的第一个伟大尝试,生动地诠释了这一点。公社不仅废止了资产阶级建立的常备军,取而代之的是"武装起来的人民",还摧毁了旧有的官僚体制,构建了一个全新的、由民众选举产生并直接负责于民的政府机构。

无产阶级专政的另一方面体现在对剥削阶级成员及各类破坏分子实施的控制上,这是一种多数民众针对少数敌对势力的专政形式。在巴黎公社期间,为了保护新建立的民主制度和保障劳动人民的利益,公社不仅致力于构建一个公正的社会秩序,同时也采取了必要的措施来对抗那些企图破坏无产阶级民主和社会稳定的力量。巴黎公社明确表示,他们追求的是

---

① 《马克思恩格斯选集》第4卷,北京:人民出版社2012年版,第356页。

"真正的、唯一持久的秩序",这种秩序要求严厉惩罚共和国的敌人,并且不容许任何扰乱公共秩序的行为逃脱法律制裁。然而,马克思和恩格斯虽然高度评价了巴黎公社在这方面的努力,但也指出公社在运用专政手段时显得过于温和,未能充分有效地镇压敌人,这成为了其最终失败的一个重要因素。具体而言,马克思批评公社成员表现出了一种"仁慈"以及过分"诚实"的态度,这种态度在面对敌对势力时不利于巩固新生政权的安全。他认为在革命初期为了确保政权的稳固必须果断地处理反动派和其他潜在威胁,否则会给对手留下反击的机会。因此,尽管巴黎公社在尝试建立无产阶级专政方面做出了历史性的贡献,但在执行专政职能时力度不足,影响了它的长期生存和发展。恩格斯更全面深刻地分析说:"获得胜利的政党如果不愿意失去自己努力争得的成果,就必须凭借它以武器对反动派造成的恐惧,来维持自己的统治。要是巴黎公社面对资产者没有运用武装人民这个权威,它能支持哪怕一天吗?反过来说,难道我们没有理由责备公社把这个权威用得太少了吗?"①

三、巩固政治过渡时期人民基本权益

无产阶级掌握国家政权,并彻底瓦解资产阶级原有的国家机构,这一过程为社会主义取代资本主义奠定了必要的政治基础。通过这种方式无产阶级不仅清除了旧有体制中的障碍,还为新社会形态的构建开辟了道路,确保了向社会主义过渡的政治条件得以实现。但社会主义代替资本主义这个历史任务,并不是在解决了政权问题之后马上就能实现的。从资本主义社会到社会主义社会,中间还必须经历一个"革命转变时期"。1875年,马克思在《哥达纲领批判》中提出了这一精辟的论断。"在资本主义社会和共产主义社会之间,有一个从前者变为后者的革命转变时期。同这个时期相适应的也有一个政治上的过渡时期,这个时期的国家只能是无产阶级的革命专政。"② 在这个时期要巩固好人民群众的根本利益。

---

① 《马克思恩格斯选集》第3卷,北京:人民出版社2012年版,第227页。
② 《马克思恩格斯选集》第3卷,北京:人民出版社2012年版,第373页。

（一）彻底消灭一切剥削制度

社会主义社会取代资本主义社会，是要彻底消灭私有制和一切剥削制度，这是人类历史发展上一次最伟大、最艰难的变革，这一根本性的转变绝不可能一下子顺利地实现，必然会经历一个激烈动荡的过渡时期和暴力强制的转变阶段。即便是资本主义发展到垄断资本主义，到了社会主义的"入口"，它仍然是资产阶级私有制，不借助于革命政权的强制力量，资产阶级私有制终究变不成公有制。马克思对过渡时期与无产阶级专政的关系做了科学的论述，揭示了过渡时期的国家要彻底消灭一切剥削制度的重要道理。

无产阶级革命是以生产资料的社会主义公有制代替资本主义私有制，彻底消灭一切剥削制度的革命。生产资料的公有制无法在基于私有制的既有社会结构内部自然演进或自发形成。这一观点强调了从私有制向公有制转变并非简单的线性进程，而是需要外部干预和结构性变革的过程。因而，无产阶级必须首先夺取政权，然后利用政权的力量去逐步消灭私有制，建立起社会主义的公有制。对生产资料私有制的改造必然要遭到资产阶级和一切剥削阶级的强烈反抗，无产阶级不凭借政权的强制力量，就不能保证生产资料所有制改造的顺利进行。马克思总结巴黎公社的经验时说：公社并不取消阶级斗争，而是通过阶级斗争致力于消灭一切阶级，从而消灭一切阶级统治。但是，公社提供合理的环境，使阶级斗争能够以"最合理、最人道的方式经历它的几个不同阶段"。由于无产阶级的敌人还没有消失，不仅会发生"奴隶主们的一些分散零星的暴动"，而且会不断遭到"各种既得利益和阶级自私心理的抗拒"，公社可能引起"激烈的反动和同样激烈的革命"。因此不仅要有无产阶级的革命专政，而且要"增强社会革命力量"。这就决定了从资本主义向共产主义过渡，非要有一个相当长的过渡时期不可，非要有无产阶级专政不可。马克思在抨击巴枯宁无政府主义的谬论时，进一步强调指出："工人对反抗他们的旧世界各个阶层实行的阶级统治必须持续到阶级存在的经济基础被消灭的时候为止"。①

---

① 《马克思恩格斯选集》第3卷，北京：人民出版社2012年版，第342页。

(二) 大力组织经济文化生活

共产主义社会是一个生产力达到高度发达状态，物质财富极其充裕的社会形态。无产阶级夺取政权后，必须建立社会主义的生产关系，以促进生产力的发展，不断丰富社会的物质产品。大力提高劳动生产率是无产阶级专政的一项根本任务，因为不这样就不可能最终过渡到共产主义。在《共产党宣言》中，马克思和恩格斯又明确指出：无产阶级取得政治统治后，要尽可能快地增加生产力的总量。"要做到这一点，当然首先必须对所有权和资产阶级生产关系实行强制性的干涉"①，通过大力组织经济文化生活进行上层建筑方面的改革。

共产主义社会是一个全体人民都具有高度政治思想觉悟、良好道德品质的社会。为了提高人们的思想觉悟，为过渡到共产主义创造条件，无产阶级必须在上层建筑领域进行一系列的文化革命，必须加强社会主义的科学文化教育，同旧的传统观念和旧的意识形态彻底决裂。要完成这一任务，比完成政治、经济方面的任务更加困难和复杂，所以，也需要一个相当长的过渡时期和无产阶级政权对文化革命和文化建设的组织、领导。首先，在经济方面，马克思和恩格斯主张废除私有制，将生产资料转变为全社会共同所有，并通过计划性的管理来取代资本主义市场经济中的自发性。其次，对于经济活动的具体管理，恩格斯提出了"全社会计划调节经济"的概念。他设想了一种自觉调节生产、交换和分配的方式，以避免资本主义市场机制下可能出现的周期性危机。再者，在文化建设上，马克思和恩格斯强调社会主义和共产主义社会应当致力于发展先进的文化形态。最后，马克思和恩格斯还关注到了教育的重要性。他们相信，通过普及教育，可以培养出具有高度觉悟的新一代公民，这些人将是未来共产主义社会建设的主力军。总之马克思和恩格斯关于共产主义社会中大力组织经济文化生活的观点，旨在创造一个既富足又和谐的社会环境，使每个个体都能够享受到全面而自由的发展条件。

---

① 《马克思恩格斯选集》第1卷，北京：人民出版社2012年版，第421页。

(三) 迈向国家消亡最后阶段

马克思和恩格斯不仅指出了无产阶级专政是"政治上的过渡时期"，是从国家到非国家的过渡，而且明确指出，无产阶级专政最终将归于消亡。这是关于无产阶级专政的历史过渡性合乎逻辑的进一步推论。马克思和恩格斯构想中的无产阶级革命成功，不仅仅局限于单一国家的变革，而是视为全球范围内的历史性转折。他们认为这一转变将首先发生在那些资本主义发展较为成熟的几个关键国家，并且这些国家的革命应当是大致同步发生的。在那种情况下，革命胜利后的过渡时期和国家存在的时间将是比较短暂的，国家消亡也将比较简单。然而，社会实践的历史进程表明，无产阶级专政国家的消亡是一个相当长的历史时期，决不可以匆忙地宣布国家消亡。

国家消亡是无产阶级专政国家的必经阶段。在《共产党宣言》中，马克思和恩格斯指出："如果说无产阶级在反对资产阶级的斗争中一定要联合为阶级，如果说它通过革命使自己成为统治阶级，并以统治阶级的资格用暴力消灭旧的生产关系，那么它在消灭这种生产关系的同时，也就消灭了阶级对立的存在条件，消灭了阶级本身的存在条件，从而消灭了它自己这个阶级的统治。"① 在这里，他们指出了国家消亡的条件和前途，但尚未解决经过哪些必要的步骤才能消亡。当时既没有提出过渡时期，也没有把共产主义划分为两个阶段。在《哥达纲领批判》中，马克思提出了政治上的过渡时期需要无产阶级专政的国家，这种国家是过渡性的，是一种革命的暂时存在的形式，使这一问题进一步明确。共产主义第一阶段即社会主义社会则是由"政治国家"向"非政治国家"的转化，直到国家最终消亡。马克思和恩格斯深入探讨了国家消亡所需的经济与政治前提。从经济角度来看，他们认为只有当社会生产力得到充分的发展，达到能够消除所有阶级差异的程度时，国家的消亡才成为可能。这意味着生产资料的高度社会化，以及物质财富的极大丰富，足以满足全体人民的需求，从而使得基于私有财产和社会地位不平等的阶级结构不再必要。"那时，国家政权

---

① 《马克思恩格斯选集》第 1 卷，北京：人民出版社 2012 年版，第 422 页。

对社会关系的干预在各个领域中将先后成为多余的事情而自行停止下来。那时，对人的统治将由对物的管理和对生产过程的领导所代替。国家不是被'被废除'的，它是自行消亡的。"①

第四节　共产主义社会论：建立每个人自由全面发展的联合体

共产主义是无产阶级奋斗的最终目标，人类最高理想的社会。根据马克思的科学划分，共产主义社会分为低级和高级两个发展阶段，即通常讲的社会主义社会和共产主义社会。如今社会主义已变成了活生生的现实；而共产主义社会在全世界得到完全实现，还需要经过若干代人的努力奋斗。

一、强调共产主义社会形态中人民的重要性

在人类历史的长河中，无数的思想家和社会改革者致力于探索实现最理想社会的道路。19世纪初，法国的圣西门、傅立叶以及英国的欧文等思想先驱，提出了许多关于未来新社会的美好愿景和理论构想。然而尽管这些早期社会主义者的设想充满理想主义色彩，但他们未能充分理解资本主义经济体系内部的发展规律，也没有认识到无产阶级作为一支变革力量所具有的巨大潜力。马克思和恩格斯继承并发展了空想社会主义者的宝贵遗产，他们批判性地吸收了前人的合理成分，同时摒弃了那些过于理想化而不符实际的部分。通过深入研究人类社会尤其是资本主义社会发展的客观规律，马克思和恩格斯揭示了资本主义内在的基本矛盾，并据此对未来理想社会——共产主义进行了科学预测。

（一）社会生产力满足人民需要

马克思和恩格斯通过对资本主义生产力、生产关系及其矛盾运动的考察，不仅在资本主义社会内部发现了共产主义社会的物质前提——高度社

---

① 《马克思恩格斯选集》第3卷，北京：人民出版社2012年版，第668页。

会化的生产力，而且根据资本主义社会的发展趋势预测了共产主义社会的生产组织和交换组织。在马克思和恩格斯的理论框架中，社会生产力的发展被视为推动历史进程的核心力量。他们认为随着生产力的进步，资本主义生产关系最终将演变为共产主义生产关系。当资本主义制度被推翻后，人类社会能够以更快且更健康的速度向前发展，人民的需要将会得到充分满足，而这一转变的根本驱动力正是社会生产力这一基本要素的变化与发展。

共产主义社会的形成是生产力高度发展的自然结果，而这种生产力的进步被视为驱动所有社会转型和政治变革的根本动力。马克思认为，生产力的发展是社会变迁的核心推动力量。随着生产力的增长，必然会引起生产方式和社会关系的重大变化，进而导致整个社会形态的革新。共产主义社会作为这一历史演进的结果，代表了生产力解放的新阶段，其中生产资料的公共所有权确保了生产力能够不受束缚地继续发展，在人们需要被满足的基础上也促进了人与人之间更加平等和谐的关系。马克思和恩格斯都没有具体说明也不可能说明未来共产主义社会生产力的发展水平究竟是怎样的，但是有一点他们的认识是很清楚的，那就是共产主义要建立在比资本主义生产力水平更高的发展程度上，否则共产主义就不能实现。恩格斯在《共产主义原理》中就指出："摆脱了私有制压迫的大工业的发展规模将十分宏伟，相形之下，目前的大工业状况将显得非常渺小，正像工场手工业和我们今天的大工业相比一样。工业的这种发展将给社会提供足够的产品以满足所有人的需要。"到那时候，现在的"这种生产就会显得十分不够，还必须大大扩大。"① 因此，马克思和恩格斯在《共产党宣言》中强调无产阶级取得政权后，应当迅速采取措施来促进生产力的发展，以此作为巩固新政权和社会进步的基础。在无产阶级掌握了国家机器之后，提升社会生产力水平成为了一项紧迫且重要的使命。在共产主义社会中，生产力的发展将达到前所未有的水平，这不仅是为了增加物质财富，而且是为了确保所有人的基本生活需求得到满足，并进一步提升人们的生活质量。

---

① 《马克思恩格斯选集》第 1 卷，北京：人民出版社 2012 年版，第 307 页。

(二) 社会生产关系彰显人民中心

马克思和恩格斯关于未来社会实行生产资料公有制、有计划地组织和调节生产、实行不同于资本主义社会的分配原则等结论，都是从考察资本主义经济运动规律中得出的。马克思和恩格斯对未来社会的预测，最主要的特点是抽象性和一般性。为了进行科学的抽象，他们在考察资本主义经济运动规律时，必然要舍掉那些非资本主义的因素，而以纯粹形态的资本主义为前提；在预测未来社会时，必然要舍掉不同国家的一些具体特点，得出生产资料所有制与社会生产关系相适应的最一般特征。共产主义社会的社会生产关系是以人民为中心构建的，这种理念深刻地体现了马克思主义的核心价值和人类解放的目标。

生产资料的所有制构成了社会生产关系的核心，其变革直接影响着向共产主义阶段的过渡。马克思和恩格斯在探讨"最先进国家"的转型时，提出了一系列旨在彻底改变现有生产方式的具体措施。以下是他们所建议的关键步骤：一是土地国有化；二是税收改革；三是取消继承权；四是集中信贷控制；五是运输业国有化；六是扩大生产能力；七是劳动义务制；八是城乡融合；九是义务教育改革。这些措施共同构成了一个全面的框架，旨在通过对生产资料所有权的根本性调整来加速社会向更高层次发展的进程。它们不仅着眼于经济层面的变化，还涉及法律、教育等多个方面，体现了马克思和恩格斯对于构建理想社会秩序的深刻思考。虽然后来马克思和恩格斯又曾指出"那些革命措施根本没有特别的意义"①；不是所有先进的国家都一定这样去做，但这些措施反映了马克思和恩格斯重视向共产主义过渡中必须变革生产关系的思想。除了生产资料所有制之外，分配方式同样是生产关系中的一个关键组成部分。在《资本论》第一卷中探讨未来社会的分配机制时，马克思明确提出了按劳分配的原则。他强调在社会主义社会里，个人消费品的分配应当依据劳动者提供的劳动量来进行，即每个人根据其劳动贡献获得相应的报酬。马克思也认识到按劳分配并非一种僵化不变的形式。随着社会生产力的发展和社会制度的不断完

---

① 《马克思恩格斯全集》第36卷，北京：人民出版社1974年版，第416页。

善，按劳分配的具体实施方式也会随之调整和发展。"这种分配的方式会随着社会生产机体本身的特殊方式和随着生产者的相应的历史发展程度而改变"①。因此，在共产主义社会中，生产资料公有制和按需分配原则充分彰显了"人民中心"的价值观。这种社会形态不仅追求物质财富的最大化，更重要的是关注人的全面发展和社会的整体进步，力求构建一个更加公正和谐的社会环境。

（三）上层建筑体现人民意志

上层建筑是指在特定的经济基础之上构建的社会意识形态，以及相应的政治和法律制度与设施的集合。它涵盖了社会中的阶级关系、支撑这些关系的国家机构、社会的思想观念及其相关的政治法律框架、组织结构和实体设施等。简而言之，上层建筑是一个复杂的体系，它不仅包含了政权、法制、军事力量、执法机关、司法系统及各类政党或团体的运作，还涉及了诸如政治理念、法律原则、伦理道德、哲学思考、文化艺术和宗教信仰等广泛领域。在这个概念中，上层建筑与经济基础之间存在着对立统一的关系，即两者既相互依存又彼此制约。经济基础决定了上层建筑的形式和发展方向；同时上层建筑也会反过来影响经济基础，并对社会生活产生积极或消极的作用。在共产主义社会里，上层建筑将充分体现人民的利益和愿望，确保每个人都能享有平等的政治权利和社会地位。

在论及未来社会发展问题上，马克思和恩格斯总是纳入上层建筑这一要素予以说明。早在1843年，马克思在《黑格尔法哲学批判》中提出不是国家决定市民社会而是市民社会决定国家的命题，这是经济基础和上层建筑理论的胚芽。在《共产党宣言》中他们就指出，随着私有制关系的消灭，宗教的、道德的、哲学的、政治的、法的等一切意识形态的观念等都会随之而改变，这是不需要经过深思就应该明白的道理。同时，他们也指出当阶级差别在发展进程中已经消失而全部生产集中在联合起来的个人的手里的时候，公共权力就失去政治性质。后来，在《哥达纲领批判》中，马克思和恩格斯进一步表达了这一思想。他们认为在过渡时期结束后，共

---

① 《马克思恩格斯全集》第23卷，北京：人民出版社1972年版，第95页。

产主义社会中的国家制度和国家职能都会发生新的变化，并指出对这种变化只能科学地回答。马克思对于共产主义第一阶段的理解强调了其与前一社会形态之间的连续性和断裂性的统一：一方面，新社会必然带有旧社会的历史印记；另一方面，它也在不断地发展变化，逐步构建起自身独特的社会特质，向着更高层次的共产主义高级阶段迈进。这种过渡时期的特性表明，即使在一个新的社会制度确立之后，彻底清除旧社会的影响也需要一个过程。在这个过程中随着生产力的发展和社会实践的进步，这些遗留下来的旧社会痕迹将逐渐减少，直至最终被全新的、符合共产主义原则的社会关系所取代。也就是说，在这些方面，也要进行不断的变革，才能过渡到共产主义高级阶段。总之，在共产主义社会中，上层建筑的设计和运作都将紧密围绕着"人民中心"的原则展开，确保每个社会成员都能够平等地参与到社会生活中来，并从中受益。这样的社会结构不仅促进了个人的全面发展，也为整个社会的进步奠定了坚实的基础。

二、指明共产主义第一阶段人民生活状态

1875年，在《哥达纲领批判》这部著作里，马克思首次明确界定了未来社会的一个特定发展阶段，即共产主义社会的"第一阶段"。这个阶段紧随资本主义社会之后出现，因此在其经济体系、道德规范及精神文化等方面，不可避免地保留了先前社会形态的一些特征。由于它是直接从资本主义社会转型而来，新社会在诸多方面依然反映出旧有社会的影响。它除了有和共产主义高级阶段相同的共性，还有不同的特点。科学社会主义创始人根据社会发展的客观规律，对社会主义社会（即共产主义社会第一阶段）的基本形态进行了预测，概括了社会主义社会的经济特征、人的特点及其相互关系，分析了社会主义社会的发展进程，展示了它的优越性和强大生命力，勾画了作为完备形态的社会主义社会的概貌。

（一）确立生产资料公有制

共产主义社会是人类文明发展的更高阶段。它的显著特征就是社会在生产资料公有制的基础上消灭了阶级压迫和对立，人类从自身的社会关系

中提升出来，成为自然界和社会的真正主人，实现了由必然王国向自由王国的历史性飞跃。在这一阶段，作为社会主体的人民群众不仅成为社会主人能动地参与社会活动，而且可以在根本利益一致的基础上协调后统一行动，社会发展被纳入人的有目的控制之中，社会从此进入了自觉发展的新阶段。

马克思和恩格斯认为公有制并非源于某种理想的平等理念所构想出来的社会制度，而是当社会生产力发展达到特定水平时的自然结果，它是适应社会化大生产需求的一种经济关系形式。随着生产力的进步，特别是工业革命后生产规模扩大和技术复杂度增加，生产资料的集中管理和共同使用成为提高效率、促进进一步发展的必要条件。解决资本主义社会生产社会化与生产资料私人占有这一基本矛盾，首先就是变私有制为公有制。因此恩格斯说："在实行全部生产资料公有制"的基础上"组织生产"，是未来社会同资本主义社会"具有决定意义的差别"①。马克思和恩格斯所设想的用公有制代替私有制，并不是要恢复原始的公有制，而是要建立高级得多、发达得多的共同占有形式。在共产主义社会第一阶段，究竟采取什么具体形式实现公有制呢？马克思曾设想过合作社的形式。马克思早在《资本论》中就肯定过合作社这种形式。在《法兰西内战》中又谈到"合作制生产"，他指出："如果它要去取代资本主义制度，如果联合起来的合作社按照共同的计划调节全国生产，从而控制全国生产，结束无时不在的无政府状态和周期性的动荡这样一些资本主义生产难以逃脱的劫难，那么，请问诸位先生，这不是共产主义、'可能的'共产主义，又是什么呢？"② 这里已明确地把合作社这种形式同共产主义新社会联系在一起。马克思批判了拉萨尔鼓吹的"依靠国家帮助"建立合作社来实现社会变革的谬论，但马克思并不否定合作社本身。

（二）实行个人消费品按劳分配

马克思将那种刚刚从资本主义社会转型而来，且在经济、道德和精神

---

① 《马克思恩格斯全集》第37卷，北京：人民出版社1971年版，第443页。
② 《马克思恩格斯选集》第3卷，北京：人民出版社2012年版，第103页。

第七章　理论思辨中的人民立场（科学社会主义）

层面仍保留着旧社会特征的社会形态定义为共产主义社会的第一阶段。这一阶段的社会虽然已经开始了向共产主义的转变，但在许多方面——包括经济结构、伦理观念和社会心理——仍然明显地继承了前一社会形态的影响。在共产主义社会的第一阶段即社会主义社会，社会总产品即使在作了上述的各项扣除之后，也不可能按照所谓"平等权利"实行平均主义的"公平分配"，而只能实行按劳分配的原则，即按照每一个劳动者向社会提供的劳动的数量和质量进行分配，多劳多得，少劳少得。同资本主义社会劳者不获、获者不劳的分配原则相比是巨大的进步。这里"不劳动者不得食"这个社会主义原则已经实现了；"按等量劳动领取等量产品"这个社会主义原则已经实现了。

在共产主义社会的第一阶段，由于生产力尚未达到高度发达的程度，社会产品也还不够充裕，旧有的社会分工仍然存在，劳动主要作为人们谋生的方式，因此，在个人消费品的分配上，只能采取"按劳分配"的原则。这意味着每个社会成员所获得的消费品量取决于他们为社会提供的劳动数量和质量。这样的分配方式反映了这一阶段生产力水平与社会结构的特点，即虽然生产资料已经归全社会所有，但社会还不能实现完全根据需要来分配资源的目标。即"每一个生产者，在作了各项扣除之后，从社会领回的，正好是他给予社会的。他给予社会的，就是他个人的劳动量。……他以一种形式给予社会的劳动量，又以另一种形式领回来。"① 实行这个原则，是一个巨大的历史进步，每个劳动者的报酬都按同一尺度——劳动来计量，就这一点来说，所有劳动者是平等的，根本改变了资本主义社会中"劳者不获，获者不劳"的极不合理状况。但是，按量分配也有其弊病，每个人都像其他人一样"只是劳动者"，都用"同一尺度去计量"，从这个意义上说是平等的。尽管每位劳动者依据其提供的劳动量获得相应的消费品，但由于个人天赋和能力的差异，实际上每个人的工作效率和贡献度并不相同，因此最终分配到手的消费品数量也会有所区别。这种现象揭示了按照等量劳动换取等量产品的原则，在实践中可能带来的事实上的不平等。"但是这些弊病，在经过长久阵痛刚刚从资本主义社会

---

① 《马克思恩格斯选集》第3卷，北京：人民出版社2012年版，第363页。

产生出来的共产主义社会第一阶段,是不可避免的。权利决不能超出社会的经济结构以及由经济结构制约的社会的文化发展。"①

(三) 彻底消灭商品货币关系

马克思指出"在一个集体的、以生产资料公有为基础的社会中,生产者不交换自己的产品;用在产品上的劳动,在这里也不表现为这些产品的价值,不表现为这些产品所具有的某种物的属性,因为这时,同资本主义社会相反,个人的劳动不再经过迂回曲折的道路,而是直接作为总劳动的组成部分存在着。"② 恩格斯在《反杜林论》中,对这一问题作了进一步阐述。他说:"直接的社会生产以及直接的分配排除一切商品交换,因而也排除产品向商品的转化(至少在公社内部)和随之而来的产品价值的转化。"③ 因此,商品交换将不复存在,支撑商品交换的商品货币关系也将退出历史的舞台。

马克思虽设想在共产主义社会第一阶段无商品货币关系,但他认为仍要利用商品关系的等价交换原则。《资本论》讲到,在未来的"自由人联合体"中,"劳动时间就会起双重作用。劳动时间的社会的有计划的分配,调节着各种劳动职能同各种需要的适当的比例。另一方面劳动时间又是计量生产者在共同劳动中所占个人份额的尺度,因而也是计量生产者在共同产品的个人可消费部分中所占份额的尺度"④。这就是说,计划生产和按劳分配两方面都要计算劳动时间,利用等价交换原则。《哥达纲领批判》更明确指出,分配消费品时,"这里通行的是调节商品交换(就它是等价的交换而言)的同一原则"⑤;共产主义第一阶段的生产和分配既然还要利用等价交换原则,也就是在一定程度上还要利用价值规律。因此恩格斯讲到共产主义社会"不需要著名的'价值'插手其间"时,专门加注说明在决

---

① 《马克思恩格斯选集》第3卷,北京:人民出版社2012年版,第364页。
② 《马克思恩格斯选集》第3卷,北京:人民出版社2012年版,第363页。
③ 《马克思恩格斯选集》第3卷,北京:人民出版社2012年版,第696页。
④ 《马克思恩格斯全集》第23卷,北京:人民出版社1972年版,第96页。
⑤ 《马克思恩格斯选集》第3卷,北京:人民出版社2012年版,第363页。

定生产问题时:"上述的对效用和劳动支出的衡量,正是政治经济学的价值概念在共产主义社会中所能余留的全部东西"①。可见在没有商品货币的共产主义社会中,等价交换原则和价值规律还会有"余留"的价值。

三、描绘共产主义高级阶段人民发展目标

根据马克思和恩格斯的构想,共产主义社会体现为一种理想状态,在这种状态下,所有个体都能在不受限制的情况下追求自己的全面发展,同时这也是整个社会共同繁荣的基础。他们在《共产党宣言》中描述了一个理想的共同体,在那里个人的自由成长构成了所有人自由成长的前提。而在《资本论》里则指出共产主义代表着一种比资本主义更为先进的社会结构,其核心原则在于确保每个人都能获得全面且自由的发展机会。在《哥达纲领批判》中更明确详细地说在共产主义社会高级阶段,"随着个人的全面发展,他们的生产力也增长起来,而集体财富的一切源泉都充分涌流之后,——只有在那个时候,才能完全超出资产阶级权利的狭隘眼界,社会才能在自己的旗帜上写上:各尽所能,按需分配!"②

(一)施行各尽所能按需分配原则

实行"各尽所能,按需分配"的原则,是共产主义经济成熟和人们共产主义思想觉悟极大提高的必然结果和重要标志,也是共产主义社会与社会主义社会的最根本的区别。这个体现人类社会最高理想的共产主义原则,是马克思和恩格斯在1845年批判当时反动的社会主义流派时第一次提出来的。他们指出:"由此可见,'按能力计报酬'这个以我们目前的制度为基础的不正确的原理应当——因为这个原理是仅就狭义的消费而言——变为'按需分配'这样一个原理"③。

所谓"各尽所能,按需分配",意味着在共产主义社会中,每位成员

---

① 《马克思恩格斯选集》第3卷,北京:人民出版社2012年版,第697页。
② 《马克思恩格斯选集》第3卷,北京:人民出版社2012年版,第365页。
③ 《马克思恩格斯全集》第3卷,北京:人民出版社1960年版,第637—638页。

都将根据自己的能力为社会贡献力量，而社会则确保满足每个个体的需求。相较于社会主义阶段，这里的劳动不仅仅是那些有劳动能力者的义务或谋生手段，更成为了一种自然而然的习惯和社会生活的首要组成部分。在这个理想的社会形态里，个人的劳动不再直接与物质利益挂钩，也不再作为衡量分配成果的标准。相反，劳动成为了人们追求自我实现和个人价值的重要途径，是每个人日常生活中不可或缺的一部分。社会将确保每一位成员的基本生活需求得到充分保障——不仅限于衣食住行等基本方面，还包括支持个人在文化和精神层面全面发展的各种合理需求。因此，在这样的社会环境中，消费领域的任何不平等和特权现象都将被彻底消除。劳动本身成为了一项令人愉悦且充满意义的活动，它不再是出于生存压力的强制行为，而是基于内心自愿的选择。在这种情况下，"各尽所能"与"各取所需"紧密相连、不可分割：只有当全体社会成员都以最高的热情和技术水平投入工作时，才能创造出足够的财富来支撑无条件地满足每个人的合理需求；同时，也只有当每个人都能够享受到全面发展的机会时，他们才会心甘情愿地为集体福祉贡献自己的力量，无需考虑回报。在共产主义社会中，所有成员都将具备高度自觉的共产主义意识和高尚的道德品质。这意味着人们总是优先考虑公共利益，并愿意为了更大的目标牺牲个人利益。他们会自觉遵守社会秩序和规则，展现出极高的责任感和自律性。总之，在共产主义社会的理想图景下，通过"各尽所能，按需分配"的实践，可以构建一个既高效又公平的社会体系，其中每个人都能够在没有物质束缚的情况下自由发展自己的潜能，共同创造一个更加美好的未来。这种社会结构不仅促进了生产力的巨大飞跃，也为人类提供了前所未有的发展空间和个人成长的可能性。

（二）全体社会成员联合劳动共享资源

社会主义与共产主义可以被视为同一社会形态下，根据经济成熟度的不同而划分的两个发展阶段。这两个阶段之间的区别首先体现在生产力水平上：在共产主义阶段，生产力达到了更高的水准，这不仅促进了生产关系的进一步发展，也使得社会产品更加丰富。当生产力得到极大提升时，它会带动整个社会生产关系的进步，包括但不限于生产资料的公有化程度加深、劳动组织形式更加高效以及分配方式更为公平合理。在这个过程中，随着社会化大生产的不断推进，全体社会成员将共同拥有全部生产资料，并且积极参与到劳动中去，同时参与到生产管理和决策之中。

依据马克思和恩格斯的理论，在共产主义社会（涵盖其初级和高级阶段），劳动者与其所需的物质生产条件之间存在着一种直接的结合模式，即所谓的"联合劳动"。在这种制度下，劳动者作为集体的一部分，直接参与到整个社会的生产活动中，并且他们共同拥有用于生产的物质资源。因此，每位劳动者既是联合体的一员，参与劳动过程，又是生产资料的共有者，享有对这些资源的所有权。在共产主义社会中，生产力的高度发展主要体现在两个关键方面。首先，劳动者的科学技术知识水平和生产技能得到了极大的提升，个人才能获得了全面的发展。这意味着人们不再局限于单一类型的劳动，而是能够在脑力与体力劳动之间自由转换，传统意义上对分工的严格依赖将不复存在。在这个阶段，每个人都有机会根据自己的兴趣和能力选择不同的工作领域，不再受制于固定的职业或行业限制。其次，随着劳动工具的持续改进，所有生产部门都将广泛应用现代科学技术的最新成果，这极大地促进了劳动生产率的飞跃性增长。这种进步不仅限于工业领域，农业、服务业以及其他各行各业都将受益于技术创新带来的效率提升。最终，在这样的社会环境下，人类将真正成为自己生活的主宰者、自然界的管理者以及自身命运的掌控者——即实现了从必然王国向自由王国的历史性转变。此时的人类不仅摆脱了物质匮乏的束缚，而且拥有了充分的选择权和发展空间，能够按照自己的意愿去塑造一个更加美好的世界。

（三）消除旧社会分工和社会差别

共产主义社会标志着一个全新的历史阶段，在这个阶段传统意义上的社会分工及其带来的三大差别——工农之间、城乡之间以及脑力劳动与体力劳动之间的差异将被彻底消除。社会分工指的是不同类型的劳动活动被区分为各自独立的领域，每一次这样的划分都是生产力进步的结果，并反过来促进了生产力的发展。然而，在基于生产资料私有制的社会形态中，这种分工往往伴随着阶级对抗的特点，因为它导致了资源分配不均和劳动条件的巨大差异。随着社会主义制度的确立，旧有的带有阶级对抗性质的社会分工已经被废止，取而代之的是有计划地组织起来的分工体系和协作机制，这有助于进一步提升效率并减少不公平现象。只有到了共产主义社会，旧的社会分工的痕迹才能最终消灭。

在《共产主义原理》中，恩格斯描绘了一个未来社会的愿景，在这个社会里城市与乡村之间的对立将不复存在。他指出未来的社会中，农业和工业活动将不再由两个截然不同的阶级分别承担，而是由同一群体的人们来进行，这不仅是从物质条件上考虑，也是构建"共产主义联合体"的必要前提。恩格斯在进一步探讨这一联合体内生产力的发展情况时，强调了几个关键措施对于实现社会成员全面发展的意义，即通过打破旧有的分工模式，提供产业教育以促进职业转换，确保所有人能够共同分享集体创造的福利，并推动城乡一体化进程。这些举措旨在让每一个人都能够在多方面发展自己的才能，不受限于特定的工作类型或地域限制。在这种理想的"自由人联合体"中，不仅消除了城乡之间的差异、工农之间的界限以及传统意义上的社会分工，而且为个人自由个性的发展奠定了坚实的现实基础。随着生产力的高度发达，劳动者拥有了充足的闲暇时间，这使得他们可以更加专注于自我提升和个人兴趣的探索，利用最新的科技成果来丰富和发展自身的能力。最终，在这样的社会环境中，每个成员都将摆脱旧有分工所带来的束缚，成为一个既擅长体力劳动也精通脑力劳动，既能胜任某一类工作也能灵活应对其他类型任务的全面发展之人。每个人都能根据自己的意愿和兴趣选择最适合自己的生活方式和发展路径，成为真正意义上全面发展的共产主义新人。

（四）每个人得到自由而全面发展

共产主义社会将是阶级彻底消灭和国家完全消亡的社会。当进入共产主义社会时，伴随着阶级差异的完全消除以及分配原则从"按劳分配"向"按需分配"的转变，"国家政权对社会关系的干预在各个领域中将先后成

第七章 理论思辨中的人民立场（科学社会主义）

为多余的事情而自行停止下来。那时，对人的统治将由对物的管理和对生产过程的领导所代替"①。在共产主义社会中，尽管仍然存在负责处理公共事务的机构，但这些机构的社会职能已经不再具有阶级属性。管理任务将成为每个社会成员都能够参与和承担的责任。此时的社会结构将演进为一个无需国家机器来维持秩序的体系，在这里，劳动者们将以自由和平等的身份联合起来共同管理和决策。

人的自由而全面发展的思想，在马克思主义整个理论体系中占有极其重要的地位。在《德意志意识形态》一书中，马克思和恩格斯就曾指出："只有在共同体中，个人才能获得全面发展其才能的手段，也就是说，只有在共同体中才可能有个人自由。在真正的共同体的条件下，各个人在自己的联合中并通过这种联合获得自己的自由。"② 这可以说是他们关于"自由人联合体"思想的最初表达。随后，他们在一些主要著作中又多次讲到无产阶级国家消亡之后将由一个新的组织形式"联合体"来代替。最经典的表达当然还是马克思和恩格斯在《共产党宣言》中的那段著名的话语，"代替那存在着阶级和阶级对立的资产阶级旧社会的，将是这样一个联合体，在那里，每个人的自由发展是一切人的自由发展的条件。"③ 人的全面解放与自由发展是共产主义社会替代资本主义旧秩序的关键特征和核心标识，同时也是无产阶级政党追求的伟大理想。这表明促进人的自由且全面的发展不仅是马克思主义最根本的价值导向，也是其最高尚的目标追求，构成了未来共产主义社会最为重要的特质和基础标志。马克思主义始终将人的彻底解放视为其理论体系的核心内容之一，并将其作为衡量社会进步与否的重要标准。马克思主义为人类指明了一条通往更加美好未来的道路，这个愿景不仅仅是对过去不公正制度的一种否定，更是对未来理想社会形态的一种积极构想，体现了马克思主义对于人类命运深切关怀的价值取向。

---

① 《马克思恩格斯选集》第3卷，北京：人民出版社2012年版，第668页。
② 《马克思恩格斯选集》第1卷，北京：人民出版社2012年版，第199页。
③ 《马克思恩格斯选集》第1卷，北京：人民出版社2012年版，第422页。

第八章 "马克思的遗志"：人民立场在世界历史中的实践

19世纪六七十年代，俄国社会动荡不安，革命运动风起云涌，无产阶级力量日益壮大，而资产阶级则显得软弱且反动。在这一历史背景下，先进知识分子们积极探索社会主义道路，其中列宁凭借其深厚的马克思主义理论素养和卓越的实践能力，脱颖而出，成为无产阶级的领袖。他成功指导了十月革命，使苏联成为世界上第一个社会主义国家。苏联的建立，标志着马克思主义从理论到实践的伟大飞跃。苏联在初期取得了显著的成就，如工业化进程的加速、教育普及、医疗体系的建立等，这些都体现了马克思主义人民立场的初步实践。然而，随着时间的推移，苏联在内外压力下逐渐偏离了人民立场，特别是在赫鲁晓夫改革后，官僚主义和特权阶层的出现，使得马克思主义的初衷逐渐被扭曲，最终导致苏联的解体。这一历史教训，为我们提供了宝贵的反思材料。

中国拥有悠久而辉煌的历史文化，曾长期处于世界领先地位。然而，自鸦片战争爆发以来，西方列强接连对中国发动侵略战争，迫使腐败的清政府签订了一系列不平等条约，致使中国逐渐陷入半殖民地半封建社会的困境。在这一历史背景下，中国共产党应运而生，自建党之初，便确立了以人民为中心的实践探索方向。中国共产党始终坚持马克思主义的人民立场，带领中国人民进行了艰苦卓绝的斗争，最终取得了新民主主义革命的胜利，建立了中华人民共和国。新中国成立后，中国共产党继续坚持人民立场，推动社会主义建设，取得了举世瞩目的成就。

苏联解体、东欧剧变后，国际共产主义运动遭遇重大挫折。然而，除中国之外，仍有部分国家在这一复杂的历史背景下坚守马克思主义人民立场，高举马克思主义人民大旗，积极探索符合本国国情的社会主义发展道路。这些国家的实践，深刻诠释了马克思主义人民立场大道不孤、命运与共的深刻哲理。尽管面临诸多挑战，但这些国家依然坚持马克思主义的基本原则，努力探索适合本国国情的发展道路，为世界共产主义运动注入了新的活力。

总之，马克思主义的人民立场在苏俄、中国以及当代世界共产主义运动中的实践，展现了其强大的生命力和深远的影响力。尽管历史进程中充满了曲折和挑战，但马克思主义人民立场的核心理念始终指引着各国人民为实现社会公平正义和人类解放而奋斗。

第一节　波澜壮阔，跌宕起伏：人民立场与共产主义在苏俄的实践

19 世纪六七十年代，俄国社会动荡，革命运动高涨，无产阶级壮大，资产阶级软弱反动。先进知识分子积极探索社会主义，列宁凭借马克思主义理论和实践能力，成为无产阶级领袖，指导十月革命取得伟大的胜利。苏联作为首个社会主义国家，将马克思主义从理论转化为实践，但在内外困境下，特别是赫鲁晓夫改革后，马克思主义的人民立场逐渐偏离，苏联最终解体，留下历史反思。

一、俄国共产主义运动的历史背景

19 世纪六七十年代，俄国社会动荡、国内外革命运动高涨，1861 年农奴制改革助力了资本主义发展，社会结构发生剧变，无产阶级壮大，资产阶级却尽显软弱反动，促使俄国先进知识分子开启了对社会主义的探索，为国家破局寻路。

（一）自由资本主义走向垄断与全球经济格局的重大转变

在 1640 年至 1689 年间，英国资产阶级革命的成功不仅宣告了封建制

度的终结，也开启了自由竞争资本主义的新纪元。随着英国民主革命的号角响起，美国、法国等诸多国家相继被卷入民主革命的浪潮之中，市场经济制度仿若拥有了生命，从欧洲本土迅速拓展至美洲乃至全球各地，一个涵盖广泛的世界经济体系逐步成型。在自由竞争资本主义阶段，企业家作为企业的掌舵人，独立自主运营企业，肩负起对自身企业发展的全部责任；彼时国家对经济领域的干预微乎其微，各资本主义企业为追逐利润最大化，在市场这片广阔天地中毫无拘束地展开激烈角逐。机器大工厂如雨后春笋般拔地而起，逐步替换传统的手工工场，这一变革进程使得资本主义社会生产力得到了飞跃式提升，为资本主义的快速成长筑牢了根基。

然而，世间万物皆有两面性，自由竞争在持续推进的过程中，也渐渐暴露出深层次的问题。随着时间的推移，生产社会化的程度日益加深，与之形成鲜明反差的是资本主义私有制下的自由占有模式却未有实质性改变，两者之间的矛盾如同被不断拧紧的发条，愈发尖锐激化。周期性爆发的生产过剩危机，如同肆虐的风暴一般，频繁地冲击着欧美主要资本主义经济体，并迅速波及至海外市场，所到之处引发社会经济的显著动荡。资产阶级与无产阶级之间的矛盾急剧恶化，两者的关系如同对立的冰山，不断发生碰撞和摩擦，使得社会稳定结构面临严重的挑战。难以调和的经济危机犹如一道无法跨越的鸿沟，硬生生地将社会撕裂，造就了尖锐的阶级对立局面，也充分彰显出自由资本主义在历史发展进程中的局限性。从发展的脉络来看，自由竞争天然蕴含着一种内在逻辑，它必然促使生产要素向优势企业汇聚，引发生产集中现象。而当生产集中达到一定高度时，市场格局发生颠覆性转变，垄断应运而生并成为资本主义发展历程中的又一重要阶段。

自19世纪下半叶起，自由竞争资本主义在时代浪潮中逐渐掉转航向，开启了向垄断资本主义发展的转型之旅。随着时间的推移，到了19世纪末20世纪初，全球经济格局发生了重大转变，美、英、德等主要资本主义国家无一例外，均已大步踏入垄断资本主义的新阶段。此时，卡特尔以及诸如此类的垄断组织仿若经济丛林中的霸主，强势占据了资本主义全部经济生活的根基之地，它们掌控着生产、流通、销售等诸多关键环节，深刻重塑着经济运行的规则与秩序①。垄断组织在经济生活中占据了主导地位，并在此基础上逐渐形成了由金融资本支持的金融寡头统治。资本输出在这个阶段具有了特别重要的意义，而国际间的资本家垄断联盟也已经崛起并成型。帝国主义强国已完成对世界的瓜分，确立了它们在全球范围内的势力范围。随着自由竞争资本主义逐步迈向垄断阶段，至19世纪末20世纪初，世界格局泾渭分明：一方是少数靠压迫、掠夺获利的帝国主义列强；另一方是深受这种局面之苦的殖民地、半殖民地以及附属国。当时，全球已经基本被瓜分完毕，新兴的资本主义国家对于这种不平衡的利益分配感到极度不满，它们强烈要求重新划分世界版图，以获取更多的利益和影响力。但这种诉求唯有凭借实力在战争中一决高下才能实现，这便是一战爆发的深层根源。

（二）工农运动的蓬勃发展与资产阶级的软弱与反动

1861年，俄国农奴制改革如一场强劲的东风，迅猛推动了本国资本主义航船加速前行。在这场深刻变革中，无产阶级队伍一步步发展壮大起来。大批农民因土地被剥夺、生产资料尽失而陷入绝境，手工工场工人深受旧体制桎梏，苦不堪言，手工业者在时代浪潮冲击下纷纷破产，城市平民同样难以维持生计。这些身处困境的群体，纷纷涌入雇佣劳动市场，汇聚成浩浩荡荡的产业工人大军。彼时，资本主义于沙皇专制制度的羽翼之下艰难孕育、曲折发展，由此也形成了俄国资产阶级与沙皇专制之间复杂纠葛、矛盾交织的特殊纽带。俄国资产阶级的形成带有深刻的历史印记，其大部分成员源自改革前受压迫的农奴阶层，同时也有相当一部分来自传统的旧式城市商人。1861年农奴制改革之后，资产阶级与沙皇政权在经济发展上达成了默契，出于经济利益的考量，双方迅速达成同盟，形成了紧密的经济联系。这种关系促进了经济的快速发展，并为俄国现代化奠定了基础。沙皇政府仿若资产阶级的"保护伞"，一方面，筑起高额保护性关税的壁垒，将西欧工业产品拒之门外，为本土资产阶级产品牢牢守住国内市场，使其免受外来竞争的狂风骤雨；另一方面，频繁抛出大量国家订货

---

① 《列宁全集》第27卷，北京：人民出版社1990年版，第338页。

的"橄榄枝",为资产阶级注入源源不断的"强心剂",让其坐享稳定丰厚的利润。不仅如此,沙皇当局还挥舞高压反动的"大棒",对工人运动进行严酷打压,这无疑为资产阶级肆无忌惮地榨取工人剩余价值创造了"温床"。在此情境下,俄国资产阶级如同攀附皇权的藤蔓,深知依附沙皇政权才是通往财富巅峰的捷径,因而顺理成章地成为政权的忠实拥趸与最大受益者。

然而,这种过度的依附也成为资产阶级成长的"枷锁",严重禁锢了其政治视野的拓展与政治觉悟的升华,致使他们在政治主张上长期偏于保守,面对原则问题往往畏首畏尾、摇摆不定。随着俄国资本主义的车轮滚滚向前,其内在发展需求与封建专制制度的桎梏愈发格格不入,对经济自由与政治权利的呼声日益高涨。在对抗封建专制、追求政治自由的初期阶段,资产阶级审时度势,意识到单凭自身力量难成气候,因而主动向工农阶级递出"橄榄枝",对工农运动的蓬勃兴起伴装欢迎,试图借助工农之力撬动封建专制的巨石。可一旦工人阶级发起争取八小时工作制等直击资产阶级核心利益的斗争,将革命的矛头指向更深层次、触及资产阶级的"命根子"时,资产阶级立刻撕下伪装的面具,原形毕露,不仅对工农运动口诛笔伐,还迅速与沙皇政权勾结,联合挥起镇压的屠刀,将曾经短暂的"盟友"无情出卖,尽显其自私自利、两面三刀的本性。在这一时代困局之中,俄国工农运动面临着的理论与实践的双重考验。

(三) 俄国第一代马克思主义者关于社会发展道路的构想

19世纪80年代,俄国"到民间去"运动遭遇重创、最终失败,民粹主义者寄望于依靠农民掀起革命、改天换地的理想随之灰飞烟灭。值此转折关头,一批俄国知识分子陷入深刻反思,毅然转身向马克思主义探寻破解俄国困局的良方。在这批先驱者中,普列汉诺夫、阿克雪里罗德、查苏利奇和列宁等人脱颖而出,成为了俄国第一代马克思主义者的杰出代表。而在这些杰出代表里,普列汉诺夫与列宁凭借对马克思主义世界观的深刻领悟,绽放出别样光芒。

普列汉诺夫素有"俄国马克思主义之父"的美誉,他一头扎进马克思

第八章 "马克思的遗志":人民立场在世界历史中的实践

主义经典著作的翻译事业,让那些深邃的理论在俄国大地落地生根;同时,他振臂高呼,四方奔走,为凝聚马克思主义力量、组建政党立下汗马功劳;面对民粹主义的沉疴旧疾,他以笔为剑,条分缕析,将其谬误揭露得体无完肤;更在关乎俄国前途命运的发展道路论证上,高瞻远瞩,指明方向。普列汉诺夫认为,俄国唯有历经资本主义阶段,才可能迈向社会主义,任何企图跨越这一阶段的设想皆为谬误;没有俄国资本主义的发展,就没有俄国社会主义革命的胜利,俄国革命需分两阶段进行,首先,推翻专制统治,建立资产阶级政府;随后,要经过一段较长时期的资本主义发展阶段,为最终过渡到社会主义社会做准备。

彼时,对于初出茅庐、满腔热血的青年列宁而言,普列汉诺夫无疑是熠熠生辉的思想灯塔,照亮了他前行的道路。列宁"曾从普列汉诺夫那里学到很多东西"①,但当两人的政治分歧愈来愈严重时,列宁不无沮丧地写道:"我们热衷于爱戴他,实际上当了奴隶,当奴隶本来是不体面的事情,而正因为是'他'本人使我们亲身尝到了奴隶的滋味,我们就更加懊丧百倍……"② 之后,列宁就沿着前辈开辟的理论路径,聚焦俄国本土,针对资本主义在这片土地上的发展脉络,展开了细致入微且鞭辟入里的剖析与阐释,为理解俄国当时的社会经济格局筑牢了理论根基。

二、列宁的人民立场与俄国无产阶级革命

马克思主义强调,领袖源于群众且高于群众,具备更高的站位和远见,既能顺应历史潮流,又能反映民众需求,深刻影响革命斗争的成败。在俄国社会发展的关键时刻,列宁作为无产阶级领袖挺身而出,他不仅拥有深厚的马克思主义理论素养,还成功领导了布尔什维克党和十月革命,展现了卓越的实践能力。

(一)在生活实践中接受马克思主义

列宁成为无产阶级革命家和理论家,很大程度上得益于他所成长于其

---

① 《回忆列宁》第 1 卷,北京:人民出版社 1982 年版,第 748 页。
② 《列宁全集》第 4 卷,北京:人民出版社 1984 年版,第 303—304 页。

中的家庭氛围与社会环境。他从小就处在一个充满知识和进步思想的环境中，这对他的世界观和人生观产生了不可磨灭的影响。列宁的父亲亚历山大·尼古拉耶维奇·乌里扬诺夫是一位具有前瞻性的教育工作者，在19世纪俄国的启蒙运动中扮演了重要角色。他对沙皇政权持批评态度，并对诸如车尔尼雪夫斯基这样的革命民主主义者表示敬仰。作为一名辛比尔斯克省国民教育总监，列宁的父亲一生致力于改善教育条件，推动知识普及，这种奉献精神无疑影响了年轻时的列宁。据列宁的妹妹回忆，列宁与其父亲在性格上有诸多相似之处。他们都表现出坚定的决心、充沛的精力以及对工作的全心投入。此外，他们还共同拥有强烈的责任感、宽广的政治视野以及对他人的深切关怀。列宁的母亲玛丽亚·亚历山德罗芙娜出身于一个医生家庭，尽管没有接受过正式的学校教育，但她通过自学掌握了多种语言技能，包括英语、法语、德语和俄语，并且热爱音乐，擅长钢琴演奏。她不仅具备优秀的个人素质，还以无私的爱支持着整个家庭，克服生活中的种种困难。母亲的形象为列宁树立了一个坚韧不拔、富有同情心的榜样。列宁的家庭共有六个孩子，兄弟姐妹之间关系融洽，相互支持。父母重视子女的教育和个人发展，创造了有利于孩子们健康成长的家庭环境。在这个充满爱和支持的家庭里，孩子们受到了良好的熏陶，形成了积极向上的价值观。除了最小的一个孩子不幸早逝外，其他五位兄弟姐妹都成长为各自领域的杰出人物和社会活动家。这样的家庭背景不仅塑造了列宁的性格，也为他日后投身革命事业奠定了坚实的基础。可以说，正是这样温暖而进步的家庭环境，为列宁及其他家庭成员的成长提供了源源不断的动力和支持。

列宁自幼便展现出对知识的热爱，养成了勤奋学习与深思熟虑的习惯。他早期受到兄长亚历山大·伊里奇·乌里扬诺夫的影响，初次接触并逐渐深入探究马克思主义理论。1887年5月，当时21岁的亚历山大由于参与针对沙皇亚历山大三世的刺杀行动而遭到处决。这一悲剧性的事件给列宁带来了巨大的心理冲击，不仅加深了他对社会不公的认识，也深刻地塑造了他的思想发展路径，成为其革命意识形成过程中的一个重要转折点，不仅加深了他对沙皇专制统治的反感，也进一步激发了他对于社会变

第八章 "马克思的遗志":人民立场在世界历史中的实践

革的追求。在这样的背景下,列宁更加坚定了自己的革命信念,致力于探索俄国乃至全世界无产阶级解放的道路。

列宁对兄长为反抗专制暴政毅然舍生取义的精神满怀钦佩,然而,他也深刻认识到,想要推翻沙皇专制统治,仅凭个人的恐怖行动远远不够,即便能对沙皇造成一时威胁,却无法从根本上变革腐朽的社会制度,唯有唤醒广大民众的力量,才是破局之道。同年8月,列宁踏入喀山大学法律系求学,入学不久后,便迅速投身由大学生组建的秘密革命团体,满腔热忱地投身革命斗争。12月,由于参与学生运动,列宁遭到逮捕,随后被喀山大学除名,并流放到喀山省拉伊舍沃县的可库尔基诺村。即便身处这片偏远之地,列宁也未有丝毫懈怠,而是日夜沉浸在革命理论的学习中。他不仅深入研读了车尔尼雪夫斯基、尼·亚·杜勃留波夫、普列汉诺夫等俄国革命先驱的经典著作,还开始了对马克思《资本论》第一卷的系统学习。这段时间对于列宁来说是一段重要的自我提升期,在远离城市喧嚣和政治中心的情况下,他通过刻苦钻研,深化了自己对马克思主义的理解,为日后成为杰出的革命理论家和实践者奠定了坚实的理论基础。后来,列宁自己回忆说:"我觉得,在我后来的生活中,甚至在彼得堡的监狱和西伯利亚,我再也没有像从喀山流放到农村那一年读了那么多的书当时我从早到晚如饥似渴地读书"①。1889年5月,列宁随全家迁往萨马拉,在那里他继续深入学习与思考。至1891年,列宁以校外生的身份通过了彼得堡大学法律系的毕业考试,并被授予了一级毕业证书。在这段居于萨马拉的时间里,列宁不仅专注于法律学业,还系统地研究了马克思和恩格斯的经典著作,特别是反复研读了《资本论》等重要作品。这一时期,他还撰写了大量的读书笔记和个人见解,这些笔记反映了他对马克思主义理论的深刻理解和批判性思考。通过这段时间的学习与探索,列宁逐渐确立了无产阶级革命必将取得胜利以及社会主义终将在全球范围内实现的坚定信念。此阶段对于列宁个人思想的发展至关重要,是他形成革命理念和战略思维的关键时期。

列宁的成长与革命经历深刻地塑造了他对俄国国情的理解。他出生在

---

① 《列宁思想史》,上海:上海人民出版社1988年版,第47页。

俄国中部的伏尔加河流域,并在那里度过了童年和青年时期。随着岁月流逝,他的足迹遍布喀山、彼得堡和莫斯科等俄国的核心城市——这些地方不仅是当时的政治、文化和教育中心,也是俄国社会变迁的重要见证者。列宁积极参与革命活动的经历充满了挑战与磨难。他曾五次被捕,并在偏远的西伯利亚度过了三年流放生活,这段特殊的经历不仅让他对俄国社会底层人民的生活有了更为深刻的了解,还使他对国家的政治和社会结构有了更加直观的认识。即便在他侨居海外期间,列宁的目光也从未离开过祖国,始终与国内组织保持着紧密联系,甚至直接指导党组织的工作。这种持续不断的互动使得列宁能够保持与俄国现实的紧密连接,深入理解国家的具体情况和发展需求。通过这样的海外经历,列宁不仅拓宽了自己的理论视野,还增强了文化素养,站在了东西方文化的交汇点上。他将马克思主义的基本原理与国情相结合,提出了符合俄国实际的革命理论,为俄国革命提供了坚实的理论基础和战略指导。列宁的独特位置使他能够从更广阔的视角审视社会变革的需求和可能性,从而有效地推动了俄国向社会主义过渡的历史进程。此外,他还致力于将历史文化遗产与现代文明的发展相统一,论述了历史文化遗产转化发展的目标与原则,这进一步丰富了他的思想体系,并为后来者留下了宝贵的遗产。

列宁的一生是将马克思主义基本原理与俄国革命实践紧密结合的典范。他专注于解决当时社会,特别是俄国社会所面临的实际问题,在这一过程中不断推进理论创新,从而极大地丰富和发展了马克思主义。从青年时代起,他就深入研究马克思主义,并将其作为分析和解决俄国社会问题的工具。在1895年底至1899年初这段时间里,列宁完成了《俄国资本主义的发展》一书,该书详细探讨了资本主义在俄国境内的演变历程,揭示了其对俄国社会结构的影响。这部著作不仅为理解俄国经济状况提供了重要视角,也为无产阶级革命运动指明了方向。面对1905年革命失败后知识分子界出现的悲观情绪以及对辩证唯物主义正确性的质疑,列宁于1908年2月发表了《唯物主义和经验批判主义》。在这部作品中,他系统地阐述了辩证唯物主义的认识论原则,旨在澄清误解,增强人们对无产阶级革命胜利的信心。

第八章 "马克思的遗志":人民立场在世界历史中的实践

(二)在革命实践中相信人民群众

列宁坚信人民群众自身所拥有的巨大创造力,认为这是构建新社会的基本因素之一。他曾明确指出:"群众生机勃勃的创造力是新社会的基本因素"①,这体现了他对于民众力量的高度认可和信任。列宁继承并深化了马克思、恩格斯的思想遗产,坚定地主张人民群众不仅是社会物质财富的创造者,同时也是推动历史进程的关键力量。在列宁的理论与实践指导下,俄国革命的成功及后续社会主义建设的经验,充分验证了这一马克思主义核心观点的准确性和指导意义。

首先,革命时期的列宁始终相信群众的力量。列宁对社会革命党人和孟什维克在动员和支持群众方面表现出的无力感进行了尖锐的批评,"不相信群众,怕他们发挥创造性、怕他们发挥主动性,在他们的革命毅力面前发抖,而不能全心全意从各方面去支持他们,这就是社会革命党人和孟什维克的领袖们最严重的罪过"②。无产阶级政党必须善于依靠劳动群众,充分汲取他们的智慧和才能,支持并领导人民群众实现当家作主的权利,确保他们能够参与管理国家和社会事务。列宁在1919年11月7日苏维埃政权成立两周年的演说中指出,"只有让工人参加国家的整个管理工作,我们才能在这样难以置信的困难条件下坚持下去,只有走这条道路,我们才会得到完全的胜利"③。

1919年春天,年轻的苏维埃共和国面临着极其严峻的内外挑战,社会主义革命的命运岌岌可危。在这关键时刻,广大人民群众展现了非凡的勇气和决心,他们以饱满的热情投入生产和支援前线的工作中,用勤劳的双手创造了丰富的物质财富,确保了前线的需求得到满足。正是依靠人民群众这种无私无畏的付出,革命的成果得以保全,新生的苏维埃政权才度过了寒冬,迎来了新的生机。列宁对莫斯科喀山铁路工人的贡献给予了高度赞扬,认为是这些工农群众生机勃勃的创造力为社会主义生产出了宝贵的

---

① 《列宁全集》第26卷,北京:人民出版社1959年版,第269页。
② 《列宁全集》第32卷,北京:人民出版社1985年版,第162页。
③ 《列宁全集》第37卷,北京:人民出版社1986年版,第288—189页。

物质财富,保障了社会主义建设的顺利推进。在列宁看来,无产阶级政党与劳动群众之间存在着紧密不可分的关系,双方不仅没有相悖的政治经济利益,而且追求的奋斗目标也完全一致——共同向往一个更加美好的社会、更加平等的生活。无产阶级政党务必始终坚信群众蕴含的磅礴力量与无穷智慧,紧紧依靠群众,唯此方能跨越重重艰难险阻,夺取革命与建设的最终胜利。在争取革命胜利的过程中,列宁坚定不移地依靠群众在同沙皇专制制度斗争最艰苦的年代里,他坚信"革命的唯一'希望'就是'群众',只有在实际上而不是在口头上领导这种群众的革命组织,才能同警察进行斗争"①。1920年,苏维埃俄国在经历了重重艰难险阻后终于赢得了国内战争的胜利。面对这一成果,列宁感慨万千,指出一个经济遭到严重破坏的国家竟然能够熬过如此严酷的战争,这无疑是一个奇迹。这个奇迹是工人阶级和农民的巨大热情和不懈努力所创造出来的。列宁的感言深刻体现了他对于人民力量的信任与重视:"只有相信人民的人,只有投入生气勃勃的人民创造力源泉中去的人才能获得胜利并保持政权"②。

在社会主义建设时期,列宁始终坚持尊重和相信群众的智慧。随着战时共产主义政策的实施,其弊端逐渐显现,给苏俄带来了显著的负面影响,导致了严重的经济与政治双重危机。列宁敏锐地洞察到了这一情况,他深刻认识到如果继续忽视群众的切身利益,不对苏俄社会各层面的利益格局进行调整优化,那么更大的灾难将不可避免,国家的发展和人民的生活将会陷入更加深刻的困境。列宁当时也明确指出了这种危机,"广大人民群众对于我们国家现在实施的政策是非常不满意的,他们不愿意再这样生活下去,要改变现在建立的这样的关系我们必须承认这一点,我们必须要考虑去解决这个问题。我们是十分清醒的政治家,所以必须意识到广大人民群众对现行政策明确表达出来的意愿。目前的这种状况再也不能继续下去了,我们必须改正错误,重新制定国家对农民采取的政策"③。在列宁的主导下,苏俄开始调整政策以更好地结合农民的个人利益,并由此启动

---

① 《列宁全集》第6卷,北京:人民出版社1986年版,第370—371页。
② 《列宁全集》第3卷,北京:人民出版社1984年版,第57页。
③ 《列宁全集》第41卷,北京:人民出版社1986年版,第51—52页。

第八章　"马克思的遗志"：人民立场在世界历史中的实践

了新经济政策。这一转变不仅反映了列宁对群众智慧和需求的重视，也体现了他灵活应对现实挑战的能力。通过新经济政策，苏联试图缓解经济危机，激发农民的生产积极性，从而为国家的恢复和发展奠定基础。

由此可见，为了确保社会主义政权能够实现持续而稳健的发展，在制定国家政策的过程中，必须始终坚持将全心全意为人民服务作为最高宗旨，并切实保障人民群众的根本利益置于首要位置。在历史进程中，诸多个人怀揣的愿望，多数情形下最终达成的结果，与初始预期大相径庭，甚至时常背道而驰，如此一来，个人动机相较于整体结果，仅具有次要意义。此外，世界本质上是一个相互关联的有机统一体，人与人之间紧密相连。同理，每个人的意愿也彼此交织在一起。如果个体的愿望相互冲突，且无人能够预判最终的结果，社会必然会陷入混乱和无序。因此，必须对这些分散的力量进行引领和组织，使普通人的各种愿望汇聚成一股强大的"合力"。通过有效的引导，众多零散的愿望可以在一个有组织、有凝聚力的框架内，凝聚成一个团结一致的群众集体，从而推动社会向着有序和谐的方向发展。这种引领和组织不仅有助于避免混乱，还能确保个人意愿在集体行动中得到体现，形成一种既尊重个体又强调共同目标的社会力量，在实现个人价值的同时，促进整个社会的进步和发展。

（三）在革命实践中依靠人民群众

相信群众是做好群众工作的基础，只有依靠群众的力量，才能真正取得实际成效。对此，列宁曾这样说过："没有千百万觉悟群众的革命行动，没有群众汹涌澎湃的英勇气概，没有马克思在谈到巴黎工人在公社时期的表现时所说的那种'冲天'的决心和本领，是不可能消灭专制制度的"[①]。在领导无产阶级政党推进革命与社会主义建设的实践中，列宁不仅对人民群众满怀期待和厚望，更是一以贯之地将依靠群众的强大力量置于重要位置。他始终相信，只有充分发挥人民群众的积极性和创造力，才能取得革命和建设的成功。

首先，列宁在社会主义革命中高度重视发挥群众的力量。他指出，在

---

① 《列宁全集》第17卷，北京：人民出版社1988年版，第151页。

俄国资本主义的起源和发展过程中，部分贵族与资产阶级确实起到了推动作用，他们在从封建主义向资本主义转型的过程中扮演了重要角色。然而，当时广大工农群众仿佛还在沉睡之中，他们的阶级意识尚未觉醒，对自身处境及肩负的历史使命缺乏清晰的认识。这种情况下，俄国社会变革的步伐显得异常缓慢，历史进程的推进也受到了限制。① 列宁深刻认识到，要加速社会变革、推动历史车轮更快前进，就必须唤醒工农群众的阶级意识，激发他们的积极性和创造力。只有当人民群众真正意识到自己的力量和使命，并积极参与到革命和建设中来，俄国才能实现真正的社会变革，迈向新的发展阶段。因此，列宁强调动员和组织群众的重要性，认为这是推动革命成功的关键因素之一。而在社会主义革命的新纪元，俄国工人阶级逐渐摆脱政治愚昧，发展为自为阶级受压迫至绝境时，群众爆发反抗精神，转化为殊死斗争的巨大力量，推动俄国社会变革，不容轻视。在相信群众力量的基础上，列宁还注重发挥群众的力量，在他看来，必须动员人民群众，挖掘其内在潜力，让他们踊跃投身历史创造活动，唯此方能保障社会历史稳步前行。

其次，列宁在社会主义建设中同样高度重视依靠群众的力量。列宁在共产国际第二次代表大会召开前夕撰文指出："如果中国共产党没有得到整个工人阶级全心全意的拥护，也就是说，没有得到工人阶级中所有一切善于思考、正直、有自我牺牲精神、有威信并且能带领或吸引落后阶层的人的全心全意的拥护，那么布尔什维克别说把政权保持两年半，就是两个半月也保持不住"②。1920年10月，列宁在《关于专政问题的历史》一文中指出："苏维埃政权与以往过去一切旧政权、旧机关的根本区别在于，苏维埃政权依靠的是人民群众，是人民群众的专政这个专政属于大多数人，因此能够得到广大群众的信任，专政的对象是封建主义和资本主义，而对群众而言，它完全是靠不加任何限制、最广泛、最有力地吸引全体群众参加政权来维持的"③。

---

① 《列宁选集》第3卷，北京：人民出版社1995年版，第472页。
② 《列宁全集》第39卷，北京：人民出版社1986年版，第4页。
③ 《列宁全集》第39卷，北京：人民出版社1986年版. 第378—379页。

第八章　"马克思的遗志"：人民立场在世界历史中的实践

在推进社会主义建设的过程中，列宁特别强调激发人民群众的积极性、主动性和创造性。1919年，新生的苏维埃政权面临着来自国内外敌对势力的严峻挑战。莫斯科与彼得格勒两地响应列宁的号召，迅速动员，派遣了大约五分之一的共产党员和十分之一的工会成员前往前线支持战斗。同时，共青团动员了数千名优秀青年加入东线战场的斗争中，因各种原因无法直接参与前线作战的工人也在后方展现出了高度的忘我劳动精神和革命英雄主义。同年5月10日，莫斯科—喀山铁路莫斯科调车站的共产党员和工人们发起了一次义务劳动活动，旨在抢修受损的机车和其他关键设备。在这次活动中，205名工人仅用极短的时间就完成了总计1014个工时的工作量，成功修复了4台机车和16节车厢，并装卸了超过9300普特（约15.8吨）的物资。这一壮举不仅彰显了工人们的无私奉献精神，也体现了列宁所倡导的群众力量在实际工作中的巨大效能。列宁强调，"劳动群众拥护我们，我们的力量就在这里，全世界共产主义运动不可战胜的根源就在这里"①。他还说："无产阶级的先进部队，有组织的先锋队，一经同千百万人联系起来，就比它原来的人数强大几十万倍"②。如果共产党不能发动和带领人民群众积极投身到社会主义建设中去，那么党的历史使命就不可能完成。所以，"先锋队只有当它不脱离自己领导的群众并真正引导全体群众前进时，才能完成其先锋队的任务"③。可见，人民群众的积极性、主动性和创造性，构成了无产阶级政党赢得胜利并巩固其政权的重要基石。

三、从红色巨人到废墟：斯大林遗产下的苏联转型

苏联作为全球首个社会主义国家，在将马克思主义人民立场从理论层面转化为实践行动方面，堪称伟大的探索者与开创者。然而，在诸多内外困境的冲击下，苏联终究未能坚定不移地扛起红旗，特别是在赫鲁晓夫开启改革后，马克思主义的人民立场在其主导下逐渐发生了偏差、质变和异

---

① 《列宁全集》第37卷，北京：人民出版社1986年版，第217页。
② 《列宁全集》第38卷，北京：人民出版社1986年版，第251页。
③ 《列宁全集》第43卷，北京：人民出版社1987年版，第23页。

化,曾经威震世界的红色巨人也最终轰然倒下,仅留下历史的回响,引人深思。

(一)高度集中的政治经济体制与斯大林时代

在列宁晚年社会主义思想的指导下,苏联实施了新经济政策,这一政策有效地促进了国民经济的迅速恢复与发展。新经济政策允许一定程度的私人经济活动和市场机制,极大地激发了农民、工人和其他劳动者的生产积极性,并帮助苏俄度过了战后的经济危机。遗憾的是,斯大林并没有将新经济政策视为一项长期的战略措施。在他看来,新经济政策只是一种临时手段,用于过渡到更全面的社会主义计划经济。因此,1928年,斯大林从"左"的角度出发,逐步中止了新经济政策,转而推行全面的集体化和工业化政策。这些政策标志着苏联进入了以五年计划为特征的高度集中型经济模式,这种模式与新经济政策所提倡的相对宽松的经济环境形成了鲜明对比。斯大林的做法虽然在短期内推动了工业化的快速发展,但也带来了诸如农业集体化过程中的巨大阻力和社会动荡等负面影响。如果新经济政策能够作为一种长期战略继续实施,苏联的经济发展路径可能会有所不同,其对社会的影响也可能更加深远和平稳。不过,历史的发展往往受到多种复杂因素的影响,斯大林的选择也是当时特定历史背景下的产物。

斯大林时期,苏联面临的国内外环境异常严峻。外部,苏联被资本主义国家所包围,这些国家试图通过经济封锁和军事围堵来扼杀新生的社会主义政权;内部,本国仍然经济基础薄弱、农业为主且城乡旧势力活跃。在这种情况下,苏联能否依靠自身力量,在资本主义的重重包围中生存下来,并成功建立社会主义制度,成为党内外关注的核心议题。1925年12月,俄共(布)第十四次代表大会在莫斯科召开,斯大林代表中央委员会作了题为《关于中央委员会的政治报告的结论》的重要讲话,提出了实现社会主义工业化的总路线。这次大会确定了将苏联从一个落后的农业国转变为能够自主生产必要装备的强大工业国的战略目标。自此之后,苏联开始了大规模的工业化建设进程,标志着苏联社会主义建设进入了一个新的阶段。

第八章 "马克思的遗志"：人民立场在世界历史中的实践

斯大林主导下的工业化探索取得了显著成就。政府主要依赖国内资金积累来推动工业化，从1926年至1927年间投入工业的资金达到了十亿卢布，到三年后这一数字增长至五十亿卢布。到了1936年，苏联不仅完成了国家工业化，还实现了农业集体化，仅用了十年时间就达成了西方国家通常需要五十年甚至更长时间才能完成的发展目标。然而，这种快速发展的背后也隐藏着诸多问题。首先，工业化所需的资金部分来源于农业剩余转移，主要通过压低农产品收购价格和抬高工业品价格的"剪刀差"政策实现。这种方式牺牲了农民的利益，导致农村经济恶化和农民生活水平下降。其次，苏联选择了高速度、高积累以及优先发展重工业的道路，忽视了轻工业和消费品生产的平衡发展。这不仅造成了消费市场的短缺，还导致农业生产大幅下滑，并最终引发了1932—1933年的严重饥荒。根据历史记录，这场饥荒造成了数百万人死亡，苏联人民为此付出了沉重代价。与此同时，农业集体化运动虽然在一定程度上促进了农业机械化的发展，但在推进过程中也出现了片面性和局限性。例如，集体化进程过于急促，过度依赖强制行政命令，违背了自愿原则。基层执行者常采用威胁、恐吓等手段，严重影响了农民的积极性。此外，由于"富农"这一概念在当时未能得到精确的界定，在实施针对富农阶级的政策过程中，出现了将部分中农错误地认定为富农的情况，导致这些被误判的家庭遭受了不应有的财产剥夺，严重损害了他们的合法权益。

在政治领域，苏联逐步确立了一种高度集权的统治模式，其中权力高度集中在党和国家的最高领导层手中，党政界限模糊，党取代政府职能的现象尤为显著。随着时间的发展，一党制领导和"党的垄断"逐渐演变成以个人权威为核心的体制。尽管苏联坚持马克思列宁主义作为意识形态的指导原则，并且实施了严格的思想文化控制机制，但这种高度集中化的政治体制并非一种成熟或理想的治理模式，其内部存在着多方面的缺陷与问题。苏共党内形成了一套高度集权的官僚体系，任命制、名单制（罗名制）、关系网（蒙荫制）盛行，导致贪污腐败现象滋生，一些个人凌驾于组织和法律之上。这种体制虽然在特定历史条件下有其功绩，但随着时代变迁，其低效、缺乏民主、动力不足、运转僵化等问题日益显现，逐渐成为阻碍经济发展和政治进步的因素。

（二）激烈改革斯大林模式的赫鲁晓夫和勃列日涅夫时代

当赫鲁晓夫接替斯大林成为苏联的新领导人时，他接手的是一个已经显露出诸多问题的国家。此时的苏联模式暴露出了一系列问题与挑战：工农业比例失调，农业生产力滞后；工业生产中存在着高浪费与低效率；政治体系内部官僚主义盛行，特权阶层逐渐形成；斯大林时期的大清洗运动更是让社会陷入了人人自危的紧张状态。面对如此复杂的局面，赫鲁晓夫决心推行一系列旨在消除斯大林影响的"彻底"改革。然而，由于未能完全突破传统管理体制和斯大林模式的限制，加上在政治、经济和社会领域的改革成效有限，赫鲁晓夫对斯大林个人崇拜的批判虽然揭示了过去的一些错误，但也引发了思想上的混乱，削弱了人们对社会主义建设的信心。

赫鲁晓夫最为人所知的改革集中在农业领域，这使得他获得了"从农业打开通向最高权力之路"的称号。尽管整体上仍坚持优先发展重工业的战略，但赫鲁晓夫也采取了一系列措施来促进农业的发展。例如，他推动了农业计划制度的改革，减少了不切实际的生产指标，并优化了计划制定的过程，以激发集体农庄的积极性。此外，他还通过提高农产品收购价格、减轻自留地税收负担以及放宽对个人副业的限制等手段增加了农民收入。同时，赫鲁晓夫逐步废除了机器拖拉机站制度，赋予农民更多的自主权，并致力于改进农业机械化服务和支持农业科技的发展。这些政策在一定程度上提高了农业劳动生产率，促进了农业生产的发展。

在政治体制方面，赫鲁晓夫同样进行了广泛的变革。他强调加强法制建设，扩大地方权力，改组政府机构，并努力提升干部队伍的工作素质和文化水平，取消了干部特权。这些举措为苏联的政治生活注入了新的活力，但由于仅凭主观意愿制定政策，缺乏对实际情况的充分考量，使得政策最终未能达到预期的效果。

勃列日涅夫执政初期，苏联经济实现了显著的增长。从1960年到1975年间，社会总产值从3040亿卢布增长至8626亿卢布；电力、石油、钢铁等关键产业的产量大幅增加，甚至超越美国，在全球占据领先地位。

然而，尽管在经济上取得了一定成就，但政治改革却几乎停滞不前，导致了一系列负面的社会经济后果。随着勃列日涅夫领导地位的巩固，个人崇拜现象再次抬头，他利用各种机会强化自己的政治形象；苏共中央领导职务终身制的确立，进一步加剧了这一趋势。与此同时，特权阶层不断扩大，损害了社会公平性。勃列日涅夫执政期间，苏联综合国力达到了顶峰，成为世界第二大经济体和军事强国之一。

然而，高度集中且粗放式的经济管理模式逐渐成为生产力进步的障碍，亟需启动新一轮改革以应对这一挑战。勃列日涅夫执政后，废止了赫鲁晓夫时期的"干部更新制度"，此举虽然确保了干部队伍的相对稳定，但也带来了干部老龄化及进取精神不足的问题，从而错过了重要的改革契机，使得苏联丧失了宝贵的发展机遇。具体来说，这种高度集中的经济管理模式缺乏灵活性和效率，无法有效响应快速变化的技术环境和市场需求，进而抑制了创新和技术进步。与此同时，由于取消了定期的人事更替机制，导致高层决策者平均年龄偏大，对新思想、新技术的接受能力相对较弱，这不仅影响了政策制定的质量，也削弱了国家层面推动深层次结构性改革的动力。因此，在勃列日涅夫时期，尽管表面上维持了一定程度的政治和社会稳定，但实际上却延误了必要的体制改革进程，阻碍了苏联经济社会的长远健康发展。

赫鲁晓夫和勃列日涅夫两位领导人在不同层面上尝试推进改革，但在各自的时代背景下，他们的努力都未能从根本上解决苏联体制存在的深层次问题，为后来苏联解体埋下了伏笔。

（三）彼得大帝式风格推行"新思维"改革的戈尔巴乔夫时代

20世纪70年代，苏联人民的生活水平处于相对较高阶段，广泛的社会福利使苏联工人阶级呈现出中产化特征。当时消费品供应较为充足，免费的住房、教育、医疗、养老等福利一应俱全，工人们收入颇丰，他们经常前往黑海边度假，在莫斯科的公园里，随处可见普通民众拉着风琴，哼唱着东欧风情的小调，社会氛围和谐，很少有人利用人际关系谋取不正当财富或剥削平民。

1985年3月11日，苏共中央非常全会一致选举米哈伊尔·谢尔盖耶维奇·戈尔巴乔夫为新一代的苏共中央总书记，这一任命标志着苏联历史翻开了新的一页。彼时，苏联面临着一系列复杂而严峻的挑战，这些挑战不仅包括经济上的停滞不前、社会矛盾的加剧，还包括国际环境的压力。作为新任领导人，戈尔巴乔夫肩负着推行深刻改革的重任，其任务之艰巨以及可能遇到的阻力，均超过了前任领导者。同年4月的苏共全会明确指出："国家已处于危机边缘"，并强调必须进行根本性的变革和改造，提出了"加速国家社会经济发展的战略方针"。鉴于当时的紧迫形势，戈尔巴乔夫提出了被称为"新思维"的政策理念，旨在对苏联的社会经济与政治体系进行全面而深刻的革新。

在经济方面，戈尔巴乔夫借鉴了列宁时期的新经济政策，试图引入市场调节机制，扩大企业自主权，并通过放松价格管制等措施来激活经济活力。具体而言，戈尔巴乔夫推行了一系列经济改革措施，如《关于国家企业活动中的经济刺激法令》和《合作社法》，意在赋予国有企业更多经营自由度，鼓励私人创业，以期提高生产效率和产品质量。然而，由于未能彻底变革僵化的国有经济结构，加之配套政策措施不足，这些改革措施并未能有效遏制经济下滑的趋势，反而在一定程度上加剧了经济混乱，最终导致了经济状况的进一步恶化。

在政治领域，戈尔巴乔夫倡导了"人道的、民主的社会主义"这一概念，并将其确立为苏共的政治路线，同时提出了"民主化"与"公开性"等口号，强调增加政治透明度、促进公民参与决策过程的重要性。这些举措旨在构建一个更加开放包容的政治环境，允许更多的批评声音存在，并逐步实现从一党制向多党制的过渡。尽管如此，政治上的快速开放也带来了意想不到的结果，加速了苏联内部民族主义情绪的高涨及中央权威的削弱，从而对国家统一构成了严重挑战。

这些政策虽然初衷是为了改善政治透明度和社会参与度，但在实践中却引发了一系列复杂的政治后果。它们不仅激化了内部矛盾冲突，还为反对派力量的崛起提供了契机，最终加速了苏联的解体和苏共的瓦解。戈尔巴乔夫的改革意图是通过"新思维"来挽救苏联，但其结果却意外地成为苏联解体的一个关键因素。尽管如此，他的努力反映了苏联领导人对于改变现状、寻找出路的决心，也为后世留下了深刻的教训。

（四）红色巨人的倒塌与历史镜鉴

苏联解体、苏共垮台仅能证明苏联模式的失败，并不能表明马克思主义以及马克思主义人民立场的失败。反之，从苏联解体中汲取历史教训，进而深入探寻马克思主义人民立场的精髓，才是对待这段历史最根本、最合理的态度。

第一，必须完整准确贯彻马克思主义的人民立场。准确全面地领会马克思主义的人民立场，本身就是一场追求真理的复杂旅程，而将马克思主义的人民立场准确全面地贯彻执行，更是充满曲折的历史进程。苏联解体、苏共垮台的关键因素之一，便是其在后期的思想与实践层面逐渐偏离了马克思主义的人民立场。邓小平在苏联解体后不久的南方讲话中多次着重指出，发展是硬道理，必须牢牢把握经济建设这一核心不动摇，加速推进改革开放和现代化建设。发展问题绝非仅仅是经济议题，更是极为关键的政治议题，"人民，是看实践。人民一看，还是社会主义好，还是改革开放好，我们的事业就会万古长青！"[①] 总结来看，苏共垮台、苏联解体的教训凸显出：共产党能否始终代表先进生产力的发展要求，是其兴衰成败的核心关键，代表先进生产力与代表最广大人民群众的根本利益是紧密统一的，发展先进生产力必须以实现最广大人民群众的根本利益为价值导向，先进生产力的成果，也必须转化为人民群众生活水平实实在在的提升，这是苏联后期背离马克思主义人民立场的关键所在。

第二，必须兼顾人民群众个人利益和国家利益。在处理人民群众个人利益与国家利益的关系时，必须找到两者的平衡点。人民的政治立场往往受到自身利益，尤其是生存权益的影响。共产党人应当敏锐地捕捉到这一点，在保障和提升人民个人利益的同时，引导他们理解并认同国家的整体利益，进而激发集体主义精神，共同为国家的发展贡献力量。在社会主义

---

① 《邓小平文选》第3卷，北京：人民出版社1993年版，第381页。

制度下，国家利益和个人利益是相互依存的：国家利益构成了实现民众个人利益的基础框架，而个人利益的充分满足则是推动国家利益达成的重要动力。尽管两者紧密相连，但在重要性上有所区分——国家利益的实现应以人民的利益为导向，并将其作为最终追求的目标。这意味着，在制定政策和决策过程中，必须考虑到人民当前的实际需求（现实利益）以及长远的发展愿景（未来利益），确保二者能够和谐共生。革命战争年代，由于物质条件相对匮乏，共产党人更多地依赖于描绘一个更美好的未来来激励人民参与斗争，这一理想中的"个人利益"成为动员群众的强大动力源泉。而在和平建设时期，随着社会经济条件的改善，政府有能力提供更多的实质性福利给人民，此时更应该关注如何通过具体的行动让人民感受到实实在在的好处，以此增强他们对国家发展的信心和支持力度。为了保持这种动态平衡，共产党人需要根据时代的变化灵活调整策略，不断优化观念与政策措施，以适应新的挑战和发展机遇。忽视这一原则可能会导致失去人民的信任和支持，从而影响到党的长期执政能力和社会主义事业的成功推进。因此，在设计任何一项政策或规划时，都应将人民的具体利益放在首位，努力构建一个既能促进个人福祉又能服务于国家整体利益的良好环境。从这个角度看，苏联在其后期改革和建设中，实际上犯了过度重视国家利益而严重忽视人民群众个人利益的重大错误，导致出现苏共后期虽名为共产党，却在国内不得人心的怪异局面，当镰刀旗缓缓降落时，苏联大多数老百姓都表现出一种"冷漠"的旁观态度。

第三，应坚定不移地维护党的领导与人民当家作主的有机结合。党不仅要致力于保障和发展人民民主，还要鼓励人民积极参与到社会生产和生活的管理中去，推动个人自由与全面发展的实现。然而，党的作用在于领导和支持人民行使当家作主的权利，而不是代替人民做决定——这是马克思主义人民立场的一个核心原则。遗憾的是，在列宁去世之后，苏联并没有成功地从动员型的政治体制转变为更加回应民众需求的政治体系。这导致了社会民主和党内民主建设的忽视，使得政府逐渐失去了依靠人民执政的能力，无法有效引导人民参与治理，也不能充分支持人民参与到政治生活中来。相反，苏联加强了国家权力，并将其高度集中在中央，形成了集立法、行政、监督于一体的权力结构，最终使权力崇拜和个人专断达到了极端的程度。在这种环境下，普通民众被简化为国家机器上的"齿轮"和"螺丝钉"，成为了被国家权力所控制的对象，而非自主行动者。党政机关高高在上发号施令，对不服从者进行排斥或打击。这样的环境促使民众养成了消极被动的态度，习惯于盲目跟随上级指示，缺乏独立思考的能力和社会责任感。当人们感到自己没有真正的主人翁地位时，自然也不会主动承担起国家兴衰的责任。

要完成从动员型政治向回应型政治的转变，除了需要执政党具备理性的自觉之外，更重要的是将这种意识转化为具体的制度设计，并确保这些制度得到有效实施。这意味着必须通过加强民主法治建设，确保执政者依据人民的意愿和利益行使权力，而非根据个人意志随意决策或滥用国家权力以压迫民众或谋求私利。若此问题未能得到妥善解决，按照人民意志行使国家权力的目标将难以实现，人民主权也将沦为形式上的存在。长期忽视民主法治是苏联解体的重要原因之一，特别是在某些特殊时期所采取的临时性措施被逐渐固定下来，甚至在某些方面走向极端，严重偏离了社会主义民主的原则。例如，委任制取代选举制成为常态，个人独裁替代了民主集中制，而民主监督机制则变得有名无实。这些做法不仅削弱了制度的有效性和正当性，也损害了公众对政府的信任和支持，最终导致了政权合法性危机的加剧。具体而言，当民主程序被简化或忽略时，如用任命代替选举，这实际上剥夺了公民选择领导人的权利；而当权力过于集中在少数人手中，形成事实上的个人独裁时，则破坏了集体决策机制，降低了政策制定的质量与公正性；再者，如果缺乏有效的监督机制，那么即使是合法产生的政府也可能逐渐偏离为人民服务的方向，转而追求自身利益最大化。因此，为了维护社会主义民主的本质特征，必须始终坚持和完善相关制度安排，确保所有权力都在法律框架内运行，并接受来自社会各界的有效监督。

第二节　筚路维艰，薪火相传：人民立场与共产主义在中国的实践

中国拥有悠久而辉煌的历史文化，曾长期处于世界领先地位。然而，自鸦片战争爆发以来，西方列强接连对中国发动侵略战争，迫使腐败的清政府签订了一系列不平等条约，致使中国逐渐陷入半殖民地半封建社会的困境。回顾百年历程，中国共产党自建党之初便秉持人民立场与群众观点，坚持以人民为中心的实践探索，并矢志不渝贯彻百年实践的始终。

一、新民主主义革命时期：在求民族独立中实现人民解放

一百年前，中国共产党应运而生。在过去的一百年里，尽管党根据不同历史时期的革命、建设和改革需求调整了发展的重点、任务与目标，但始终坚持人民至上的立场，把谋求广大人民群众的利益作为根本政治目标，始终坚守这一初心。通过不断适应时代变化，中国共产党持续深化和发展了以人民为中心的思想，确保它既符合历史潮流，又贴近现实需求，为实现中华民族伟大复兴提供了坚实的思想保障。

（一）马克思主义传入中国与中国共产党的创建

李大钊作为中国最早的马克思主义者与共产主义先驱，对马克思主义在中国的传播及中国共产党的创立作出了奠基性贡献，1918 年，他在《新青年》发表《法俄革命之比较观》《庶民的胜利》等文，称俄国革命为"世界新文明之曙光"。1919 年，其《我的马克思主义观》首次系统介绍唯物史观、剩余价值学说与阶级斗争理论，标志马克思主义在中国进入系统传播阶段。1920 年，李大钊与陈独秀相约建党，史称"南陈北李，相约建党"。陈独秀南下上海，李大钊留守北京，形成南北呼应之势。李大钊指导成立北京共产党早期组织（1920 年 10 月），指导成立天津党团组织，并派成员赴济南、郑州等地发展组织，成为北方建党的核心。1921 年 7

第八章 "马克思的遗志":人民立场在世界历史中的实践

月,中共一大召开,宣告中国共产党成立。李大钊因领导索薪斗争未能出席,但其理论准备与组织工作为建党奠定思想与组织基础。其学生张国焘、刘仁静参与一大,其建党思想通过《我的马克思主义观》等著作影响深远。

陈独秀一生五度留日,1901年他因参与反清宣传活动遭清政府通缉,流亡日本,进入东京高等师范学校学习。此后,为满足革命斗争需求,他多次往返于中日之间。1913年,因参与"二次革命"、反对袁世凯复辟,陈独秀被捕入狱,1914年出狱后第五次赴日,协助章士钊创办《甲寅》杂志,旨在启迪民众,传播救国理念。1915年回国后,陈独秀定居上海,当时他主导筹建的上海共产党早期组织已初具规模,在全力投入党务工作之余,他还积极联络各地进步知识分子,负责《新青年》的出版发行,使《新青年》成为五四运动的先声,成为传播马列主义、反帝反封建思想的关键平台。中国共产党成立后,《新青年》作为党的理论宣传刊物,大量刊载了马克思主义理论著作及国际共产主义运动的相关文章。

中国共产党的诞生与中共早期活动家的宣传和教育实践密切相关。1920年11月,陈独秀应邀前往广东主持教育工作,致力于推广新文化、倡导新思想、传播马克思主义。陈独秀提出了教育独立、增加教育经费、行政措施与教育理念一致等三项条件。他的这些主张得到了李大钊等人的积极响应和大力支持,他们认为这样的做法既能利用广东这一平台宣传新文化和社会主义新思想,又能为筹备共产主义组织创造条件。因此,陈独秀除了在工人阶级中开展宣传工作外,还着手在广东组建党组织。陈独秀在北京大学的学生谭平山等人随即接过了在广东建党的重任,这一行动对杨匏安、阮啸仙等一大批青年产生了深远影响。1921年春,广东共产党组织正式成立。广东共产党组织建立后,陈独秀将推广新文化、宣传马克思主义与党的工作紧密结合,为此,他制定了一系列改革计划,并迅速将这些计划落实到广东共产党组织的实际工作中。例如,开办宣传员培训班以普及马克思主义知识,培养未来从事群众工作的干部,这实际上是在打造一所广东共产党的党校。在这一过程中,陈独秀还特别注重对铁路工人、海员工人和机器工人开展宣传教育工作,以此来扩大党的组织基础,增强马克思主义思想的指导作用。

随着马克思主义与中国工人运动的不断融合，一个以马克思列宁主义为行动指南的、全新的无产阶级政党应运而生。这是具有划时代意义的重大事件，为近代历经战乱、深受苦难的中国人民带来了光明和希望。从此，中国人民在追求民族独立、人民解放以及国家富强、人民幸福的斗争中有了坚定的依靠。

（二）土地革命时期：根据地人民当家作主的探索与实践

土地革命战争时期是中国共产党在局部地区领导中国人民探索与实践人民当家作主的关键阶段，也是党践行马克思主义人民立场的重要实践期。在这十年的土地革命战争中，中国共产党在经济、政治、文化、教育等多个领域开展了大规模践行马克思主义人民立场的实践活动。

土地革命深刻体现了中国共产党的人民立场。中国共产党为了实现农民的翻身解放，在赣南、闽西根据地，毛泽东提出了一系列深化土地革命的政策和原则。1929年4月，他主持制定了兴国县《土地法》，将井冈山《土地法》中"没收一切土地"的规定修改为"没收一切公共土地及地主阶级的土地"。同年7月，在他的指导下，闽西党的第一次代表大会通过决议，确立了"自耕农的田地不没收""抽多补少"的分配原则，使得闽西300多里的区域内60多万贫苦农民获得了土地。1930年2月，在按人口平均分配土地的原则指导下，兴国等六县全境以及永丰等县的部分地区全面展开了分田运动。1931年2月，毛泽东再次修订了井冈山《土地法》中关于农民仅有土地使用权且禁止土地买卖的规定，确认了农民对土地的所有权。这一系列措施不仅保障了农民的基本权益，也为后来的土地制度改革奠定了基础。与此同时，在赣东北、湘鄂西、鄂豫皖、湘鄂赣、广西右江、广东琼崖等地的革命根据地，土地革命同样如火如荼地展开。这些地区的土地改革政策，不仅消灭了封建剥削制度，还极大地激发了农民的积极性，促进了农业生产和农村经济的发展。土地革命的成功实践证明，中国共产党始终把人民的利益放在首位，致力于建立一个更加公平正义的社会秩序。

第八章 "马克思的遗志"：人民立场在世界历史中的实践

随着各革命根据地与红军力量的持续增长，1931年11月，中华苏维埃第一次全国代表大会在江西瑞金召开。此次大会选举产生了中华苏维埃共和国中央执行委员会，并正式宣布了中华苏维埃共和国的成立。新成立的苏维埃政府推行了一种新型的政治体制——工农兵代表大会制度，通过选举产生各级苏维埃政府机构，广泛吸收工农群众代表参与到政权管理中来，确保人民能够行使当家作主的权利。此外，苏维埃政府特别重视廉政建设和司法建设。例如，在1933年12月，中央执行委员会发布了《关于惩治贪污浪费行为的训令》，对一系列腐败案件进行了严肃处理；而在1934年，则建立了审计监督制度，有效地规范了财政财务收支，促进了廉政建设的发展。这一时期颁布的一系列法律法规总数超过120部，初步建立起了一套具有鲜明阶级性和时代特征的法律体系。这些法律法规不仅推动了人民解放事业的发展，反映了当时社会变革的需求，也为后来新中国的法制建设积累了宝贵的经验。与此同时，苏维埃政府积极领导根据地人民开展经济建设，努力打破敌人的经济封锁。尽管条件极为艰苦，农业、工业、商业、交通、邮电、财政及金融等多个领域均取得了一定的发展。特别是在教育与文化建设方面，根据地内普遍设立了各类学校，专注于培养各方面所需的干部和专业人才，并展开了大规模的扫盲运动，显著提升了根据地民众的知识文化水平。

中华苏维埃共和国所实施的一系列政策和措施，在当时的历史背景下发挥了重要作用，为实现人民当家作主的理想迈出了关键一步，不仅在中国革命史上留下了浓墨重彩的一笔，也为后来的新中国建设积累了宝贵的经验。

（三）抗日战争时期：反民族压迫中的人民解放

毛泽东在《论持久战》中强调"兵民是胜利之本"，指出战争伟力的最深厚根源存在于民众之中，认为争取抗战胜利的唯一正确途径是充分动员和依靠群众，开展人民战争。中国共产党坚持人民主体地位，主张废除国民党的一党专政，赋予人民充分的抗日民主权利，适当改善工农大众生活，广泛动员、组织和武装民众参与抗战，使抗日战争成为真正的人民战争。

　　1931年9月18日，日本关东军发动九一八事变，侵占中国东北。面对国民党政府"不抵抗政策"，中国共产党迅速作出反应。9月20日，中共中央发表《中国共产党为日本帝国主义强暴占领东三省事件宣言》，揭露日本侵略本质；9月22日，中共中央通过《关于日本帝国主义强占满洲事变的决议》，提出"武装群众，进行革命的民族战争"的抗日主张，并强调联合工人、农民、士兵与一切被压迫民众，建立反帝统一战线；12月，中华苏维埃共和国临时中央政府发布《为国民党反动政府出卖中华民族利益告全国民众书》，进一步呼吁全国民众武装抗日。中共率先高举抗日旗帜，将民族解放与阶级解放结合，成为反侵略斗争的领导核心。1937年8月，中共中央在陕北洛川城郊召开政治局扩大会议（洛川会议），会议通过《中国共产党抗日救国十大纲领》和毛泽东起草的《为动员一切力量争取抗战胜利而斗争》宣传鼓动提纲，明确了在抗日民族统一战线中坚持无产阶级领导权、在敌后开展独立自主的山地游击战争、在国统区发动抗日群众运动等基本原则。在敌后抗日根据地政权建设方面，中国共产党积极落实拥政爱民、"三三制"等政策，保障人民权利，激发人民抗战热情。在广阔的国统区，中国共产党也开展了声势浩大的抗日民主运动，注重争取和团结中间势力，广泛接触民主党派、无党派人士、国民党民主人士、地方实力派、知识分子等，使他们了解共产党的主张，逐步赢得他们的信任，既巩固扩大了抗日民族统一战线，又有力地打击了国民党一党专政，促进了广大人民群众的觉醒，捍卫了人民的权利。

　　在积极动员广大人民群众投身保家卫国的抗战洪流的同时，中国共产党也注重减轻人民负担，典型举措是开展大生产运动，贯彻"发展经济、保障供给"的总方针。中央领导人以身作则，带头参与大生产运动，亲自种菜、垦地、手工纺纱等，走生产自救道路。陕甘宁边区和华北抗日根据地开展大生产运动后，人民负担大幅减轻，军民生活明显改善，党和人民群众的血肉联系得到加强。各抗日根据地还积极落实精兵简政、拥政爱民、减租减息等利民政策，力求最大程度减轻人民抗战负担，保障人民经济权益。

第八章 "马克思的遗志"：人民立场在世界历史中的实践

此外，发展抗日的革命文化运动也是中国共产党抗日的重要议题。中国共产党创办了一系列干部学校和专门学校，如中国人民抗日军事政治大学（简称"抗大"）、陕北公学、青年干部训练班（安吴堡青训班）、鲁迅艺术文学院、马克思列宁学院（马列学院）、中共中央党校、职工学校以及中国女子大学等，这些机构为党培养了大批革命干部。与此同时，为了巩固和发展舆论阵地，中国共产党还强化了党报党刊的建设，包括《解放日报》等重要媒体，并建立了新华通讯社和新华广播电台等宣传工具，有效地传播党的理论和政策，引导社会舆论。中国共产党还积极推动文学创作与戏剧演出的发展，鼓励文艺工作者创作反映人民生活和社会现实的作品，以增强民众的精神力量、支持党的事业。在根据地内，尽管条件艰苦，但党依然重视教育事业，尤其是初等教育工作。为了满足当地儿童接受教育的需求，党因地制宜，利用有限资源创办了中小学校，确保青少年能够获得基础教育的机会。例如，在延安时期，即便是在窑洞前的坪地上或树荫下的空地上，学员们也会坚持上课，使用自制的学习工具进行学习。这些革命文化运动的开展，极大地宣传了马克思主义和中国共产党的政策主张，有利于促进广大人民群众的思想觉醒，从侧面践行了马克思主义的人民立场。

（四）解放战争时期：中国人民彻底推翻"三座大山"

抗日战争结束后，国民党统治集团选择发动内战，使得国内阶级矛盾再次成为社会的主要矛盾。这一时期的斗争实质上是一场关于立场选择的关键战役，决定了中国未来将建立何种类型的国家：是坚持人民的利益和福祉，还是维护大资产阶级和大地主阶级的利益。面对复杂的国际国内局势，中国共产党基于最广大人民群众的根本利益，制定了新民主主义的纲领政策，并成功构建了最广泛的人民民主统一战线。

中国共产党深刻认识到，要实现民族独立和人民解放，必须团结一切可以团结的力量，共同对抗国民党的反动统治。因此，党不仅强调了工农联盟的重要性，还积极争取各民主党派、无党派人士、少数民族、海外华侨以及其他爱国分子的支持，形成了强大的革命合力。通过这种方式，中国共产党引领人民推翻了国民党的反动统治，赢得了全国解放战争的伟大胜利。

在武装斗争的过程中，党的人民立场理论与实践不断得到丰富和发展。毛泽东等领导人明确指出，中国新民主主义革命的对象主要是封建主义和官僚资本主义，而非一般意义上的资本主义。这意味着，在革命进程中，既要坚决打击那些压迫人民的地主阶级和官僚资产阶级，也要保护和支持有利于国民经济发展的民族工商业。同时，党还特别重视知识分子的作用，采取慎重的态度对待学生、教员、教授、科学工作者、艺术工作者以及一般知识分子，努力将他们团结在党的周围。

此外，中国共产党始终把人民的利益放在首位，强调"没有一个包括全民族绝大多数人口的最广泛的统一战线，是不可能的。"[1] 这种广泛而坚实的统一战线不仅为打败国民党创造了条件，也为新中国成立后的发展奠定了基础。总之，抗战后的中国共产党以其坚定的人民立场和灵活的战略策略，最终实现了国家独立和人民解放的历史任务。

二、社会主义革命和建设时期：带领人民立户当家、自力更生、艰苦创业

在社会主义革命和建设时期，中国共产党引领人民在旧中国基础薄弱的条件下，积极探索符合中国国情的社会主义建设路径。这一阶段的成功探索不仅构建了相对完整的工业体系和国民经济框架，还促使社会结构发生了深刻变化，为后续中国特色社会主义的发展积累了宝贵经验和坚实的物质基础。

（一）国内巩固新生政权的斗争

新生人民政权的稳固是确保中国共产党能够持续执政的关键因素。为了达成这一目标，党领导实施了一系列坚决且有效的措施，不仅巩固了政权的人民属性，还为国民经济的恢复与发展创造了稳定的社会环境。国民

---

[1] 《毛泽东选集》第4卷，北京：人民出版社1991年版，第1257页。

第八章 "马克思的遗志":人民立场在世界历史中的实践

党撤退至台湾时留下了大量特务组织及残余正规军,这些势力通过破坏、暗杀和暴动等手段严重扰乱了社会秩序,威胁到了普通民众的生命财产安全。针对这种情况,党和政府给予了高度重视,并迅速展开了剿匪斗争与镇压反革命运动。1950年10月,中共中央发布了《关于镇压反革命活动的指示》,随后自同年12月开始,在全国范围内正式启动了镇压反革命运动,该运动秉持"镇压与宽大相结合"的原则,借助群众运动的形式,基本肃清了反革命残余势力,为土地改革和经济恢复工作的顺利开展提供了有力保障。为应对建国初期物价飞涨、投机猖獗以及生产萎缩等严峻的经济挑战,党和政府采取了一系列有效措施来建立新的经济秩序。这些措施主要集中在三个方面:没收官僚资本、稳定物价和统一财经管理。

首先,在没收官僚资本方面,政府根据官僚企业特有的属性,并借鉴了东北与华北城市接管过程中的宝贵经验,制定了独特的接管策略。具体而言,政府并未打碎原有的机构设置,而是保持了其生产系统和组织架构的完整性,确保机器继续运转、人员照常工作。这一方针由军管会代表执行,他们按照官僚资本企业原属系统,自上而下地完整接收,并立即开始监督生产活动。在此基础上,政府逐步推行民主改革和生产改革,将这些企业转变为社会主义性质的国营企业。其次,针对通货膨胀问题,政府展开了著名的"银元之战"和"米棉之战"。通过这两场战役,政府严厉打击了金融市场的投机行为,有效地遏制了通货膨胀的趋势,恢复了市场的正常秩序。特别是"银元之战",它不仅清除了上海金融市场上对人民币流通的障碍,还巩固了新货币的地位;而"米棉之战"则通过集中抛售储备物资并收紧银根的方式,成功抑制了物价的非理性上涨,使得市场逐渐趋于稳定。最后,在统一财经管理方面,1950年召开的全国财经会议做出了统一全国财经工作的决定。此后,各地积极响应号召,实施了一系列紧缩政策,如精简机构编制、严格控制开支等,以减少不必要的财政支出。同时,政府加强了税收征管力度,提高了财政收入,最终实现了从严重的财政赤字到收支平衡的重大转变。此外,政府还建立了更为严格的预算管理制度,确保每一笔资金都用在刀刃上,从而为国家经济的长远发展奠定了坚实的财政基础。

新中国成立之初，面对复杂的经济形势，党和政府通过没收官僚资本、打击投机行为以及统一财经管理这三大举措，迅速扭转了不利局面，初步建立了稳定的经济秩序，为后续的社会经济发展创造了有利条件。这些早期的成功实践证明了党在处理复杂经济问题上的智慧和能力，也为后来的经济改革与发展积累了宝贵的经验。

（二）社会主义制度的建立与工业化基础的奠定

中国社会主义制度的确立，是以1956年底对农业、手工业和资本主义工商业的社会主义改造基本完成为显著标志。1953年6月，毛泽东正式提出了党在过渡时期的总路线，这一时期的总路线被称为"一化三改"或"一体两翼"，即逐步实现国家的社会主义工业化为主体任务，同时推进对农业、手工业及资本主义工商业的社会主义改造作为两翼支持。过渡时期涵盖了从中华人民共和国成立到社会主义改造完成的整个过程，在此期间，党和政府采取了一系列措施来稳定经济秩序，例如没收官僚资本、打击投机行为以及统一财经管理等，这些都为后续更大规模的社会变革奠定了基础。

至1956年底，社会主义改造取得了决定性的胜利。具体表现如下：全国范围内，加入农业合作社的农户比例达到了96.3%，手工业者中超过90%也加入了相应的合作社。在国民收入结构方面，国营经济所占比例为32.2%，合作社经济更是高达53.4%，相比之下，个体经济和资本主义经济仅占大约7%。农民和手工业者的私有制已经基本上转变为劳动群众集体所有制，同时资本家所有的生产资料亦转化为国家所有制。这标志着初步构建起了以公有制为主导的社会主义经济体系，极大地促进了工、农、商业的社会变革及整个国民经济的发展。在这个过程中，中国共产党特别强调了国营经济的领导作用，确保其在国民经济中的主导地位，并且保障工人阶级的利益。对于私人资本主义，政策允许那些有利于国计民生的企业继续存在和发展，甚至给予一定的利润空间，特别是通过和平赎买的办法来处理资本主义工商业的问题，这是一个历史性的创新。

面对当时物资短缺、生产力水平较低的情况，选择进行社会主义改造被认为是符合中国国情的最佳路径,它为后来的工业化建设和现代化进程打下了坚实的社会基础。由于认识到没有强大的工业就没有稳固的国防、人民福祉和社会进步,在完成了三年经济恢复之后,尽管农业依旧落后、工业基础薄弱,党中央依然明确了优先发展重工业的战略方向。"一五计划"(1953—1957)确立了重点发展重工业的目标,这不仅是出于长远利益考虑,也是为了应对朝鲜战争带来的外部安全威胁以及借鉴苏联的成功经验和支持。毛泽东曾用"小仁政"与"大仁政"的概念来解释这种战略选择的重要性——短期内可能看似牺牲了一些即时利益(如轻工业的发展),但从长远来看却是为了更广泛、更持久地改善人民生活条件和发展国家实力。最终,在苏联的技术援助下,"一五"期间中国实现了钢铁、水泥等多个关键工业领域的快速增长,并建立了许多新的工业企业,极大地提升了国内工业技术水平。

(三)民主政治建设迈出新步伐

首先,确立了民主的政治制度。根据《共同纲领》的规定,人民代表大会被确立为新中国的基本政治体制之一。1953 年,中央人民政府委员会做出了召开地方各级人民代表大会,并在此基础上筹备全国人大的决定。同年,《选举法》正式颁布,明确规定了选举的具体程序与方法,确保每位选民都能平等地行使自己的投票权利。至 1954 年 9 月,第一届全国人民代表大会顺利召开,这标志着一个符合中国国情且反映社会主义国家特性的新型民主政治框架初步形成,极大地推动了公民参与国家管理的程度。

其次,制定了宪法。新中国首部正式宪法不仅激发了人民投身于社会主义建设的热情,还为顺利完成从新民主主义向社会主义转变提供了坚实的法律依据。这部宪法确立了一系列重要的原则和机制,如公民的基本权利、国家机构的设置等,开启了中国社会主义民主与法制建设的新篇章。

再次,人民政协的角色经历了重大调整。面对全国政协职能的变化,党中央多次组织统一战线工作会议,澄清并纠正了一些关于统一战线工作的误解,强调了与民族资产阶级建立合作关系的重要性,鼓励民主党派成员参与到国家事务中来,共同构建广泛的人民民主统一战线。1954 年底举行的全国政协第二届第一次全体会议通过了新的政协章程,明确了政协在未来政治生活中扮演的角色,即继续作为各党派和社会各界人士协商的重要平台,为中国长期坚持多党合作及政治协商制度奠定了坚实的基础。

最后,在处理民族问题上也出现了积极变化。为了抵御外部势力企图分裂中国的阴谋,中国政府基于民族团结和平等的原则,确立了民族区域自治制度作为解决国内民族问题的主要途径。这项政策进一步增强了国家内部的凝聚力,促进了各民族之间的和谐共处与发展,对于维护国家统一和社会稳定起到了至关重要的作用。

(四)科教文卫等事业的发展

第一,文化宣传领域的革新与发展。自1954年起,党对文化艺术工作的指导力度显著增强,强调文艺创作应服务于工农兵群体,并坚持社会主义现实主义的原则。这一时期,新的文艺作品如戏曲、小说、歌曲等开始大量涌现,逐渐取代了旧有的、腐朽的文化形式,为广大民众提供了丰富的精神食粮。通过这些积极健康的作品,人民群众接受了社会主义思想的熏陶,激发了他们投身于国家经济建设的热情。此外,党中央还提出"百花齐放、百家争鸣"的方针,鼓励不同风格的艺术表达,促进了文化艺术事业的初步繁荣。

第二,科学与教育事业的蓬勃发展。为了改变新中国成立初期我国科学基础较为薄弱的局面,1954年中央批准转发了中国科学院党组提交的一份重要报告,明确指出要大力发展自然科学,尊重并教育科学家,鼓励他们为人民服务。同年,政府还提出了"整顿巩固、重点发展、提高质量、稳步前进"的教育方针,旨在优化高等教育体系,培养高水平的技术人才以满足国家建设的需求。经过几年的努力,到1955年底,全国已有超过40万名科学技术人员,专业科研机构数量超过了800个,高等教育和成人教育等方面都取得了长足的进步。此外,针对教育改革的具体措施还包括开展大规模扫盲运动,结束了旧中国文盲半文盲占人口绝大多数的历史;深入学习马列主义和毛泽东思想,推进新中国的文化教育除旧布新。

第三,卫生健康服务的全面提升。在过渡时期,卫生部门着重加强了工业和城市的医疗卫生服务、农村卫生条件改善及互助合作机制建设，同时大力推行爱国卫生运动，贯彻中西医结合的方针，实施计划生育政策，从而有效提升了全民健康水平。具体来说，党和政府采取了一系列措施来完善城乡医疗服务网络，包括建立基层医疗机构、培训医疗人员以及推广预防接种计划等，这些努力使得人民健康状况得到了明显改善。此外，政府还特别关注农村地区的卫生问题，通过新型农村合作医疗试点等方式减轻农民看病难、看病贵的问题，确保所有公民都能享受到基本的医疗保障。

三、改革开放和社会主义现代化建设新时期：解放和发展社会生产力，使人民摆脱贫困、尽快富裕起来

在改革开放和社会主义现代化建设新时期，中国共产党始终坚持人民至上的立场，将解放和发展社会生产力视为核心任务，致力于让人民摆脱贫困，尽快实现富裕。这一时期，党深刻认识到贫穷不是社会主义，真正的社会主义应是全体人民共同富裕的社会。自1978年党的十一届三中全会以来，中国开启了以经济建设为中心的历史性转变，实施了一系列重大政策与措施，为实现人民生活水平的显著提高奠定了坚实的基础。

（一）邓小平理论中的人民立场

1978年召开的党的十一届三中全会是中国历史上的一个重要转折点，这次会议不仅重新确立了解放思想、实事求是的思想路线，还将党和国家的工作重心转移到经济建设上来，并开启了改革开放的新时代。随着改革开放政策的不断深化，邓小平同志在党内的核心领导地位逐渐稳固，他的人民观也随之不断发展并趋于成熟，特别是在1992年的南方谈话期间达到了一个新的高度。

第一，坚持人民立场与实现共同富裕。邓小平强调，社会主义的本质在于解放和发展生产力，消灭剥削，消除两极分化，最终达到全体人民的共同富裕。他多次重申，"贫穷不是社会主义"，并指出社会主义的最大优越性就是共同富裕。为了实现这一目标，必须坚定不移地走中国特色社会

主义道路,持续推进改革与开放,确保人民能够共享发展成果。邓小平始终将人民的利益放在首位,认为衡量一切工作成效的关键标准是是否真正提高了人民的生活水平。这种以人民为中心的发展理念不仅体现了他对人民立场认识的深化,也彰显了马克思主义鲜明的人民性特征。

第二,尊重人民主体地位。邓小平坚信人民是历史的创造者,社会主义事业的成功离不开人民群众的支持与参与。因此,他特别重视调动人民的积极性和创造性,鼓励人民在实践中探索创新。早在1962年,邓小平就表达了对包产到户的支持态度;到了1978年,当安徽凤阳小岗村农民勇敢地签署了一份分田到户的协议时,尽管这一行为被一些人视为"违背常规",但邓小平却明确表示支持,只要能提高农民收益,这样的做法就是正确的。这表明,邓小平认为生产关系的选择应该由人民根据实际情况来决定,体现了他对人民主体地位的高度尊重。

第三,重视人民现实利益。邓小平将"三个有利于"作为评价各项工作的核心准则之一,其中最重要的一条就是"是否有利于提高人民的生活水平"①。这意味着,任何政策、措施的有效性都应以能否改善人民生活为最终检验标准。此外,邓小平还坚决反对腐败现象,主张通过加强法制建设来保障人民权益不受侵犯。他指出,共产党员应当无条件接受人民监督,确保手中的权力用于服务人民而非个人私欲。

第四,保障人民当家作主。邓小平认识到,人民的利益不仅仅局限于物质层面的富足,还包括政治权利的实现——即人民渴望成为国家的主人。为此,他强调要不断推进社会主义民主制度的发展和完善,确保人民能够依法享有广泛的权利。邓小平认为,在社会主义国家中,没有民主就没有真正的社会主义,也没有现代化建设的成功。他批评资本主义民主是一种形式上的民主,往往服务于少数人的利益,而社会主义民主则是实质性的,旨在维护广大人民的根本利益。邓小平提出,要摒弃资本主义式的虚假民主,建立真正意义上的人民民主,让人民真正掌握自己的命运。

邓小平的人民观贯穿于其整个政治生涯之中,从尊重人民主体地位到重视人民现实利益,再到保障人民当家作主,这些思想不仅反映了他对人

---

① 《邓小平文选》第3卷,北京:人民出版社1993年版,第372页。

民深刻的理解和关怀,也为中国特色社会主义理论体系增添了丰富的内涵。邓小平以其卓越的政治智慧和深厚的人民情怀,为中国的发展指明了方向。

(二)"三个代表"重要思想中的人民立场

在马克思主义的发展历程中,马克思、恩格斯及其卓越的继承者——中国共产党人不仅大力倡导并且持续强调人民的主体地位,更是在实践中积极践行这一理念。"三个代表"重要思想的提出,标志着中国共产党人在世纪之交,根据当代科学与实践的新进展,对人民立场进行了创新性的发展。这一思想不仅是指导中国共产党行动的重要指南,也是马克思主义关于人的发展理论在当代中国的具体体现。

"三个代表"重要思想坚持人民立场的历史观。马克思主义的主体性原则建立在其科学的历史观基础上,认为人类是历史的创造者,而所有历史活动的根本目的在于满足人们不断增长的需求和利益。这不仅是人类历史发展的客观规律,也是社会存续与进步的基础。随着人类需求的产生、满足以及新需求的出现,社会在这循环往复的过程中不断发展。"三个代表"重要思想中的人民主体理念,准确反映了这一过程:它将人民视为历史的推动者和创造者。"以人为本"的核心理念,抓住了社会发展内在逻辑的本质,为社会主义建设提供了明确的方向,并赋予其强大的生命力。

"三个代表"重要思想坚持人民立场的价值观。"三个代表"重要思想继承了马克思主义的价值目标,即追求共产主义——一个每个人都能自由发展的理想社会,在那里,"每个人的自由发展是一切人的自由发展的条件"[1]。中国共产党始终把人民的利益作为最高价值追求,从毛泽东同志提出的"最广大人民群众的最大利益"[2] 作为评价标准,到邓小平同志强调人民的支持与否是党和国家政策制定的关键考量,再到"三个代表"重要思想以人民为核心的价值取向,都体现了对人民主体地位的高度尊重。这种以民为本的价值观构成了"三个代表"重要思想的精神内核,明确了中

---

[1] 《马克思恩格斯文集》第2卷,北京:人民出版社2009年版,第53页。
[2] 《毛泽东选集》第3卷,北京:人民出版社1991年版,第1096页。

国共产党一切工作的出发点和落脚点都是为了人民的最大福祉。

（三）科学发展观中的人民立场

科学发展观深入阐述了人在社会发展中占据的核心地位，强调人不仅是所有社会关系的缔造者和各类社会活动的发起者与参与者，更是推动社会不断进步的根本动力。为了准确理解科学发展观中人民主体思想的内涵、精髓及其实质，我们需要从发展观的独特视角出发，结合其理论高度与实践意义进行深入剖析。

第一，人民主体思想的内涵。科学发展观强调人民主体的思想，明确指出广大人民群众不仅是推动科学发展的主要力量，也是享受科学发展成果的最大受益群体。这表明人民群众对于科学发展事业具有根本性的重要意义：他们既是发展的动力源泉，也是发展的物质载体。离开了作为主体的人民，社会发展就如同无源之水、无本之木，既丧失了前进的动力，也失去了活力和支持的基础。科学发展观中的人民主体思想，实质上在于坚定秉持"人民群众是推动科学发展的主体"[①]这一理念，在中国特色社会主义建设的伟大进程中，立足于人民群众的根本利益来规划和发展，确保人民始终处于优先、至上、主导的地位。这意味着要坚定不移地尊重人民的历史主体地位，使广大人民群众成为改革发展的强大力量。科学发展观不仅重视人民的作用，更注重通过发展促进人的全面发展，认为社会发展的本质就是人的发展，或者说是为实现人的发展而服务。

第二，以人为本的精髓。以人为本是科学发展观人民主体思想的核心，"是马克思主义政党的生命根基和本质要求"[②]。坚持以人为本意味着将最广大人民的根本利益置于首要位置，贯穿于社会发展的全过程之中。人民群众不仅是推动社会发展的核心力量，同时也是衡量社会发展水平的关键标准。社会进步与否，最终需以人民的价值尺度为评判依据。人民通过自身的实践活动成为经济社会发展的强劲推动力量，并作为直接的受益者享受着发展所带来的成果。随着社会不断迈向更高层次的发展阶段，人

[①]《胡锦涛文选》第3卷，北京：人民出版社2016年版，第99页。
[②]《胡锦涛文选》第3卷，北京：人民出版社2016年版，第475页。

民群众的根本利益能够得到更好的维护与实现,生活水平也随之稳步提升。这种正相关关系揭示了人民群众在社会发展进程中的核心地位与关键作用,凸显了以人为本理念在推动社会全面进步中的重要性。

第三,人民立场的实质。从最广泛的意义上讲,科学发展观所蕴含的人民立场强调将每个人视为拥有独立人格与尊严的个体,尊重人的本质属性,鼓励每个人充分发挥其特质。这一思想确立了人在所有发展实践中的主体地位,使人回归到最本真的存在状态,彰显出人的最本质特性。从根本上说,科学发展观把人的自由全面发展作为推动社会发展的内在驱动力和社会发展的最高价值追求。这不仅明确了社会发展的终极目标,也突显了人在社会发展进程中的核心地位。科学发展观强调,只有当每个人都能充分展现其潜力时,整个社会才能真正实现可持续的、全面协调的发展。

科学发展观不仅深化了对人在社会发展过程中主体地位的理解,还进一步明确了社会发展的目的——即为了人的全面发展。它为我们提供了一个全新的视角去理解和实践社会主义现代化建设,确保在追求经济增长的同时,不忽视人的需求与发展,从而构建一个更加和谐、公平的社会环境。

四、中国特色社会主义新时代:在坚持"人民至上"的实践中把造福人民的事业不断向前推进

"人民至上"是习近平新时代中国特色社会主义思想最鲜明的政治立场,是以习近平同志为核心的党中央治国理政最突出的执政理念。党的十八大以来,习近平围绕新时代中国特色社会主义实践对"人民至上"作出了一系列重要论述,继承发展了马克思恩格斯的人民观,丰富发展了中国共产党人的人民观,创新发展了中华优秀传统文化中的民本思想,超越发展了西方"资本至上"的价值逻辑,生动诠释了"人民至上"的丰富内涵。

（一）以人民为中心的发展思想，是彻底的"人民至上"

"所谓彻底，就是抓住事物的根本。"① 党的十八大以来，习近平对"人民至上"作出了深层次的思考和回答，深刻诠释了"人民至上"的基本理念。通过抓住"事物的根本"，守正创新，彰显了其理论的彻底性。彻底的"人民至上"体现在四个方面。

第一，坚持发展为了人民。习近平指出："为人民谋幸福、为民族谋复兴，这既是我们党领导现代化建设的出发点和落脚点，也是新发展理念的'根'和'魂'。"② 发展为了人民，就是要顺应人民对美好生活的向往，坚持改善民生，增进民生福祉，发展各项社会事业，解决人民群众的现实利益问题，使全体人民共享改革发展成果，不断促进人的全面发展。

第二，坚持发展依靠人民。习近平强调，"我们必须始终坚持人民立场，坚持人民主体地位，虚心向人民学习，倾听人民呼声，汲取人民智慧"③。人民群众是社会主义现代化建设事业的主体，只有始终坚持发展依靠人民，充分尊重人民群众的主体地位和首创精神，不断激发人民群众中蕴藏的智慧和力量，才能够推动中国特色社会主义事业继续向前发展，实现中华民族伟大复兴。

第三，坚持发展过程受人民监督。习近平强调："人民是无所不在的监督力量。只有让人民来监督政府，政府才不会懈怠；只有人人起来负责，才不会人亡政息。"④ 党的十八大以来，以习近平同志为核心的党中央健全完善党和国家监督体系，发挥人大监督、民主监督、群众监督等多主体多形式监督的优势，让人民监督和制约权力的运行，实现一切权力行使主体监察全覆盖。

第四，坚持发展成效由人民检验。习近平认为，"我们党的执政水平

---

① 《马克思恩格斯文集》第1卷，北京：人民出版社2009年版，第11页。
② 习近平：《论把握新发展阶段、贯彻新发展理念、构建新发展格局》，北京：中央文献出版社2021年版，第479页。
③ 《习近平谈治国理政》第3卷，北京：外文出版社2020年版，第142页。
④ 《习近平关于社会主义政治建设论述摘编》，北京：中央文献出版社2017年版，第44页。

和执政成效不是由自己说了算,必须而且只能由人民来评判,人民是我们党的工作的最高裁决者和最终评判者"①。人民满意是衡量党的全部工作成效的根本标尺,是检验发展成效的最高标准。坚持发展成效由人民检验,就要建立长效的与民商量机制,注重倾听人民呼声,以解决问题的实效,创造受人民认可、经得起人民检验的业绩。

(二)坚持满足人民的美好生活需要,是全面的"人民至上"

"以人民为中心的发展思想,不是一个抽象的、玄奥的概念,不能只停留在口头上、止步于思想环节,而要体现在经济社会发展各个环节。"②"人民至上"的执政理念不是抽象空洞的口号,而是有具体的、全面的内容,即我国政治、经济、文化、社会、生态等各领域各环节的发展过程都要遵从"人民至上"。全面的"人民至上"体现在四个方面。

第一,政治建设方面,完备"人民至上"的民主政治条件。健全人民当家作主制度体系,坚持和完善人民代表大会制度,发展广泛多层制度化协商民主,提升基层民主自治水平和能力,发展全过程人民民主,推动人民民主更加广泛、更加充分和更加健全,保障人民当家作主的实现。

第二,经济建设方面,夯实"人民至上"的经济发展基础。不断完善基本经济制度,保障不同所有制主体在产权、机会和规则上的公平性;加快转变经济发展方式,调整优化经济结构,转换经济发展动力,加快建设符合中国国情、具有中国特色的现代化经济体系;实行供给侧结构性改革,推动经济高质量发展,提升人民群众的物质生活水平,满足人民群众对美好生活的物质需要。

第三,文化建设方面,加强"人民至上"的精神文化支撑。在全社会弘扬和践行社会主义核心价值观,铸造人民的共同理想和信仰;聚焦人民精神文化现状,加强精神文明建设,提升公共文化服务水平,满足人民群众的精神文化需求;推动建设社会主义文化强国,坚定全党全国各族人民

---

① 《习近平谈治国理政》,北京:外文出版社2014年版,第28页。
② 《习近平谈治国理政》第2卷,北京:外文出版社2017年版,第213—214页。

的文化自信，形成中华民族坚不可摧的精神世界。

第四，社会建设方面，提升"人民至上"的美好生活品质。聚焦与人民群众现实利益最为相关的教育、就业、住房、医疗、社会保障等民生问题，推进建设更高质量的教育体系，实现更充分更高质量的就业，提高人民群众的健康水平，健全多层次社会保障体系，在补齐民生短板、增进民生福祉中不断维护人民群众的根本利益，提升人民群众的生活品质。

第五，生态建设方面，营造"人民至上"的良好生态空间。树立绿色发展理念，坚持人与自然和谐共生的原则，推动生态文明建设，提升人民群众的生活质量和幸福指数。面对突如其来的新冠肺炎疫情，党中央坚持人民至上、生命至上，不惜一切代价救治每一个新冠肺炎感染患者，保证每个患者都有平等地获取医疗资源的权利和机会，真正把人民的生命健康权落到实处。

（三）坚持一切发展成果由人民共享，是结果的"人民至上"

共享是中国特色社会主义的本质要求。共享发展成果，解决社会公平正义问题，其"实质就是坚持以人民为中心的发展思想，体现的是逐步实现共同富裕的要求"①。由人民共享发展成果，实质是结果的"人民至上"，使改革发展成果更多更公平地惠及全体人民。结果的"人民至上"体现在四个方面。

第一，坚持发展成果由全民共享。共享结果的主体不是某些利益集团、特权阶层，而是现实的、具体的人，是全体人民共享发展的成果。每一个人不论出身、地位如何，都平等地享有改革发展的成果。

第二，坚持发展内容要全面共享。全面共享强调让全体人民"共享国家经济、政治、文化、社会、生态各方面的建设成果，全面保障人民在各方面的合法权益"②。共享的内容不仅有丰富的物质保障，还有健全的民主、丰富的精神文化生活、和谐的社会环境、良好的生态环境等。这些发展的内容，即经济、政治、文化、社会、生态等各个领域，都要让人民群

---

① 《习近平谈治国理政》第2卷，北京：外文出版社2017年版，第214页。
② 《习近平谈治国理政》第2卷，北京：外文出版社2017年版，第215页。

众共享，使人民有更多的获得感和幸福感，而不是像西方国家那样只是形式上的共享。只有全面共享，才能真正地把"人民至上"的价值理念落到实处。

第三，坚持多种途径惠及每一个人。发展的结果不是自动就能使人民群众享有，而是要通过一定的制度等规定才能实现。坚持和完善人民当家作主制度体系，确保人民享有中国特色社会主义政治文明；完善民生保障制度，积极满足老百姓多层次多样化的需求，让广大人民群众享受到社会文明进步发展成果；以制度建设坚持和完善生态文明制度体系，保护好与人民生活息息相关的生态。

第四，坚持以渐进共享逐步实现结果共享。由于社会主义处于初级阶段，发展还不平衡，所以实现结果共享是一个渐进的过程，而不是突然一下使所有人都实现共享。但是中国特色社会主义始终坚持"人民至上"，其结果必然要从不均衡到均衡，循序渐进地实现共享，最终实现好维护好发展好最广大人民群众的根本利益。

（四）坚持不断促进人的全面发展，是立体的"人民至上"

为了人民而发展，发展才有意义。实现人的全面发展是中国共产党人一以贯之的价值追求。习近平对人的全面发展思想作出生动诠释，以促进人的全面发展为价值旨归，不断发展和完善促进人的全面发展的社会历史条件，彰显了立体的"人民至上"。立体的"人民至上"体现在三个方面。

第一，在经济上促进人的发展。在社会生活中，经济生活处于决定地位。要实现人的发展，最根本的是实现经济上的发展，这就需要对以生产关系为核心的经济关系进行调整。将"按劳分配为主体、多种分配方式并存"的分配制度上升到基本经济制度高度，就保证了以公有制为主体的社会主义市场经济能够实现人的物质财富的增长，推动人在经济生活的发展，实现经济生活中的自由。

第二，在政治上促进人的发展。经济发展是政治发展的基础，只有经济发展还不够，要实现人的发展，还需要在政治上为人的发展创造条件。在大政方针政策方面，保障人民群众拥有平等机会和权利来参与，提升人民群众的参与感；坚持和完善中国特色社会主义的各项具体制度，引导人民群众参与到中国特色社会主义政治生活中，使各种制度政策安排都坚持以人民为中心，让广大人民群众在发展中过上好日子。

第三，在文化上促进人的发展。社会主义先进文化是中国共产党带领中国人民在实践中形成的，既弘扬了革命文化，又传承了中华优秀传统文化，更在实践中不断地发展，起到了举旗帜、聚民心、育新人、兴文化、展形象的作用，发挥了满足人民日益增长的精神文化需求的作用。与此同时，我们坚持用党的理论创新成果教育人民，用社会主义核心价值观凝聚人心、汇聚民力，提高人民道德水准和文明素养，从而在文化层面不断促进人的发展。

第三节　大道不孤，命运与共：人民立场与当代世界共产主义运动

苏联解体、东欧剧变后，国际共产主义运动遭遇重大挫折。除中国之外，仍有部分国家在这一复杂的历史背景下坚守马克思主义人民立场，高举马克思主义人民大旗，积极探索符合本国国情的社会主义发展道路，深刻诠释了马克思主义人民立场大道不孤、命运与共的深刻哲理。

一、越南：捍卫人民利益的反腐机制

自1986年启动"革新"政策以来，越南在经济领域取得了令人瞩目的成就，经济表现亮眼，特别是在保持高速增长、吸引外资以及减少贫困等方面成绩斐然。然而，随着经济的快速扩张，一系列挑战也随之而来。其中，法治体系的不完善为腐败现象提供了滋生的土壤，腐败逐渐成为影响国家经济发展的重要问题，并给国民经济带来了严重的负面影响。越共中央对腐败问题给予了高度关注，将其列为越南面临的"四大危机"之一，认识到腐败不仅损害了公共利益，也削弱了政府的公信力和效率。在民众的认知里，腐败被视作"国难"，极大地影响了人民的生活质量和社

会公平正义，同时也损害了国家的形象和发展潜力。根据2001年国际廉政评估机构的一项针对亚洲各国贪污状况的研究报告显示，越南的腐败程度紧随印度尼西亚之后，位列亚洲第二，这表明腐败已经成为制约越南经济社会发展的重大障碍。

面对严峻的形势，越南采取了一系列措施来加强反腐败斗争，包括但不限于通过立法手段强化反腐机制，如2005年颁布了《反贪污腐败法》，并在2012年和2018年对《反贪污腐败法》进行了修订，扩大了适用范围，强化了财产申报制度，加强了对贪污行为的处罚力度，2015年修订的《刑法》则加重了对贪污腐败行为的刑罚，包括延长监禁期和增加罚款金额。此外，越共还加大了对高层官员的监督力度，要求公职人员及其家属申报财产和收入，以增强透明度，力求从源头上遏制腐败行为的发生。近年来，越南对多名高级官员展开调查和起诉，包括前政治局委员丁罗升和前信息部长阮北山。为了净化国内政治生态，切实捍卫人民群众的根本利益，越共积极探索，构建了独具特色的多重反腐败机制。这一系列机制的建立，旨在从制度层面、监督层面等多维度入手，遏制腐败现象的滋生，为越南的稳定发展和人民的幸福生活提供坚实保障，也为其他国家在反腐败领域提供了具有借鉴意义的实践经验。根据越南反腐败指导委员会的数据，2016年至2021年期间，越南共查处了超过1,200起腐败案件，涉及金额超过10万亿越南盾（约合4.3亿美元）。根据越南政府2021年的调查，超过70%的民众对反腐败工作表示满意，较2016年提高了20个百分点。

第一，强化党的建设、坚持全面从严治党。一旦党员涉及贪污受贿等不法行为，这不仅会严重损害党的形象，也会削弱党在民众心中的公信力。因此，反腐败工作必须从党内自身做起，通过强化党的自我建设和管理来增强党的凝聚力与影响力。2016年越共十二大提出"建党整党"任务，强调思想建设是党的根本建设，修订了《党章》和《党内监督条例》，明确党员行为规范，强化纪律约束；2018年颁布《党员干部道德规范》，要求党员干部以身作则，廉洁自律；2021年越共十三大提出"建设纯洁、强大的党"，强调优化党的组织结构。在高层反腐行动方面，2018年，越共中央政治局委员丁罗升因贪污腐败被判处 13 年监禁；2020 年，前信息部长阮北山因滥用职权被判处 10 年监禁；2022 年，前副总理郑庭勇因违反土地管理法规被调查。同时，越共自 2013 年发起"熔炉"反腐败运动，查处了大量腐败案件。据统计，2016 年至 2021 年期间，越共查处了超过 10 万名违纪党员，其中包括多名高级官员。在财产申报制度方面，越共要求党员干部及其家属申报财产和收入，增强透明度。截至 2022 年，已有超过 100 万名党员干部完成财产申报。越南共产党通过一系列实际行动表明了其对抗腐败现象的决心，并且认识到只有不断深化党内改革，加强思想理论武装，才能有效预防和治理腐败问题的发生，进而巩固党的领导地位和社会各界的信任。

第二，强化反腐败立法，构建廉政法律体系。自革新开放以来，越南在制度建设方面积极进取，陆续颁布了一系列旨在加强干部队伍管理和遏制腐败行为的法律法规。这些法规覆盖了广泛的领域，包括但不限于《干部、公务员法》《厉行节约、反对浪费法》《反贪污法》以及《预防和反对腐败法》等。其中，《反贪污法》对贪污及其他形式的腐败行为进行了严格定义，并设定了严厉的处罚措施。该法律规定，任何个人如果贪污或滥用职权非法获取社会主义财富超过 500 万越南盾（约合人民币 1500 元），或者收受贿赂及行贿金额达到 50 万越南盾以上者，均将面临刑事责任追究。越南在 2012 年和 2018 年对《反贪污腐败法》进行了修订，扩大了适用范围，强化了财产申报制度，并增加了对贪污行为的处罚力度。2018 年修订版明确规定，贪污腐败行为不仅包括直接贪污，还包括利用职权谋取私利、滥用公共资源等行为；2015 年修订的《刑法》加重了对贪污腐败行为的刑罚，最高可判处终身监禁甚至死刑，同时新增了对行贿行为的处罚条款，明确行贿者与受贿者同罪；2018 年，越南通过《财产和收入申报法》，要求公职人员及其家属申报财产和收入。此外，越南政府于 2019 年发布《反腐败国家战略（2021—2030）》，明确了未来十年反腐败的目标和措施，包括完善法律体系、加强国际合作等。

第三，高度重视新闻媒体监督机制建设。越南的新闻媒体在揭露国内腐败现象以及推进反腐败进程中扮演着不可或缺的角色，它们帮助公众获取事件的真实情况，并激发社会舆论对腐败行为的关注与谴责。例如，《青年报》《年轻人》等报刊坚持基于事实的原则，勇于直接点名批评某些政府官员的不当行为。许多引起广泛关注的贪腐案件往往最先由媒体曝光，随后才进入公众视野并受到重视。根据越南新闻工作者协会的数据，2016年至2021年期间，越南媒体共发表了超过10万篇反腐败报道。截至2022年，越南反腐败指导委员会的举报平台共收到超过50万条举报信息，其中约30%来自媒体曝光。根据无国界记者组织（RSF）发布的全球新闻自由指数，越南的排名从2012年的第172位提升至2022年的第174位（满分100分，得分25分），尽管排名仍然较低，但越南在媒体监督机制建设方面的努力得到了国际社会的关注。

第四，开辟网上反腐新渠道，大力推动网络反腐。随着互联网技术的发展和普及，越南认识到网络平台在反腐败斗争中的巨大潜力，并积极探索利用新媒体工具来增强公众参与度和社会监督力度。2007年，越南的反腐败工作迎来了一个重要里程碑——"反贪数据库"网站的建立与运行，该网站由越南反贪局直接管理。这一网站的建立为民众参与反腐败斗争开辟了新的途径，网民可直接通过该平台进行贪腐举报。"反贪数据库"平台具有显著的特点，用户登录后，可以通过热线电话或公民信箱等方式，随时提交其所掌握的关于腐败分子的相关信息。在网站开通后的两天时间内，便吸引了高达717万人次的点击量，充分彰显了民众对反腐败工作的高度关注以及参与热情。越南共产党推出的网上反腐举措收获了媒体与民众的广泛认可和热烈欢迎，这一创新性的做法不仅顺应了信息技术发展的潮流，而且极大地增强了公众参与反腐败斗争的积极性和便利性，民众通过网络这一便捷渠道得以畅所欲言，表达对腐败问题的看法并积极参与监督，不仅拓宽了民众参与反腐败的途径，还在一定程度上缓解了民众因腐败问题对政府产生的不满情绪，增强了民众对政府反腐败工作的信心，对于促进社会和谐稳定、推动廉政建设具有重要意义。

二、老挝：保障人民福祉的民生事业

老挝人民革命党对社会文化领域的发展给予了高度关注，一贯坚持促进物质文明和精神文明的和谐并进。该党不仅认识到经济发展的重要性，同时也重视文化建设和精神生活的丰富，力求在两者之间找到平衡点，确保国家全面发展。在老挝人民革命党的努力下，老挝社会呈现出安定团结的良好局面，人民的各项权利得到充分保障，人民群众在社会发展进程中的主体地位得以凸显，这不仅激发了人民群众参与国家建设的积极性与主动性，也为老挝的持续稳定发展注入了强大动力。

第一，文化教育和体育方面。在老挝社会文化建设计划中，针对偏远山区的教育基础设施改进取得了显著成就，这一进程覆盖了从学前教育到高等教育、职业教育以及成人培训等多个层面。为了满足国家发展的长期需求，政府特别强调职业教育的重要性，旨在培养符合劳动力市场需求的技术型人才。通过一系列精心设计的教育改革措施，不仅提高了教学的质量，还促进了教育设施和技术手段的现代化。近年来，老挝政府加大了对教育领域的财政支持，确保学校能够配备最新的教学工具和资源，同时也在努力优化各级别的教材内容。为了进一步提高教育质量，政府还加强了师资队伍的建设，组织教师参与国内外的专业培训，以此来增强他们的专业知识与技能。与此同时，在体育领域，老挝也展现了积极的发展态势。随着公众对于健康生活方式的关注度不断提高，越来越多的老挝民众开始积极参与各类体育活动。政府积极响应这一趋势，派遣运动员及教练赴海外交流学习，这不仅增强了运动员的比赛经验和自信心，还在国际赛场上赢得了多项荣誉。此外，老挝成功举办了包括 2009 年第 25 届东南亚运动会和 2016 年第 16 届东盟大学生运动会在内的多场重要赛事，这些活动不仅提升了国家形象，也为本地居民提供了宝贵的观赛机会，促进了社区间的互动与团结。无论是教育还是体育方面，老挝都在不断进步，并且在增进国民福祉和社会和谐方面发挥了重要作用。政府持续的努力不仅改善了人民的生活条件，也为未来的发展奠定了坚实的基础。

第二，公共卫生方面。老挝在公共卫生领域的努力显著地扩展到了农村和偏远地区，特别值得注意的是，该国对于妇女生产和 5 岁以下儿童的免费医疗服务政策得到了进一步优化。随着这些政策的实施，越来越多的老挝民众能够享受到基本的公共卫生服务，而儿童疫苗接种率也在稳步上升。根据最新的统计数据，老挝5岁以下儿童的死亡率为79‰，产妇死亡率为3.57‰，其中42%的分娩是在专业医护人员的帮助下完成的。这表明尽管存在挑战，但医疗服务质量正在逐步提升。目前，老挝拥有一个较为完善的医疗网络，包括5所中央医院、3个专科医疗中心、16所省级医院、130所县级医院以及894个诊所，并且在全国范围内设置了5356个村级医疗服务点，确保了公共卫生服务覆盖率达到98%。此外，为了保障低收入群体获得必要的医疗援助，政府还建立了困难医疗救助基金，使得75%的贫困人口可以从中受益。同时，国家也致力于改善生活条件，比如清洁水源的使用比例达到了70%，卫生设施的普及率则为57%。至于居民健康状况方面，人均预期寿命大约为68.3岁（基于2015年的数据）。值得注意的是，老挝红十字会在执行国家公共卫生和社会福利政策方面的表现日益出色，它不仅积极落实各项措施，而且不断提高自身的工作效率和服务质量，以更好地响应社会需求并履行其职责。通过与政府和其他非政府组织的合作，红十字会持续加大了对弱势群体的支持力度，促进了整个社会的健康发展。老挝在公共卫生建设上的成就反映了政府对该领域长期投入的决心以及社会各界共同努力的结果。随着更多资源被投入基层医疗系统中，预计未来几年内老挝的公共卫生成果将继续得到巩固和发展。

第三，劳动与社会福利方面。老挝在就业市场调控方面取得成效的同时，严格依照法律规定，对在老外国劳务人员实施规范化管理，确保劳务市场的有序运行。在社会保障体系建设方面，老挝政府积极推动社保服务的覆盖与拓展社保机构，在全国范围内设立了分支机构，社保企业的服务范围已覆盖9个省份，为民众提供了更为广泛的社会保障支持。面对自然灾害、人口迁移及贫困等挑战，老挝政府积极寻求国内外的支持与合作。在此过程中，政府为约19万户家庭和超过100万受灾、搬迁及处于困境中的民众提供了总计约420亿基普的援助资金。此举有效缓解了受助群体的生活压力，对减贫和救灾工作起到了积极作用。通过这一系列措施，老挝政府不仅直接改善了许多家庭的经济状况，还增强了社区应对危机的能力，展现了政府在处理紧急情况和社会福利保障方面的决心和能力。这表明，在面对复杂的社会问题时，老挝政府正采取切实有效的行动来支持受影响的居民，努力构建一个更加稳定和繁荣的社会环境。

第四，农村发展与减贫方面。老挝共产党和政府一直高度重视农村发展与扶贫任务，制定了《国家减贫战略（2016—2025）》，目标是到2025年将贫困率降至10%以下。该战略重点关注农村基础设施建设、农业现代化和教育卫生等领域。老挝政府大力投资农村道路、电力、供水和通信设施建设。例如，2016年至2021年期间，老挝新建了超过5000公里的农村道路。截至2022年，老挝农村地区的电力覆盖率从2012年的70%提高到95%。同时，老挝政府大力推广现代农业技术，提高农业生产效率。例如，通过引进优质种子和农业机械，水稻产量从2012年的每公顷3.5吨提高到2022年的4.2吨。老挝还发展了特色农业，如咖啡、橡胶和香蕉种植，帮助农民增加收入。截至2022年，老挝农村地区的小学入学率达到98%，较2012年提高了10个百分点。农村卫生站覆盖率从2012年的60%提高到2022年的85%。老挝共产党通过实施国家减贫战略、改善农村基础设施、推广农业现代化等措施，在农村发展与减贫方面取得了显著成效，不仅体现了党和政府在农村发展与扶贫方面的坚定承诺和高效执行力，同时也为国家整体的社会经济发展打下了更稳固的基础。

三、古巴：健全服务人民的福利体系

苏联解体、东欧剧变后，国际政治经济格局发生重大转变，俄罗斯随即中断了对古巴的援助，与此同时，美国进一步加大了对古巴的封锁力度。在长达三十余年的艰难时期里，古巴面临着极为严峻的外部压力和内部发展困境。古巴共产党始终坚持从严治党的方针，党内成员严格自律，坚决杜绝特殊化现象，与人民群众同甘共苦，在凝聚民心方面发挥了关键作用。但更为重要的因素在于，古巴党和政府始终将维护社会公正置于重要位置，不遗余力地推行免费教育和免费医疗政策。通过不断优化教育资源配置，古巴的教育体系得以逐步完善，国民受教育水平显著提升；在医疗领域，免费医疗的全面覆盖使民众能够平等地享受基本医疗服务，有效保障了国民的身体健康。

第八章 "马克思的遗志":人民立场在世界历史中的实践

古巴的社会保障体系以其全民性和全面性为显著特点,覆盖了从出生到终老的各个生命阶段。该制度不仅包括疾病、工伤、生育保险,还涵盖了老年、残疾及亡故者亲属的养老金和抚恤金等多个方面。这意味着,在个人生命的每一个重要时刻——无论是新生儿的到来、劳动者的职业伤害、女性的生育需求,还是老年人的生活保障——都能得到国家的支持。此外,对于无收入或低收入的家庭,社会保障系统同样提供了必要的经济援助,确保所有公民都能享有基本的生活条件。

第一,持续关注社会弱势群体。古巴实行全民免费医疗,优先为老年人、残疾人、孕妇和儿童提供医疗服务,"家庭医生计划"覆盖全国,每社区配备家庭医生,定期上门为行动不便的老年人和残疾人提供诊疗。古巴婴儿死亡率从 2013 年的 4.3‰ 降至 2022 年的 4.0‰(低于拉美平均水平)。哈瓦那的"特殊学校"为智力和身体残疾儿童提供免费教育和职业培训,全国此类学校超过 400 所。政府为单亲母亲提供额外补贴,并保障产假(产前 6 个月+产后 1 年)。同时,通过配给制向全民低价供应基础食品(如大米、豆类、糖),优先保障低收入家庭。此外,自 2004 年 5 月以来,政府采取行动提高了低收入者的待遇标准,职工最低工资和社会救助金均大幅上调超过 100%,这一政策惠及了全国约 300 万人口。在财政投入上,社会保障支出逐年增加,到了 2006 年,这部分资金已经占据了国家预算的 15% 以及 GDP 总量的 11%。

第二,构建完备的法律保障体系。为了保证社会保障资金的安全使用并维持其稳定性,古巴建立了一套完整的法律框架,包括宪法、预算法和社会保障法等在内的多项法规都对社会保障做出了明确规定。2001 年,成立了"国家社会保障委员会",隶属于劳动和社会保障部,并在省级和市级层面设立了分支机构,确保社会保障工作的顺利进行。2014 年颁布《残疾人社会融合法》,要求公共设施无障碍化,并规定企业需雇佣至少 4% 的残疾人。2021 年,古巴通过《社会保障法》修订案,提高养老金标准,扩大覆盖范围(如首次纳入个体劳动者)。2022 年,古巴养老金平均提高 47%,受益人群超过 150 万,约占全国人口的 13%。

第三,构建残疾人社会救助工作体系。古巴通过立法保障、全民医疗覆盖、教育就业支持及社区服务协同，构建了覆盖残疾人全生命周期的社会救助体系。政府为具备劳动能力的残疾人设计了双轨制就业安置方案，在促进残疾人就业方面形成特色化路径。其一，依托校企合作机制，为特殊教育学校毕业生定向匹配普通企业岗位，确保专业能力与职业需求相衔接；其二，针对技能适配性不足的群体，建立残疾人专属工作坊和合作社，通过集中就业实现社会融入。在此过程中，古巴严格贯彻"同工同酬"原则，并建立职业技能评估体系——先天残疾者须通过技能培训考核后持证上岗，劳动保障部门联合医疗机构为在岗残疾人定制健康支持方案。

后 记

  人民是历史的创造者，人民是真正的英雄。马克思的远大理想，就是让人民获得解放。马克思之所以能够成为全世界无产阶级和劳动人民的革命导师，成为马克思主义的主要创始人，成为马克思主义政党的缔造者和国际共产主义的开创者，成为近代以来最伟大的思想家，不是因为马克思著作本身，也不是因为马克思具有高超的演讲才能，更不是因为历史的偶然性，而恰恰是因为马克思有着远大的理想，这个远大理想，就是"让人民获得解放"。马克思毕生的追求，不是为了自己的健康和财富，也不是为了自己小家庭的健康和财富，而是为了全人类的解放。本书以"人民的马克思"为题，深刻回答了马克思的鲜明价值立场以及马克思主义的最终价值追求，对于新时代坚持人民至上的价值理念具有重要的价值意义。

  本书对马克思人民性理论的阐释，有助于人们深刻理解和认识马克思的人民性价值立场，以及马克思主义人民性的本质属性。恩格斯曾经指出，"如果工人没有理论感，那么这个科学社会主义就决不可能像现在这样深入他们的血肉。"列宁指出，"工人本来也不可能有社会民主主义的意识。这种意识只能从外面灌输进去。"《人民的马克思》一书关于马克思人民立场的形成背景、人民立场的发展历程、人民立场的特质以及实践斗争中的人民立场和理论思辨中的人民立场的深刻阐述，旨在让人们全面彻底地理解掌握马克思及马克思主义的人民性理论，进而用马克思主义人民性理论中国化时代化的最新成果武装头脑、指导实践、推动工作。

  本书对于马克思人民性的理论阐释，有助于在深刻把握人民立场、人民愿望、人民创造、人民智慧中开展理论创新和实践创新。在马克思主义中国化时代化历史进程中，形成的毛泽东思想、邓小平理论、"三个代表"重要思想、科学发展观、习近平新时代中国特色社会主义思想，之所以成为我们党的指导思想，得到广大人民的喜爱、认同与拥护，就在于这一系列马克思主义中国化时代化的理论成果坚持人民至上的价值理念，中国共产党在不同历史时期的理论创新都体现了丰富的人民性思想。《人民的马克思》一书，有助于夯实马克思主义中国化时代化的历史基础和群众基础，深刻把握马克思主义人民性理论的精髓，坚持人民至上的世界观和方法论，推进新时代中国特色社会主义理论和实践新发展。

本书对于马克思人民性的理论阐释，有助于推动回答好为什么人的问题是理论工作的根本性、原则性问题。习近平总书记指出，"马克思主义是为人民立言、为人民代言的理论，是为改变人民命运而创立、在人民求解放的实践中丰富和发展的，人民的创造性实践是马克思主义理论创新的不竭源泉。"本书深刻回答了马克思为谁著书、为谁立说，是为少数人服务还是为绝大多数人服务的问题。理论工作者身处社会现实，总是要站在一定阶层和群体的立场上，不能不打上为什么人代言的烙印，而一切脱离人民的理论都是苍白无力的，一切不为人民造福的理论都是没有生命力的。《人民的马克思》一书，阐明了马克思来自人民，马克思主义是为了人民、造福人民的理论，有助于新时代的理论工作者站稳人民立场、把握人民愿望、尊重人民创造、集中人民智慧，创造人民所喜爱、所认同、所拥有的理论，有助于促进新时代的理论工作者深入群众调查研究，了解百姓生活状况，把握大众思想脉搏，与人民休戚与共，从人民群众的喜怒哀乐和急难愁盼中定题目、搞研究、作宣传，让理论真正成为为了人民、造福人民的理论。

本书对于马克思人民性的理论阐释，有助于推动马克思主义的人民性理论以通俗化形式走向大众化普及化。列宁指出，"最高限度的马克思主义=最高限度的通俗化。"因此，要使学理性很强的马克思主义理论大众化，关键是要解决它的通俗化问题，也就是要把马克思主义理论的内涵和实质用通俗易懂的形式传递给广大人民群众。本书在理论表达方式上，自觉地将学术话语、政治话语转化为人民群众的生活话语，使马克思人民性

后 记

的理论宣传与人民群众的日常生活相融合，易于入耳、入脑、入心，让人民群众能看、想看、爱看，使马克思的人民性理论能够更好地为人民群众所理解、所掌握。习近平总书记指出，"新时代坚持和发展中国特色社会主义，需要大批能把马克思主义中国化讲好的人才，讲人民群众听得懂、听得进的话语，让党的创新理论'飞入寻常百姓家'"。《人民的马克思》一书，坚持用人民群众听得懂的语言、生动活泼的事例，把马克思的人民性思想深入浅出地讲明白，促进马克思的人民性思想成为群众喜闻乐道、津津乐道、能言善道的"主义"，成为人民群众所掌握所拥有的认识世界和改造世界的强大思想武器。

本书在中央编译出版社指导下，由西安交通大学马克思主义学院燕连福和李晓利负责撰写，并对全书的研究思路、研究内容、研究方法进行整体设计。在写作过程中，孙云舒、赖禹文、赵慧（第一章）、安红（第二章）、牛刚刚（第三章）、樊香玲（第四章）、任艳桃、樊志远（第五章）、何佳琪、邵军（第六章）、毛丽霞（第七章）、杜若旗（第八章）参与了本书相关资料搜集和章节内容撰写修改工作。同时，本书在撰写过程中得到了中央编译出版社张远航副社长、李媛媛主任、彭永强编辑的大力支持和帮助，在此向他们表示衷心的感谢。

由于作者水平有限，本书所研究撰写的内容难免存在疏漏和不足之处，敬请广大专家和读者批评指正。

2025 年 2 月 9 日